中观经济学解析

理论创新
与来自中国经济的
实践探索

肖奎喜　李潇◎著

中国财经出版传媒集团

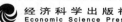

经济科学出版社
Economic Science Press

·北 京·

图书在版编目（CIP）数据

中观经济学解析：理论创新与来自中国经济的实践
探索 / 肖奎喜，李潇著. -- 北京 ： 经济科学出版社，
2024. 7. -- ISBN 978 - 7 - 5218 - 6103 - 7

Ⅰ. F015

中国国家版本馆 CIP 数据核字第 2024E5E602 号

责任编辑：戴婷婷
责任校对：王苗苗
责任印制：范　艳

中观经济学解析
——理论创新与来自中国经济的实践探索
肖奎喜　李　潇　著
经济科学出版社出版、发行　新华书店经销
社址：北京市海淀区阜成路甲 28 号　邮编：100142
总编部电话：010 - 88191217　发行部电话：010 - 88191522
网址：www. esp. com. cn
电子邮箱：esp@ esp. com. cn
天猫网店：经济科学出版社旗舰店
网址：http：//jjkxcbs. tmall. com
北京季蜂印刷有限公司印装
710 × 1000　16 开　23.5 印张　430000 字
2024 年 7 月第 1 版　2024 年 7 月第 1 次印刷
ISBN 978 - 7 - 5218 - 6103 - 7　定价：89.00 元
（图书出现印装问题，本社负责调换。电话：010 - 88191545）
（版权所有　侵权必究　打击盗版　举报热线：010 - 88191661
QQ：2242791300　营销中心电话：010 - 88191537
电子邮箱：dbts@ esp. com. cn）

序　言

　　2016 年 5 月 17 日，习近平总书记在哲学社会科学工作座谈会上发表重要讲话，指出理论的生命力在于创新，创新是哲学社会科学发展的永恒主题，是社会发展、实践深化、历史前进对哲学社会科学的必然要求，并明确提出要加快构建中国特色的哲学社会科学。2022 年 4 月 25 日，习近平总书记在中国人民大学考察调研时再次强调，加快构建中国特色的哲学社会科学，归根结底是要建构中国自主的知识体系。党的二十届三中全会提出，必须更好发挥市场机制作用，创造更加公平、更有活力的市场环境，实现资源配置效率最优化和效益最大化，既"放得活"又"管得住"，更好维护市场秩序、弥补市场失灵，畅通国民经济循环，激发全社会内生动力和创新活力。面对当今总量越来越庞大、结构越来越复杂、变化越来越多样的经济关系，传统的宏观经济学和微观经济学所构筑的二元理论体系既不能很好回答西方国家为何会同时存在政府失灵和市场失灵，也不能解释中国过去改革开放所创造的经济奇迹。在世界范围内，区域政府对于本地市场经济的发展具有至关重要的作用，由此产生的经济理论我们将其定义为"中观经济学"。中观经济学研究起源于中国改革开放的成功实践，力图从区域政府这一中观视角破解政府与市场关系难题，并最终为世界各国区域政府改革、创新执政理念和执政政策以及选择合适的政策工具提供指引。

　　传统经济学的研究核心是产业经济和产业资源，但产业经济理论与城市经济研究相对割裂，学界在讨论政府与市场的关系时也往往会忽略"区域"的维度，导致对该问题的探索时常与经济实践不相匹配（李宜达，2021）。中观经济学创造性地将区域维度纳入政府与市场关系的分析框架之中，以区域政府作为主要的研究主体，聚焦资源生成基础上的资源配置问题，为中观经济学研究提供了一个全新的理论框架。中观经济学的创立是对现有经济学理论体系的补充与拓展，与宏观经济学和微观经济学一道，构成了现代经济学的三元分析框架。即以个体经济活动为主体、研究资源稀缺条件下资源配置问题的微观经济学，以区域经济活动为主体、研究资源生成基础上资源配置问题的中观经济学，和以国家经济活动为主体、研究资源配置优化中资源利用问题的宏观经济学，三者共同构成了经济学体系三个层面的有机整体。由此，对于经济增长的考察也突破了以往"宏观、微观"的二元结构视角，而代之以全新的"宏观、中观和微观"三元结构视角。

相比原有经济学理论体系，中观经济学至少通过以下六个方面的比较体现了其理论意义与实践价值。

首先是资源分类的创新：资源稀缺与资源生成。亚当·斯密的《国民财富的性质和原因的研究》（简称《国富论》），研究的核心在于产业经济和产业资源。政府则被定位于一种辅助性、补充性的角色。即使凯恩斯的《就业、利息和货币通论》（简称《通论》）提出了国家干预理论，学界也提出了"有为政府"范畴（林毅夫，2012），但这些思考实际上仍然只是将政府定位于市场的边缘。学界对政府与市场关系的探讨摇摆不定、模糊不清，政府与市场的关系也成了一道未解的现实难题。

在资源配置领域，不仅存在资源稀缺，也存在资源生成。世界各国的经济实践表明，区域政府的市场主体地位正是基于在资源生成领域中有所作为而得以体现。资源生成领域的发现，不仅拓展了现代市场经济的基本内容，同时也将区域政府作为另一类市场竞争主体引入现代市场经济当中，与企业共同构成现代市场经济的双重竞争主体。

其次是区域政府供给侧的"三驾马车"。区域政府致力于资源生成的开发建设，从供给侧形成推动市场经济发展的新"三驾马车"：要素供给、环境供给和市场供给。强调区域政府在市场经济中的主体地位，认为区域政府在资源生成领域大有可为。区域政府供给侧"三驾马车"理论，是对现代市场经济发展动力内涵的拓展和深化，其立论根基是中观经济学对于资源生成领域的发现和延伸。

其三，中国经济运行的特殊模式：有为政府＋有效市场。秉承亚当·斯密的研究视角，本书认为调节区域政府与市场关系的，是区域政府的"准宏观"属性和"准微观"属性。区域政府的"准微观"属性会内在地驱动区域政府在中观经济领域参与市场竞争，并将所辖区域当作企业来经营。区域政府将自己定位为独立的区域经营者，依法使用区域内生产要素，根据市场需要独立做出区域经营决策，并自主开展区域经济活动，及时适应市场需要。中国改革开放的经济实践表明，区域政府之间主要存在着"三类九要素"竞争：在经济发展水平方面的竞争，主要包括项目竞争、产业链竞争、进出口竞争；在经济政策措施方面的竞争，主要包括基础设施投资政策竞争、人才科技扶持政策竞争、财政金融支持政策竞争；在经济管理效率方面的竞争，主要包括政策体系效率竞争、环境体系效率竞争、管理体系效率竞争。"三类九要素"竞争决定了中国各区域政府竞争的目标函数是各区域的财政收入决定机制，同时也决定了中国各区域政府竞争的指标函数是各区域的竞争力决定机制。

从市场经济双重主体的视角来看，市场经济的高效发展，既需要作为微观经济市场主体的企业发挥"企业家精神"，做到"市场有效"；也需要作为中观经济市场主体的区域政府发挥"政治企业家精神"，做到"政府有为"。二者共同构成现代市场经济发展的动力源泉。

其四，中国特色的市场经济：双强经济模式。中观经济学对于区域政府"双重属性"的揭示和区域政府竞争理论的阐释，加深了经济学关于市场经济本质特征的理解，正是中国区域政府的独到学习能力与强大进化能力，成为改革开放以来中国经济快速增长并逐渐迈向高质量发展的重要保证（李宜达，2021）。中国改革开放成功的一条宝贵经验，就是"顶层放开，地方创新"（许小年，2013）。"有为政府 + 有效市场"，这是中观经济学从中国改革开放实践中总结和提炼出来的宝贵经验，也是中观经济学所揭示的中国特色社会主义市场经济的本质。

成熟的市场经济应该是"强式有为政府"和"强式有效市场"相融合的经济，即"双强经济模式"。"强式有为政府"通过转变传统的政府职能，纠正市场的固有缺陷，对市场进行超前引领，建立社会保障制度，为企业解除沉重的社会负担，创造良好的外部竞争环境，同时为企业提供充足的人才和信息，进而为"强式有效市场"提供良好的运行基础。"双强经济模式"既是现代市场经济主体探寻和开拓资源生成领域的客观要求，也是世界各国经济迈向高质量、可持续发展的必由之路。

其五，现代市场经济存在双重竞争主体。在现代经济社会，区域政府是市场经济的另一个重要主体。企业是微观经济市场主体，主要在产业经济领域展开竞争；区域政府是中观经济市场主体，主要在城市经济领域展开竞争。企业和区域政府为现代市场经济发展提供了双重驱动力，共同推动了区域经济发展。企业竞争和区域政府竞争都是在尊重市场规律、顺应市场机制的前提下展开的。在遵循市场经济规律的前提下，区域政府可以而且应当根据市场发育的程度及出现的问题进行信息提供、外部性调整、经济活动协调、基础设施建设与布局等，以弥补本地市场经济发展不足，同时超前引领本地市场经济建设，以促使本地市场效益得到更好发挥。

现代市场经济的高效发展既离不开企业竞争，也离不开区域政府竞争。它们有各自竞争的领域但又彼此关系密切：企业竞争是区域政府竞争的基础，区域政府竞争又反作用于企业竞争。区域生产是在企业生产的基础上扩展而来，需要企业的投入，也需要区域政府投入。区域政府竞争力的提升能提高区域对要素的吸引力，从而增强企业在投入端、产品端和管理技术端的竞争力。企业竞争体系与区域政府竞争体系既各自独立又相互衔接，企业与区域政府是现代市场经济的双重竞争主体。

其六，超前引领：市场主体视角下的政府行为——破解政府与市场关系难题的关键。对中国改革开放的成功实践经验的总结，推动了中观经济学政府超前引领理论的形成。这里的超前引领，是指超越当前市场经济活动的引领。自由主义经济学认为，政府从属于市场，只能在市场中发挥一些辅助性或是善后性的作用，政府行为滞后于市场行为。中观经济学提出的政府超前引领理论，打破了传统经济学的固有认识，将政府行为从被动消极转为积极主动介入。这种介入不同于国家干预主义，更不是政府要凌驾于市场规律之上，而是强调要在尊重市场规律的前提下发挥政府优势、弥补市场不足（李宜达，2022）。这一转变与认识，是对自由主义经济学中政府与市场关系定位的突破。

从中国的改革开放实践来看，区域政府对本地市场经济发展的超前引领离不开两个基本条件：一是以区域政府竞争为依托；二是以市场机制为基础。区域政府根据本地实际和外部政治经济环境判断本区域发展的关键之所在；二是试图运用已有资源率先创造和提供发展的关键条件，形成本地区经济发展的相对优势。为此，区域政府必须尊重市场规律，顺应市场机制，推动经济战略布局，实现对本地市场经济发展的超前引领。

自 2018 年以来，西方部分政客和学者对中国的发展存在偏见，认为中国市场经济发展模式对原有的西方市场经济理论构成了挑战，因而不断质疑中国市场经济发展取得的成就。在贸易保护主义的推动下，有些质疑逐渐扭曲为误解，甚至上升为敌意。面对现阶段暗流涌动的"逆全球化"思潮，中国的社会科学界，尤其是经济学界，是时候把中国自己行之有效的一些实践经验，上升为在世界范围内具有普遍意义的经济学新知，进而与西方乃至世界经济学界进行对话和交流（李稻葵，2021）。于内而言，有利于地方"见贤思齐"，鞭策自身加快改革开放；于外而言，有利于讲好"中国故事"，澄清外界对中国市场经济发展的种种偏见和误解。

中国经济学界在政府与市场经济理论创新方面大有可为，关键在于要准确把握中国式现代化经济实践的普遍性和特殊性，从中国经济实践的独特性引出西方政府与市场经济理论所无法给出解释的现实问题，进而总结和提炼出具有普遍实践意义的现代经济学理论。从历史唯物主义出发，当宏观经济学和微观经济学不再适应新的生产力和生产关系发展时，必然会有一个新的理论体系来替代或者完善这一旧的理论体系，从而适应和促进新的生产力发展。基于资源生成理论提出的中观经济学，既是一种偶然，也是历史的必然。中观经济学从中国改革开放的成功实践出发，旨在构建自主的经济学知识体系，为解决世界各国政府与市场关系的难题提供了新的有效路径。从中观经济学视角看，一个国家有研究资源稀缺条件下资源配置的微观经济学，有研究资源生成基础上资源配置的中观经济学，还有研究资源优化配置中资源利用的宏观经济学，它们三者之间相互联动，形成了前置关联、后置关联的关联效应。中观经济学的合理内核，将有效破解世界经济增长中面临的政府与市场关系难题，实质性地推动世界各国经济实现高质量的可持续发展。

2003年我去佛山工作，当时就在思考如何将所学的经济学理论和佛山经济社会发展的实践有机结合及发展创新。我发现亚当·斯密和凯恩斯一方面分别开创了古典经济学和宏观经济学的先河，另一方面也存在一定的缺陷，尤其是对于区域政府在经济中角色的解释都有缺失。区域政府的角色不应当只是古典经济学观点中的守夜人角色，而应当也是市场主体之一。一个成熟市场应当是有为政府和有效市场双强机制的高度结合。从那时起开始思考在微观的企业和宏观的国家之间，还应当有一个中观的区域政府。区域政府在尊重市场规律的前提下，完全可以发挥超前引领作用。于是逐渐形成了中观经济学思想体系，并运用于具体的经济实践中，在佛山开展了包括"三三三"战略发展龙头产业、优化园区产业政策与规划、大力支持民营企业发展。地方政府自我定位为政治企业家，通过该视角来审视经济形势，并通过调配整合区域资源，主动适应市场化环境的需求，实现区域经济的增长。佛山政府在高质量推进制造业当家、促进区域协调发展、粤港澳大湾区建设等方面，引领地方经济干出业绩、闯出新路，助力中国式现代化的实践，并以此论证了中观经济学理论的科学性和正确性。

中观经济学理论正在被中国经济实践所证实。广东外语外贸大学肖奎喜教授在学习和讲授经济学理论的时候，感悟中国经济发展的奇迹及各地政府在经济发展中的推动作用，决定从区域政府视角对中观经济学理论进行解析，并以典型地区为例，编辑了本书。通过对经济学理论的系统梳理及对中国区域经济的仔细考察，选取了具有代表性的十大典型案例作为素材，并组织了精明能干的队伍，本着高度认真负责的态度进行了撰写。

肖奎喜教授邀请我担任本书的顾问，我欣然接受了。纵观全书可以发现，案例的选题代表性强，聚焦中国改革开放的实践，紧紧围绕区域政府引领和参与区域经济发展主线。选取的题材中有区域政府如何引领区域经济发展的佛山经验；有北京如何促抓智慧城市的建设；有江苏和浙江政府如何促进先进生产力代表的数字经济发展；有沿海广州和深圳两地政府怎样引领战略性新兴产业发展；也有来自东北老工业基地汽车产业发展的典型事实，还有全国乡村振兴的示范地浙江的案例。这些案例可谓精彩纷呈，既有高度的代表性，单个案例又独具特色。沿着这些案例可以再现中国改革开放进程中地方经济的迅速发展，以及区域政府为了各自地区经济振兴做出的种种努力。

本书在分析部分能够做到理论和实践的高度统一。案例分析逻辑严密，各案例均围绕"理论依据—案例概述—理论与实践结合""三位一体"框架展开研究。每一个案例都列出了详细的理论背景，从宏观、中观和微观三个层次进行了相应的理论回顾。并且能够概述中外学者对相关问题的研究，同时进行了恰当的述评，为案例分析奠定坚实的理论基础。案例既强调了经济发展过程中市场规律的决定性作用，又特别注意中观经济创新理论的区域政府对地区经济发展的引领和微观主体作用。

本书注重学术规范，条理清晰，学理性强，针对性强。案例数据翔实，力戒空洞。每一个案例都对分析对象的经济发展脉络进行了仔细梳理，再现了区域经济的发展历程及其特色，而且能够基于区域经济的现实情况对区域政府提出具有建设性的对策建议。案例进一步丰富了经济学理论，证实了中观经济学理论来源于经济实践，又自觉或者不自觉地在指导经济实践。同时，又在实践中得到进一步发展和升华。

本书紧扣中观经济学主题思想，紧紧围绕中国改革开放的伟大实践，用生动具体的事实论证和再现了区域政府在尊重市场规律的前提下，积极作为，超前引领，通过不断创新，充分发挥市场主体之一的作用，主动参与经济活动，引导区域经济正确发展，并且和周边区域开展正常的竞争，确保区域利益最大化，促进区域经济社会可持续发展。本案例集既是对中观经济学理论的诠释，印证了中观理论在中国经济的具体实践中的正确性，同时，也从不同侧面促进了中观经济学理论的进一步发展。

　　当然，改革开放后中国地方经济在中央政府的宏观指导和区域政府的亲力亲为下生机勃勃，区域政府基于中观角色指导和引领区域经济发展的现象也如雨后春笋般涌现，绝不是上面十个案例所能全部囊括的。希望本书的编撰出版能够起到抛砖引玉的作用，吸引更多有志于研究区域政府行为的优秀作品，共同推进经济学理论的创新。

陈云贤

2024 年 6 月于广州

前　言

　　长期以来，主流经济学有微观和宏观之分。微观经济学鼻祖亚当·斯密认为资源是稀缺的，市场只存在企业唯一主体，市场本身是完美的，市场能够自动实现均衡而无须政府的干预，政府不能直接介入市场，政府的角色只能是市场的守夜人。这些著名的论断在当时的背景下具有非常重要的意义，奠定了微观经济学的基础，为后面经济学的发展指明了方向，也成为奉行市场经济国家的经济政策准则。然而，1929～1933 年资本主义历史上第一次最严重的经济危机动摇了几百年来主流经济学的根基。此次经济危机的本质是供给严重过剩，市场本身不能自动调节供给和需求的关系，古典经济学家的政府应当无为而治观点失效，"看不见的手"失灵了，国民经济处于崩溃的边缘，急需挽救经济的新药方。顺应新的经济趋势，凯恩斯提出了有效需求不足理论，主张政府直接干预市场，这一经济主张首先在美国总统罗斯福的新政里面得到了运用，并且看上去取得了不错的成效，凯恩斯因此开创了宏观经济学的先河。

　　至此，经济学泾渭分明地划分为微观经济学和宏观经济学。然而，受时代的局限，无论是亚当·斯密创立的微观经济学还是凯恩斯的宏观经济学，都存在一定的缺陷。古典经济学强调资源的稀缺时忽略了资源的生成，强调企业是市场主体时忽略了区域政府同样是市场主体之一。宏观经济学主张政府干预市场，却混淆了国家和政府的概念，同样也忽视了区域政府在地方经济发展中的重要作用。在微观的企业和宏观的国家之间，一定还存在一个中观的区域政府。

　　宏观和微观的缺陷需要中观的理论填补。中观经济学认为，成熟市场具有双重主体：企业和区域政府。区域政府介于微观的企业和宏观的国家之间，同样是市场的主体之一，而且是资源生成者；区域政府具有准宏观和准微观的双重属性；一个成熟市场一定是有为政府和有效市场的结合；区域政府具有超前引领作用。中观经济学理论的提出，使得经济学从此划分为微观、中观和宏观，填补了原有经济学理论的空白，是对传统经济学的重大理论突破。

中国经济自改革开放以来取得了举世瞩目的成就，创造了经济增长的奇迹，也为实现中国式现代化奠定了坚实基础。政府和市场的关系被誉为经济学的哥德巴赫猜想。中观经济学在肯定古典经济学的前提下，对区域政府和市场的关系进行了一系列的创新，可以完美地诠释中国经济中区域政府的作用和地位，解释了不同地区之间经济增长的差异原因。

中观经济学给了我们很大的启迪。结合中国经济的具体实践可以看出在微观的企业和宏观的国家之间，一定存在一个中观的区域政府，其同样是市场经济的参与者和推动者，否则无法解释中国经济快速和高质量发展的奇迹，也无法诠释不同区域经济发展呈现巨大差异的原因。这样也催生了一种使命感，就是有必要撰写一部专门的中观经济学案例集，总结区域政府在经济建设中的行为，重新定义区域政府的经济角色。通过案例载体再现区域政府在区域经济建设中的作用，从不同视角印证中观经济学资源生成理论、成熟市场双重主体理论、有效市场和有为政府双强机制理论、区域政府超前引领理论、区域政府间竞争理论等，为中观理论创新提供实践证据。本书分为十章，如下为简要介绍。

（1）第一章以佛山为研究对象，从战略地位、政策体系及产业发展等方面分析了佛山市政府进入新世纪以来，如何引领和指导地方经济发展。当地政府一方面尊重市场规则，从当地的经济实践出发，积极培育和壮大市场主体，完善现代市场体系，发挥市场对资源配置的基础和决定作用。另一方面，又充分发挥区域政府的超前引领作用，不断优化当地产业结构，促进产业转型升级和经济社会的可持续发展。同时能够充分调动当地政府的财力物力，发挥区域政府的准微观作用，积极参与市场建设，通过政府直接投资基础设施建设及政府对新兴产业的投入，参与区域之间的经济竞争，实现区域财政收益最大化。

本章阐述了以区域政府为核心的中观经济学思想诞生过程，论证了其在现代市场经济体系的重要理论地位，表明中观经济学既是对传统经济学理论的继承，对市场经济的肯定，也是解释区域政府经济行为的重大理论创新。佛山在没有特殊资源和特殊政策背景下，能够在全国地级市中脱颖而出，离不开当地政府正确的经济发展思路及地方财政的积极投入，体现了有效市场和有为政府的完美结合。

（2）在中国经济建设过程中，合理利用土地、协调城市空间布局以及合理部署和安排各项建设是城市建设的基础和前提，也是综合发挥城市的经济、社会和环境效益的关键和手段。随着城市化进程的不断推进，旧城区存在的土地利用率低，建筑老旧不堪，居民生活环境差等诸多问题，已经成为限制经济和社会发展的难题。面对这些困扰，越来越多的区域政府开始积极探索"三旧"改造路径，以培育新的经济增长点，提高城市生活品质。而佛山市作为中国南方城市代表，通过实践积累了大量的经验。在第二章中，我们以佛山市"三旧"改造的成功经验作为案例，对区域政府在旧城改造中的经济行为进行系统深入探讨，论证了中观经济学理论在这一实践中的正确性和实用性。

本案例再现了佛山在新发展阶段，面对城市化发展"土地存量不足、利用成效不高、产业结构低端、城市形象老旧"多重难题，如何实施城市更新行动，以区域政府主导推动实现"增量扩张"向"存量挖潜"转变。以佛山"三旧"改造成功实践为例，系统探讨了"三旧"改造中的区域政府经济行为。研究发现，佛山"三旧"改造模式的成功经验在于区域政府积极有为、市场机制灵活有效，在全国具有示范效应；区域政府具备"超前引领"作用，执行"准国家"角色对"三旧"改造以宏观布局规划和管理调控；区域政府拥有资源配置职能，以资源有效生成、有为经营、有效配置实现"三旧"资源的最优化开发与利用；区域政府具有明显"经济人"趋向，以征税组合工具、政府企业化、政府市场结合发挥"准微观"属性，追求"三旧"改造最大化利益回报。

（3）分析了区域政府在佛山在推动经济发展及旧城改造两个案例后，我们的视角继续向区域政府在经济社会建设中的作用定位推进，第三章是关于北京低碳城市建设的案例。在推动现代城市化进程中，大力发展低碳经济，转变经济发展方式，提高城市建设的环境和可持续性也是我国重要的发展方向之一。第三章以北京市为研究对象，结合中观经济学城市资源配置理论和区域竞争理论，阐明了政府在低碳推进中的责任与义务，分析不同领域政府职能的整合与协调问题。与此前的旧城区改造研究相呼应，本案例探究在既有城市的条件下，探讨区域政府如何发挥作用，变革传统模式，推动低碳城市建设。

本部分深入分析区域政府在低碳城市建设过程中的角色定位。研究发现，低碳城市建设的资源配置过程中需要有为政府和有效市场双重发力，区域政府规划强化低碳城市发展顶层设计，建立绿色低碳循环发展的产业体系，进一步完善碳排放权交易等市场激励机制。区域政府在区域竞争过程中发挥"超前引领"作用，区域政府在低碳城市建设中进行全方面创新，在低碳城市建设相关制度、组织、技术、理念四方面"超前引领"。

（4）和低碳城市建设相仿，经营城市是近年区域政府的热门话题之一，其所指的是区域政府在城市发展过程中采取一系列策略和措施，以推动城市经济的繁荣和社会发展的提升。在第四章中，我们以合肥市为例，系统研究合肥政府经营城市的策略，深入理解和探索区域政府在城市经济管理中的作用和影响。

第四章基于城市经营的问题导向，以中观经济学为理论支撑，以合肥城市经营为例，深入分析区域政府在城市经济过程中的经济行为与职能角色。围绕"理论依据—案例概述—理论与实践结合"立体式分析框架，文章得出结论：区域政府具备超强引领能力，能够以经营的理念规划城市；具备微观主体属性，能够通过创新经营模式提升城市品质；能够有效联动市场，能够创新经营理论建设城市。基于上述分析，进一步为新阶段区域政府经营城市提出相关政策建议，包括：强化制度供给，完善城市经营管理制度体系；创新经营模式，建立多层次市场化运营体系；转变政府职能，实现"管理式"向"服务式"转变。

（5）中国特色社会主义市场经济是有为政府与有效市场相结合的经济。在全球化和市场经济不断发展的背景下，有效市场和有为政府成为推动经济增长和竞争力提升的关键因素。成都和重庆作为西部地区的两个重要城市，在过去几十年中取得了令人瞩目的成就。这两个城市在经济增长、城市化进程和社会发展等方面取得了显著进展，成为中国城市发展的典范。然而，这两个城市的成功并非偶然，而是由于有效市场和有为政府的双轮驱动下所形成的竞争模式。

第五章我们选取重庆与成都两个城市为例，从中观经济学视角对成渝两市的发展现状、竞争优势与不足进行分析总结，并结合中观经济学理论从有效市场与有为政府驱动因素对两市政府的竞争策略进行研究分析，得出以下结论：成渝两市具有地理位置、人才和资源优势、政府支持和政策环境等共同优势；存在产业结构、发展重点、城市形象和品牌建设等优势差异；存在同质化竞争、交通运输网络承载能力不强以及科技创新能力相对较弱等问题。

（6）产业发展是一个地区经济发展的重要指标和动力源泉。在全球经济竞争中，地方政府扮演着至关重要的角色，通过引导、规划和协调，推动产业集群的形成和发展。下面以不同地区的产业发展为案例，深入探讨地方政府在促进产业集聚、推动数字化转型和引领汽车产业发展中的作用。

第六章以上海临港新能源汽车产业集群为例，研究地方政府在汽车产业发展中的角色，通过分析地方政府如何发挥资源禀赋、保障产业配套、推动科技创新等方面发挥的作用，揭示了地方政府在产业集群形成和升级过程中所起到的推动作用，为其他地区在产业集群和区域经济发展方面提供借鉴。本章探讨了地方政府如何在上海临港新能源企业产业集群发展过程中发挥资源禀赋、保障产业配套、推动科技创新等方面发挥的作用。研究发现：上海政府因地制宜，充分发挥资源禀赋优势；有条不紊，切实保障产业配套服务；添砖加瓦，稳步推进科技创新发展；保驾护航，有序开展体制机制革新，为其他地区提供在打造了产业集群和推动区域经济发展方面的借鉴。

（7）第七章以广州、深圳为研究对象，重点叙述区域政府在战略性新兴产业发展中如何做到有为政府，并激发有效市场的作用。广州、深圳两地的战略性新兴产业正呈现飞速增长的趋势，二者雄厚的经济基础与扎实的创新基础对产业发展起到很好的支撑作用。进一步梳理广州、深圳产业转型升级历程，发现两地已进入了战略性新兴产业转型升级的关键期，为取得更好的成果，广州、深圳两地政府都在产业规划、市场维护、要素保障和产业投资等方面做了许多工作。其中产业规划方面主要为战略性新兴产业明确发展方向，具有较强的指导性，体现了区域政府的超前引领作用；维护市场秩序方面主要为保证市场正常运行，营造良好营商环境；要素保障方面主要保障产业发展各种要素有效配置，包括土地、资金和劳动力等，体现了区域政府的"准宏观"调控功能；产业投资方面主要为产业发展建设基础设施、创新平台等，通过财政金融等手段激发产业创新活力。

（8）汽车产业作为重要的支柱产业，对地方经济发展具有举足轻重的作用。

第八章以中观经济学理论为基础，以广东省和吉林省政府为案例对象，根据区域政府"准宏观"和"准微观"的双重属性，从制度、理念、组织、技术创新四个维度出发，深入分析两地政府在汽车产业发展中的超前引领表现。研究发现两地政府不断完善市场机制，扎实推进营商环境优化进程，持续改进政务环境、市场环境、法治环境、创新环境和要素保障环境；统筹谋划汽车产业的长久布局，积极开展新能源汽车推广应用补助工作与推进充换电配套基础设施的建设；同时围绕产业项目、配套环境、科学技术、人才资源等方面，通过丰富普惠金融途径、设立专项资金与引进、培养人才等手段积极介入当地市场竞争，优化调配要素资源。两地多措并举推动当地汽车产业发展成效显著，为其他地区建设有为政府提供了经验借鉴和启示。

（9）中观经济学研究的不仅仅是城市经济及产业，中观的区域既包括城市，又包含农村。乡村振兴创新和城市经营都是区域政府在不同层面上的重要工作。尽管一个关注城市，一个关注乡村，但它们在促进区域经济发展、改善居民生活质量以及实现可持续发展方面具有相似的目标。通过比较城市经营和乡村振兴创新的策略和措施，可以发现它们之间的共通性和互补性。在研究区域政府引导下的乡村振兴创新路径之前，我们首先介绍了城市经营的重要性和涉及的要素，为读者提供对区域政府在城市管理中的作用有更好的理解。接下来，将更深入地探讨区域政府在乡村振兴中的引导作用和创新路径，通过这两个层面的研究，为全面推进区域发展提供宝贵的参考与借鉴。

第九章立足于中观经济学原理，以区域政府作为分析主体，探索区域政府在乡村振兴的引领作用。案例以"有效的市场"与"积极的政府""地域政治""领先引导"等为指导，强调了地域政府的"近微观"及"近宏观"的"二元特性"，为浙江利用地域政府的经济指导和调控功能，通过运用市场的规律和机制，高效分配资源，全力推动乡村振兴发展，塑造独具魅力的乡村社区，创建各种具有特点的乡镇，增强区域竞争力提供了理论支持。

（10）最后，以浙江和江苏两个地区为例，研究地方政府如何引领制造业的数字化转型。数字化转型是当前全球制造业发展的趋势，而地方政府在推动企业数字化转型、构建数字产业生态系统等方面扮演着重要角色，下面的案例研究中以中观经济学的区域政府超前引领理论、区域政府竞争理论和资源配置理论为起点，研究浙江和江苏两地地方政府如何在政策支持、产业优化布局和人才培养等方面发挥制度、组织、技术与理念上的超前引领作用，如何加快制造业数字化升级与创新的步伐。

第十章以中观经济学的区域政府超前引领理论、区域政府竞争理论和资源配置理论为起点，研究浙江和江苏地方政府如何在政策支持、产业优化布局和人才培养等方面发挥制度、组织、技术与理念上的超前引领作用，加快制造业数字化升级与创新的步伐。研究发现，地方政府在促进经济发展中扮演着桥梁和纽带的关键角色，有效协调有为政府和有效市场之间的关系，确保市场机制的顺利运行。地方政府以其"准宏观""准微观"角色的特殊定位，在城市资源配置、市场竞争和产业规划等方面发挥重要作用，旨在确保经济活动能够有序进行，并促进公平竞争和可持续发展。通过制定相关政策措施以及合理的产业布局，地方政府能够有效引导和推动本地区的经济活动，注重市场需求与资源配置的平衡，力求实现经济结构的优化和升级。另外，地方政府还充当着社会非政府主体的代理者角色，在调配本地区资源上起到重要作用。通过创新制度、组织和技术等方面，地方政府与其他区域政府展开竞争，并积极寻求合作机会。这种竞争与合作之间的协同效应，有助于促进整个地区经济的发展，并最终实现更高水平的产业规划。

改革开放四十多年，中国经济风起云涌，地方经济特色精彩纷呈，经济发展成果斐然。地方政府在中央政府的领导下，充分尊重市场规律，培育和壮大市场主体，建立和完善现代市场体系。同时又积极发挥自身的主观能动性，引领和参与区域经济发展，取得了诸多重大成就。从城市到农村，从工业到农业，从经济到民生，无不出现区域政府的身影，为新质生产力的形成、经济高质量发展及中国式现代化建设添砖加瓦。本书基于中观经济学视角，从全国各地精选系列典型，力求理论和实践相结合进行案例分析，意在抛砖引玉。当然，限于作者水平，案例分析中也存在诸多不完善的地方，案例的选取代表性有待加强，分析方法还有待于进一步改进，涉及的观点不一定正确，所提的对策建议适用性有待提高，还望读者多多批评指正，以便我们在后续研究中能够做到更加完善。

▶ 目　录 ◀

第一章 地方政府引领区域经济
发展的路径分析

中观经济学聚焦于资源生成基础上的资源配置问题，主要研究区域政府的经济行为及其结果。广东佛山作为改革开放前沿城市，进入新世纪以来，各级政府通过调配整合区域资源，优化布局产业结构，走出了一条区域政府引领经济转型升级的成功道路。本部分基于中观经济学理论框架，以佛山为研究对象，系统研究了地方政府引领区域经济发展的策略与路径。通过分析佛山历届政府的改革措施和实践探索，研究发现佛山政府在引领区域经济发展中充分发挥了政府超前引领作用和成熟市场经济"双强机制"，具体策略表现为：以区域经济增长为目标，发挥区域政府的引领职能；以产业结构调整为导向，落实"三三三"战略；以产业园区开发为载体，优化产业政策与规划；以民营企业发展为抓手，加大培育市场力度。本部分进一步总结地方政府引领区域经济转型升级的"佛山经验"，具体包括：拼经济，产业转型强发力；引活水，营商环境促发展；齐发力，金融实力再推进，为论证中观经济学理论科学性和实践性提供经验证据。最后，基于理论研究与案例分析的结论启示提出相关对策建议，为全国其他地区的经济转型发展提供经验支撑和政策参考。

改革开放 40 多年来，中国一直在探索正确处理政府与市场关系的实践道路，不断通过理论指导实践，又不断通过实践丰富理论认知，积极引导市场经济健康发展，在政府和市场之间寻找一种相对平衡的关系。政府在经济发展中发挥着引导、规范和保障的作用，而市场则成为资源配置的基础和主要决定性力量。这种政府与市场相互依存、相互作用的关系为中国的经济发展提供了有力支撑，同时也为其他国家提供了可供参考的发展路径。这一过程既是理论探索的结果，也是实践经验的积累，为中国的改革开放事业打下了坚实基础。2016 年，习近平总书记参加十二届全国人大四次会议上海代表团审议时指出，深化经济体制改革的核心是平衡政府与市场的关系。从经济学角度看，成熟市场经济体系中的"强政府"和"强市场"机制被视为理想状态，有助于实现最佳资源配置，是健全和完善社会主义市场经济体制的关键支撑。

中观经济学研究区域政府经济行为的意义在于，它提供了更为全面和深入的视角，使我们能够深入分析在区域经济发展中区域政府如何发挥超前引领、资源配置等作用。通过研究区域政府在不同区域和行业中的经济行为，可以更好地了解政府与市场的合作机制，为经济政策的制订提供更加准确和有效的指导。此外，中观经济学的研究还能够揭示政府经济行为的动态演变和效果评估。通过对区域政府在区域经济发展中的投入、干预和调控的多维研究，能够有效评估政策实施成效，并为改进政府的经济管理和决策提供参考。

地方政府在区域经济发展中扮演着重要的角色，这一议题的研究具有重要意义。首先，对于制定有效的区域发展政策具有重要指导作用。地方政府作为区域经济的管理者和决策者，对于引导经济增长、吸引投资和促进创新具有直接影响。了解地方政府在经济发展中的角色，可以帮助我们制定更加精准和针对性的政策，推动区域经济的可持续发展。其次，有利于加强政府治理能力。地方政府在区域经济中需要具备一系列的能力，包括政策制定、资源配置、规划管理等。通过研究地方政府在区域经济中的作用和角色，可以深入分析区域经济发展模式，提炼出具有普遍适用性的治理经验和方法，为地方经济发展提供借鉴和参考。再次，有助于推动政府创新和改革。在不同的国家和地区，地方政府在发挥经济作用方面存在着差异，包括政府间合作机制、财政管理方式、公共服务供给等。通过向地方政府提供研究成果和经验教训，可以推动政府创新，改进政府管理体制，提升地方政府在区域经济发展中的作用和效能。综上所述，这一研究可以为政策制定提供指导，优化政府的职能和责任分配，加强政府治理能力，推动政府创新和改革，更好地理解并应对经济发展中的挑战和机遇，推动区域经济的繁荣和可持续发展。

改革开放以来，区域政府在通过市场力量引导区域经济发展方面取得了巨大成就，这也意味着区域政府的行为超越了传统经济学中对政府的一般定义。从中国一些区域政府实践行为上看，它们并非仅仅通过法律和行政手段对所辖区域进行管理，更多的是将自身定位为区域经营者，通过依法利用区域内的资源等方式进行经营决策、自主开展经济活动（陈云贤等，2023）。这种新型的"有为政府"建立在"有效市场"的基础上，已经超越了微观、宏观经济学对政府的界定范畴，亟须构建区域政府的全新理论体系。微观、中观和宏观是相对的空间维度概念。在国家内部，整个国家被视为宏观，单个个体、家庭和企业被视为微观，介于国家和个体单位之间的某些独立系统，则属于中观，如区域、行业和部门。① 这种分类方式使得我们能够更好地理解和分析经济中不同层面的现象和相互关系。区域政府扮演着微观和宏观的双重角色，通过市场和区域政府共同协调合作，才能促进区域内经济的正常发展和运行。因此，中观经济学研究的是区域经济中市场和政府之间的相互作用以及它们对经济发展的影响，这种研究方法可以帮助我们更好地理解区域经济的特点和动态。

第一节　理论依据及案例选取

数百年来，学者们围绕市场与政府的关系展开了许多争论和探索，并留下了许多重要的理论成果。当前，学界关于"政府间竞争"的经济学和跨学科讨论日益增加，尤其是关于辖区政府间竞争的演化论分析被广泛关注。其中，涉及"政府间竞争"的相关概念包括"制度竞争、地域竞争、辖区竞争"等。亚当·斯密在《国富论》中提出了系列新范畴及概念，并将经济学的研究核心着眼于产业经济和产业资源，最早研究了"政府间竞争"问题，他分析了政府税收对流动性和不可流动性要素的影响，以及对君主和社会收入的影响，这为后续关于政府竞争作用机制和效果的研究提供了有益启示。

"宏观经济学之父"凯恩斯则在《就业、利息和货币通论》提出了国家干预理论（约翰·梅纳德·凯恩斯，1999），凯恩斯的理论变革开辟了经济学从总体角度研究问题和解释现象的新篇章，使得宏观经济学得以产生并不断发展。宏观经济学围绕国家作为经济主体的行为和结果，关注资源利用和国民收入的决定。中国各省市县之间也存在竞争，这种政府和企业双重要素的竞争是中国经济增长的关键因素（陈云贤，2013）。林毅夫（2012）提出"有为政府"概念，但是当时学界大多将政府定位于一种辅助性、补充性的角色。学界对此的观点摇摆不定，政府与市场关系因此被称为经济学界的"哥德巴赫猜想"。

---

① 厉以宁. 把区域经济发展经验上升为中观经济理论 [N]. 南方日报，2016 - 04 - 14.

20 世纪 70 年代中期，汉斯·鲁道夫·彼得斯博士提出了中观经济学这一概念，王慎之在《中观经济学》一书中较为详细地介绍了这一理念，并将集体、地区、各部分经济视为中观经济的研究对象之一（王慎之，1988）。企业行为是微观经济学研究的核心，国家行为是宏观经济学研究的核心，而中观经济学借鉴了金融学领域的"有效市场假说"（FAMA，1970），将区域政府的经济行为作为研究核心。陈云贤（2013）认为，除了以"企业"为代表的微观经济和以"国家"为代表的宏观经济之外，还存在一个以"区域政府"为代表的中观经济，从此，经济学就分为了宏观、中观和微观三个层次。区域政府的经济行为是中观经济学的研究范畴，它提供了新的研究视角，可以解释在微观和宏观经济学中难以解决的经济问题。从区域政府这一中观视角出发，回答政府与市场关系的关系问题，能够为各国区域政府改革、创新执政理念、提升执政水平等提供全新方案（陈云贤，2022）。

陈云贤（2015）在《中观经济学：对经济学理论体系的创新与发展》中指出，区域政府具有双重角色，市场竞争也有双重主体，由此升华了"中观经济学"的概念。他对区域政府的"超前引领""双重职能"的理解，以及市场竞争中的"双重主体"推动和成熟市场经济中的"双强机制"的推演方面取得了突破性进展，最终形成了中观经济学的完整理论体系。

一、市场经济双强机制

传统经济学认为企业在市场经济活动中扮演核心角色，而政府则仅仅充当"守夜人"的角色。然而，随着中国经济改革开放取得显著成效，许多经济现象并不能简单地用"市场失灵"或"政府失灵"来解释。随着中国经济的发展和市场环境的变化，区域政府在经济中的作用逐渐显现出来。政府在引导市场、维护市场秩序、促进公平竞争等方面发挥着重要的作用。同时，企业也在不断适应和应对市场的变化，发挥着积极的创新和竞争力。因此，需要超越传统经济学的观点，综合考虑市场和政府在经济运行中的相互作用和影响。企业是市场竞争的主体，但在中国经济发展实践中，区域政府参与市场竞争的例子不胜枚举，有效论证了区域政府在市场竞争中同样扮演主体的角色。

（一）区域政府的双重角色

区域政府在社会经济活动中扮演着双重角色，既是领导者也是被领导者。一方面，它与中央政府相对应，致力于追求自身更多的经济利益；另一方面，它与市场和企业相对应，努力实现区域宏观经济的稳定。区域政府在与中央政府的关系中追求自身经济利益，意味着它在一定程度上独立决策和管理区域内的经济事务，以促进经济发展和增加财政收入。与此同时，作为被领导者，区域政府也需要遵守中央政府的政策和规定，以确保整体经济运行的协调性和稳定性。此外，区域政府还与市场和企业相互作用，力图实现区域宏观经济的稳定。它需要积极引导和支持本地企业的发展，为市场提供稳定的经营环境，从而促进经济活动的正常进行。同时，区域政府也需要通过制定适当的政策和管理措施，防止市场失灵和经济波动，以维护区域经济的整体稳定。

区域政府竞争已是普遍的现象，众多经济学家也指出区域竞争激发了地方经济发展的潜能，如县际竞争理论（张五常，2009）、"政治锦标赛"理论（周黎安，2007）、官员选拔体制（巴里·诺顿，2010）等。然而相较于中国经济现实的实践发展，主流经济学关于区域政府的研究仍然存在着理论上的滞后性（许小年，2013）。中国改革开放是通过中央顶层设计、地方适度创新实现的，顶层设计提供的是一个总体方向而不是具体计划，中央通过适度放权激发地方经济发展积极性。中观经济学中最能揭示中国特色社会主义经济发展模式的就是对于"有为政府"和"有效市场"的经验总结（陈云贤，2019）。

（二）"有效市场"与"有为政府"的结合

党的十九届五中全会提出坚持和完善社会主义市场经济体制，推动"有效市场"和"有为政府"更好结合的要求，在制度层面将政府与市场的关系研究提升到新的高度。当前，学界关于"有效市场"和"有为政府"之间关系问题的研究，主要从两个角度展开。

首先，学者们从市场和政府所发挥作用的多个方面展开了深入探讨，包括市场和政府的职能范围、治理能力、公共物品供给以及产业调整等方面的作用（郑尚植、赵雪，2020）。洪银兴（1997）指出，政府正随着市场化进程不断完善的过程中不断边界化自身作用；胡宁生（2014）强调现代市场、政府及社会三者之间的关系协同需要通过资源配置的调整来重塑；王小川等（2016）认为经济发展所需的有效供给需要政府和市场共同合作；王勇（2017）则论述了区域发展优势产业时需要政府因势利导，以便进一步发挥好市场的主导作用。

其次，学者们致力于理解政府在市场经济中的积极作用，以及如何实现政府与市场的有效协同。林毅夫（2017）强调中国社会主义市场经济中政府和市场二者是相互依存相互促进的关系；朱富强（2018）认为学界和政府共同追求的目标应该是实现政府与市场的有效衔接，从而进一步提升市场有效性；陈云贤（2019）则更加侧重理论与实践相结合，讨论了许多中国区域政府的经济模式，不断丰富中国特色社会主义市场经济理论。

成熟市场经济"双强机制"是中观经济学的一个重要观点，该理论强调现代市场经济中市场和政府的运行机制，并强调二者之间的共生互补关系（陈云贤，2019）。市场经济作为资源配置的主导机制，能够有效促进资源的流动和优化配置，推动经济增长和创新。政府则通过制定合理的政策、提供公共服务、引导和协调市场行为等手段，发挥着引导和促进市场发展的作用。市场经济"双强机制"在处理市场失灵和政府失灵问题时，提供了一种相对平衡的解决方案，既保证了市场机制的效率，又强调了政府的重要作用。

（三）主流经济学的不足与创新

一直以来，主流经济学在政府，尤其是区域政府的研究方面存在着明显的不足，虽然很多经济学者已经承认了区域政府的作用，但是相关研究仍然存在着外在性和碎片化的问题。中观经济学市场竞争双重主体论以区域政府为主角，从理论层面创新性提出了区域政府与企业共同作为现代市场经济的主体，市场经济中的"看不见的手"与区域政府的"看得见的手"相互协作，构成了中国特色社会主义市场经济的双重推动力。对于政府与市场的关系进行理论研究和实践探索，是我们寻找中国改革开放成功历程的可行途径，也是开启现代市场理论并有效解决全球各国政府与市场关系难题的有效路径。

二、区域政府超前引领理论

（一）古典经济学和现代经济学中的政府与市场关系

在古典经济学中，关于国民财富的性质和产生原因领域才会涉及政府和市场的关系，因此二者并未在理论上被视为两种具体制度进行区分。亚当·斯密作为古典经济学的代表，对市场表现出积极的态度，对政府持怀疑态度，认为政府在经济中的职责仅是为社会提供公共产品，政府的干预越少越好，在自由主义政策指导下，市场机制会自动发生作用来实现国民财富的增长。李嘉图、萨伊、穆勒等古典经济学家也赞同这一观点，在经济发展中将政府看作市场的补充。

"大市场小政府"的市场经济模式下不可避免地造成资源配置失效。在马克思主义政治经济学中，资本主义生产相对过剩的原因之一就在于市场生产具有盲目性而整个社会呈现出无政府状态（黄新华，2014）。现代经济学越来越重视关于政府和市场之间的关系。上世纪 30 年代全球经济大萧条，自由主义市场调节机制弊端日益显露，约翰·梅内德·凯恩斯（1999）发表的《就业、利息与货币通论》，将资本主义经济纳入了政府全面干预的轨道。1929 年凯恩斯在经济学领域提出了从需求侧进行国家对经济宏观调控的观点。他指出，为了促进资源的高效利用，政府应该积极刺激有效需求，即政府不再仅仅是"无为政府""守夜人"，而应该根据具体形势去调节国民经济，这一观点使得经济学界对政府在市场中的作用有了全新理解，但是仍将这种调节看作是对市场的辅助。而阿瑟·刘易斯却认为"政府的失败既可能是由于它们做得太少，也可能是由于它们做得太多"，即著名的"刘易斯悖论"。

20 世纪 70 年代，西方国家经济陷入"滞涨"，凯恩斯主义失灵。新自由主义被广泛应用于深陷债务危机的拉美国家，由此经济学学界开始反思，提出了"从内部发展"的新结构主义战略思想（黄先海、宋学印，2021）。哈耶克提出知识分散论，指出一个经济社会的所有有效信息不可能仅为一个所谓的"中央机构"所掌握，需要机构不断试错才能形成最优解。

（二）"超前引领"理论的提出与特点

中观经济学"超前引领"理论跳出了古典经济学和新古典经济学的范畴。超前引领理论在政府引导和侧重供给方面有着新的观点，认为市场决定资源配置，而政府则发挥引导、调节和监督的作用，而且强调政府在经济活动的全方位和全过程中发挥超前引领的作用。Breton（1996）提出的竞争性政府理论认为横向和纵向的政府之间会产生资源和权力的争夺关系，竞争将有利于地方公共产品的有效提供。何梦笔、赵冬梅（2013）认为区域政府间在资源、控制权分配和制度创新方面是相互竞争的状态，这种竞争推动了经济体制改革改善了基础设施，对经济增长有较大影响。林毅夫（2012）强调地区要素禀赋和区域间的比较优势对地方政府经济转型升级具有重要影响，由此提出了新结构经济学理论。

通过对中国改革开放成功实践经验的总结，陈云贤对区域政府超前引领理论进行了系统阐述，他对区域政府超前引领进行了分类，包括制度的超前引领、组织的超前引领、技术的超前引领和理念的超前引领（陈云贤、邱建伟，2013）。区域政府在经济中的作用是多方面的，不仅可以通过引导、调节和监督来发挥作用，还可以通过超前引领来引导经济发展。区域政府的职能和竞争动力是实现超前引领的重要前提，公开透明的信息、完善的管理体制和选拔机制则是有力保障。区域政府依靠市场经济的基础、机制和规则，同时规避企业市场信息不充分、集体行动中搭便车等问题，充分利用资源优势，更好地指导经济运行并纠正市场失灵，从而实现超前引领（陈甫军，2014）。总之，超前引领理论为我们提供了一种研究区域政府经济行为的新思路和方法。

（三）政府超前引领理论的创新与影响

区域政府的"超前引领"理论给经济学理论体系带来了重大创新，这一创新解释了中国经济发展的原因，丰富了经济学理论体系。超前引领体现在区域政府对三类区域资源进行前瞻性布局，包括可经营性、非经营性和准经营性资源（李宜达，2022）。区域政府的前瞻性布局有利于提前规划和合理配置资源，推动经济社会的可持续发展。市场经济双重主体论和区域政府双重属性论可以看作是政府和市场经济学的新理论，修正了传统市场经济研究中的理论缺陷，对现代经济学理论体系的发展做出了重要贡献。政府作为区域经济利益的代表，具有维护和增大区域经济利益的内在动力，同时承担着推动区域经济发展的职能（覃成林，2021）。政府通过制定区域发展战略和规划，对区域经济的发展产生深远影响，同时也在区域经济关系中扮演着主要经营者和协调者的角色。

成熟市场经济"双强机制"和区域政府超前引领理论都体现出中观经济学的核心观点。超前引领理论认为，区域经济增长和发展不仅受到全局经济和市场力量的影响，区域政府的超前引领也具有重要作用。21世纪是一个经济、城市和社会同步发展、共同繁荣的时代。区域政府通过履行三大职能来对区域资源进行分配、管理和政策制定，通过创新发展、技术进步、产业升级等手段，在区域竞争中取得领先地位，引领并推动整个区域的发展。区域政府超前引领理论使得我们不仅要关注宏观经济和市场情况，还要注重地区内部的动态变化和优势特点，通过发掘和利用地区优势来提升整体竞争力。

综上所述，中观经济学理论框架通过区域超前引领理论和成熟市场经济
"双强机制"等理论，在研究区域发展、政府与市场关系、经济增长等方面
具有重要的理论和实践价值，既丰富了经济学研究的内容和视角，又为认识
和解决经济发展中的问题提供了新的思路和方法。

三、案例选取：佛山经济发展模式具有示范效应

广东作为改革开放的排头兵、先行地、实验区，在中国式现代化建设中
具有重大推动作用。佛山是广东第三大城市，是全国民营经济最发达的城市
之一，也是大湾区城市群的重要组成之一，经过几十年的发展，佛山在经济
和社会等各个方面都取得了显著的成就。

2003～2011年，正值佛山改革开放从第二阶段转向第三阶段时期，国
内国际形势都发生了很大变化，战略引领在区域经济社会发展中的作用和意
义日渐突出。因此，明确佛山在新阶段的发展定位和战略成为当地政府必须
考虑和解决的首要问题。2003～2005年，佛山顺德当地经济发展正面临工
业化转型期，经过反复调研和讨论，明确了第三阶段的发展定位就是工业
化、城市化、国际化，以此推动顺德进入国际市场，参与国际竞争。期间，
佛山市在政治、经济、民生发展方面都有较为明显的进步。

佛山在转变经济发展方式的过程中取得了良好效果，逐步从传统产业集
聚地变为新兴产业中心，从工业经济转向信息经济，从"三旧"城镇走向
现代都市。政府推行的智慧佛山、城市经营、权力下放等理念和制度都对佛
山的发展进程产生了深远影响。① 尤其是陈云贤提出的"超前引领"理论，
2011年3月，他在《超前引领》一书中提出，在宏观和微观经济之间，还
存在中观经济层面，区域政府在该层面不仅要做到事中和事后的调控，还要
在对经济社会发展趋势进行准确预判之上，做到超前引领。

"超前引领"在理论上是创新，是对现代经济理论的继承与发展，认为
政府不能滞后于市场，而要超前于市场。陈云贤运用经济学理论，结合中国
及世界经济的发展趋势，具体指导佛山经济工作，并在实践工作中，提炼出
中观经济学的相关思想。中国的改革开放实践是从区域经济率先突破的，佛
山在中国经济发展史上留下了重要的经验和贡献。在改革开放初期，佛山凭

---

① 陈云贤. "智慧"留佛山，超前更可期［N］. 南方日报，2011-08-01.

借其独特的地理位置和工业基础迅速崛起。此后不断加强与国际市场的联系，大量外资涌入，形成了一系列支柱产业，如家电、纺织、玩具等。进入21世纪，随着国际竞争加剧和劳动力成本上升，佛山开始进行产业转型，积极发展高新技术产业，逐步向产业链的高端攀升。本章主要分析这期间佛山市的区域政府经济行为及中观经济学理论的产生，探讨佛山产业发展和转型的历史及佛山市政府在其中的作用，具体运用中观经济学的现代市场双重主体、区域政府超前引领、区域政府竞争等有关理论知识，从佛山市产业结构调整、产业园区优化升级、民营企业发展等方面分析佛山市政府如何有效引领地区经济发展和产业转型升级。

第二节　基于中观视角的区域政府引领
经济发展的行为和路径选择

一、佛山经济发展历程

（一）佛山基本概况

佛山市地处广东珠江三角洲河网地带，现辖四县一市（县级市），面积5250平方公里，人口955.23万，其中城镇常住人口905.97万[①]。党的十一届三中全会以来，佛山市经济发展突飞猛进，成就超过了过去的30年。佛山市实现经济起飞的关键是运用党的开放、搞活政策，大力发展商品经济，从逐步放开的市场上获得源源不断的资金、技术和劳动力。考察佛山市资金、技术、劳务市场发展的现状、矛盾和趋势，研究有关对策，对于完善市场体系，发展横向经济联系，具有典型意义。

（二）佛山经济发展历程

改革开放以后，佛山市以其良好的工业基础和浓厚的商业文化环境迅速发展，形成强大的市直工业体系和富有活力的乡镇企业群体，20世纪80年代中后期佛山工业经济迈入"黄金时代"。90年代后开启的企业"抓大放

---

① 数据来源于佛山市统计局《2022佛山统计年鉴》.

小"股份制改革，掀起了佛山经济变革的大潮，一部分企业改制后消失了，一部分企业则"涅槃重生"及发展壮大。如海天酱油、电器照明、美的电器等佛山名企，其前身都是国有或集体企业。2001年，中国加入世界贸易组织后，由于海外市场的拓展，极大激发了佛山经济的发展，工商企业百业兴旺，佛山经济步入新千年的"黄金期"。佛山经济蓬勃发展与五区整合互相呼应，加上佛山新城、佛山一环等重大项目的建设推进，佛山跻身广东"第三大城市"。如图1-1所示，近年来，佛山市GDP不断上升，凭借一批特色产业和"一镇一品"的特色镇域经济，2019年成功跻身"万亿俱乐部"。

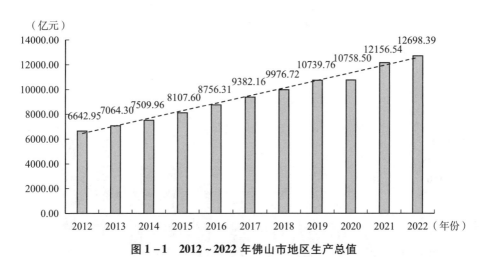

图1-1　2012～2022年佛山市地区生产总值

资料来源：佛山市统计局及人民政府网站发布的历年《佛山统计年鉴》。

然而，在同时期推进的全国城市化发展浪潮，推动了房地产业的快速突起，在九十年代起实施的分税制、金融体系的短期逐利行为等多种因素的共同作用下，房地产业取代了实体制造业成为支柱产业，佛山实体经济受到极大冲击，大量实业资本冲入房地产业，影响了实体经济的持续发展。此外，随着海外市场的变化，国内劳动力成本上升，同行业之间的竞争加剧，各级政府环保、劳动等管理标准不断提高，电子商贸的兴起等因素作用下，佛山实体制造业出现了历史性的分化，即掌握核心技术、生产终端产品、拥有稳定市场和较完整产业体系的少数大企业突围而出，维持并支撑佛山经济的数据，而大量只有中间加工环节、技术含量低、规模小的中小企业处境越来越艰难，佛山实体制造业进入低速调整期，对佛山市各级政府和企业界提出了严峻的挑战。回顾改革开放后佛山经济发展和转型走过的路，不仅需要从外部和硬件上考虑问题，还需要深入到产业的内部以及政府施政的针对性和系统性上认真研究。

佛山市通过相关政策的支持和引导，在经济结构调整和产业布局方面取得了一定的成果。图1-2展示了佛山市2012~2022年三大产业产值数量及变化，可以看出佛山市三大产业产值呈逐年上升趋势，且产业结构逐渐优化，以现代服务业和高新技术产业作为重点培育的产业方向，通过加大科技创新和研发投入，推动经济的转型升级。佛山注重培育新兴产业和拓展优势产业，优化产业布局，提升产业链附加值和竞争力。根据发展要求，完善工业结构调整、加快第三产业发展等系列措施，为推进结构调整提供政策支持[①]。可见，佛山的经济结构和产业布局调整将为未来可持续发展提供更多机遇和动力。

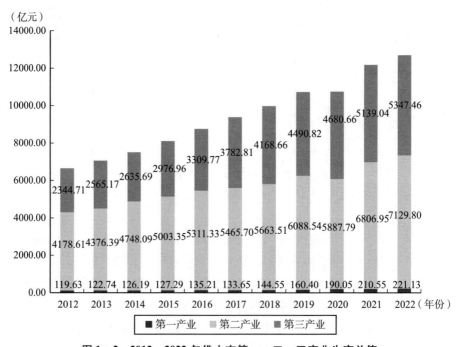

图1-2　2012~2022年佛山市第一、二、三产业生产总值

资料来源：佛山市统计局及人民政府网站发布的历年《佛山统计年鉴》。

---

① 文丽．加快转变经济发展方式——访全国人大代表、广东佛山市市长陈云贤［N］．经济，2010-04-15．

（三）佛山在珠三角经济区的位置与角色

从地理位置看，佛山位于粤港澳大湾区内环核心圈，是"广佛都市圈"、广深佛莞"黄金走廊"的重要组成部分，30 分钟可达广州，2 小时内可达珠三角的主要城市。佛山积极推进"陆水空铁"四位一体综合交通运输体系建设，形成强大的区域辐射带动效应。方便快捷的交通网络，串联起整个大湾区的人流、物流和资金流。在这个经济圈中，佛山主要依靠其强大的制造业基础和良好的投资环境，吸引了大量国内外企业入驻。与此同时，也与珠三角其他城市产业互补，形成了高度整合的区域经济体。

佛山凭借其深厚的工业基础、开放的投资环境和积极的产业政策，在过去几十年中取得了快速的经济发展。如图 1 - 3 所示，2022 年佛山市 GDP 在广东省 21 个城市中处于前列，一直处于"第三大城市"的战略位置。佛山在珠三角经济区中扮演着重要的角色，具有多方面的经济特点和优势。佛山是重要的制造业基地，在过去的几十年里，佛山的工业化进程得到了快速发展，形成了以家电、钢铁、纺织等行业为代表的制造业集群。佛山的制造业不仅产量大，而且质量和技术水平也获得了长足的进步，对地区内外的经济发展产生了重要影响。

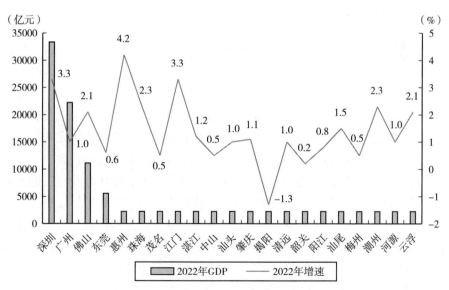

图 1 - 3　2022 年广东省 21 个地级市 GDP 及增速

资料来源：《广东统计年鉴》。

二、中观视角下的地方政府策略与行动

(一) 以区域经济增长为目标，充分发挥区域政府的引领职能

1. 案例与理论结合分析

佛山在经济发展过程中，区域政府扮演了协调、监管、投资和引导的角色，不仅关注提升产业经济发展，还着重于深化改革，增强企业活力，优化城市经济的资源配置，提升区域竞争力以及改善基础设施。佛山虽然不是经济特区也不是省会城市，但通过区域政府超前引领，发展取得了很大进步，这是由政府、市场和社会三大力量共同推动的结果。

在参与经济实践的过程中，区域政府往往会呈现出两种不同但相互关联的属性。一方面，"准宏观"属性意味着区域政府在实施国家政策时，要根据本地区的情况进行调控，以实现经济发展的整体目标①；另一方面，"准微观"属性意味着区域政府间也需要按照市场经济规则进行竞争，借助竞争机制推动地区经济发展。在市场竞争的基础上，区域政府通过自身的战略规划和政策引导来推动经济的发展和繁荣。这两种属性相互关联，体现了区域政府在经济建设中的双重角色，既是市场竞争者，也是战略制定者。

中观经济学认为，区域政府的财政竞争包括财政收入竞争和财政支出竞争两大方面。财政收入竞争是指区域政府通过追求经济增长竞赛，增加税收。整体而言，经济发展与财政收入的关系是正相关的；财政支出竞争是区域政府扩大政府投资支出来增加社会的资本增量和存量，从而促进社会经济发展。区域政府竞争的主要目标是最大化税收收入。税收与经济之间的密切关系决定了税收在经济发展中的重要作用，税收不仅是满足区域政府一般支出需求的工具，也是调控区域经济的工具。税收的增长变化涉及经济的宏观和微观层面，合理的税收增长为区域发展提供资金支持，对经济发展起到调节和促进作用，同时也协调资源的分配关系。然而，过快的税收增长可能抑制消费、遏制投资，并影响税收结构的合理性。因此，区域政府在税收政策制定过程中，需要综合考虑经济发展的全局，并寻求税收增长与经济稳定增长之间的平衡点。

---

① 政府与市场经济学：对经济学理论体系的创新与发展 [N]. 北方经济，2022 – 11 – 20.

2. 具体做法与成效

从佛山市 2005 年的政府工作报告中可以看出，当时的经济和社会发展仍然存在不少困难和问题，主要表现在：经济结构依然不合理，产业发展后劲不强；科技自主创新能力有待加强；经济社会健康发展仍面临许多体制机制性障碍；发展中的资源约束比较突出；"三农"问题仍有不少深层次矛盾需要解决；城市建设滞后于经济发展，现代化大城市意识有待提高，生态环境有待进一步改善；政府执政理念和职能转变仍有不适应的地方①。

针对上述问题，佛山政府将"有为政府"与"有效市场"相结合，着力构建完整的现代市场经济体系，并以实践促进了经济学理论的升华。佛山政府对区域内各类现实资源进行分类和优化配置，并提供了相应的政策支持。区域政府充分发挥双重属性作用，在微观层面上，规划、引导、扶持产业经济这一可经营性资源，并积极投资运营和参与城市基础设施这一准经营性资源，通过创新理念、制度、组织和技术等方式成为经济社会微观利益主体的代表，与其他区域进行合理竞争。

如图 1 - 4 所示，佛山市 2005～2022 年财政收支基本呈逐年上升趋势，

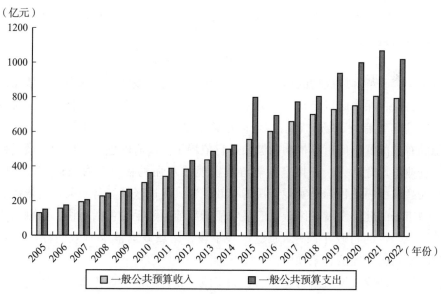

图 1 - 4　2005～2022 年佛山市地方财政收支情况

资料来源：佛山统计局历年《佛山统计年鉴》。

---

① 资料整理自佛山市人民政府办公室发布的《2005 年佛山市政府工作报告》，2005 - 01 - 25.

财政"蛋糕"越做越大，一方面反映了佛山市经济发展状况良好，另一方面也突出了政府为社会各方面发展提供了坚实的财力保障。

区域政府调节、监督和管理产业经济资源，提升公共产品和公益事业，扮演国家代表的角色。通过规划、投资、消费和价格、税收、法律等手段调控经济，通过社会保障和公共服务促进社会稳定，发挥准宏观属性的重要作用。佛山政府在本区域中充当"准宏观"角色，推动政治、经济、城市和社会职能的实施。在经济发展和城市建设方面，制定了中长期规划，促进了总供需平衡，具体措施包括：制定经济、产业和技术政策，调节收入分配和再分配，保持经济总量增长和结构平衡，控制物价上涨和失业率，促进社会可持续发展等（陈云贤，2019）。

（二）以产业结构调整为导向，落实"三三三"战略

1. 案例与理论结合分析

超前引领理念的提出。20 世纪 80 年代，随着佛山的市场化发展逐渐取得领先地位，普遍认为采取"小政府、大市场"的发展模式较好，政府只要扮演幕后角色。进入 21 世纪后，政府在地方发展中的作用逐渐凸显。"超前引领"理念不仅仅是一个概念，更是根据科学内涵确定的区域政府相关政策措施，旨在有效引导市场发展。

"有为政府"与"有效市场"相结合支撑中国特色社会主义市场经济建设是中国改革开放成功的钥匙，成熟有为的政府应该做好超前引领，依靠市场的力量，保障区域经济持续增长。在成熟的市场经济体系中，"有为政府"应与"有效市场"有机结合，并形成增长"合力"。强市场可以实现资源的有效配置，而市场机制的健康运行依赖于强政府的创造和保护，通过鼓励创业、培育动力、开拓空间等方式实现"双强机制"的有效运作。区域政府超前引领的目标是实现资源的有效配置，促进区域经济繁荣，这依赖于区域市场的健康发展。区域政府最常用的超前引领手段包括财税、金融、法律以及一定的行政手段①，通过这些手段，区域政府能够有效引导经济发展，推动区域经济繁荣和可持续发展。

佛山产业发展策略与超前引领的实践。在佛山的产业体系中，陶瓷业是支柱产业之一。2006 年，佛山陶瓷年产量约占全球的八分之一，但是在陶

---

① 邓红辉，卢轶，洪海等. 有为政府 + 有效市场 = 成熟市场经济［N］. 南方日报，2016 - 03 - 11.

瓷产业发展的同时，也带来了非常严重的环境问题。因此，从 2007 年开始，佛山便对陶瓷业实施"淘汰一批、转移一批、升级一批、引进一批"策略，大力推进产业转型升级①，以区域政府理念的超前引领推动产业经济增长方式由粗放型向集约化、绿色化转型。

2008 年金融危机席卷全球之际，佛山市政府通过"三三三"战略，率先一步完成了产业结构调整。通过加快推进产业结构的战略性重组，培育了一批具有特色优势和国际竞争力的支柱行业。佛山在此次危机中经受住了考验，率先从金融危机的冲击中突围。

2010 年，佛山又一次面临转变经济发展方式的考验，在此背景下佛山的经济转型不仅仅局限在经济层面，也辅之以城市转型、城乡一体化建设、国际化发展转型等各项措施，统筹协调产业转型所面临的各种问题，以构建现代化产业体系。最终佛山又一次交出了"四化融合·智慧佛山"的优异答卷②。

面对传统行业淘汰和转型的挑战，佛山采取了积极的发展战略。佛山传统产业中如陶瓷、水泥、漂染等，在 2008 年到 2012 年之间有多家企业被淘汰③。与此同时，佛山地区也积极发展高端陶瓷、白色家电和液晶显示等产业，并规划将其提升为世界级产业基地。除了整治、提升传统产业之外，佛山还培育和引进新兴产业，加速经济结构转型。通过大力发展战略性新兴产业，并引进一批新兴产业的龙头企业，进一步转变经济发展方式。

以超前引领与资源配置实现政府角色与市场机制的结合。中观经济学将城市视为一种资源进行分类和管理，主要分为可经营性资源、非经营性资源和准经营性资源。可经营性资源能放开给市场经营；非经营性资源主要是一些社会事业，需要政府提供资助；准经营性资源主要是教育医疗等需要政府综合财政状况和当地人民需求进行投入比例的调整。佛山市各级政府通过原创的"超前引领"理念，大刀阔斧改革产业，克服了企业盲目跟风和不合理产业布局的问题，形成了科学分布和可持续发展的产业集群。④ 与此同时，强调各级政府不应包办所有事情，而是要根据时机适时退出，让企业按照市场规律参与竞争，以避免由政府扶持所引发的垄断。在陈云贤看来，区域政府在经济方面的作为主要是以下两个部分：一是实现超前引领作用，为当地

①　出任广东省副省长，陈云贤抒写政商传奇［N］. 第一财经日报 . 2011 – 08 – 02.

②　陈云贤 . "智慧"留佛山，超前更可期［N］. 南方日报 . 2011 – 08 – 01.

③　传统产业是如何正名的？［N］. 经济观察报 . 2023 – 06 – 03.

④　印发佛山市实施"三三三"产业发展战略的指导意见、佛山市"三三三"产业发展战略重点扶持的工业支柱行业确定说明的通知［EB/OL］. 佛山市人民政府门户网站，foshan. gov. cn，2007 – 07 – 17.

经济发展确定方向和制定相应战略和路径，并在此过程中提供市场帮助；二是加大与此相关的民生事业投入，最大程度地支持发展。

2. 具体做法

2006 年，佛山正处于工业化阶段，顺德政府提出了"三三三"战略，强调在后工业化时代，在保持第一产业比例稳定的同时，要力求第二产业在稳定中寻求升级，加大力度提高第三产业的比例。具体而言，"三三三"发展战略，第一个"三"强调的是三大产业之间的协调发展①，第二个"三"是指促进支柱行业之间的均衡发展，第三个"三"则重点指促进龙头企业的加快发展。三个"三"之间是有内在联系的，尤其是第三个"三"，对龙头企业提出了更高的要求，不仅要创新能力强，还要能充当行业中的领军角色。"三三三"发展战略，就是通过对产业结构进行调整和升级，合理分配三大产业的比重，促进第一产业的精细发展、第二产业的优化发展以及第三产业的加快发展②。在三大产业中，重点支持每个产业的三个或更多支柱行业，将它们作为战略性行业，能够推动整个经济的发展。在第一产业和第二产业的各支柱行业中，重点支持三家或更多具有高度产业关联度、先进技术装备水平、强大经济实力和较强带动能力的龙头企业③。鼓励这些龙头企业扩大规模、增强实力，在行业中发挥示范和引领作用。对于第三产业的支柱行业，重点扶持三家或更多服务范围广泛、具有强大带动能力的服务业龙头企业。鼓励这些企业在提供优质服务和改善市民生活等方面发挥更大的示范和领导作用。④

从表 1-1 中佛山市三大产业的比重可以看出，从 2005 年起，佛山市三大产业发展基本按照既定的规划进行，产业结构不断优化升级。在 2007 年佛山市政府工作报告中，佛山市把"三三三"战略⑤放在非常突出的位置，表示未来几年里佛山将会坚持"三三三"发展战略调整产业结构，提升佛山企业的市场竞争力。这一战略源自顺德成功实践经验，2006 年顺德全区实现生产总值 1058.42 亿元，成为全国首个 GDP 超过一千亿元的县（区）⑥，这与顺德政府坚持这一发展战略分不开，顺德经验值得推广学习。

---

① ④ 刘爱平. 加快第三产业发展打造物流佛山品牌 [N]. 现代物流报，2007-06-28.

② 陈云贤. 破解先发地区产业升级的难题 [N]. 南方日报，2006-10-03.

③ 付卫卫，唐娜. 广东顺德：全面推进工业化城市化国际化 [N]. 中国改革报，2005-11-30.

⑤ 《2007 年佛山市政府工作报告》提出了"第一产业精细发展，第二产业优化发展，第三产业加快发展"的思路，制定实施了产业提升发展的具体措施，以贯彻实施"三三三"产业发展战略.

⑥ 数据来源于《2006 年中国统计年鉴》统计数据.

表 1 - 1　　　　　　　2005 ~ 2014 年佛山三大产业占地区生产总值的比重

年份	第一产业比重（%）	第二产业比重（%）	第三产业比重（%）
2005	3. 09	60. 97	35. 94
2006	2. 68	62. 82	34. 50
2007	2. 31	63. 22	34. 47
2008	2. 11	64. 09	33. 80
2009	1. 88	63. 38	34. 75
2010	1. 74	63. 22	35. 04
2011	1. 77	63. 04	35. 19
2012	1. 80	62. 90	35. 30
2013	1. 74	61. 95	36. 31
2014	1. 68	63. 22	35. 10

资料来源：笔者根据佛山统计局历年《佛山统计年鉴》整理。

3. 主要成就

佛山市顺德区依据"三三三"战略进行产业结构调整，即从 2004 年 10 月到 2006 年 10 月，取得了显著的成效，主要体现在龙头企业发展良好和产业结构改善两方面。2005 年，顺德三大产业比重为 2. 8 : 61. 1 : 36. 1，规模以上轻重工业比例由 2000 年的 1 : 0. 34 调整为 2005 年的 1 : 0. 54①。第二产业占据了整个经济体系中最大比重，且第三产业的比重远高于第一产业，工业呈现适度重型化、高级化趋势；而在工业结构中，重工业的比例相对轻工业有所增加，这意味着该地区产业结构调整的重点更加倾向于发展重型工业。在 2006 年，佛山市顺德区已在全国县域中率先突破了 GDP 千亿大关，且第二产业增加值实现 1840. 44 亿元，增长 23. 2%。其中，交通运输设备制造业完成产值 138. 96 亿元，比上年增长 50. 4%；金属制品业完成产值 433. 45 亿元，增长 42. 5%；塑料制品业完成产值 342. 47 亿元，增长 41. 9%；通用设备制造业完成产值 175. 28 亿元，增长 39. 7%。②

----

①　沈涌. 顺德率先基本实现现代化的报告与思考 [C]. 第四期中国现代化研究论坛论文集，2006 - 08 - 01.

②　参见《佛山市顺德区 2006 年国民经济和社会发展统计公报》，佛山市顺德区人民政府网，2007 - 05 - 08，https：// www. foshan. gov. cn/ gzjg/ stjj/ ztzl_1110965/ tjgb_1110961/ content/ post_1714645. html.

在 2008 年和 2009 年应对国际金融危机期间，佛山确定了"3 + 9"的产业集群，"3"包括陶瓷产业、白色家电和液晶显示，规划将 3 个产业培养成 3 个世界级的基地①。到 2010 年，光电产业、新材料、现代服务业、生物制药和中成药、环保产业、电动汽车产业等 6 个产业在佛山已具备很强的发展前景。到 2012 年前三个产业的产值超过 1000 亿元。顺德政府通过超前引领抓住了各产业中的龙头企业，突出优势产业综合竞争力，鼓励龙头企业进行品牌创造，进行专利抢注和制定标准，体现了地方政府引领区域经济发展，提升了产业核心竞争力。

（三）以产业园区开发为载体，优化产业政策与规划

1. 理论背景

一是正确处理政府与市场的关系。政府与市场之间关系的平衡一直是区域经济发展中的重要问题。成熟市场经济的"双强机制"强调了政府在现代市场经济中的关键作用，政府应如何适度行使自身权力促进市场经济的健康发展成为区域政府在经济中有所作为的重要内容。从现代市场经济看，市场依赖于政府权威制定规则、保护产权、维持秩序，杜绝不公平竞争来实现正常运转。除此之外，民生事业、公共服务、生态环境等方面也影响着市场的健康发展。

"强政府"的作用应该是尽可能地维护和促进市场更好发展，而过度干预市场的政府偏离了这个方向，其行为将对市场造成伤害。因此，成熟的市场经济需要"强市场"和"强政府"的双重机制。在这个机制中，强有力且有序的市场需要一个有效管理政府的支持，这正是"有效市场"运行所需要的"有为政府"保障。在宏观层面上，中国特色的宏观调控模式展现了"双强机制"的特点，即"党定调——政府引导——市场决定"。"中国式现代化"是共同富裕和高质量发展的现代化，在这个过程中，必须充分把握政府与市场的关系，实现"有为政府"与"有效市场"的双向促进。

二是佛山的现代制造转型与园区经济的角色转变。佛山各级坚持走新型工业化道路，通过制造业与服务业的相互配套、工业化与信息化的融合，实现传统制造业向先进制造业的转型升级，将佛山打造成为世界一流现代制造

---

① 佛山市委书记陈云贤履新接受南方日报专访 [N]. 2010 - 05 - 18. https：//news. sina. com. cn/c/2010 - 05 - 18/082817526982s. shtml.

基地。制造业是佛山的根与魂，而佛山作为广东省"制造业当家"的战略支点，在全省范围内发挥服务产业的最大优势，制造业转型升级是最重要的抓手。地方经济的发展关键在于发展园区经济，园区经济应成为民营经济和混合所有制经济融合发展的良好土壤，也是企业家精神的孕育地。园区经济不能孤立发展，应跳出行政区域园区经济的限制和制约，摆脱低水平均衡的发展困境，坚持大开放、大联合、大合作、大融合，推进更大范围的跨市、跨省、跨区域的一体化运作，积极对接国内外发达园区，探索合作园区和飞地园区，形成与创新源头、产业高地和金融中心的对接。同时，建立跨行政区域的 GDP、财税、节能减排等分享机制，实现优势互补、专业化协作和产业链协同发展，解决要素资源缺乏和瓶颈问题。

2. 主要做法

作为制造业高质量发展的主战场，产业园区是推动产业转型升级、建设现代化产业体系的重要载体。在制造业环节，90% 以上的经济活动都集聚在专业化产业园区之内。① 为此，全国各地均加快以园区经济撬动高质量发展的步伐，佛山亦不例外。园区经济已经成为现代产业体系建设的主战场、创新发展的火车头、体制机制改革的试验田以及对外开放的主阵地，堪称区域经济高质量发展的发动机和增长极。近年来我国大量战略性新兴产业、高科技企业及创新产业从各类园区诞生。产业园区已成为新兴市场竞争主体，成为创新发展和新兴产业培育的动力引擎，呈现出强大的创新优势和竞争优势。

早在 2001 年，佛山政府就发布了《佛山市工业发展规划纲要（2001～2010)》，为了实现省委省政府关于佛山要建设成广东第三大城市作出系统战略部署。2003 年，佛山市政府发布《佛山市农业发展规划纲要》《佛山市工业发展规划纲要》和《佛山市服务业发展规划纲要》，充分发挥区域政府的超前引领作用②。为此，佛山市加快工业化步伐，提高工业的整体素质和经济增长的质量，增强工业的综合实力和国际竞争力，致力于打造产业强市。2003 年，佛山市进一步给各区人民政府、市政府直属有关单位下发《佛山市工业（科技）园区发展实施意见》，全力支持工业园区的发展，要求加强对全市工业园区建设的组织领导，并成立市工业园区建设协调小组。

---

① 佛山金融蓝图：产融互动，制造业转型新引擎［EB/OL］. 佛山金融，2023 – 07 – 31.
② 参见《关于下达佛山市产业发展规划纲要的通知》，佛山市人民政府门户网站，foshan. gov. cn.

同时，规范工业园区的设立，推动其在规模、档次和水平上实现新的突破。加强对工业园区的规划和整合工作，并按照高起点规划、高标准建设、高效能管理的原则制定总体规划和控制性详细规划。明确园区产业的发展方向，充分考虑地理位置、交通环境、产业基础、资源条件和发展战略等因素，并采取差异化发展战略，大力培育各自的主导产业，以形成各具特色、良性竞争、互相促进发展的园区经济态势。加大招商引资的力度，充分发挥园区基础设施完善、服务体系健全和政策优惠等优势，扩大招商引资的范围，并建立长期稳定有效的招商引资机制和渠道。积极有序地推进产业梯度转移，促进区域经济的协调发展。

通过法律法规规范的形式来规范政府行为，可以实现政府和市场的良好协作，进而不断吸引各类资源要素流入园区，实现园区的高速持续发展（白雪洁等，2014）。从2003年的《佛山市工业（科技）园区发展实施意见》可以看出，佛山政府坚持科技和创新驱动，以产业链、创新链、价值链深度融合为主线，推动人才、资本、技术、政策等创新要素向园区集聚，催化当地创新生态，做强创新引擎。通过抓大放小、抓大活小、大中小融通发展，营造经济生态，产业集群发展。要沿着产业链条、细分赛道深入研究产业地图，总揽各细分行业头部企业的区域分布及竞争地位、竞争态势，以此确立园区产业定位和招商引资策略。紧密合作头部企业、创新型大企业，策划重大战略项目落地，扶持高精尖专特新企业，活跃中小微企业，让市场主体、创新主体充分发育，崛起一批产值千亿起步的新兴产业集群。

佛山政府充分认识到，市场是园区经济生命力和活力的源泉，体制、机制是园区竞争力的首要和关键。致力创新园区制度安排与供给，集结政府、高校及科研院所、企业、资本等方面的创新资源和要素资源，形成财政、金融、人才、土地等政策与产业发展的同频共振和叠加效应，建立多元化、市场化投融资机制和模式，构建政府引导、市场运作、社会参与的前沿治理模式。表1-2整理了历年佛山市园区发展支持政策，从中可以看出佛山市在推动园区发展过程中进行了非常详细的规划，同时也进行了大力的扶持。

与此同时，结合园区发展，政府积极推动城乡"三旧"改造，政府推动、市场运作和企业参与三者并驾齐驱，极大地促进土地利用模式和产业结构的调整和完善，推动土地利用效率得到了提高，也为地方经济的发展提供更多空间。同时，地区的产业布局得到优化，推动农村产业向现代化、高效率、高附加值方向发展，进而促进经济的可持续发展和提高产业竞争力。这种经验在广东省和全国范围内广泛推广，被称为"佛山经验"①。

表 1 - 2　　　　　　　　　佛山市园区发展支持政策

政策文件	支持内容/措施
《佛山市工业发展规划纲要（2001~2010）》	1. 优化产业结构，提高工业整体素质 2. 做强做大一批大企业，促进中小企业健康发展 3. 实施名牌带动战略，打造一批著名品牌 4. 以信息化带动工业化，增强企业科技创新能力 5. 大力发展工业园区经济，促进工业发展集约化、簇群化 6. 促进区域经济协调发展，提高对外开放水平 7. 加大招商引资力度，大力发展民营经济 8. 加强企业人才队伍建设，增创人力资源新优势
《佛山市工业（科技）园区发展实施意见》	1. 园区实施战略化发展战略，大力培育主导产业 2. 加强园区整合规划 3. 加强基础设施和服务体系建设 4. 加大招商引资力度，充分发挥园区服务体系健全、政策优惠特色 5. 积极有序实施产业梯度转移 6. 加强园区政策扶持力度
《佛山市关于大力推进信息化与工业化融合的意见》	1. 利用信息化手段促进传统产业整合和产业集群的优化升级 2. 着力推行工业研发设计电子化 3. 推进传统产品信息化改造 4. 着力推进新兴技术产业化 5. 加强资金引导，突出扶持重点 6. 推动生产过程智能化
《佛山市工业企业技术改造三年行动计划（2018—2020 年）》	1. 支持提质增效，着力引导企业重点投向优质项目 2. 推进智能化改造，以提高装备智能化效率、成果转化率、劳动生产率、产品优化率为主攻方向 3. 推动设备更新，支持传统企业改造老旧设备，推动工业机器人 4. 引导绿色化发展，淘汰落后产能 5. 实施工业互联网应用创新工程 6. 推动工业基础设施能力建设
《推动佛山工业投资可持续发展实施细则（2019—2020 年）》	1. 狠抓重点项目和重大产业基地建设 2. 培育发展壮大一批重大产业基地 3. 落实技术改造奖补政策 4. 发挥财政引导作用，支持科技含量高、市场前景好的重大工业投资项目 5. 加大金融支持力度

---

① 政府超前引领有利于可持续发展 [N]. 南方日报，2017 - 08 - 16.

政策文件	支持内容/措施
《关于支持佛山新时代加快高质量发展建设制造业创新高地的意见》	1. 培育壮大先进制造业集群 2. 推动制造业数字化智能化转型发展 3. 加快发展战略性新兴产业 4. 推动产业协同融合发展 5. 加快建设重大科技创新载体和平台 6. 培养集聚创新人才队伍 7. 打造一流营商环境，加快建设统一涉企服务平台

资料来源：笔者根据佛山市人民政府网站公开资料整理绘制。

但是受限于用地指标等因素，各地已经很难继续开辟各类新园区。为此，佛山大力推进传统园区二次开发和"腾笼换鸟"，强化各类园区横向联合、垂直化整合，加快产业转型升级步伐，优化产业布局，构建现代产业体系，提高产出效率，实现从规模、数量扩张向质效提升的根本转变。更进一步，被"产城融合"重新定义过的园区经济，近年来已被国内外许多城市践行的"硅巷"模式①反复验证。经济园区化、园区产业化、产业集聚化已成为区域经济发展的大势所趋。如果说上一轮城市化、工业化为代表的大批园区是农村包围城市开辟产业根据地，那么进入科创时代，以硅巷模式为代表的高新技术产业聚集区则瞄准城市中心地带、老城区酝酿创新革命，创新、创投、创业、产业回归都市是大势所趋。

佛山市委在2020年的第十三届四次全会中提出，要坚持制造业的支柱地位不动摇，以"四大决心"促"四大改变"。实干是首要任务，务必将各项政策措施落实到位。在此次全会报告中，佛山市重点强调，要高水平打造"十大创新引领型特色制造业园区"以及高质量建设"十大现代服务业产业集聚区"。这意味着佛山致力于提升制造业水平，推动产业向中高端发展，促进制造业转型升级，进而提升制造业领域的核心竞争力；同时充分发挥区位优势，建设现代服务业产业集聚区，促进服务业的优化发展，提升服务业在经济中的比重，为地方经济增长和创新发展注入新动能。②

2022年广东省委、省政府发布了《关于支持佛山新时代加快高质量发展建设制造业创新高地的意见》，佛山被赋予了"新时代改革开放示

---

① 硅巷模式起源于纽约曼哈顿的老城区，主要是指以存量空间更新为主的科创企业集聚街区，这一模式强调科技创新的重要性，通过科技创新推动产业升级和发展．

② 挑制造强省大梁！佛山建设"十大园区"和"十大集聚区"引热议［N］．佛山日报，2022 - 07 - 09．

范"的战略定位。根据规划，到 2025 年，佛山的园区将成为人才集聚的创新高地；到 2030 年，园区将成为"大湾区人才聚集地"和"国家级自主创新示范高地"。

进入新时代，佛山将创新驱动作为最重要的推动力，全面进行产业发展、管理机制和发展模式的创新，以增加园区发展的新动力。吸引人才、技术、资本等创新要素进入园区，提升自主创新能力。在政策保护上，佛山市政府通过优化园区管理结构，明确责权和充分授权保证园区的高效运行。同时，佛山坚定不移地走创新发展路线，积极推动数字化转型升级。一方面构建数字化基础设施，如数字化的通信网络、数据中心、云计算基础设施等；另一方面通过实施多层次战略，如政府引领、园区赋能、产业集群联动等措施，在政策引导、资源整合等方面发挥引领作用，进而促进各环节的数字化协同发展，加快传统制造业向现代制造业的转变。①

佛山还通过推进广佛全域同城化，形成南、中、北三条同城化发展轴，进一步增强佛山的区位优势和政策优势；同时借助粤港澳全面合作的机会，根据实际情况定制专项扶持政策，因地制宜、一园一策，全方位提升，推动重点产业园区的高质量发展。

（四）以民营企业发展为抓手，加大培育市场力度

1. 案例与理论结合分析

一是发挥政府在市场经济中的超前引领与先导作用。区域政府在发挥作用时具备双重职能。一是根据中央指示，承担对本地区经济的宏观管理和调控的责任，扮演"准宏观"角色②。这意味着区域政府通过制定政策和规划，调控经济发展，促进资源配置和产业结构优化，以达到整体经济稳定和可持续发展的目标。二是代表本地区的非政府主体在争取经济发展的外部条件上发挥作用，在争取政策支持最大化的程度上与其他区域政府竞争，以实现本地区经济利益最大化，扮演着"准微观"角色。区域政府在促进本地区经济发展中，积极参与资源配置、产业发展和市场竞争，为本地区的经济繁荣和社会进步做出贡献。刘新圣（2015）指出，政府在面对制度障碍时可以通过组织管理鼓励社会力量发展，加快职能转移，有序放开资源。朱富强（2018）

---

① 佛山市委书记郑轲：高水平打造十大创新引领型特色制造业园区［N］. 南方日报，2022 – 07 – 27.

② 孙祁祥. 被忽视的中观经济学［N］. 光明日报，2016 – 10 – 25.

认为政府的经济计划和产业规划等显性协调活动都起源于企业组织内部。

超前引领的核心意义在于区域政府综合运用各种合法手段，提前处理市场无法胜任或不擅长处理的事务。该概念可以从三个方面理解：一是超前引领是政府的一个综合举措，包括政策制定和立法规范等方面的布局；二是超前引领体现的是政府干预的前瞻性；三是超前引领是为了处理市场事先无法胜任的事务来促进健康有效的市场经济发展。

区域政府在中国改革开放进程中发挥积极作用。在当代市场经济中，区域政府扮演了许多场合下的关键参与者角色，甚至在多个领域中是重要的竞争者（陈云贤、顾文静，2017）。因此，区域政府也是现代市场经济的主要组成部分之一。从中国区域政府实践来看，政府的目标主要是经济增长，这个目标在过去四十年都没有变化，但是区域政府的行为发生了很大变化，其原因在于约束条件的变化。中国区域政府在发展中采用了"区域分权"（张维迎、栗树和，1998）和"财政联邦制"的形式，形成了区域政府较为独立的财政运行体系，在财政预算约束上有较大的弹性。民营经济和外资经济是推动佛山经济快速发展的两大核心引擎，佛山政府坚持实施"双轮驱动"战略，以民营经济和外资经济的协调发展探索出了内外源型经济发展模式（文丽，2010）。佛山经济发展依靠民营经济和外资经济这两个引擎，坚持实施"双轮驱动"战略，促进民营经济和外资经济的协调发展。同时，积极加大招商引资的力度，促进外来资本对经济的贡献。

二是佛山致力于促进民营中小企业成长。自改革开放以来，中小企业在满足居民多样化需求、进行科技创新和创造就业等方面的作用日益突出。它们为经济发展注入了活力，推动了社会进步，是国民经济不可或缺的重要组成部分（王朝弟，2003）。佛山在2003年推出《佛山市工业发展规划纲要（2001~2010）》，提出了一系列措施，旨在培育一批大型企业，促进中小企业的健康发展，并积极鼓励和支持科技型、就业型、资源节约与综合利用型、农副产品加工型以及出口创汇型等中小企业的发展。同时，加快建立和完善为中小企业提供信息咨询、市场开拓、筹资融资、贷款担保、技术支持和人才培训等社会化服务体系（陈润儿等，2006）。此外，还引导中小企业向专业化、精细化、创新型和特色化方向发展，以形成一批专注于特定领域的中小企业集群，实现专业化生产和社会化协作①。

---

① 挑制造强省大梁！佛山建设"十大园区"和"十大集聚区"引热议［N］.佛山日报，2022 - 07 - 09.

佛山的工业发展规划纲在落实国家政策的同时，提出了一系列措施来促进中小企业的发展。这些措施旨在提供更全面的支持和服务，帮助中小企业更好地开展经营活动，并鼓励它们在特定领域实现专业化和创新发展。这些举措为中小企业的健康发展提供了有力支持，同时也有助于佛山市的工业发展和经济繁荣。

民营企业是中小企业的主力。2004 年佛山政府工作报告指出，要大力发展民营经济，提高民营经济发展的质量和水平。落实好各项加快民营经济发展的政策措施，引导民营企业加快体制、科技和管理创新，走产权多元化和社会化道路。引导民营企业在参与国企改革、扩大产业投资和公用事业改革中做大做强。通过多种途径和形式，包括进入资本市场等促进民营企业做大做强；积极引导民营企业实行多元化股权结构等多种办法，促进建立现代企业制度。进一步放宽民营企业的市场准入和投资领域，让民营资本更广泛地进入三大产业投资领域。积极扶持和推动科技型、外向型、吸纳下岗人员再就业型、农产品加工型民营企业发展。采取有效措施解决民营经济发展中遇到的难题，通过建立和完善技术创新、市场拓展、筹资融资、人力资源、信息咨询服务等社会化服务体系，用更高效的服务、更低廉的投资经营成本和更好的软、硬环境，吸引更多的民营资本在佛山聚集，促进民营企业更好更快健康发展。①

1993 年 4 月 7 日，位于禅城的荣山国际（现中国中药）在香港上市，拉开了佛山企业上市的序幕。此后三十年，佛山上市公司数量也由 1993 年的 3 家跃升至 2023 年的 76 家，总市值更是突破万亿元，长期居于全国地级市前列。

佛山民营经济发展走在全国前列，离不开各级政府在招商引资和招商选资领域发挥的积极作用。同时，佛山政府围绕光电、新材料和现代服务业三大主攻产业，以及环保产业、生物医药、电动汽车三大重点培植产业进行精准招商，以区域政府超前引领创造产业发展的投资环境。

从表 1－3 中可以看出，2004 至 2014 年十年间，佛山市各类企业都在不断发展，工业总产值和利税皆逐年上升，不仅是民营经济的独特特色和充满活力的来源，也是推动经济社会发展和实现转型升级的重要力量。佛山的工业发展起初是从乡镇企业开始的，逐步实行包产到户政策，使每个家庭和村庄都拥有土地。随后，佛山政府不断深化经济体制改革，采取放权让利政

---

① 数据资料来源于《2004 年佛山市政府工作报告》，2004－02－24.

策，将权力下放给村庄和镇级政府，为民营经济发展持续供给土地资源和产业空间。各个地方政府之间相互竞争，同时也存在合作关系。例如，一个镇生产家具，另一个镇负责销售家具，还有一个镇生产制造家具的机械设备，以此形成高效稳定的供应链体系。区域政府与市场相互呼应，政府为市场提供公共服务，包括硬件和软件基础设施。在这个过程中，市场能够充分发挥作用，民营企业得以成长。区域政府通过制定产业政策，提前引领经营资源的配置，以本地的比较优势来谋划资源布局。这些举措使佛山的工业得以快速推进。

表 1-3　　　　　　　2005～2014 年佛山市企业主要经济指标

年份	规上工业企业数（家）	内资企业（家）	港、澳、台商投资企业（家）	外资投资企业（家）	主营业务收入（亿元）	本年应交增值税（亿元）	利润总额（亿元）
2005	5149	3804	942	403	4528.61	152.22	168.22
2006	6011	4491	1056	464	6125.61	195.28	238.29
2007	6680	5023	1141	516	8190.15	252.46	403.83
2008	7997	6113	1230	654	10300.74	458.42	403.83
2009	7807	6057	1130	620	11262.92	285.53	629.90
2010	7684	5977	1108	699	13733.60	318.39	1073.34
2011	6317	4806	972	539	13957.78	301.59	1006.72
2012	5950	4549	899	502	13980.37	360.34	1140.50
2013	6163	4782	878	503	16424.68	421.78	1285.29
2014	5883	4601	804	478	17953.59	455.88	1365.33

资料来源：笔者根据佛山统计局历年《佛山统计年鉴》整理。

2. 主要做法

一是致力于解决融资问题，释放企业新活力。

2005 年，佛山市发布《佛山市南海区促进企业上市优惠及奖励试行办法》，明确指出：企业成功上市后，按上市发行募集资金在人民币 1 亿元以上的（含 1 亿元），一次性奖励 100 万元；1 亿元以下的，一次性奖励 50 万元。

佛山在 2008 年制定了"金融发展三项计划"和《佛山市金融业发展规划（2008 - 2015）》等措施，提出到 2010 年佛山要形成以民营经济为主体，民营、外资经济双轮驱动。上亿元产值的企业有 2200 多家，10 亿到百亿元的有 250 多家，百亿到千亿元的有 6 家。其中，仅与美的配套的企业超过 600 家。

2011 年，佛山市拥有的境外上市公司超 20 家，通过政府财政资金的"四两拨千斤"，至少推动了 220 多个亿的资金投放到各类企业，惠及 4800 多家企业。佛山上市公司市值在 2016 年年底排名第 13，不到 5800 亿元，但随着 2017 年以来的股价暴涨，佛山上市公司市值已经接近了 1 万亿元大关，达到了 9722 亿元。① 截至 2022 年，佛山已有 7 家企业上榜中国民营企业 500 强。

2018 年，佛山市人民政府办公室发布了《佛山市金融促进民营经济高质量发展若干政策措施的通知》，进一步鼓励促进民营企业的发展。面对经济发展新形势，2022 年佛山市出台了服务市场主体的地方性法规——《佛山市市场主体服务条例》，并推动了一系列改革措施，促进数字政府和信用佛山建设，为市场主体提供全方位、优质高效的服务。此举旨在实现一流营商环境的构建，为市场主体提供更好的发展环境和支持②。2022 年下半年继续在政策落地、项目建设和企业服务等方面协同发力，力争推动经济实现良好增长，不断为服务全省发展大局提供支持③。在企业服务方面，佛山市采取了一系列举措以提升服务质量。例如引导民营企业优化产权结构、鼓励行业骨干企业进行产业并购、帮助困难企业发展、加快优质企业的上市进程，推动企业的规模和实力不断增强。

二是推动工业产品下乡，引导企业扩大内需。

根据《2007 年中国统计年鉴》数据显示，2007 年，中国的农村人口数量为 7.28 亿，相当于总人口 13 亿的 55%，中国农村的消费市场规模和潜力相当惊人，农村消费市场总额每年可达 3 万亿元④。2009 年，商务部、财政部下发《关于推进下乡产品流通网络建设的通知》⑤，目的在于推动农村市场的开拓，刺激农村消费增长，有助于规范产品流通渠道，提高流通效

---

① 佛山上市公司总市值全国第七［N］. 佛山日报，2017 - 12 - 06.

② 广东省第十三届人民代表大会常务委员会第四十三次会议于 2022 年 6 月 1 日批准《佛山市市场主体服务条例》，并于 2022 年 7 月 1 日起施行.

③ 张培发，赵斌. 佛山市委书记郑轲：高水平打造十大创新引领型特色制造业园区［N］. 南方日报，2022 - 07 - 27.

④ 何乐. 海外来风［N］. 中国市场，2009 - 01 - 18.

⑤ 为推进下乡产品网络建设，2009 年，商务部、财政部颁布《关于推进下乡产品流通网络建设的通知》，在全国开展汽车、摩托车、家电下乡产品流通网络建设，开拓农村市场，拉动农村消费.

率，减少下乡产品的流通成本；完善下乡产品服务体系，更好地为农民提供服务，切实提升农民生活水平。

2009 年两会期间，佛山提出要引导佛山企业下到农村，扩大与农民生活息息相关的工业产品下乡范围，以稳固佛山产业基础，有效抵御金融危机的冲击，实现经济平稳较快发展。将工业品下乡与宅基地建设相结合，进一步扩大建设材料下乡的范围。在巩固城市市场份额的同时，将销售网络延伸到全国 2800 多个县域内，解决广大农村的生产、生活需求。这不仅可以提高产品的知名度和市场覆盖率，还能加快整个行业的发展。另外，工业产品下乡首选自主创新产品，有利于国内企业激发自主创新的热情，推动企业产品向更高端、更具竞争力的方向转型升级，从而带动整个产业的发展①。

三是培育数据要素产业集群，探索服务实体经济新路径。2022 年 12 月，中共中央、国务院发布了《关于构建数据基础制度更好发挥数据要素作用的意见》，目的是加快数据基础制度的建设，推动数字经济的发展②。佛山积极推动数字化转型，建设数据要素市场体系，促进产业数据与公共数据融合，将数据资源更加有效地运用到实体经济发展中，增强经济发展新动能③。

创新成为实现持续发展的第一动力，通过技术创新，企业能够不断提升产品和服务的质量，增强竞争力，并在市场竞争中脱颖而出。同时，技术创新也有助于提高综合国力，促进产业升级和结构优化，推动经济实现高质量的增长。中观经济学认为，区域政府通过 R&D 资助为区域内的企业、高校和科研院所提供支持。区域政府 R&D 资助的政策工具分为对私人部门的直接资助、对公共研究的资助和税收优惠（李瑞茜，2014）。而区域政府对企业科技创新的支持使得技术进步被内生化，内生化的技术进步又进一步地促进了区域经济的发展。R&D 数据可以作为该地区的自主创新能力和创新型建设进程的评判依据。图 1 - 5 展示了佛山市 2005 ~ 2021 年 R&D 经费支出以及 R&D 人员数量，从图中可以看出，R&D 经费的投入上呈现出逐年递增态势，可见佛山政府注重对科技创新的重视及支持。

佛山市政府对于科技创新以及智能化发展的支持力度在企业中可通过系列政策窥见，如佛山市人民政府办公室在 2022 年发布了《佛山市加速制造

① 扩大工业品下乡促进内需　真正启动农村市场［N］. 21 世纪经济报道，2009 - 03 - 10.
② 中共中央　国务院关于构建数据基础制度更好发挥数据要素作用的意见［EB/OL］. 中国政府网，https：//www. gov. cn/zhengce/2022 - 12/19/content_ 5732695. htm？eqid = bc7cffa6000947d900000006647c3a8f.
③ 激活数据要素价值　助推实体经济发展［N］. 佛山日报，2023 - 08 -01.

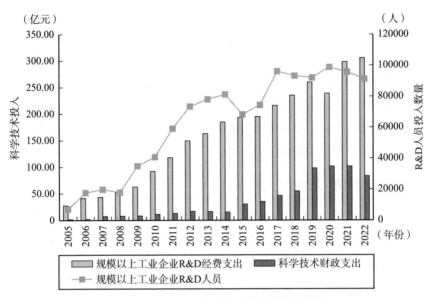

图 1 - 5　2005～2022 年佛山市科技创新投入情况

资料来源：根据佛山市统计局历年《佛山统计年鉴》整理。

业产业集群数字化智能化转型工作方案（2022 - 2025）》，鼓励龙头企业引领产业链和供应链协同进行数字化转型。在中小企业的发展中，重点关注以中小企业为主的特色产业集群，由行业公共服务企业牵头整合生态资源，建立产业集群数字化转型联盟，深入挖掘行业的垂直领域，汇集行业经验和知识，开发适用于中小企业的行业级或专业型工业互联网平台，提供小型化、快速化、轻量化、精准化的数字化系统解决方案和产品。该方案旨在解决行业发展中的问题和瓶颈，形成可复制和推广的数字化转型典型模式。通过平台整合产业生态，引导中小企业走向"专精特新"的发展道路，促进制造业实现高质量发展。

第三节　结论、问题及建议

一、结论与启示

通过对佛山市的分析可以发现，政府的"双重属性"主要体现在两方面。一是提供制度支持，确保公共产品和服务的实施；二是进行经济调节，引导产业升级和城市现代化发展。这两个方面相辅相成，弥补了传统市场理论的缺陷，现代市场理论得到进一步发展，即除了微观经济学研究企业，宏观经济学研究国家外，还应该有中观经济学研究区域政府（陈云贤，2019）。在研究佛山经济发展问题时，需要牢牢把握其中的核心问题。根据党的二十大精神指导，佛山市应加快形成自主创新动力更加强劲，开放协同引领力不断提升的发展格局。

（一）拼经济，产业转型强发力

过去佛山经济增长主要依赖于传统制造业，产业结构相对单一，缺乏高技术产业和创新型企业的支撑，这使得佛山在面对国内外市场竞争时缺乏竞争优势。这种结构性问题限制了佛山经济的可持续发展和创新能力。针对上述问题，本章分析了佛山市的一系列做法，包括采取"三三三"战略发展三大产业，扶优扶强推进产业结构优化升级；针对园区进行产业政策优化和重新整合，加强产业协同发展，促进不同产业之间的互动和合作，形成产业集群效应；重视中小企业的发展，加大对高技术产业和创新型企业的支持力度，鼓励技术创新和研发投入；注重人才培养和引进，提高劳动力素质和创新能力。综上所述，通过拼经济和产业转型强发力，佛山能够克服原先面临的经济问题，并实现经济的可持续发展。佛山政府通过加大对高技术产业和创新型企业的支持，加强城市规划和基础设施建设，促进产业协同发展，以及注重人才培养和引进，推动实现了区域经济的转型升级，探索形成了可持续的产业经济发展道路。

（二）引活水，营商环境促发展

改善营商环境，既要讲求系统性，又要突出针对性。佛山政府在过去的几十年里不断加强全市经济发展规划管理的统筹力和执行力，强化全市科技创新对产业提升的推动力，进一步完善企业发展的载体和配套，加强硬件设施的服务力，通过加强市场监管和要素获取方面的改革，进一步打击了市场不正当竞争行为，为民营经济发展构建了公平的竞争环境。优化要素配置，提供更多优质的土地、劳动力和资金支持，为企业创造了更好的发展机会。佛山政府还通过改革教育和人才引进的措施和做法，提升人才和项目流入的吸引力，协调有关资源，增强佛山产品面向国内外市场的竞争力等，以进一步改善外部环境；通过设立支持企业融资专项资金，降低融资成本，解决短期资金难题，为企业提供了更好的发展条件。同时大力推进产业整合改造，培养各行业的骨干大企业，提高龙头企业的引领力，加强产业的集约和协作程度，鼓励企业的合作共赢，改变过去的裂变和同质竞争，提高行业的凝聚力等，进一步改善内部环境。佛山政府正是通过坚持深化改革，坚持"有为政府"与"有效市场"有机结合，持续释放企业创新活力，成功地引活水、促发展。在未来的发展中，佛山市将继续致力于打造更加开放、创新、具有竞争力的营商环境，吸引更多的投资和人才。同时，加强区域协调发展，促进城乡经济一体化，实现经济的可持续发展和社会的共同繁荣。

（三）齐发力，金融实力再推进

2022 年，佛山金融业税收合计 135.71 亿元，同比增长 11.3%，占全市总税收的 9.4%，金融业纳税额仅次于制造业、批发零售业和房地产业，排名第四①。实体经济与金融是共生关系，雄厚的产业基础，衍生出大量的金融需求，需要强有力的金融环境为实体经济输送血液，为企业的设备更新、技术改造、绿色转型发展等提供稳定的资金支持。反过来，金融业的发展，也将增强实体经济的发展动力。转型升级并不是一蹴而就。佛山市制造转型正面临着"爬坡过坎"的艰巨任务，中低端产业成本优势被削弱，高端产业发展优势不足，关键环节存在"卡脖子"现象，此外，制造业发展仍存在较大的资金缺口。创新驱动、发展高价值链的内在需求，使制造业对金融提出了更高的要求，金融体系需要有更加创新的产品和服务，更加高效、开放、富有活力的组织形态。未来需继续探索并完善金融服务模式，提升金融资金、先进制造融资需求的适配度，保障各项金融指标保持较快增长，增强金融产品和服务供给能力，使得金融与制造业逐渐走向融合，不断为全市经济持续平稳发展提供更有力的支撑。

二、问题与挑战

通过分析佛山的经济现状和相关政策，发现新阶段佛山经济发展仍面临一系列挑战。从外部环境看，首先，在粤港澳大湾区和广佛同城规划中，佛山市未能凸显自身优势，其角色不明确，定位模糊，缺乏明确的政策支持和具体的战略协同计划。其次，周边城市不断将佛山市企业作为招商目标，通过招商引资等手段，导致佛山市的经济资源大量外流，对佛山市的经济发展

---

① 数据资料来源于佛山市统计局《2022 年佛山市统计年鉴》.

造成了影响。此外，与广深等核心城市相比，佛山市在城市建设、产业发展和薪酬水平等方面存在差距，难以有效吸引国内外和周边地区的优质资源（包括资本、项目和人才）流入本地，进一步影响了经济发展。另外，近年来，世界政治经济环境的变化以及与其他发展中国家的竞争，给佛山市产品出口带来了不稳定因素，加剧了外贸市场的分化压力。此外，国家宏观经济政策的滞后效应、对房地产业的过度依赖、金融体系对实体企业的不充分支持，以及劳动社会保障政策等问题，也对佛山市的经济发展产生了一定的影响。最后，国内外原材料市场和上游产业不断上涨的价格，给佛山市的制造业发展带来了更大的成本压力。

从内部环境看，政府在实体制造业发展规划和战略执行方面的力度不够，导致产业片区和产业支柱的发展规划难以有效实施；产业升级转型缺乏明确的引领，因此产业升级的提升效果有限；企业面临着不断上升的成本压力，涉及人力成本、信贷成本、原材料成本以及政府税费管理成本的增加；产业载体建设和管理水平相对较低，工业园区的配套设施不够完善，商业街区建设缺乏规划，科技园区的实际效果与名称不符，物流园区规模较小；产业结构缺乏有机集约化，核心大企业数量较少，中小企业同质化现象严重，产业组织和产业协作水平较低；技术创新能力较弱，产业研发和工艺革新的动力不足，技术储备和人力资源不足以快速推动技术创新，生产制造与智能化信息化的融合进展缓慢；人力资源建设与企业发展需求不匹配，教育科研体系无法满足产业研发和技能人才的需求，引进高端科技研发人才效果不佳；体制机制尚未得到有效调整，市级统筹能力不足，区级发展不平衡，镇级发展压力较大，政府与企业间缺乏纵向和横向的合作力量；法治水平和执法能力需要进一步提高。

三、经验与建议

只有政府"搭好台"，企业才能"唱大戏"。在改革开放40年的实践中，佛山政府一直与市场保持良好的关系，灵活把握市场规律，不断转变自身角色和职能，为企业发展提供服务。佛山注重发挥服务型政府的理念，不断创新政务服务模式，努力实现治理能力和治理体系的现代化，其经验值得其他城市和地区学习。

（一）坚持党的领导，牵住发展"牛鼻子"

历年来，佛山市委、市政府毫不动摇地坚持党的领导，确保了发展方向与党中央的政策方针保持一致。同时，佛山市还善于在国家大政方针中找到自己的位置、着力点和发力点，借国家政策的"东风之力"发展自己、充实自己、壮大自己，比如改革开放初期创立了"顺德模式"和"南海模式"。坚持党的领导能够确保地方政府与中央政府发展目标的统一，提升执行力的有效性。党的领导是保证经济发展顺利进行的重要保障，政府和各级党委应加强协调配合，形成整体合力。在制定发展战略和政策时，要紧密结合党的路线方针政策，确保发展方向与党的要求相一致。另外，地区发展也要注重培育和发展具有核心竞争力的产业和企业。在制定产业政策和发展规划时，要结合佛山的资源禀赋和市场需求，重点培育具有创新能力、技术优势和市场竞争力的重点产业。

（二）坚持敢为人先，创造"地区经验"

佛山市在改革开放中展现了敢为人先、创造"佛山经验"的精神。回顾历史，可以看到佛山市在解放思想、勇于开拓和敢于创新方面的众多成功实例。正是因为佛山市敢于先行先试，大胆实践探索，始终走在深化改革的前列，才形成了一系列可供借鉴、可复制、可推广的"佛山经验"。佛山市的成功经验可以归结为以下几个方面：首先，佛山市坚持解放思想，勇于突破传统观念的束缚，敢于尝试新的改革举措。这种开拓创新的精神为佛山市的发展奠定了坚实的基础。其次，佛山市注重实践探索，通过不断尝试和总结经验，形成了一套适合本地实际的发展路径。这种勇于实践的态度使得佛山市能够在改革中迅速取得成果。佛山市的成功经验可以被视为一种"技术创新"。佛山市敢于突破传统的思维和发展模式，尝试新的经济发展途径，通过创新来提高经济增长和社会发展的质量和效益。这种技术创新的精神和实践为佛山市赢得了先机，使其在全国范围内具有示范和引领作用。区域政府竞争在优化劳动力、资本、土地等要素配置上起着重要作用，应当从佛山市的成功经验中汲取启示，勇于开拓创新，敢于实践探索，为本地区的经济发展找到适合的路径和模式。通过不断创新和实践，推动经济的持续发展，为全国的改革开放事业做出更大的贡献。

（三）坚持深耕实业，塑造核心竞争力

改革开放以来，佛山市始终坚持以制造业立市不动摇，坚守实体经济不动摇，通过一手抓产业结构的调整提升，一手抓新兴产业的培育发展，推动产业结构从传统产业为主变为传统产业和现代产业旗鼓相当①。正因一直坚持以制造业立市不动摇，佛山被誉为中国制造业的"佛山样本"，也成为全国制造业转型升级综合改革试点城市。要学习佛山坚持深耕实业，塑造核心竞争力的发展路径。通过加大对实体经济的支持，加强产业链的整合和延伸，加强人才培养和引进，以及加强市场开拓和国际合作，佛山将能够进一步提升经济发展水平和竞争力，实现更加可持续和高质量的发展。通过加大对制造业、服务业和农业等实体经济领域的投入和支持，可以提升佛山的产业实力和核心竞争力。政府要提供更多的资金支持和政策优惠，鼓励企业增加研发投入、技术创新和产品质量提升，从而提高产品竞争力和品牌影响力。加强产业链的整合和延伸，通过加强产业链各环节之间的协同合作，提高资源利用效率和产业附加值，从而增强核心竞争力。政府可以促进不同企业之间的合作交流，推动产业链上下游之间的合作与协同发展，培育壮大产业集群，形成规模效应和技术创新能力的集聚效应。

（四）坚持深化改革，释放企业新活力

佛山市持续深化"放管服"、商事制度、审批制度、市场监管、要素获取等方面的改革，加大对民营企业的支持力度，不断释放企业活力。比如，设立支持企业融资专项资金，对域内企业提供 10 个工作日内低费率转贷业务，帮助企业渡过短期资金难关。成功经验启示，改革是破解企业发展难题、改变前途命运的"关键一招"。要将深化改革作为推动企业高质量发展的重要抓手，着力加强市场监管和要素获取方面的改革，打击市场不正当竞争行为，促进公平竞争。优化要素配置，提供更多优质的土地、劳动力和资金支持，为企业提供更好的发展条件。

---

① 贺祝群，吴道军等．高质量做大做强主导产业——贵阳市委党校专题调研组佛山调研心得 [N].贵阳日报，2019－07－22.

第二章　区域政府在"三旧"改造中的经济行为分析

中观经济学是现代市场经济体系的重要理论支柱，是解释区域政府经济行为的理论创新。新发展阶段，面对城市化发展"土地存量不足、利用成效不高、产业结构低端、城市形象老旧"等多重难题，"十四五"规划明确提出"实施城市更新行动"，以区域政府为主导推动实现"增量扩张"向"存量挖潜"转变。聚焦时代发展问题和国家战略导向，本部分基于中观经济学理论框架，以佛山"三旧"改造成功实践为例，系统探讨了"三旧"改造中的区域政府经济行为，以论证中观经济学理论的实践性与正确性。研究发现：佛山"三旧"改造模式的成功经验在于区域政府积极有为，市场机制灵活有效，在全国具有示范效应；区域政府具备"超前引领"作用，对"三旧"改造进行宏观布局规划和管理调控；区域政府拥有资源配置职能，以资源有效生成、有为经营、有效配置实现"三旧"资源的最优化开发与利用；区域政府具有显著"经济人"趋向，以征税组合工具、政府企业化、政府市场结合发挥"准微观"属性，追求"三旧"改造最大化利益回报。基于上述分析，从强化政策制度供给、优化考核机制设计、转变土地开发策略、创新城市治理模式四个维度，对新阶段区域政府城市建设与管理提出政策建议。

"三旧"改造①是适应新时代城市发展新形势的必然要求。新阶段，中国城市化发展已经进入"存量"更新时代，经济发展受到资源利用瓶颈、产业转型瓶颈、城市提升瓶颈多重制约（陈晨等，2013）。聚焦现实所需，"三旧"改造成为城市实现从"增量扩张"向"存量挖潜"转型、外延粗放型增长模式向集约化高质量发展转变的重要工具。我国在城市老旧小区改造方面有巨大需求和发展空间，尤其是具有"城乡二元特征、土地利用混

---

① "三旧"改造特指"旧城镇、旧厂房、旧村庄"改造，最早起源于广东，是地方政府探索转变经济发展的一种方式.

杂"的半城市化地区成为新阶段存量空间修补和提升的重点对象(郭炎等,2018)。"三旧"改造并不是简单的拆除重建,其核心是产业结构的升级与城市发展的进化。2015年,中央城市工作会议明确提出,要"转变城市发展方式和完善城市治理体系";2021年,《中华人民共和国国民经济和社会发展第十四个五年规划和2035年远景目标纲要》创造性提出,要"推进以人为核心的新型城镇化""实施城市更新行动",将城市更新上升到国家战略高度;2022年,"二十大"报告再次明确了要"加快转变超大特大城市发展方式,实施城市更新行动,加强城市基础设施建设,打造宜居、韧性、智慧城市",这是党中央站在全面推进中国式现代化建设的战略高度对新阶段城市发展提质增效作出的重大决策部署。

"三旧"改造的"佛山模式"具有全国示范效应。"三旧"改造在我国不仅仅是经济问题,更是高质量发展的"路线问题"。广东省作为全国存量土地更新的示范地,在城市增量发展为主流的时代,凭借城镇化的高速发展提前进入改造更新阶段,率先在全国展开了节约集约用地的制度设计和实践路径探索。同珠三角其他城市一样,佛山同样面临着"土地存量不足、利用成效不高、产业结构低端、城市形象老旧"等多重难题。为实现存量优势升级、领先优势培育,2007年,佛山出台了《关于加快推进旧城镇、旧厂房、旧村居改造的决定》及《佛山市推进旧城镇改造的指导意见》等相关配套文件,率先在全国形成了极具"广东特色"的"三旧"改造路径。作为广东省"三旧"改造试点示范城市,佛山承载着国家、省、市多层战略导向和政策预期,在全国范围内具有典型代表性。

中观经济学是解释区域政府经济行为的理论创新。中国绝大多数改革探索,走的都是中观向度先"摸石头"、宏观向度再"过河"的路子(陈云贤、顾文静,2019)。中观经济学突破古典经济学"宏观 – 微观"二元理论框架,创立"宏观 – 中观 – 微观"三元新理论结构,以区域政府及其行为分析为研究主体,围绕区域政府"双重属性"、现代市场经济的"双重主体"、成熟市场经济的"双强机制"以及"政府超前引领"等,对市场和政府的定位做出了突破性回答,成为现代市场经济体系的重要理论支柱。因此,本部分基于中观经济学理论视角,通过对佛山"三旧"改造的实地调研,试图以"三旧"改造"佛山模式"的系统分析,探讨区域政府在"三旧"改造进程中的角色定位与经济行为,为其他地区地方政府在经济发展转型时期重塑角色定位和构建行为模式提供一定借鉴和启示。此外,本部分期望通过"三旧"改造"佛山模式"的地方案例和成功经验,检验中观经济学理论的实践性与正确性，推动中观经济学与宏观经济学和微观经济学共同构筑当代经济学理论体系。

第一节 区域政府经济行为的理论依据

一、概念界定

（一）"三旧"改造

"三旧"改造，最先起源于地方实践探索，是广东省对存量土地改造的尝试。2004 年，深圳市率先发布《深圳市城中村（旧村）改造暂行规定》，提出"旧村改造"概念；2006 年，深圳再次出台《关于宝安龙岗两区自行开展的新安翻身工业区等 70 个旧城旧村改造项目的处理意见》规范性文件，将旧改拓展至旧城旧村改造。借鉴"深圳模式"下，2007 年，佛山率先出台《关于加快推进旧城镇旧厂房旧村居改造的决定》（以下简称《决定》），提出旧城镇、旧厂房、旧村庄"三旧"改造概念。《决定》明确界定了关于"三旧"具体概念与范围[1]，其中："旧城镇"改造主要是指国有土地的旧民居、旧商铺、旧厂房等改造；"旧厂房"改造主要是指严重影响城市观瞻镇（街道）、村和工业园区内的旧厂房改造；"旧村居"改造主要是指"城中村""园中村""空心村"等旧公寓、旧物业、村容村貌改造（赵杨，2022）。在城市化研究成为热点的背景下，学者们开始反思城市化进程中的旧城改造问题，围绕公共选择理论视角下"三旧"改造模式解析（赵艳莉，2012）、利益分配机制（田莉，2018）、政策变迁（朱一中、王韬，2019）、模式转型（许宏福等，2020）等领域展开了系统研究。

（二）城市更新

"三旧"改造本质上就是一种城市更新（赖寿华、吴军，2013）。城市更新首次出现于 1858 年荷兰第一次城市更新研讨会上[2]。中国城市更新概

---

① 李军晶，祝桂峰. 小空间 大发展［N］. 中国国土资源报，2007 - 10 - 23.
② 城市更新，是指对中心城区建成区内城市空间形态和功能进行整治、改善、优化，从而实现房屋使用、市政设施、公建配套等全面完善，产业结构、环境品质、文化传承等全面提升的建设活动.

念具有典型的实践性，首先出现于政策文件，直接起源于"旧城更新""旧城改造""旧区改造""旧区重建"等核心表述。2019 年，中央经济工作会议首次强调"城市更新"这一概念，然后逐渐被学术界研究。通过梳理现有文献，学术界多围绕西方发达城市更新发展历程（刘迪等，2021）、城市更新的利益机制（邓毛颖、邓策方，2022）、城市更新政策框架（温锋华、姜玲，2022）等领域进行系统分析。2020 年，国务院发布《关于全面推进城镇老旧小区改造工作的指导意见》，提出构建"纵向到底、横向到边、共建共治共享的社区治理体系"的体系框架，从国家顶层设计层面明确城市更新的内涵体系，城市更新正式从学术概念上升至中央文件高度。当前学术界围绕城市更新已经展开大量的研究。王世福、沈爽婷（2015）依托广州市成立全国首个城市更新局这一背景，系统讨论了城市更新机构的属性及其职责和权利。张磊（2015）结合新制度主义"结构—参与者"理论框架，系统研究了 2008 年以来京、穗、深城市更新探索创新经验和治理模式，认为"新常态"下城市更新的转型难点在于建立多方联动的协作机制和利益机制，在规制框架内开展有效的集体行动。

二、理论基础

（一）政府超前引领理论

所谓"超前引领"，是指区域政府行为"超越"当前阶段市场经济活动之前的前瞻性"引领"（陈云贤等，2023），是对自由主义经济学中市场与政府"二元定位"的创造性突破。20 世纪以来，西方发达国家不断加大政策引导，通过普遍实施大规模财政刺激政策（International Monetary Fund，2021）、非常规货币政策（Bernanke，2020；Rebucci et al.，2022）等宏观调控方式，调节经济周期性波动。但中观维度"超前引领"与凯恩斯主义有着本质区别，政府"超前引领"在于"发挥国家发展规划的战略导向作用"，在于政府对产业资源、城市资源、民生资源三类资源的引导、调节和监督作用，在于政府采用规划、投资、消费、价格、税收、利率、汇率、法律等全方位的、全过程的、组合式的和创新发展的政策手段（陈云贤，2017），在于更多强调政府间接调控与直接调控的有机结合（国务院发展研究中心"宏观调控创新"课题组，2022），以"理念、制度、组织、技术"的"四重超前引领机制"推动供给侧或需求侧结构性改革。

因此，"超前引领"的内涵可概述为：区域政府以市场规则和市场机制下市场对资源配置决定性作用为前提，发挥区域政府核心优势对产业经济的导向调节、对城市经济的调配维序以及对民生经济的保障托底等一系列因势利导的行为（陈云贤，2019），是"有效市场"和"有为政府"的最佳写照，也是现代市场经济的关键特征。传统西方经济学所构筑的宏观经济学和微观经济学二元理论体系具有一定理论缺陷，一方面，针对市场经济发展中同时政府和市场"双失灵"问题难以做出有效回答；另一方面，对于中国市场经济建设所创造的"两大奇迹"也难以做出客观解释（陈云贤，2020），亟须基于中国发展实际构建自主的理论体系，从理论之维对经济高质量发展时代课题做出有效回答。中国特色社会主义市场经济下，政府超前引领作用于经济活动全方位全过程，这一发展模式有效论证了区域政府通过理念创新、制度创新、组织创新、技术创新等实施"超前引领"的可能性和现实性，为破解政府与市场关系难题提供关键支撑（陈云贤等，2023）。

（二）区域政府竞争理论

传统经济学认为市场经济主体只有企业，认为企业作为市场单一主体围绕"生产什么、生产多少、怎样生产和为谁生产"进行资源配置（高鸿业，2015）。但在现代市场经济体系下，区域政府无疑是市场经济的另一个重要主体。西方政府竞争理论是"用脚投票"（Vote With One's Feet，简称 Tiebout 模型）理论，为了寻求效用最大化，社区在参与竞争中将更有效率地提供人们所需要的公共产品（Tiebout，1956）。Breton（1996）对"地方政府竞争"（Local Government Competition）内涵作了全面界定，即区域政府发挥市场经济主体属性，以税收、环境、教育等为竞争工具和手段优化营商环境，以吸引资本、劳动等要素向本区域集聚，进而增强自身竞争力的经济行为。基于公共选择理论（Public Choice Theory），学界开始将古典经济学中的"经济人"假设移植到政治领域（Alan Peacock，1992；李军杰、钟君，2004）。这样，政府行为被看作"政治上的交易"，同经济过程一样具有交易动机和交易行为逻辑（阮守武，2009），区域政府本质是以自己的利益最大化为行为准则的"经济人"。

在中观经济学视角下，围绕"三类型"资源，区域政府竞争的行为表现可细分为项目竞争、产业链配套竞争、进出口竞争、人才科技竞争、财政金融竞争、基础设施竞争、环境体系竞争、政策体系竞争和管理效率竞争九大领域，即"三类九要素"竞争（陈云贤、李粤麟，2023）。区域政府竞争是中观向度下区域政府经济行为的具象化，在以经济增长为核心的政绩考核机制"鞭策"下，区域政府竞争在特定时期成为推动中国经济高速增长重要内驱力（Qian & Weingast，1996；林毅夫、刘志强，2000），学界开始关注"为增长而竞争"的理论探讨。部分学者研究认为央地分权制度驱使地方官员为政治晋升而开展"标尺竞赛""锦标赛"，有效论证了地方政府竞争与区域经济绩效之间存在的关联机制（Maskin et al.，2000；Li & Zhou，2005），区域政府有激励依靠土地财政追求工业化，地方政府"以地融资"行为利于吸引大规模招商引资（雷潇雨、龚六堂，2014；黄金升等，2017；张慧慧等，2022；赵扶扬，2022），进而实现追求经济增长的经济目标。李胜兰等（2014）研究指出，分税制改革让地方政府拥有一定限度的经济和财政自主权，这也激励地方政府更有动机进行体制机制改革以降低当地企业的"合规成本"（Compliance Cost）。

（三）政府资源配置理论

资源有效配置对于提升全要素生产率至关重要，人类过去几百年的经济增长正是源于对各类资源的有效开发（张维迎，2022）。筱原三代平（1995）、赤松要（1932）以及小岛清（2000）等为代表的动态比较优势理论则认为，由于"路径依赖"（Path - Dependence）的存在，地区经济增长容易陷入如"资源诅咒"等传统比较优势陷阱，需要充分发挥政府作用培育动态比较优势。新结构主义主张在充分发挥市场配置资源作用的基础上，发挥"有为政府"引导作用来完善基础设施、解决外部性（林毅夫，2003）。林毅夫（2017b）指出资源总是有限的，区域政府需要采取策略性政策引导资源优化配置。在资源稀缺视角下，政府资源配置需要兼顾效率、公平、稳定三大目标，通过平衡供给和需求，合理配置资源，实现帕累托最优（武小楠，2022）。第二阶段发展经济学认为政府和市场并不是可供选择的资源配置机制，主张政府要在弥补传统市场失灵和新型市场失灵、公共产品供给、社会基础设施提供等领域发挥有效作用。

经济发展、城市建设、社会民生是区域政府的三大职能（陈云贤，2017），表现在对区域资源的一种调配、一种管理、一种政策。研究表明在政府干预和管制下，会导致资源配置表现出显著的非市场性特征（韩剑、郑秋玲，2014），众多学者围绕金融摩擦、劳动管制、企业所得制等领域论证存在的资源错配问题（Restuccia & Rogerson，2008；Hsieh & Klenow，2009；罗德明等，2012）。周方伟、杨继东（2020）认为大多数资源是由区域政府掌握，资源能否得到有效配置需要充分考虑区域政府能否合理配置手中的资源。上述研究多基于古典经济学框架将资源作为外生变量进行分析。然而，区域政府的资源配置职能不仅仅存在于稀缺资源领域，还存在于资源生成领域。陈云贤（2019）认为区域政府资源生成集中体现在城市经济中，尤其产业经济发展的早期或资本密集型行业，因此区域政府毋庸置疑地成为该领域资源的第一开发人。

三、"三旧"改造中的政府因素

（一）政府与市场关系

政府和市场的关系，堪称经济学上的"哥德巴赫猜想"。政府在市场经济中扮演何种角色？"经济学之父"亚当·斯密认为政府仅仅是市场"守夜人"，主张无须政府干预市场经济能够依据自己的规律自由运行。承袭"守夜人"之说，大卫·李嘉图、约翰·穆勒等古典经济学家将政府角色界定为顺势而为、调控补充的辅助角色（黄先海、宋学印，2021），政府与市场的关系呈现出非此即彼的替代关系（李宜达，2020），但中国经济发展的成功模式表明，政府与市场是有机统一的整体。林毅夫（2017a）从新结构经济学的视角，提出在经济发展和转型中"有效市场"与"有为政府"缺一不可。不同西方经济学"小政府、大市场"模式，中国在改革开放转轨过程中形成"强政府－弱市场"的独特模式（庞明川，2013），凸显区域政府具有更强的资源配置与市场调节能力的优势，对于中国城镇化进程的影响效应更加突出（李兰冰等，2020）。

中国特色社会主义进入新时代，基于本土化特征已经形成了涵盖理念引领、制度支撑、经济增长、分配调节等四重机制的新型政府与市场关系（高帆，2021）。"三旧"改造是城市再开发的系统性工程，政府宏观治理和市场化运行不可缺少，二者之间的关系左右着"三旧"改造实施效果。通过现有文献梳理，学术界关于"三旧"改造的研究重点聚焦在政策制度（刘芳、张宇，2015）、治理模式（唐婧娴，2016；郭友良等，2017）、利益博弈机制（朱丽丽等，2019）等方面，对于改造过程中政府与市场的二元关系探讨相对较少。中观经济学构建起了全新的"宏观－中观－微观"三元理论结构，认为市场经济运行存在三只"看不见的手"，基于区域政府"准宏观"和"准微观"属性，构建了"有效市场" ＋ "有为政府"有机结合的市场经济运行特殊模式（陈云贤，2023），从中观层面对解释"三旧"改造中的政府与市场关系提供了理论支撑。

（二）区域政府经济行为

主流文献认为经济政策的传导和实施依赖于地方政府，认为地方政府长期主导的土地资源配置模式为我国工业化和城镇化发展提供了强劲动力（黄忠华、杜雪君，2014）。学者们围绕财税补贴政策（周燕、潘遥，2019）、政策性引导基金（徐明，2022）、扶持性产业政策（张莉等，2017）、产业中长期发展规划政策（陈钊、熊瑞祥，2015）等视角，对地方政府经济行为进行了大量探讨。在我国独特事权与财权两级分化之下，地方政府不仅仅是公共服务（产品）的供给者，更是经济发展的主要参与者和推动者。主流文献认为出让工业用地是地方政府资源配置的重要工具，工业用地的出让同时满足了地方政府增加财政收入和促进经济增长的双重目的（杨其静、彭艳琼，2015）。刘昕（2011）基于"政府、市场、业主"三方的角色关系视角，系统研究了深圳城市更新过程中的政府角色与特征。杨继东、杨其静（2016）研究指出，《土地管理法》和《城镇国有土地使用权出让和转让暂行条例》将一级土地市场开发权下放地方政府，促使国有建设用地的征收和出让成为地方政府参与区域经济发展的核心工具。如今，地方政府的土地配置和土地融资行为则愈发"企业化"。何冬华等（2023）认为地方政府是土地再开发最核心角色，并呈现出"城市企业主义"的运作特征。梁小薇等（2018）认为城市更新不能仅仅只是资本"空间生产"的工具，地方政府更应在公益性项目、公共服务设施及基础设施项目上做好主导者和协调者。

第二节　案例对象：佛山"三旧"改造概况

佛山市过去在以土地开发驱动的发展模式下，经济高速发展消耗了大量的土地资源。根据佛山市国土资源局调查数据，2005年，佛山市存量建设用地中闲置、空闲和批而未供的土地总面积为22664.4亩。其中，闲置土地面积为5052亩，占比22.42%；空闲土地面积5373.3亩，占比23.85%；批而未用供的土地面积为12104.1亩，占比53.73%，面临着城市建设用地低效利用与土地存量不足的两难困境。此外，在全球金融危机冲击下，佛山进出口、房地产行业与制造业遭受巨大冲击。2008 年，佛山进出口总值为 422 亿美元，全社会固定资产投资为 1258 亿元，较 2007 同期增长率分别削减了近12%与4%①。

　　土地资源进入存量时代，面对土地紧缺和新增用地量无法满足粗放型发展需求的双重困境，借助改革开放之势，佛山祭出了"三旧改造"大旗，向"三旧"要地、向闲置土地"开刀"（夏珺、李刚，2010），探索出"存量时代"的"三旧"改造"佛山模式"。

一、佛山"三旧"改造发展历程

　　试验探索阶段（2007～2011 年）。"三旧"改造试验探索阶段，佛山政府主要通过税收和土地等优惠政策、利益分配的倾斜和政府全面主导（朱一中等，2018），为"三旧"改造的全面推进提供政策保障和机制保障。2007 年，佛山印发《关于加快推进旧城镇旧厂房旧村居改造的决定》，出台《佛山市推进旧城镇改造的指导意见》《佛山市推进旧厂房改造的指导意见》《佛山市推进旧村居改造示范村居建设的指导意见》三大配套方案，从顶层设计层面为佛山开启"三旧"改造先行先试提供保障支撑。2008 年，针对改造过程中的经验与问题，佛山政府出台《加快推进旧城镇旧厂房旧村居改造补充意见》，为"三旧"改造做出更多政策探索。2009 年，佛山市规划局组织编制了《佛山市"三旧"改造专项规划（2009－2020 年)》，并相继出台《关于贯彻省政府推进"三旧"改造促进节约集约用地若干意见的实施意见》，并配套出台了《印发佛山市国土资源局"三旧"改造国有建设用地协议出让的操作办法的通知》《佛山市住房和城乡建设局农村改革"两确权"、"旧村居改造"、"宅基地换房"项目房产证办理细则》等管理办法，正式建立起系统化"三旧"改造政策体系，标志着佛山"三旧"改造正式进入全面实施阶段。2011 年，佛山已完成和正在改造项目占地约 3 万亩，建筑面积约 1600 万平方米，实现平均容积率 0.8 水平；改造新增面积 2399 万平方米，实现平均容积率 2.0 水平②，推进土地集约化程度大幅提升（黄征学，2013a）。

　　全面规范阶段（2012～2018 年）。进入新时代，佛山面临着过度地产

---

　　① 参见《陈云贤市长、周天明常务副市长在市政府全体（扩大）会议暨政府系统廉政建设工作会议上的讲话》，佛山市人民政府网，2009 年 2 月 27 日.

　　② 参见《佛山市"三旧"改造的主要做法及启示》，wenmi. com.

化、产业空心化、政府土地收益流失等问题，"城市升级"与"产业升级"的双升级战略的提出（肖静荣，2020），明确将引导产业转型升级作为"三旧"改造的新目标。2012 年，禅城区颁布实施《禅城区通过"三旧"改造进一步促进产业提升发展的意见》，围绕都市型产业载体、专业市场和大型特色商业加大产业用地供给力度，推动"三旧"改造综合开发成为这一阶段旧改的主要特征。2014 年，南海区成为广东省新一轮深化"三旧"改造综合试点的唯一地区，次年，推出了《佛山市南海区城市更新（"三旧"改造）实施办法》，联动改造、混合开发、土地置换、片区统筹整备、转移容积等创新性举措成为全国首例①，再度掀起"三旧"改造新高潮。两年后，佛山再度出台《佛山市人民政府办公室关于深入推进城市更新（"三旧"改造）工作的实施意见（试行）》，从顶层设计层面逐渐构建起了科学合理的城市更新规划体系、管理体系、政策体系。《2019 年佛山市人民政府工作报告》数据显示，截至 2018 年，佛山新增 155 个"三旧"改造实施项目，占地面积 1.59 万亩，投入资金 260.93 亿元；划定保障 350 平方公里产业用地规模；城市整治项目完工 374 个，累计完成投资 2580 亿元，"三旧"改造和城市治理秩序有效提升。这一阶段，佛山探索形成了挂账收储、自行改造等"三旧"改造模式，建立了"毛地出让"、建立融资平台等"政府 + 市场"拆补模式，在全国范围内形成了重要示范作用。

转型提升阶段（2019 年至今）。佛山"三旧"改造正式迈向高质量发展阶段，佛山已经形成了国家和省级顶层规划、市级和区级并驾齐驱的多层级立体化"三旧"改造政策体系，以政府超前引领与"双重"角色参与，围绕城乡建设、产业发展等多角度破除政策性束缚，推动佛山"三旧"改造提质增效。2019 年，广东印发《广东省人民政府关于深化改革加快推动"三旧"改造促进高质量发展的指导意见》，构建"两创新、三支持、四强化"政策体系。随后，佛山同步出台《佛山市人民政府关于深化改革加快推动城市更新（"三旧"改造）促进高质量发展的实施意见》，围绕"三旧"改造管理制度、连片开发、成本降低、利益分配和司法保障等，打造多元化的配套政策体系。

二、佛山"三旧"改造典型模式

"三旧"改造是一项系统性工程，并非单兵突进。佛山"三旧"改造不

① 广东佛山南海区打造"三旧"改造升级版［N］. 中国经济网，2019 – 04 – 02.

仅开启了存量资源开发"新时代",更实现了政府引导与市场配置的二元协同。过去十余年,佛山已经探索出"政府挂账收储、直接征收开发、生态复垦复绿、政府统租统管、企业长租自管、企业自主改造、一二级联动开发、国有集体混合开发、改造权公开交易"等"三旧"改造模式①,基本构建了涵盖土地开发"征、转、供、用"一体化体制机制,率先全国形成了一系列成功经验与典型模式。

政府主导,连片开发。在早期城市发展过程中,佛山政府以经营企业的模式经营城市,扮演城市建设决策者、城市资产经营者、城市社会管理者等多重角色(朱一中等,2018)。在城市"增长机器"模式下,佛山政府作为引领者主导着"三旧"改造发展方向和基本格局,并形成了"政府主导、连片开发"模式。具体包括:"政府直接征收模式",即由政府统筹主导,将区域管辖权与土地经营权相结合对农村集体用地进行直接统一征收,形成了"政府主导、统一规划、市场运作、净地出让"运行模式。这一模式下区域政府不仅负责"三旧"拆除补偿,扮演管理者角色;同时也负责土地的出让或划拨,扮演经营者角色。二是"政府挂账收储模式",即通过引入市场机制,由政府土地储备机构与土地权属人签订收储协议但暂不支付补偿款,通过公开交易方式出让土地(土地平整后)、并收取土地租让金的"特例"开发模式。这一模式下,区域政府通过制定出让政策规则和挂账收储协议,充当裁判者角色。"政府统租统管模式",即由政府以统租统管方式对前期改造土地进行净地平整,再由村集体以公开流转形式向市场供地,政府再对其进行开发与建设。这一模式由政府统租统管,既保留了集体土地所有权,也对外公开交易流转出让集体土地使用权,以"有为政府"和"有效市场"的有机结合实现土地收益最大化。

政企合作,混合开发。传统土地(再)开发过程中往往存在着土地单一使用现象(邢琰,2005),混合开发模式是将单一生产功能的连片项目改造为融合住宅、商服、科研、高端制造等功能齐备的综合性项目,能够有效破除粗放型土地开发弊端。从佛山"三旧"改造实践看,佛山政府形成的"政企合作,混合开发"的内涵体系,具体涵盖了:(1)政府行政权力集中土地;(2)降低土地价格;(3)提供配套基础设施;(4)建立保障体制机制;(5)成立土地综合开发机构。混合开发模式为城市经营提供公共物品,一方面,这一模式有效化解了国有、集体土地相互糅杂难以连片开发的情

---

① 参见《佛山向村级工业园改造发起总攻》,佛山市人民政府网,2020 – 07 – 15.

况，能够有效适应不同土地权属人的差异化改造诉求，通过土地成片连片开发，建成"城产融合"的产业社区，将居住和高端产业实现无缝融合，推动实现"城产融合"的集约化发展。另一方面，这一模式推动国有住宅用地和集体产业用地融合发展，实现了国有建设用地出让和集体建设用地流转入市的有机结合，在开发房地产的同时也开发产业发展载体，利于将房地产开发资金导入实体经济，实现制造业转型升级与新业态培育。南海区已经形成了"国有 + 集体""社区 + 产业""出让 + 入市""出让 + 租赁"为特征的混合开发制度，① 为全国"三旧"改造模式创新提供经验与范本。

企业自改，协议出让。企业自主改造模式是佛山"三旧"改造的特色模式，这一模式更多依靠市场主体力量，通过企业出资自拆自建、公资兜底、多种模式引入社会资本参与，开启全域土地更新改造与综合整治新路径。佛山市政府出台《关于深入推进城市更新（"三旧"改造）工作的实施意见（试行）》，围绕政府组织实施、自行改造两大实施方式，鼓励通过"权利主体自行实施、市场主体单独实施、合作实施"三种模式进行自行改造②。企业自改模式下，更多强调市场主体利益与产业高端化发展的现实需求。佛山南海区落地首个国有土地企业自主"工改工"项目，有别于过去以"公资兜底"或引入外部资本的村改模式，该项目依托政府政策引导机制，围绕制造业转型升级，以"工改工"打造先进制造产业区，推动成为智能制造、高端装备、电子信息及新能源新材料等战略性新兴产业的重要集聚区。

三、佛山"三旧"改造取得的成效

一是"三旧"改造释放土地存量空间。在城市提升和产业升级双重空间扩张受限条件下，"三旧"改造目的在于盘活土地资源、提高土地集约化水平，为产业结构转型升级、经济高质量发展提供空间。根据图 2 - 1 数据显示，2009 年至 2021 年的历史改造项目中，佛山全面改造项目 127 平方公里、微改造项目 26 平方公里，土地存量空间释放、土地集约化发展成效显著。其中，全面改造项目中，改造类型主要以旧厂房拆除重建为主，占比

---

① 参见"推进市域社会治理现代化 建设更高水平平安佛山"专题（二）："三旧"改造混合开发，城产人融合发展，佛山市南海区人民政府网，2023 - 05 - 10.

② 参见《佛山市人民政府办公室关于深入推进城市更新（"三旧"改造）工作的实施意见（试行）》，佛山市人民政府网，2018 - 09 - 25.

90%；全面改造方向主要以工业用地、居住用地为主，分别占比33%、28%，公益性用地占比为17%，商业服务业用地占比为11%，生态修复和土地复垦占比为9%。在微改造类项目中，旧厂房改造占比64%，旧村居占比21%，旧城镇占比15%，"三旧"改造存在显著结构特征，重点聚焦于村级工业园整治提升、工改工等核心领域。

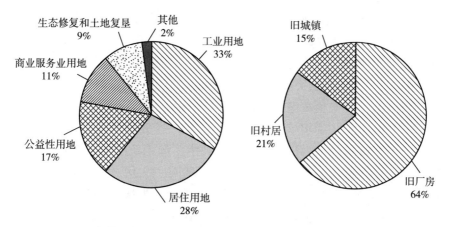

2009~2021年佛山全面改造项目方向　　　　2009~2021年佛山微改造类项目改造方式

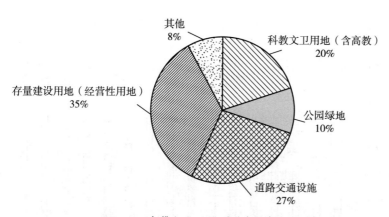

2009~2021年佛山"三旧"改造存量建设用地再开发

图 2-1　2009~2021 年佛山"三旧"改造历史改造项目情况

资料来源：根据佛山市自然资源局、佛山市城市更新局联合发布的《佛山市"三旧"改造专项规划（2021-2035年）》整理。

从土地再开发成效看，2009 年至 2021 年的十余年间，在公益性用地中，存量建设用地改造为科教文卫用地（含高教）面积 4.98 平方公里，占比20%；公园绿地面积2.42平方公里，占比10%；道路交通设施用地面积6.63平方公里，占比27%，土地再开发表现出显著公益性和公共性。经营性用地中，存量建设用地改造的占比达35%。其中，居住用地、工业用地、商服用地平均容积率分别为2.96、3.42、3.73。"三旧"改造通过土地再开发，以"腾笼换鸟"推动产业结构向低能耗、低污染、高附加值的方向转变（陈晨等，2013），显著提高了土地利用效率。

二是"三旧"改造焕发经济增长活力。"三旧"改造实施十余年来，佛山经济规模实现巨大飞跃。图2-2体现了2005~2021年佛山市GDP及土地产出率具体情况，从经济规模看，2005年，佛山全市生产总值（GDP）实现245.07亿元，首次突破二千亿元大关。2007年，在"三旧"改造助推下，佛山全市生产总值突破三千亿元关口，经济规模实现为3696.54亿元。截至2021年，佛山GDP实现12156.5亿元，经济总量较2005年增长五倍，"三旧"改造经济效应不断凸显。其中，顺德、南海、禅城、三水和高明地区生产总值实现4064.38亿元、3560.89亿元、2148.90亿元、1405.19亿元和977.10亿元，占佛山比重分别为33.43%、29.29%、17.67%、11.56%和8.04%。可以发现，作为佛山"三旧"改造核心区域，南海、顺德不断通过土地再开发释放产业发展新空间、新活力，不断提

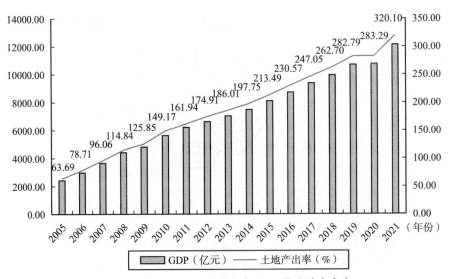

图2-2　2005~2021年佛山市GDP及土地产出率

资料来源：佛山市统计局各年份《佛山统计年鉴》。

升佛山经济增长贡献度。从土地产出率（Land Output Rate）① 看，2005 年，佛山土地产出率仅为 63.69%，随着"三旧"改造的推进，2008 年佛山土地产出率实现 114.84%，土地增值效应与产出效应开始显现；2021 年，佛山土地产出率实现 320.10%，较 2005 年增长五倍有余。可见，在土地开发的"存量时代"，佛山借助"三旧"改造的城市发展模式，开辟了经济增长的新路径。

三是"三旧"改造激发产业升级效应。佛山是广东省制造业大市，改革开放初期以农村集体工业化为基础、"自下而上"的城市化路径潜在造成了发展错配难题，即城市化进程滞后于工业化步伐、内部发展需求滞后于外部需求、城市化质量滞后于发展规模数量（肖静荣，2020），制造业发展面临着"量"高、"质"低、地少等难题。新阶段"产城融合""以产促城"成为城市更新中的重要动力源泉，佛山在"三旧"改造过程中不断以土地存量空间焕发产业发展活力，推动产业转型升级。图 2-3 体现了 2005～2021 年佛山产业发展的具体情况。从工业发展情况看，2005 年至 2021 年，

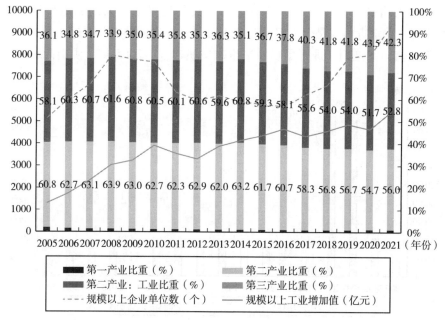

图 2-3　2005～2021 年佛山产业发展情况

资料来源：佛山市统计局各年份《佛山统计年鉴》。

---

① 土地产出率是反映土地利用效率的一个重要指标，主要指 GDP 与土地面积之比，以反映单位面积的产出情况.

佛山规模以上工业增加值由 1303.31 亿元扩大到 5432.94 亿元，工业生产动能持续释放；规模以上工业数由 5149 个增加至 9370 个，市场主体活力不断释放，推动构建佛山"制造业当家"的崭新形态。从产业结构看，2005 年，佛山第一、二、三产业占生产总值比重分别为 3.1%、60.8%、36.1%，第二产业是城市经济增长的主要贡献力量。截至 2021 年年底，第一、二、三产业占生产总值比重分别为 1.7%、56.0%、42.3%，现代制造业、现代服务业成为佛山高质量发展的两大支柱，不断推动产业迈向高端化方向发展。

四是"三旧"改造开启"二次城市化"。"三旧"改造的关键在于城市空间的重塑，在于城市人居环境的改善。根据图 2-4 佛山市城市建设情况，可以看出，"三旧"改造有效实现了城市土地再开发。2005 年，佛山城市建设用地仅为 88.00 平方公里；2007 年，随着"三旧"改造的全面推进，佛山城市建设用地面积扩大至 850 平方公里，并在 2008 年实现峰值 865 平方公里，城市建设空间扩大了接近 10 倍。"三旧"改造不断盘活存量低效建设用地，为"再城市化"建设不断释放存量空间。从绿色城市建设看，党的十八大明确提出了"以人为核心、以提高质量为导向的新型城镇化战略"①，"绿水青山就是金山银山"成为社会经济发展共识。在这一战略目标之下，佛山"三旧"改造紧抓城市生态文明建设，2005 年，佛山园林绿地

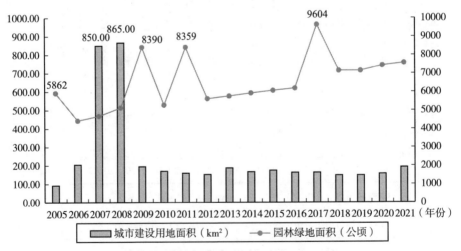

图 2-4 2005～2021 年佛山市城市建设情况

资料来源：佛山市统计局各年份《佛山统计年鉴》。

---

① 党的十八大以来经济社会发展成就系列报告：新型城镇化建设扎实推进 城市发展质量稳步提升 [N]. 中国政府网，2022-09-29.

面积为 5862 公顷，在 2011 年"三旧"改造全面推进之后，园林绿地面积扩大至 8359 公顷，在 2017 年"三旧"改造转型完善期，园林绿地面积实现 9604 公顷的峰值，绿色城市建设不断取得新突破。

第三节　中观经济学视域下区域政府在"三旧"改造中的经济行为

一、政府超前引领，谋划总体布局

"三旧"改造是一项政策性、群众性、经济性、社会性、市场性的系统工程，涉及主体繁多过程复杂，要求区域政府要做好"超前引领"，即让企业做企业该做的事，让政府负责企业做不了或做不好的事。佛山政府制定"532""三旧"改造规划①，以理念的超前引领、制度的超前引领、组织的超前引领和技术的超前引领，推动佛山"三旧"改造。

（一）制度超前引领破除体制障碍

制度创新的本质是更高效益制度对现有制度的替代过程。政府作为"三旧"改造实施的主导者，绕不开"三旧"改造的"疑难杂症"，包括规划、国土、拆迁等多重难题，以及政策与法律层面的空白。如果仅仅囿于现有的、传统的模式，"三旧改造"将举步维艰②。制度"超前引领"是指充分发挥政府（区域政府）制度创新作用，其核心在于通过社会政治、经济和管理等体制机制改革，提升资源配置效率（陈云贤、顾文静，2019）。因此，"三旧"改造区域政府制度的"超前引领"至关重要。

"三旧"改造作为一种地方性的制度创新，归根结底是对现有农村集体建设用地制度"破旧立新"式的制度改革。佛山政府在土地制度改革方面，对上积极争取国家土地制度改革授权，对下积极围绕"三旧"改造补偿标准、征地程序、征地安置方式等领域进行先行先试，以区域政府统筹推动农村集体建设用地使用权合理流转，实现农村集体建设用地由"资产"到

---

① "532"指佛山基于国家给予的三年政策期限制定的改造目标，即 2010 年至少完成 5 万亩改造，2011 年至少完成 3 万亩，2012 年至少 2 万亩。总共是 10 万亩.

② 政府超前引领激活"三旧改造"［N］. 南方日报，2010 – 07 – 06.

"资本"的有效转化。留地安置是佛山"三旧"改造重大制度创新成果，据统计数据，2000 年后，佛山工业用地出让最低标准调整为 112.5 元/平方米①。从佛山各区征地标准看，禅城为第五批等次，出让标准 384 元/平方米；南海、顺德为第六等次，出让标准为 336 元/平方米；三水列为第七等次，出让标准 288 元/平方米；高明列为第九等次，出让标准 204 元/平方米（黄征学，2013），佛山政府以土地制度创新推动实现低价工业化。佛山政府不断创新征地补偿标准，探索构建了市区政府统筹、区镇因地制宜的多元化补偿标准体系，充分释放土地征用制度改革效应，以盘活土地存量资源驱动经济高质量发展。

（二）组织超前引领提供保障支撑

组织的"超前引领"，是指通过政府（区域政府）在政府组织结构、组织方式、组织制度等方面进行的创新活动（陈云贤、顾文静，2019），其内在逻辑在于对经济发展的战略目标、实现路径、资源的调配方式、保障和监督措施等进行前期的科学预测、规划布局和管理控制，破除经济体制机制障碍与约束。佛山政府在"三旧"改造过程中，通过组织的超前引领将政府对经济的事中、事后干预和服务，延伸到了事前引领和事前服务，无疑体现了佛山政府更为高超的经济参与和驾驭能力。

在经济赶超阶段，超前引领是政府对企业和社会最好的服务（陈云贤，2011），要求政府扮演好市场经济服务者角色。面对改造规划滞后、地权界定模糊、筹资渠道狭窄、公众缺乏有序参与、公共配套服务不健全、环境污染严重等问题，佛山推出"园区发展战略"，推动并实施"并镇""并村""并校"以及"镇改街""村改居"，立足城镇化发展新趋势将建制镇逐步改设为街道、村委会改设为社区居委会，以完善和巩固"三旧"改造的基层组织基础。2010 年，佛山出台《佛山简政强镇事权改革实施意见》和《佛山市区级党政机构改革实施意见》两大实施意见，探索在村（居）建立行政服务中心，允许禅城、南海、高明、三水四区开展"大部制"改革，以"一村（居）一中心"和"多村（居）一中心"两大模式，推动政府服务向村居延伸、下沉；禅城《珠三角改革发展规划纲要》赋予的先行先试权，专门设立了"三旧改造法律政策研究小组"，重点围绕梳理的"三旧"改造 38 个法律问题，不断推动"三旧"改造组

---

① 佛山市地方志编纂委员会．佛山市志（1979—2002）［M］（第一册）．方志出版社，2011.

织模式创新。

进入新阶段,佛山探索形成了以"党建引领、政府主导、社会组织参与、多方协同"的"三旧"改造(城市更新)组织体系。2020年,佛山政府编制《佛山城市更新专项规划(2020-2025)》,成立佛山市城市更新协会,搭建服务政策与科学决策智库平台。2023年,南海区国资局牵头研究设立南海区城市更新公司,鼓励设立地方国有企业,包括佛山市直属国有独资企业、南海区直属国有独资企业、南海区城市更新公司、各镇(街道)直属公有独资企业之间合作成立的项目公司,为"三旧"改造项目与村级工业园项目提供前期服务、改造开发、融资担保、招商服务等,推动营商环境不断优化。

(三)理念超前引领产业转型升级

区域政府能够通过对社会经济现象的新预见、历史经验的系统总结,全面创新区域政府经济治理理念,对不断出现的新情况、新问题进行前瞻性理性思考与方案制定(陈云贤,2019),为经济高质量发展提供正确的价值导向和价值支撑。随着"三旧"改造的全面推进,如果放任"三旧改造"用地完全由市场运作,"三旧改造"无疑又将沦为土地开发新一轮"圈地运动"。因此,"三旧"改造过程中需要区域政府充分发挥"准微观"和"准宏观"角色,以中长期规划、财税金融政策、产业发展政策以及技术创新政策的制定,凸显区域政府的宏观经济引导作用。

聚焦"制造业立市"的现实需求,村级工业园提升改造成为佛山拓展城市发展空间、改善城市面貌、传统制造业效能提升、新兴产业培育的主攻方向。基于佛山市国土资源局2008年调研数据,佛山全市存在约40%的旧、低、接厂房或物业,存在着地均工业产值普遍偏低、工业用地集约利用率不高等问题。佛山转变经济发展方式的"三大模式"可以归纳为:"科技进步,自主创新""传统产业关停并转,新兴产业做强做大""以资本之光打造制造产业高地"。这一阶段佛山抓准了"三旧改造"与产业转型、城市转型和环境再造的结合点,提出把佛山建成"青山、绿地、蓝天、碧水"花园城市的思路,提出"关掉一批、扶持一批、引进一批"改造理念,积极推进产业结构调整优化升级。根据佛山市人民政府《2009年佛山市政府工作报告》数据显示,2008年佛山关停多家高耗能、高污染、低效益企业;积极实施产业和劳动力"双转移"战略,启动佛山(清远)、(云浮)产业转移工业园建设,转移企业230家;引入新型显示器件、电子信息、汽车配件、新能源等一批项目，如引进了 LED、OLED、AMOLED 等液晶显示技术以及 RFID 射频技术，风能发电、光能发电、新能源、新材料高新科技等都落户佛山一市五区产业园。在佛山政府超前引领和全局统筹下，围绕"制造业当家"建立了"1 + N""三旧"改造政策体系①，形成具有强大竞争力的产业结构和现代产业体系，实现了从"旧城镇、旧厂房、旧村庄"向"新城市、新产业、新社区"的华丽转变。

以"三旧"改造的"佛山模式"不是为改造而改造，而是为了推进"产业转型、城市转型，环境再造"而进行的综合改造。城市建设与产业布局是相互交织的，佛山经济发展过程中面临着三大产业结构不合理、转型升级动力不足等问题，其转变经济发展方式的核心在于改变地方政府依靠土地财政的发展观念。围绕"产业强市"发展目标，2007 年，佛山政府印发了《佛山市实施"三三三"产业发展战略的指导意见》《佛山市"三三三"产业发展战略重点扶持的工业支柱行业确定说明》，提出要加大财政资金扶持力度推进"三三三"产业发展战略和企业"五阶段"发展战略实施。2010 年，佛山发布《"四化融合、智慧佛山"发展规划纲要（2010 – 2015年）》，重点推进信息化、工业化、城市化、国际化"四化融合"推动打造"智慧佛山"，充分彰显了区域政府对产业发展的"超前引领"。城市开发以佛山本土优势的工业经济和制造业经济为基础，针对城市形态与经济发展水平不匹配，东平新城被赋予"佛山市中心城区、中央商务区、总部经济发展区、公共服务区、有浓厚岭南风貌的绿色新城"创新定位，推动佛山中心组团城市建设呈现"东平新城、千灯湖广东金融高新技术服务区、祖庙 – 东华里历史文化街区"的特色鲜明、协调补充、错位发展的空间格局。在区域政府产业规划引领下，佛山成功培育 8 个超千亿元产业集群和 26 个国家级特色产业基地，培育并推动广佛惠超高清视频和智能家电产业集群、广深佛莞智能装备产业集群、佛莞泛家居集群入选国家先进制造业集群②，形成了"中国家电之都""中国燃气具之都""中国涂料之乡"等 28 个国家级品牌③，产业集群效应和品牌效应显著。

---

① "1 + N""三旧"改造政策体系，"1"指《佛山市"三旧"改造专项规划（2021 – 2035年）》，"N"指《佛山市禅城区城市更新（"三旧"改造）专项规划（2020 – 2025）》《佛山市南海区城市更新（"三旧"改造）专项规划（2019 – 2025）》《佛山市顺德区城市更新（"三旧"改造）专项规划（2020 – 2025）》《佛山市高明区城市更新（"三旧"改造）专项规划（2020 – 2025）》《佛山市三水区"三旧"改造专项规划（2019 – 2025）》.

② 资料来源于佛山市人民政府门户网站，foshan. gov. cn.

③ 佛山市区域经济与主导产业梳理（下）[EB/OL]. 前瞻经济学人，2023 – 05 – 18.

二、政府有为经营，优化资源配置

高质量推动"三旧"改造，归根结底是以存量挖掘实现资源、要素与产业的融合性发展，这一过程离不开区域政府资源生成与资源优化配置。中观经济学将城市资源细分为可经营性资源、准经营性资源和非经营性资源三大类别，分别对应着产业经济、城市经济、民生经济（李粤麟、陈云贤，2022）。在这一过程中区域政府无所不在、无所不能。佛山政府在"三旧"改造过程中的创新实践，系统回答了"何为有为政府""政府何以有为"的课题，有效论证了区域政府的经济行为与职能。

（一）城市资源有效生成

政府资源配置与企业资源配置有着本质上的不同，区域政府的资源生成行为被广泛运用于民生经济和城市经济，更多强调新资源、新服务与新知识的供给。在土地存量不足和产业空间扩张受限下，佛山政府围绕供给端构建了"要素供给、环境供给和市场供给"驱动经济发展新"三驾马车"（陈云贤，2022），不断强化城市资源生成，盘活土地要素资源，供给稀缺产业发展和城市建设用地要素。"三旧"改造"佛山模式"实践表明，区域政府在资源生成领域大有作为。

"三旧"改造是投资驱动的，大规模基础设施建设让佛山得以实现"焕然一新"。政府公共投资重点面向特定产业结构及其相适应的基础设施"软环境"与"硬环境"，以缩小市场主体交易费用和其生产线可能性边界之间的距离（林毅夫，2011）。粤港澳大湾区新发展最重要的引擎是基础设施建设投资，在资源生成视角下，佛山政府在"三旧"改造中开创了一条以政府公共投资（基建投资）带动产业发展的兴旺之路。2007年，是佛山"三旧"改造开局之年，佛山政府聚焦改造和基建投资，积极参与前期投资支出大、建设周期长、开发成本高的重大项目建设，以区域政府公共投资推动城市资源有效生成，扮演着产业经济发展和城市资源的"第一开发人"角色。根据《2007年佛山市国民经济和社会发展统计公报》统计数据，2007年，佛山社会固定资产投资完成额1089.68亿元，较2006年同比增长19.8%；其中，基本建设投资为587.13亿元，较2006年增长2.6%；房地产开发投资为314.02亿元，增长72.5%；更新改造投资为155.58亿元，较2006年增长22.6%。从基础设施建设投资看，基建完成投资185.81亿元，其中，交通运输和邮政业完成投资 65.76 亿元；电力、燃气及水的生产和供应业投资 42.28 亿元；水利、环境和公共设施管理投资 71.00 亿元①。在政府投资驱动下，佛山推动土地资源实现由资产向资本的转变，初步搭建了"产业城市、现代化城市、文化名城"城市发展体系。

（二）城市资源有为经营

经营城市，就是把城市作为一种资源来管理，"三旧"改造本质是经营城市政府行为方式的创新与变革。区域政府是经营城市的核心主体，佛山政府在"三旧"改造过程中，借助市场化、资本化和国际化的运作（陈云贤、顾文静，2019），对原有城市可经营性项目"土地存量资产"的产权改造，走出一条具有自身特色的新型城市经营之路。

"三旧"改造下的城市土地经营。城市土地是最具活力、最具增值潜力、最能直接经营运作的城市国有资产。佛山政府在"三旧"改造过程中，以"经营者"推动"存量资产"产权改造，以实现土地增值推动区域收益最大化。2009 年，佛山出台《佛山市"三旧"改造专项规划（2009 - 2020)》，推广"政府与市场合作模式"用于旧城镇和旧厂房改造。具体包括：政府与市场合作新建型，即以"政府主导、公众参与、市场化运作"多元"阳光拆迁"模式；政府与市场合作更新型，即采用 BOT 等模式，充分发挥"有为政府"与"有效市场"有机结合共同拆迁、共同平整、共同建设；政府与市场合作改建型，即政府充当主导者主动规划用地功能，并引入社会资金参与共同进行土地开发经营与管理。这一模式有效地吸纳了国外资金、民营资金、混合体企业集团资金共同建设项目，以经营城市的手段开发、建设城市，盘活城市资产，整合城市资源（陈云贤、顾文静，2019）。岭南明珠体育馆、广佛地铁、岭南天地、顺德新城德胜商务区、南海西樵山西岸以及高明皂幕山旅游风景区等项目落地，均是佛山政府吸引社会资本有为经营土地资源的经典案例。

"三旧"改造下的城市产业经营。佛山"三旧"改造实践证明，更新改造式的"腾笼换鸟"为佛山散点式村级工业园区向集聚化产业集群模式的蝶变、低效能产业模式向高质量发展全国标杆的转变腾出了巨大空间。作为城市产业资源的"第一经营者"，佛山政府在"三旧"改造启动之年，积极开展高质量招商引资，成功引进了奇美薄膜液晶显示器、英威达氨纶纤维、

---

① 参见佛山市统计局《2007 年佛山市国民经济和社会发展统计公报》.

本田变速箱等一批科技含量高、带动能力强的龙头项目；大力实施品牌战略，美的、格兰仕、新中源成为广东省重点扶持争创世界名牌产品的龙头企业；印发《佛山市工业产业结构调整指导目录（2007－2010年)》，构建了"鼓励发展类、改造提高类、淘汰禁止类"三大维度工业结构体系，为"三旧"改造土地集约利用提供了产业布局方向。佛山政府提出了工业用地"亩均论英雄"改革，通过制定差异化、倒逼式政策体系支持以"三旧"改造实现产业发展未来的"空间变革"，鼓励"工业上楼"模式重塑"制造业当家"的产业集聚空间。在区域政府有为经营下，截至2023年上半年度，佛山推动转型企业生产效率平均提升16.5%，成本降低17.3%①，对制造业转型升级形成显著示范效应。

"三旧"改造中的无形资产经营。"文化先行"成为佛山产业发展和城市进步的着力点，佛山政府在"三旧"改造中充分传承地方特色文脉、挖掘城市无形资产，在对岭南文化遗产和历史文化建筑保护的同时，引入时尚现代商业元素与配套设施，实现时尚元素与岭南文化的创新性结合与创造性运营。例如，祖庙东华里片区改造，禅城政府规划了以祖庙、东华里、历史风貌街区为发展主轴，用现代技术共同推进区内优秀历史文化建筑的合法保护和合理改造，建设了辐射华南地区的集"文、旅、居、商"一体化的现代街区，成功打造了岭南民俗文化和佛山产业特色交相辉映的现代商业名片。佛山政府在"三旧"改造过程中，赋予了城市无形资产（历史建筑和传统文化等）新的价值，以城市资源的商业化运作推动佛山打造魅力文化名城名片。

（三）公共资源有效配置

经济高质量发展的实质就是提高稀缺资源的配置效率，以尽可能少的资源投入获得尽可能大的经济效益。"三旧"改造的政府经济职能，除了收入分配职能、经济发展职能、市场管制职能以外，还包括政府资源配置职能，即区域政府通过公共资源有效配置引导社会资源自由流动（王竹泉，2022）。

公共产品也称为公共商品、公共物品，包括政治、法律、国防、治安、城市规划、市政设施、义务教育、环境卫生、天气预报、科学研究等非排他性和非竞争性的政府公共资源（崔运武，2005）。佛山政府"三旧"改造过

---

① 佛山三龙湾科技城引领数智转型浪潮［N］. 南方日报, 2023－06－19.

程中，无论是各类开发园区、产业园区、基础设施的建设，还是各类招商引资优惠政策和专项支持，政府始终扮演着公共产品的供给者角色。2007年，佛山实施了加快公交发展的"十大措施"，推进以广佛轨道交通为重点的基础设施建设；2011年，发布《佛山市三旧改造项目规划建设管理指导意见（试行）》，提出要以公共服务设施和市政基础设施配套、各类公园绿地配套等为重点编制各区"三旧"改造专项规划，充分凸显区域政府公共产品配置对"三旧"改造全面实施的保障作用。

表2-1显示佛山政府充分发挥区域政府公共产品配置职能构建了内通外联的现代化基础设施体系，建成了佛山西站、广湛高铁佛山站、珠肇高铁高明站、佛肇城际等轨道综合枢纽，轨道交通、公路建设、常规公交等公共交通基础设施网络体系不断完善，成为全面公交都市建设第一批创建城市，荣获"国家公交都市建设示范城市"称号。佛山围绕"信息基础设施、创新基础设施、融合基础设施、新型基础设施配套产业集群培育"四大领域，加快布局新型基础设施体系，以持续发挥区域政府社会公共管理权力主体和公共资本投资市场主体的"双重角色"，提高政府公共资源使用效率。

表2-1   佛山市区新型基础设施建设布局

领域	基础设施建设布局
信息基础设施建设	推动各区县中心城区、交通枢纽、政府部门、产业园区和重要园区等重点区域5G网络覆盖；加快构建工业互联网体系，围绕佛山先进装备、陶瓷、五金、家电等特色产业集群，加快工业互联网与制造业的深度融合
创新基础设施建设	布局建设季华实验室、佛山仙湖实验室等重点领域科研基础设施；佛山蓝湾云计算产业项目、腾龙湾区数据中心等算力基础设施建设；打造产业技术创新基础设施集群体系
融合基础设施建设	重点推进智慧能源工程、智慧交通工程、智慧城市工程、智慧物流工程、智慧医疗工程、智慧教育工程、智慧农业工程、智慧水利工程、智慧环保工程、智慧应急工程、智慧文旅工程11项基础设施重大工程。
新型基础设施配套产业集群培育	加快建设中国（佛山）电子通信产业园、广东（佛山）软件产业园、南海软件科技园

资料来源：作者根据《佛山市推进新型基础设施建设行动方案（2020—2022年）》整理绘制。

政府社会资本有效配置。现实中，并不是所有市场主体都能入驻开发园区、产业园区、创新园区等公共平台，也并不是所有企业都能够享受区域政府提供的特殊政策和专项支持，这意味着区域政府配置的公共资源并不都是纯公共产品。这一类资源政府往往是政府为招商引资、科技创新、战略性新兴产业培育等特定主体给予的特殊许可、政策优惠和专项支持等具有部分的排他性和竞争性特征的政府公共资源（王竹泉，2022）。在市场经济中称为准经营性资源（陈云贤、顾文静，2019），即政府社会资本。作为与城市发展相对应的区域城市资源，通常是市场资源配置机制和政府资源配置机制发挥作用的交叉领域。任何城市、任何地区在依靠人才和资金支撑发展到一定阶段后，需要转向依靠人才、资金、战略"三力支撑"，再发展需要依靠人才、资金、战略、信息"四力支撑"。

三、政府微观参与，谋求区域利益

政府、企业和个人都是经济活动主体，其区别在于政府具有公共性、强制力。中观经济学认为区域政府具有"准微观"和"准宏观"双重属性，其"准微观"属性内在地决定了区域政府会发挥"市场主体性"参与市场竞争，谋求区域利益最大化。佛山"三旧"改造的实践表明，区域政府不仅制定"三旧"改造的游戏规则（如 PPP、BOT 模式），担任"裁判"角色，还充分发挥"准微观"角色直接参与市场，通过制度、组织、技术等与其他区域政府竞争，以实现区域内土地增值效应与经济利益最大化。

（一）财税组合政策降成本

区域政府在现代市场经济体系中不可或缺，如何回答政府发挥什么样的作用，以及如何发挥作用，均需要从微观层面明确政府定位。政府支出占 GDP 的比重可以看作是区域政府在经济活动中发挥作用的重要指标（陈云贤、顾文静，2019），区域政府能够通过财政政策和政府出资的政联企业，对经济增长格局和产业升级路径施加强有力的影响。"三旧"改造"佛山模式"，有效验证了"一个强的、好的市场经济背后，一定有一个强的、好的政府"[①]。

佛山"三旧"改造，离不开区域政府财政资金的支撑作用。2007 年，佛山出台《印发关于加快推进旧城镇旧厂房旧村居改造的决定及 3 个相关

---

① 求是："新常态"下如何处理好政府与市场的关系 [EB/OL]. 国务院国有资产监督管理委员会官网，2014 – 09 – 19.

指导意见的通知》，提出要建立"市、区、镇（街道）"多层次财政政策体系，以财政专项资金、财政奖励、改造贷款贴息、财政补助等形式，加大"三旧"改造财政支持力度。次年，禅城政府印发《禅城区"三大改造"项目财政扶持实施细则》，围绕已取得《建设工程规划许可证》《建设项目施工许可证》的"三旧"改造项目①，给予城市基础设施配套费及地下室易地建设费等行政性收费的扶持。图 2 - 5 是 2005 ~ 2022 年佛山财政支出及其占 GDP 的比重。根据佛山市统计局统计数据，2010 年以来，佛山一般公共预算支出由 363.35 亿元扩大至 1021.22 亿元，财政支出规模整体呈现递增趋势；占 GDP 比重由 6.41% 上升至 8.04%（2015 年实现峰值 9.87%），始终保持在 6% 之上。可见，佛山始终运用财政工具发挥着"强政府"机制。

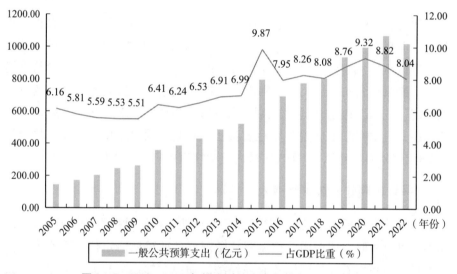

图 2 - 5 2005 ~ 2022 年佛山财政支出及其占 GDP 的比重

资料来源：佛山市统计局各年份《佛山统计年鉴》。

进入"三旧"改造提升阶段，佛山政府出台《关于深化改革加快推动城市更新（"三旧"改造）促进高质量发展的实施意见》，推动实行土地增值税补助政策（自 2019 年起），将旧改项目新增土地增值税收入（全口径）

---

① 仅限于 2007 年 1 月 1 日至 2015 年 12 月 31 日期间，取得《建设工程规划许可证》《建设项目施工许可证》的改造项目.

较上一年度增长超8%的部分，由省按30%的比例核定补助市级后①，按比例返还给区域政府，充分发挥财政机制创新对"三旧"改造质效的提升作用。佛山充分发挥政府引导基金（城市更新基金②）的财政杠杆作用，主导设立了佛山市城市更新与产业发展母基金，重点面向其他非公开募集证券投资基金（私募股权投资基金管理）、资本投资服务（股权投资、创业投资）、投资与资产管理等范围推进市场化融资。这一基金的设立，不仅体现了佛山政府"市场主体"意志，以财政资金绩效最大化实现政府收支动态平衡，也充分发挥政府引导基金杠杆作用升级城市土地存量空间，有效满足了佛山制造业由要素驱动向效率驱动和创新驱动转变的现实需求。

（二）"政府企业化"谋利益

区域政府是以区域利益最大化为行为准则的"经济人"，具有显著的"经济主体性"。我国特殊分权制度最显著的影响就是强化了政府管理经济的职能，使得区域政府能够利用对行政、公共资源等的垄断性权力实现区域管辖权转化为区域经营权，既追逐地区经济利益最大化，又追求地方政治利益最大化（张京祥，2006），具有鲜明"政治企业家精神"。"三旧"改造不仅仅是土地用途和存量空间提升问题，更是利益重新分配的难题（杨廉、袁奇峰，2010）。区域政府能否实现"三旧"改造的政策目标，关键在于区域政府如何发挥职能正确处理好多元主体的利益分配关系，如何构建"新土地利益格局"寻求区域经济效应最大化。

佛山"三旧"改造得益于区域政府的放权让利与收入增长的二元平衡。"三旧"改造涉及多方利益，历来是城市发展与建设的"烫手山芋"。在"三旧"改造推进过程中，佛山政府主动将自己定位为独立的区域经营者，以政治企业家的视角构建多方利益共享的土地增值收益分配模式，以实现区域经济包容性增长。针对容积率与地价的确定，探索初期，佛山依据《关于推进"三旧"改造促进节约集约用地的若干意见》，按照"三旧"改造土地出让纯收益可按不高于60%的比例，采取"四六分成"进行土地增值收益分配，即政府享有40%，原业主享有60%。2011年，佛山政府进一步调

---

① 唐易婷. 佛山"三旧"改造新政下月起实施［N］. 佛山日报，2019 – 12 – 02.

② 城市更新基金作为政府引导基金的一种，一般是由"区域政府主导、国有企业牵头发起、联合社会资本"并采用"母基金＋子基金"的架构进行设立。其中，母基金一般由地方政府财政直接出资或城投公司出资，其内在逻辑在于利用政府性资金撬动社会资本（杨辉，2023），充分体现了区域政府参与市场经济活动的"准微观"角色.

整旧厂房用地转变功能土地出让收益分成比例，将土地出让总价款分成比例由"四六分成"调整为"三七分成"，以政策支持优先发展工业。图2－6是2005～2021年佛山市政府财政收入及构成，2007年至2011年五年间，佛山政府财政收入（一般政府预算收入）规模由194.54亿元扩大到341.73亿元；税收收入由162.89亿元增加到270.45亿元，成为佛山政府收入的主要来源。其中，增值税和企业所得税始终是佛山政府财政税收收入的主力军。可见，在"三旧"改造过程中，佛山政府通过适当让利反向加大土地出让力度，为增加区域政府收入培育了坚实税基，实现政府土地收入与企业发展投入的有效置换。

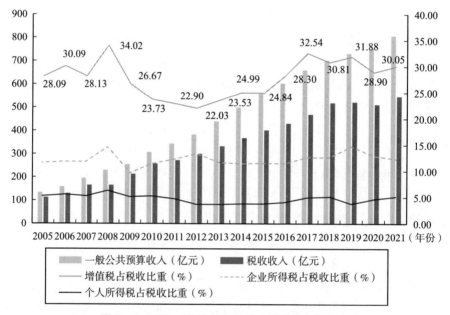

图2－6 2005～2021年佛山政府财政收入及构成

资料来源：佛山市统计局各年份《佛山统计年鉴》。

　　基于广东省"96号文"①，佛山政府在"三旧"改造用地定价中提出"工改商"项目，并按照"不低于该项目用地总面积15%的土地无偿移交政府"作为公共用地，初步建立起了"三旧"改造土地增值收益分配机制（见表2－2），推动实现了公共利益和市场利益的动态平衡。以南海区为例，

---

　　① "96号文"指《广东省人民政府关于提升"三旧"改造水平促进节约集约用地的通知》。

南海率先形成了"地价计收、分配与容积率脱钩"模式,即在扣除"三金"之后,区、镇、原权属人分别按照20%、30%、50%的比例分配土地增值收益,建立了独具特色的"三旧"改造利益共享机制。在这一过程中,政府充分发挥"准微观"角色,以城市土地二次经营盘活存量资源,充分发挥旧改土地增值效应和产业效应,以实现本区域经济利益最大化。

表 2-2   佛山市南海区旧村居旧城镇改造补偿与利益分配机制

类型	模式	补偿与分配机制
旧村居	挂账收储公开出让	土地出让价款计提专项提留资金(16%)后,余额由区、镇(街道)和村(居)集体经济组织按10%:20%:70%的比例分配
	协议出让	认定建筑面积2.2倍以下(含2.2倍)部分不计收地价,认定建筑面积2.2倍以上部分,按照土地地区片市场评估价的40%计收。土地出让价款计提专项提留资金(16%)后,余额由区、镇(街道)和村(居)集体经济组织按10%:20%:70%的比例分配
旧城镇	协议出让	地价计收标准为认定建筑面积2.2倍(含本数)以上部分,按照区片土地市场评估价的100%计收,即2.2倍不计收,以上部分计收。计收的地价款计提专项提留资金后,由区、镇(街道)按40%:60%分成
	公开交易	认定建筑面积2.2倍及以下的地价100%补偿给原权属人。2.2倍以上的地价100%由政府收取,计提专项提留资金后,由区、镇(街道)按40%:60%分成

资料来源:作者根据《佛山市南海区城市更新("三旧"改造)实施办法的补充规定》整理绘制。

(三) 政府市场结合拓渠道

市场经济存在双重竞争主体,既需要作为微观市场主体的企业发挥"企业家精神"(张维迎,2022),实现"市场有效";也需要作为中观维度经济市场主体的区域政府发挥"政治企业家精神"(陈云贤,2020),实现"政府有为"。佛山"三旧"改造的成功实践,深刻阐释了政府与企业如何合力打造"正正叠加"的经济高质量发展最优模式,充分彰显了"有为政府"和"有效市场"有机结合的制度优势,推动佛山构建了"业态、生态、文态、形态"有机结合的"以融带产""以产促城"的产城融合发展模式。

政府与市场之间是共生互补关系,佛山"三旧"改造模式是"强政府"与"强市场""双强机制"的具象化,政府制度的保障和市场资金的进入，有效破解了旧改资金困境。为解决"三旧"改造资金不充足问题，2009 年，佛山出台《关于贯彻省政府推进"三旧"改造促进节约集约用地若干意见的实施意见》，鼓励各地探索利用社会资金开展"三旧"改造，提出在可确定开发建设的前提下，允许改造土地的使用权通过公开交易方式确定土地使用权人，并探索形成了"捆绑出让、净地移交""毛地出让净地移交"土地移交模式。《佛山市三旧改造专项规划（2009 – 2020）》针对佛山全市"三旧"用地 25.3 万亩，按照"政府出政策、所有者（使用者）出土地、开发商出资金"模式进行市场化改造。这一模式实施前三年，就成功引入社会资金 357 亿元，启动"三旧"改造项目 730 个，项目占地约 3 万亩，新增建筑面积达 2399 万平方米。2010 年，出台《佛山市三旧改造项目规划建设管理指导意见（试行）》，提出"政府主导 + 土地权属人自行改造"相结合的"佛山模式"。例如，南海区广佛国际商贸城中心区改造项目，南海政府主导设立了广佛商贸城发展有限公司，负责中心区内村集体土地的统一开发，自行承担开发风险。佛山在"强政府"优势基础之上不断引入"强市场"力量，吸引社会资本积极参与，共同破解旧城改造资金瓶颈。

良好的"社会资本"积累是区域经济持续增长的关键，佛山"三旧"改造的实际推进过程就是区域政府联动市场机制重建"社会资本"的过程。地方政府在兴建大型基础设施，往往不可能凭一己之力承担，需要采取政府和社会资本合作（如 PPP[①]）等模式吸引海内外投资者共同参与。为推动交通运输、"三旧"改造、市政市容等城市可经营项目市场化，佛山政府举办了"2007 佛山城市可经营项目投资推介洽谈会"，共签约 79 项，投资总额 335.8 亿元；为吸引更多的国内外大企业来佛山投资发展，佛山政府主办了"2007 佛山投资环境推介暨项目洽谈会"，先后赴日韩、澳大利亚、东南亚、西班牙等国家和地区开展招商推介活动，共推出 147 个优质招商项目，签约投资 239 亿元[②]。围绕佛山"制造业当家"，佛山政府针对战略性新兴产业和未来产业的招商选资，建立了面向全市招商引资项目储备库、产业链上下游招商数据库、"以投代引"资本招商模式，政府公共财政"四两拨千斤"杠杆作用撬动社会资本参与"三旧"改造，已实现区域政府对"三旧"改造社会资本的重构。

---

① PPP（Public – Private – Partnership），一般指政府和社会资本项目合作模式，能够通过增加投资主体多元化实现政府部门与私营部门相互补充.
② 参见佛山市人民政府网站《2009 年佛山市政府工作报告》.

第四节 结论与展望

一、研究结论

中观经济学是现代市场经济体系的重要理论支柱。佛山"三旧"改造在经济增长、城市建设、社会民生所取得的巨大成就，是佛山政府一步一步蹚出来的。本部分基于中观经济学视角，系统分析了佛山"三旧"改造过程中区域政府的角色定位与经济行为，有效验证了区域政府在经济发展过程中的积极有为，论证了"有为政府"与"有效市场"有机结合的实践性，为解释中观经济学理论的正确性提供了经验支撑。基于上述研究，得出以下结论：

首先，佛山"三旧"改造模式的成功经验在全国具有示范效应。佛山"三旧"改造历经了试验探索阶段（2007～2011 年）、转型完善阶段（2012～2018 年）和提质增效阶段（2019 年至今）三大阶段，形成了"政府主导，连片开发""企业自改，协议出让""政企合作，混合开发"等典型模式，实现了从"旧城镇、旧厂房、旧村庄"向"新城市、新产业、新社区"的华丽转变。通过梳理佛山"三旧"改造实践演变历程，发现其取得巨大成就的成功经验在于区域政府积极有为，在改造过程中不断深化改革，强化机制保障；推动规划先行，出台系列改造方案与规定；坚持"两只手"结合，推动模式创新；坚持以点带面，以示范项目带动全局发展；优化资源配置，统筹社会资源和要素调配，因而对全省、全国"三旧"改造形成示范效应。

其次，区域政府具备"超前引领"作用，能够执行"准国家"角色对本区域经济加以宏观管理和调控。"三旧"改造是一项政策性、群众性、经济性、社会性、市场性的系统工程，面对改造过程中的各种疑难杂症，佛山政府积极发挥"超前引领"作用，通过引领制度创新破除旧改体制机制障碍，充分发挥政府职能，让企业做企业该做的事，让政府负责企业做不了或做不好的事；通过引领组织创新将政府对经济的事中、事后干预，延伸到事前引领和事前服务，扮演市场经济服务者角色，体现了区域政府更为高超的经济掌控能力；通过引领理念创新强化产业转型升级的战略支撑，拓展城市发展空间，改善城市面貌，提升传统制造业效能，培育新兴产业，形成区域竞争领先优势。

再次，区域政府拥有资源配置职能，能够通过生成性资源进行资源的最优调配，彰显区域政府对区域经济发展的积极有为。政府资源配置与企业资源配置有着本质上的不同，区域政府既配置"稀缺资源"，又创造性通过政府投资开发主导着新型城市资源的生成。佛山政府"三旧"改造实践表明，区域政府在城市资源生成、经营和配置发挥着积极作用，系统回答了"何为有为政府""政府何以有为"，充分验证了中观经济学是解释区域政府在资源生成基础上推动资源优化配置的科学理论。

最后，区域政府具有明显"经济人"趋向，通过发挥"准微观"属性实现本区域经济利益最大化。"三旧"改造政策本质趋利，佛山政府在"三旧"改造过程中，通过制定组合式"一篮子"财税政策，构建"政府主导、市场参与"改造模式，以"有为政府"与"有效市场"的有机结合打破二者非此即彼的二元对立关系。在"准企业"特性下，佛山政府将区域管辖权转化为区域经营权，以财政收入最大化与地区经济增长为中心进行资源调配，扮演着"准企业家"的角色，实现区域经济利益最大化和政治利益最大化的有机统一。

二、对策展望

（一）强化政策制度供给，提升政府超前引领能力

"三旧"改造是一项系统性工程。推动"三旧"改造高质量实施，区域政府要充分发挥超前引领作用，做好农村集体产权制度改革，争取在"土地管理、经营方式、控规调整、集体土地流转"等环节给予更多的地方自主探索权限，破除"三旧"改造面临的"碎片化、夹心化、制度化"现实障碍。积极探索跨区域土地开发权流转及其补偿机制，推动土地资源要素向市场化经营主体流转，提升土地连片开发与混合开发盘整、收储与出让效率，重点突破"三旧"改造过程中集体用地等体制机制障碍。面对前期土地整备面临财政压力过大、金融资本错配、社会资本缺位等问题，区域政府改变由政府主导直接征收、挂账收储的传统模式，构建"财政＋金融"联动机制拓宽项目融资渠道，提高社会资本参与低效产业用地改造的投资回报率和稳定性，构建"政府资源＋金融资源＋项目资源"高效耦合机制，以城市资源生成降低土地再开发的重置成本与交易成本。

(二) 优化考核机制设计，挖掘产业用地经济效能

促进城市治理现代化离不开科学、精准、动态的考核机制设计，要实施"年度产业用地供给 + 产业项目落地时效"链条式评估机制，强化"土地产出绩效 + 产业落地绩效"动态化、周期性考核机制。对于新增出让的产业用地，要做好项目本身的质量把关，通过政府购买服务方式解决企业用地的前端咨询类、认证类成本，严格落实第三方项目评估与审核制度，围绕"产业用地规模、用地时限、产出绩效、违约责任"等关键指标，做好审核评估与沟通确认工作，并落实监管责任主体。对于闲置工业用地，严格落实广东省"节地提质"攻坚行动方案，倒逼地方政府加快实施"净地"供给与出让，鼓励围绕"大项目实施集成制度创新"，通过规划引领实现闲置、低效土地集约利用和高效整备。

(三) 转变土地开发策略，推动向结构性改造转型

如何处理好政府与市场的关系是推动"三旧"改造中实现个体、集体与公共利益平衡的关键。城市更新是重塑城市空间结构、提升城市核心竞争力的重要战略，新阶段要推动从房地产开发向兼顾社会经济环境多维利益导向的城乡更新转变，推动传统"三旧"改造策略向城市功能转型，为经济可持续发展提供空间支持。要引进区域性的容积率转移机制，推动蓝图式的开发管制向市场化的调控机制转型。要探索建立由"政府主导的更新片区"和"市场主导的更新片区"实现土地再开发政府与市场的二元均衡，推动城市更新规划体系从零星片区的更新规划向差异化的空间政策区划转型。要推动发展目标从经济总量对称向结构性对称的开发路径转型，破解单一依靠政府或市场主导的城市更新模式缺陷，推动政府、市场、集体、个体间土地增值收益分配模式的变革创新。

(四) 创新城市治理模式，构建多元参与治理体系

城市治理是国家治理体系和治理能力现代化的重要组成部分。佛山正面临城市发展转换期，提升"三旧"改造质效成为培育经济增长内生动力、释放城市内生活力的转型关键。构建现代化城市治理模式，要创新政府与社会资本合作模式，充分发挥"有效市场"与"有为政府"制度优势，构建"政府主导、市场参与、社会协同"的多元治理模式，以治理模式创新破解传统城市管理土地遗留问题与功能置换困境。要以提升城市公共服务和建成

环境品质为目标，探索构建"1＋N"城市治理创新模式，以"三旧"改造为契机推动城市经营迈向精细化、高端化、品牌化，构建"大改造"与"微更新"二元融合改造模式。要协调多元利益主体拓展多维目标政策体系，注重经济发展与环境改善、社会公平与经济效益综合平衡，实现经济价值与社会价值、工具价值与目标价值的有机统一。

第三章　区域政府在低碳城市建设中的角色与职能研究

国家"十四五"规划明确提出，要顺应城市发展新理念新趋势，开展城市现代化试点示范，建设低碳城市。北京市在中国低碳城市建设中居于领先地位，从中观经济学的视角来看，北京市政府充分展示出"准宏观"和"准微观"的双重属性，进行了高标准的低碳城市建设规划，同时科学配置城市资源，推动低碳市场的发展，低碳城市建设取得积极成效，绿色低碳的高质量发展格局基本形成。本部分选取北京为研究对象，全面分析其低碳城市建设举措及成果经验，并结合中观经济学城市资源配置理论和区域竞争理论，深入分析区域政府在低碳城市建设过程中所承担的角色。研究发现：北京在低碳城市建设的资源配置过程中实现了"有为政府"和"有效市场"的双重发力，区域政府强化了低碳城市发展的顶层设计，建立了绿色低碳循环发展的产业体系，并且进一步完善了碳排放权交易等市场激励机制。同时，区域政府在区域竞争过程中发挥"超前引领"作用，在低碳城市建设中进行了全方面创新，从制度、组织、技术、理念四方面进行"超前引领"。为促进低碳城市建设向更高水平发展，要完善顶层设计，发挥有为政府作用；要激励创新，促进城市绿色低碳转型；要发挥市场作用，进一步完善碳排放交易等市场机制。

在哥本哈根世界气候大会上，中国承诺2020年碳排放强度将较2005年降低40%~45%；依据联合国气候变化框架发布的《强化应对气候变化行动——中国国家自主贡献》，中国提出2030年单位国内生产总值二氧化碳排放将较2005年下降60%~65%的目标。2020年9月22日，习近平总书记在第七十五届联合国大会上宣布，中国力争2030年前二氧化碳排放达到峰值，努力争取2060年前实现碳中和目标[①]。党的二十大报告明确指出，

---

①　中共中央　国务院关于完整准确全面贯彻新发展理念做好碳达峰碳中和工作的意见［EB/OL］. 中国政府网，2022－09－22.

推动经济社会发展绿色化、低碳化是实现高质量发展的关键环节。为推动落实控制温室气体排放行动目标，中国开始探索试点低碳城市建设，区域政府是低碳城市建设的主体。北京市出台了一系列应对气候变化以及低碳建设规划，低碳城市建设取得积极成效，绿色低碳的高质量发展格局基本形成，能源清洁低碳化进程取得明显成效，重点领域节能降碳效果显著，节能降碳管理手段持续完善，碳排放权交易体系更加成熟，全民参与良好氛围逐步形成，并创新发展了低碳领跑者试点、北京市 MaaS 平台等低碳建设代表性做法。本章以北京低碳城市建设为例，从中观经济学视角对区域政府在低碳城市建设中的角色进行分析。结合中观经济学城市资源配置理论和区域竞争理论，深入分析北京区域政府在低碳城市建设过程中所发挥的作用，总结其经验及启示，为其他地区城市建设低碳城市提供借鉴。

第一节　理论逻辑和文献综述

一、理论基础

（一）城市资源配置理论

中观经济学认为，城市资源配置理论可以简单概括为"把城市作为资源来经营"，但由于城市资源的分类不同，所以经营的主体和方式方法也有所不同。从区域政府与市场在区域资源配置上的关系角度入手，根据经营项目的不同性质进行资源分类和配置。

一是关于城市资源分类。中观经济学认为，城市资源总体上可以分为三类。第一类是区域可经营性资源，即与经济增长相对应的资源，以各区域产业资源为主。可经营性资源的竞争性意味着由市场规则配置该资源，商品、产业及其相关配套服务行业应当按照市场配置原则、市场运行机制和市场运行规则来运行和管理。区域政府对可经营性资源的配置原则应遵循三点：第一，对产业进行规划和引领；第二，对市场或企业整体进行扶持和调节；第三，对区域或局部市场进行监督和管理。第二类是区域非经营性资源，即与社会民生相对应的资源。这一类资源的配置原则主要是围绕社会保障、基本托底、公正公平和效能提升而展开（陈云贤，2019）。第三类是区域准经营性资源，它以各区域城市资源为主。其主要为用于保证国家或区域社会经济活动正常进行的公共服务系统，以及为社会生产、居民生活提供公共服务的软硬件基础设施（陈云贤，2017）。"准经营性资源"配置、开发、运营、管理过程中遵循"政府推动、企业参与、市场运作"方式。区域政府作为市场竞争的重要参与者，必须依据市场规则和市场规律参与经济活动；同时作为宏观经济发展的引导者、协调者和监督者，反过来又指引着市场经济健康运行。

综上所述，当区域政府和市场的有效边界划定后，从二者的总体性和系统性上看，虽然在影响范围上是相互独立或相互替代的，但在作用效果上是互相补充、相辅相成的。区域政府作用的发挥是以市场经济为前提的，没有市场对资源配置的决定性作用，区域政府就不存在参与资源配置的基础，就会演化为区域政府的"超位"行为，倒退回计划经济模式。同样，如果没有区域政府对市场的配合与引导，又会形成区域政府的"虚位"，导致经济的较大波动，造成效率上的极大损失。所以在资源配置效率和收益的获得和促进上，区域政府和市场是互为补充、相得益彰的。

二是关于"四阶段"资源配置。中观经济学认为，资源配置要素侧重不同引发了经济发展的四个阶段：要素驱动型资源配置阶段、投资驱动型资源配置阶段、创新驱动型资源配置阶段和财富驱动型资源配置阶段[①]。区域政府在不同的资源配置阶段，其竞争手段的侧重点也不同。

首先，要素驱动型资源配置，这种资源配置方式适合经济发展初期。经济增长的动力主要来源于区域的生产要素优势，这种资源优势形成的经济发展宽松环境，使得区域政府对资源调配的效率不甚关注，只关注非经营性资源的调配、开发。其次，投资驱动型资源配置，是以投资形成的资本来带动经济增长的一种模式。区域政府通过投资可以改善区域公共产品水平和基础设施规模，以吸引资源的流入，也可以通过投资来促进区域物质资本和人力资源积累，为经济增长提供有效动力。再次，创新驱动阶段的资源配置主要表现为人力资源、资本、技术、管理、政策等各类资源向新科技、新管理、新组织、新制度等方面的倾斜和汇集。对于区域政府而言，长期制度的构建和可持续增长政策的制定成为经济增长的源泉，全要素生产率（Total Factor Productivity，TFP）所指向的以创新为核心的技术进步、资源配置和经济结构调整不可避免地成为区域经济增长的新驱动力。最后，财富驱动模式下的

---

① 以建设创新型特色园区为载体打造产城发展升级版 ［N］. 贵阳日报，2013 - 05 - 24.

资源配置以经济增长与社会福利的同步提升为目的，以单位自然资本消耗所产生经济社会福利为衡量生态绩效的主要指标，将社会经济发展的动力定位为人们对美好家园、幸福生活的不懈追求。其突出特点是优质资源在新经济模式和新兴产业汇聚及高效配置，包括基础设施投资、区域政府管理、组织模式、制度创新等一系列"准经营性资源"的大量投入。

（二）区域政府竞争理论

从中观经济学的研究视角来看，区域政府需要通过对区域内的城市资源进行配置来实现竞争目的。区域政府竞争形式外在表现为区域间项目竞争、产业竞争、配套竞争、人才竞争、财政金融竞争、基础设施竞争、环境体系竞争和管理效率竞争等（陈云贤，2019），其内在核心是区域政府间的理念创新、制度创新、组织创新和技术创新竞争。

区域政府竞争与三类型资源政策配套。区域竞争与资源配置是一个问题的两个方面。区域政府竞争获得区域竞争力，产生区域之间的比较优势，吸纳与汇聚资源，优化资源配置，从而实现区域可持续增长。从外在来说，区域政府竞争对三种类型资源配置的作用主要包括：一是促成内部资源的优化配置；二是通过地区之间的分工，注重地区之间的互补与协作，实现外部资源的最优配置；三是以制度创新、组织创新、技术创新为核心，着力打造自身区域的软硬环境，提升潜在资源的优化配置。从内在来说，区域政府竞争对可经营性资源、非经营性资源和准经营性资源等三种资源配置的作用主要包括：一是区域政府辖区内部资源的优化配置及其效率性；二是辖区外部稀缺资源的流动和容纳，形成大区域的资源优化配置及其效率性；三是区域内外部资源的协调与匹配，形成新的资源优化配置及其效率性（陈云贤，2023）。

政府超前引领是区域竞争关键。中观经济学认为，区域政府的资源配置行为应具有"超前引领"特征。区域政府"超前引领"，就是要充分发挥政府的经济导向、调节、预警作用，依靠市场规则和市场机制力量，通过引导投资、消费和出口经济增长三驾马车，运用价格、税收、利率、汇率、法律等市场化手段和工具，让市场主体（企业等）做市场该做的事，让政府做市场主体（企业等）不能做或做不好的事，资源的有效配置政府和市场二者缺一不可（陈云贤，2017）。区域政府超前引领表现在理念创新、组织创新、制度创新和技术创新的全方位超前引领。其中，"理念创新"在资源配置的第一阶段（要素驱动阶段）具有实质推动作用，"组织创新"在资源配置的第二阶段（投资驱动阶段）具有乘数效应作用，"制度与技术创新"在资源配置的第三阶段（创新驱动阶段）具有关键制胜作用。区域政府在全方位全过程全要素的超前引领对各阶段经济发展及其资源配置具有科学可持续的作用（陈云贤，2019）。

二、区域政府低碳城市建设的文献综述

（一）国内研究综述

国内学者在 2007 年开始针对"低碳城市"展开系统探讨，金乐琴和刘瑞（2009）建议，在东部和西部地区各选择低碳经济试点区，通过相关政策吸引研发及高端制造业投资，改造或淘汰高能耗、高污染产业，成为发展低碳经济的示范区。2010 年，国家发改委发布了《关于开展低碳省区和低碳城市试点工作的通知》，在部分省市开启了第一阶段的区域试点工作；2012 年、2017 年国家相继公布第二批和第三批低碳城市试点名单，持续扩大低碳城市建设试点范围。经过十多年低碳城市的实践探索，不断为国内学者们的理论研究提供经验支撑（刘双霞，2022）。

低碳城市主要的是指通过提高科技水平和改变居民生活模式，使城市经济生产与社会生活低碳化，进而有效地改善城市的生态环境（李云燕、赵国龙 2015）。辛章平和张银太（2008）认为低碳城市就是在城市中推行和发展低碳经济，低碳城市建设就是建立低碳能源系统、低碳技术体系和低碳产业结构，探寻城市可持续发展的新道路。连玉明（2010）、李云燕和赵国立（2015）认为低碳建设涉及经济、社会、文化和管理等多个方面，包括经济、公共组织、公民和政府等多重主体。在构建低碳城市时，应更多地强调其系统的总体作用，注重对其进行合理规划，充分调动一切有利因素，促进低碳经济的发展。苏美蓉等（2012）指出，构建低碳城市是一项多目标的系统工程，其核心问题在于实现经济发展、生态环境保护和居民生活质量提升三者之间的"多赢"。宋弘等（2019）认为低碳城市的构建对城市大气污染有明显的缓解作用，其作用机理是通过减少企业排放污染物和产业结构的升级和创新来实现的。张志明等（2020）考察了嵌入亚太价值链对中国空气污染的影响，发现通过扩大产出规模和提高空气污染排放强度两种渠道对空气污染产生加剧作用。禹湘等（2020）研究认为，不同类型城市的减排路径不同，王胜今等（2022）研究发现，相比中西部地区和经济发展水平较低的地区，东部地区以及经济发展水平较高的地区减碳效果更好。王贤彬

（2024）认为，政府目标如何驱动能源效率改善是一个重要问题。节能目标较高地区通过调整经济增长目标、优化产业结构、促进技术进步和改善资源配置效率实现地区能源效率提升。张小茜（2023）揭示了政府监管和环境治理的纠偏效果：在政府监管强、环保投入高、环境污染少的地区，重污染企业发行绿色债券更受投资者认可、降低融资成本作用更强；支持"有为政府"在促进企业绿色转型和经济高质量发展的积极作用，为完善绿色金融体系提供有益参考。

学者们也研究了政府在低碳城市建设中的作用，发现在推动低碳经济发展过程中，政府是推动低碳经济发展的主要力量。李克欣（2009）认为要想创建一个低碳城市，就必须将城市政府的角色发挥到最大。佘硕等（2020）以2010年中央推行低碳城市试点为准自然实验，实证分析发现获批低碳试点城市能够直接促进城市绿色全要素生产率。低碳城市试点政策能显著促进企业高质量发展（王贞洁等，2022），低碳城市建设显著促进了地区产业结构优化升级（邓翔等，2023），政府应在低碳城市的构建过程中起到积极的助力作用。郭万达和刘艺娉（2009）提出在低碳城市的发展过程中，政府应当成为主要推动者和政策制定者，对低碳城市的治理进行一系列制度安排，并制定相关的规范与标准。顾朝林等（2010）提出政府在城市总体规划中把低碳城市理念和发展加以考虑，应让"城市化和低碳化"成为城市建设中的新的定位和目标。低碳城市建设应当发挥市场作用。戴亦欣（2009）认为政府在低碳城市建设中要建立系统的治理结构，形成政府、市场、社会互补协作。夏堃堡（2008）认为政府在鼓励低碳城市和低碳社区试点的同时，也要加快制订低碳城市、低碳社区、低碳建筑、低碳交通的相关标准。

（二）国外研究综述

对于低碳城市的研究必须追溯到关于"低碳经济"的研究发展，2003年英国政府发表了《能源白皮书》，主题是"Our Energy Future：Creating a Low Carbon Economy"。白皮书指出，低碳经济就是通过更少的自然资源消耗和环境污染排放，来获得更多的经济产出（蒋明，2022）。随着低碳经济研究实践的发展，日本政府于2007年2月颁布了《日本低碳社会模式及其可行性研究》。关于"低碳城市"的定义，国外的学者主要是根据国家低碳城市发展情况，研究如何解决城市低碳发展中的突出问题，并总结出德国"低碳经济区"、丹麦"低碳社区"等实践模式。学者们在对其内涵进行界定时，认为其应从经济、工业、交通和消费等多个方面进行综合考虑。

政府在低碳城市建设的发展过程中的作用和地位极其关键（孙洁晶，2019）。学者们对政府角色的研究可以从以下三个角度来概括：首先，Haase et al. （2017）认为政府可以在法律和政策体系上进行创新，扮演监管者的角色，确定低碳城市的发展目标，并提出相应的对策建议。其次，Gabriela（2004）提出通过合理的财政预算，并采取多种有效措施，为城市低碳发展创造必要条件与支撑；最后，French（2001）认为政府通过推动其他社会部门，如各级地方政府、公共组织、企业、公民等，促进低碳城市发展全面推动。另外，学者们也注重研究城市在应对气候变化中的作用，Bulkeley（2019）以英美城市为例，将城市政府视为温室气体减排的最强大的推动者，因为城市政府拥有土地使用规划和污染管理的权力。

关于低碳城市建设如何发挥市场作用。Yang 等（2009）指出城市生产与居民消费是影响城市碳排放的微观要素，城市生产包括交通运输、建筑、工商业等，居民消费是指居民生活的衣食住行等各个领域。Peters & Hertwich（2008）研究发现，国际贸易中碳排放量占全球排放量的 21.5%。由此可以看出，货物和服务贸易所产生的间接碳排放问题同样非常严重。Edward L & Matthew（2008）从家庭消费的角度研究了碳排放因素，指出消费碳排放涵盖了家庭成员生活所需的方方面面。

在城市化快速推进的背景下，世界各国都开始将目光聚焦在城市发展格局与发展轨迹上。"低碳城市"这一概念早在 2007 年就被学术界所重视。尽管国外率先提出了"低碳经济"这一理念，但是国内学界在低碳城市方面的研究较多，既吸取了西方发达国家的成功经验，又突出了中国的独有特色，并针对不同地区的具体情况，提出了适合我国国情的低碳城市建设方案。国内外学界的研究均关注到了政府和市场在低碳城市建设中的作用，但从中观经济学视角对区域政府和市场主体在低碳城市建设中的角色研究仍然缺乏。

第二节　北京低碳城市建设进程及成效

一、国家层面的政策背景

低碳城市试点工作是中国应对气候的战略支撑，其核心意义就是找到解决经济与环境双赢的路径。城市既是温室气体排放与环境污染的主要空间载体，也是发展低碳经济、实现绿色转型的基本行政单元（宋德勇等，2020）。为了促进减排目标的实现，中国开始探索低碳城市的发展模式。

2010年7月，国家发改委下发了《关于开展低碳省区和低碳城市试点工作的通知》，决定首先在广东、辽宁、湖北、陕西、云南五省和天津、重庆、深圳、厦门、杭州、南昌、贵阳、保定八市开展试点低碳省区和低碳城市的试点工作。第一批试点省市的碳排放总量约占全国总排放量的54.16%，试点以省为推进主体、以城市为辅助，各试点地区自主编制低碳发展规划。2012年11月26日，国家发改委下发了《国家发展改革委关于开展第二批低碳省区和低碳城市试点工作的通知》，包括29个低碳试点。与第一批以省为主不同的是，第二批低碳试点推进以城市为主，同时建立控制温室气体排放目标责任制（宋德勇等，2020）。本次试点通过采取"地方申报＋综合甄选"的自下而上方式，确定了北京市、上海市、海南省等代表性地区的试点工作（张玥，2022），并围绕低碳城市建设提出了编制低碳发展规划、建立低碳产业体系、建立温室气体排放数据统计和管理体系等六项重点任务，以此来推动资源结构优化、技术创新进步、产业结构升级和生活方式转型。第二批低碳试点城市依据每个城市的资源禀赋、发展状况和政策实施程度，逐渐发展成适合自己国情的绿色发展之路，并提供可供借鉴的经验（徐向强，2023）。

为进一步推进低碳城市的建设工作，2017年1月，国家发改委发布《国家发展改革委关于开展第三批国家低碳城市试点工作的通知》，确立在45个城市（区、县）开展第三批低碳城市试点工作，并鼓励更多的城市根据自己的实际情况，探索适合自身的低碳、绿色发展的经验和模式。同时，基于已完成的工作，制定二氧化碳减排目标评价体系，提出实现二氧化碳减排峰值的建议。第一批试点由中央政府从上到下确定，第二批和第三批试点的结果则是加入了独立申请和专家评议的程序，在充分考虑到前期工作、资源禀赋、经济发展情况和地区代表性的基础上，由当地政府给予区域实际自主决定的（宋德勇等，2020）。

2020年9月，习近平主席在第七十五届联合国大会上首次提出"双碳"目标，宣布中国将采取更加有力的政策和措施，力争于2030年前实现碳达峰，力争于2060年前实现碳中和。在双碳目标的"1＋N"政策体系中，《关于完整准确全面贯彻新发展理念做好碳达峰碳中和工作的意见》是"1"，发挥总揽全局的作用，明确了我国碳达峰碳中和的时间表，提出了10

个方面31项重点任务；《2030年碳达峰行动方案》是"N"中之首，发挥立论定向的作用，部署了碳达峰十大行动，为碳达峰的具体实施指出了重点和方向（沈雪瑶，2023）。

2021年11月，国务院发布《关于推动城乡建设绿色发展的意见》明确提出，截至2025年，将初步构建起城乡建筑绿色发展的体制、机制与政策体系，并取得较为显著的成果。在稳步推进的同时，城市的整体性、系统性和发展性得到加强，"城市病"问题得到有效的解决，综合整治能力得到明显增强，人们的绿色生活方式得到广泛普及；到2035年，将充分实现城乡建设的绿色发展，迅速降低碳排放，全面提高城镇和农村的生活质量，使人民的生活条件更加优越，初步达到建设美丽中国的目标（张颖，2021）。

2021年12月，为了更好地促进节能减排，进一步加强对污染防治的投入，加快构建和完善绿色低碳循环发展的经济体系，促进经济和社会发展的全面绿色转型，为实现"双碳"目标助力，国务院印发了《"十四五"节能减排综合工作方案》。2023年7月12日，生态环境部发布了《国家低碳城市试点工作进展评估报告》，对各个试点城市的工作进度进行综合评价，并从中总结可复制和推广的经验。

二、北京的实践及成效

"十三五"期间，北京市为应对气候变化和节能减排，按照国家的部署，在全国率先构建了能源消耗与碳排放双控机制，在节能减排、温室气体减排、污染治理等方面进行了探索，并通过市场机制、技术推广、项目支撑、宣传引导等多种方式，取得了显著的效果，以下为主要表现：

第一，通过产业引导促使绿色低碳的高质量发展格局基本形成。北京市发布新增产业禁止和限制目录，并动态调整、严格开展固定资产投资项目节能审查，从源头禁止建设高耗能、高排放项目。累计淘汰退出2154家不符合首都功能的一般制造业和污染企业，工业能耗和碳排放量持续下降。积极开展绿色制造体系创建，创建国家级绿色工厂67家。能源活动碳排放进入达峰平台期，2020年，能源消耗总量为6762万吨标准煤，单位地区生产总值的能源消耗减少超过23%，二氧化碳排放量减少高达26%，在我国各省区中，节能与碳排放强度均居第一位[1]。"十三五"时期，北京二氧化碳强

---

[1] "十四五"期间北京市全面推进绿色低碳循环发展［N］. 机电商报，2022－08－15.

度下降超过了 23%，超额完成国家下达的下降 20.5% 的任务目标①。

第二，通过严格能源控制达到能源清洁低碳化的明显成效。根据表 3 - 1 北京市能源消费总量及构成情况，2013 年至 2022 年，北京煤炭消费从 2019.23 万吨减少至 91.05 万吨，原油消费由 870.92 万吨减少至 774.92 万吨，节能减排效果显著，基本实现了无煤化（2022 年煤炭消费占能源消费比重仅为 1.02%）；电力消费从 908.70 亿千瓦时增加至 1280.80 亿千瓦时，天然气消费由 98.81 亿立方米增加至 197.95 亿立方米，能源消费结构经历了从以煤为主的传统结构向以电力、天然气为主的清洁能源结构转变。北京能源结构的优化升级得益于区域政府对化石能源的清洁改造，电能、风能、地热等新能源的转化基本完成，同时，还主动加大绿色电力的外调力度，对光伏、风电等清洁能源进行强有力的政策扶持，使可再生能源的比例提高到 10.4%。②

表 3 - 1   2013 ~ 2022 年北京市能源消费总量及构成情况

年份	能源消费总量（万吨标准煤）	煤炭消费（万吨）	电力消费（亿千瓦时）	天然气消费（亿立方米）	原油消费（万吨）
2013	6723.90	2019.23	908.70	98.81	870.92
2014	6831.23	1736.54	933.41	113.70	1034.62
2015	6802.79	1165.18	951.25	146.88	991.54
2016	6916.72	847.62	1020.25	162.31	821.00
2017	7088.33	490.46	1066.88	164.56	892.54
2018	7269.76	276.19	1142.38	187.88	911.78
2019	7360.32	182.80	1166.40	189.40	936.99
2020	6762.10	134.98	1140.00	189.12	781.77
2021	7103.62	130.78	1233.00	189.96	776.43
2022	6896.89	91.05	1280.80	197.95	774.92

资料来源：根据《2023 北京统计年鉴》、国家统计局、中国电力企业联合会、CEIC 数据库整理。

第三，通过推广绿色行动达到重点领域节能降碳的显著效果。根据《北京市"十四五"时期应对气候变化和节能规划》数据资料，北京积极推

---

① 北京实现碳中和需投入万亿元以上 [EB/OL]. 新京智库, 2021 - 10 - 28.
② 参见《北京市"十四五"时期应对气候变化和节能规划》.

广绿色建筑，累计建设绿色建筑 1.28 亿平方米，示范推广超低能耗建筑 53 万平方米，稳步推进装配式建筑发展，新建装配式建筑面积累计超过 5400 万平方米。大力发展低碳交通，2022 年轨道交通运营里程达到 807 公里，公共汽电车运营线路长度达到 30173 公里（见表 3－2）。构建市场导向的绿色技术创新体系，推广 200 多项先进适用节能技术产品，实施新一轮节能减排促消费政策，持续提升节能家电市场占有率[①]。实施新一轮的百万亩造林绿化行动，推行森林碳汇项目，力争到 2022 年底，全市森林覆盖率为 44.8%，城市绿化覆盖率为 49.3%。[②] 北京市的 PM2.5 浓度在 2021 年平均为 33 微克/立方米，优良天数达到 288 天，占全年的 78.9%，空气质量首次全面达标。2021 年，万元国内生产总值二氧化碳排放总量为 0.41 吨，位居全国第一，较 2015 年下降超过 28%[③]。

表 3－2　　　　　　　　　　北京交通设施情况

年份	公共汽电车运营数（辆）	轨道交通配属车辆数（辆）	公共汽电车运营线路总长度（公里）	轨道交通运营里程（公里）
2013	23592	3998	19688	465
2014	23667	4664	20249	527
2015	23287	5024	20186	554
2016	22688	5204	19818	574
2017	25624	5342	19290	608
2018	22750	5682	19245	637
2019	23685	6449	27632	696
2020	23948	6779	28418	727
2021	23079	7098	28580	783
2022	23465	7274	30173	807

资料来源：国家统计局数据。

第四，通过严格考核使得节能降碳管理手段持续完善。将能源消费和碳

---

① 参见《北京市"十四五"时期应对气候变化和节能规划》.

② 参见《北京市"十三五"期间节能降耗及应对气候变化规划》.

③ 北京空气质量首次全面达标，绿色低碳理念在"双奥之城"延续［N］. 经济日报，2022－02－16.

排放总量与强度目标分解到各区、各行业主管部门，并按年度进行考核。建筑、交通、工业等领域出台近百项节能降碳地方标准。支持推广合同能源管理模式，持续开展能源审计、清洁生产审核等工作。加强核算能力建设，初步建立了市、区两级碳排放核算体系。构建面向生态环境部门提供分能源品种、分行业能源活动水平等数据的共享机制，为编制温室气体清单、碳市场运行等提供基础数据支持。例如，2020 年将温室气体管控纳入环评管理，以规范重点行业温室气体排放环境影响评价技术方法。

第五，通过加快碳市场建设不断完善碳排放权交易体系。北京实施碳排放总量控制下的碳排放权交易制度，形成了以地方性法规和政府规章为基础，多项标准、规定配套的碳交易政策法规体系。通过设定重点排放单位排放控制目标并逐年收紧，激发排放单位自主减排动力，进一步压实了碳排放控制主体责任。"十三五"末北京试点碳市场已完成 7 个履约周期工作，累计交易量突破 3500 万吨，累计成交额 15 亿元，线上成交均价达 60 元/吨，位居全国各试点碳市场前列。纳入碳市场企业碳排放总量 5 年来累计下降 4%，降幅高于全市平均水平，碳排放权交易已成为本市实现绿色低碳发展的重要市场化手段，也为全国碳市场顺利启动提供了北京经验。北京市作为我国最早进行碳排放交易试点的城市，设有碳排放和绿色交易市场，在全市范围内建立了包括发电、石化、水泥和服务业在内的 800 余个重点企业在内的 8 个产业①。

第六，推动形成全民参与环保的良好氛围。北京通过碳交易平台激励公众绿色出行意愿，基于北京交通绿色出行一体化服务平台，推出"绿色出行 - 碳普惠"激励措施，目前已服务 176 万碳普惠用户，累计减少碳排放量超过 18 万吨②。组织节能周、低碳日、低碳环保大赛等系列宣传活动，通过碳普惠机制鼓励绿色低碳出行。广泛开展国际交流，成功举办"第二届中美气候智慧型/低碳城市峰会"，积极参加联合国环境署、联合国气候大会以及 C40 城市气候领导联盟等国际非政府组织的相关活动，对外讲好北京绿色低碳发展故事。开展中小学生节能和资源高效利用教育实践活动，提升节能降碳意识和社会责任感。发出节能降碳活动倡议，倡导公众践行绿色生活方式。2022 年，北京冬奥会充分利用绿色金融，实现了碳中和的目

---

① 北京将承建全国自愿减排交易中心，探索与国际碳交易机制接轨［N］. 北京日报，2022 - 02 - 17.

② 参见《北京市"十四五"时期应对气候变化和节能规划》，北京市发展和改革委员会，2022 - 08 - 09.

标，达成了历史上首届实现碳中和的低碳奥运会成就（沈雪瑶，2023）。根据《北京市 2022 年国民经济和社会发展统计公报》数据显示，2022 年北京新增造林绿化 10200 公顷，森林覆盖率达到44.8%，比上年提高 0.2 个百分点，城市绿化覆盖率为 49.3%，提高 0.01 个百分点，人均公园绿地面积为 16.89 平方米，增加 0.27 平方米。

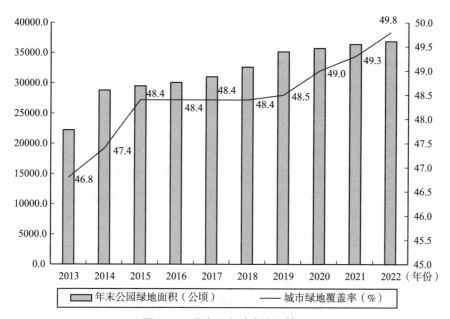

图 3 - 1　北京绿色城市建设情况

资料来源：作者根据《2023 北京统计年鉴》数据整理绘制。

三、代表性做法

（一）低碳领跑者试点

"低碳领跑者"项目是北京市"十四五"规划中的一项内容。第一，名为"低碳生活，普惠"，目标是将低碳出行、节水、节能、植树造林等行为记录在碳普惠平台上，从而生成碳减排量的点数，这些点数可以用来兑换电影票优惠券、地铁票兑换券、低碳产品购物券等。第二，提出"低碳领跑树基准"，即通过对企业及组织的碳排放信息的公开披露，采用计量方法对其进行排序，并在此基础上，对处于领先地位的企业实施绿色激励与金融支持（沈雪瑶，2023）。2023 年 7 月 10 日，北京市生态环境局发布《关于开展2023年北京市低碳试点工作的通知》，首批选取电力生产业，计算机、通信和其他电子设备制造业，高等学校三个领域，遴选一批低碳发展规划目标明确、低碳发展水平领先的领跑者企业和公共机构。

（二）北京市 MaaS 平台

北京市2019年就低碳出行行为领域建设促成了一体化出行联盟的成立。2019 年 11 月 4 日，北京市交通委员会与高德地图签订战略合作框架协议、共同启动北京 MaaS（Mobility as a Service，MaaS）平台①，通过与科技产品的有机融合，持续为北京市民提供行后绿色激励等服务，极大改善了公共出行体验。以公共交通出行代替私家车出行为主要的战略目标，北京市交通委联合高德地图，推出了北京交通绿色出行一体化服务平台，简称"北京 MaaS 平台"。

2020 年 9 月，北京市交通委、市生态环境局、高德地图和百度地图等合作，发起了"MaaS 出行绿动全城"活动②，并在全国率先提出了"绿色出行的碳普惠激励"，在全国首创了以碳普惠的形式来激励市民全方式参与到绿色出行中。当市民选择乘坐公交、地铁、自行车和步行等绿色交通工具时，可以使用高德地图和百度地图等软件，在完成任务后，可以获取相应的碳能源，这些能源可以作为相应奖励，将其回馈给广大市民，帮助他们实现绿色出行，并可兑换公共交通代金券、网站会员优惠券等商业权益，或可用于支持植树造林、保护濒危动植物等公益权益。平台将低碳消费行为转化为物质和精神激励，以碳普惠机制来激励市民参与低碳出行（沈雪瑶，2023），是在低碳出行领域进行的有效模式创新，是国内交通出行领域覆盖最广的碳普惠平台。经过近三年的探索，北京市 MaaS 平台逐渐成为全国关注的标杆，上海、杭州、广州、深圳等城市也紧随其后，开展了 MaaS 的探索与实践。与此同时，《北京 MaaS 行动路线图》正在编制中，北京 MaaS 即将迈入 2.0 阶段。未来，北京 MaaS 将致力于提高以轨道为核心的绿色出行综合服务水平③，进一步丰富和拓展碳普惠的内涵，推动绿色出行的发展。

2022 年，北京交通绿色出行一体化服务平台（MaaS）是国内第一个落地的绿色出行服务平台，目前已经有超过 3000 万用户使用该平台，其中，

---

① MaaS：为出行者提供定制化"打包"服务［N］. 中国政府采购报，2021 - 04 - 09.
②③ 孙静，刘文超，张凡. 北京 MaaS 平台提升绿色出行吸引力［N］. 中国交通报，2022 - 03 - 30.

参与"绿色出行"的用户超过百万，累计减少了将近 10 万吨二氧化碳排放。数据表明，排放 1 吨二氧化碳，相当于一台燃料汽车停产六个月所产生的减排量，而此次活动也能使 21% 的"绿色出行观察者"转变为"绿色出行者"，居民的绿色出行意愿明显提高①。

在北京市 MaaS 平台运行过程中，还有政府、企业、社会公众、环保公益机构等主体的共同参与，扮演着不同的角色，承担着不同的作用。具体而言，参与主体如下：

第一，北京市政府。区域政府作为北京市 MaaS 平台的主要推动者，发挥着顶层设计的引领作用，对 MaaS 平台的基础设施环境进行保障，包括进行制定、实施和宣传其方案，引导、管理和监督平台运行机制；在 MaaS 平台的应用方面，北京市交通委与其签署了合作协议，北京市生态环境局指导了平台绿色化发展，在此基础上形成了可持续的绿色出行激励机制（沈雪瑶，2023）。

第二，相关市场主体。北京 MaaS 平台的建设，是以阿里巴巴旗下的高德地图 App 为基础，将各种出行模式一体化，为用户提供综合服务；基于这一点，高德地图从单一的导航系统，变为一体化的出行服务平台；启迪公交（北京）股份有限公司、北京轨道交通单程票互联网票务服务平台亿通行 App 等为北京市"碳普惠"工作提供技术支持与数据支持，以满足北京市城市交通出行绿色低碳发展的需要；其他企业和商家的参与，通过购买代金券、视频会员、网络会员等方式，向消费者提供碳普惠服务，通过物质激励，推动碳普惠的发展，通过履行企业的社会责任，展示自己的绿色形象，扩大消费者的覆盖面，扩大消费者的黏性和数量。

第三，公众及环保公益机构。广大市民群体作为城市低碳出行的主体，是北京市碳普惠平台实施的主要目标对象，是推进全社会低碳转型的重要动力源泉，是低碳行为清单制定、碳减排量量化核算、激励机制实现的基础，碳普惠用户通过低碳出行行为，可以获得对应的低碳能源，并获得其他活动奖励；环境保护事业单位为鼓励大众低碳行动，在碳普惠平台上开展植树造林、保护濒危动植物等公益活动，也就是成为碳普惠中精神奖品的提供者，一方面可以实现碳积分的转换与转化，促进低碳生活的宣传和推广，另一方面也可以通过生态活动，使碳普惠平台的生态价值真正体现出来（刘航，2018）。

---

① 100 万人参与绿色出行碳普惠活动［N］. 北京日报，2022 – 03 – 25.

综上所述，在这一过程中，政府发挥的作用主要是为平台的运作提供政策和制度支持，做好宣传、监督和激励工作；企业的主要职能是提供出行服务的提供数据支持，为平台提供相应的优惠政策；环保公益机构的主要职能是提供公益权益的相关激励，并推广绿色出行的碳普惠行动（沈雪瑶，2023）。

四、面临的挑战

北京低碳城市建设虽然取得了很大成就，但是也面临很多挑战。首先是应对气候变化方面面临日益严峻紧迫的形势和压力。北京作为特大型城市，自 1961 年有气象记录以来，平均气温每 10 年升高 0.51℃，高于全国同期增温速率。气候变暖叠加城市热岛效应，导致极端气候事件多发频发，夏季极端降水更集中、强度更大，冬季干旱加剧。气候变化引起的极端灾害、健康威胁、资源损耗，与城市可持续发展、人民对美好生活向往之间的矛盾日益凸显，首都应对气候变化任务十分艰巨。

"双碳"目标的提出为首都发展带来了全新的机遇和历史使命。绿色低碳循环发展成为经济社会发展的主要发展方式，能源低碳高效利用成为关键，应对气候变化和节能工作的重要性进一步凸显。《北京市国民经济和社会发展第十四个五年规划和二〇三五年远景目标纲要》为"十四五"期间实现碳减排稳中有降、实现碳中和扎实推进的目标作出了新的部署，这是应对气候变化和能源节约的迫切需求①。要切实将节能和减缓气候变化作为促进高质量发展的重要支撑，将适应气候变化作为检验城市规划建设和环境治理能力的重要内容，将节能降碳工作全面融入新发展格局。

"十三五"时期，北京市应对气候变化、能源节约等方面所做的努力，为"十四五"时期稳步推进绿色低碳发展打下了坚实的基础，但距离碳中和目标、建成世界一流的"和谐宜居之都"目标还有很大的距离。具体表现为：一是能源消费强度、新能源使用率、人均碳排放量等方面与世界先进城市还存在很大的差距②。二是政策体系不够完善，手段和工具不足，可规模化推广的关键低碳技术欠缺，工作队伍、能力、资金支持不足，基于社会化大数据的信息化、系统化碳排放监测管理体系尚未建（王芳、陈锋立，

---

① 北京积极谋划"近零"碳排放城市建设 [N]. 中国能源报，2021 - 09 - 13.
② 参见《北京市"十三五"时期节能降耗及应对气候变化规划》，北京市发展和改革委员会，2016 - 11 - 16.

2015）；三是应对气候变化、节能降耗和污染防治工作的协同性有待进一步提升；四是城市适应气候变化能力需要持续提升，应对极端气候事件的能力还需不断强化。

能源高效利用和低碳转型面临新挑战。"十四五"时期，北京着力构建以首都为核心的世界级城市群，打造特色与活力兼备的现代化经济体系，推动民生福祉显著提升，加快发展航空运输、5G 通信、数字经济、生物医药等重点行业，能源消费和碳排放量还将在一段时间内保持增长态势。随着疫情后生产生活逐步恢复，"十四五"前两年全市能源消费和碳排放总量将较 2020 年低点出现恢复性反弹。因此，要实现能源和碳排放控制目标，需要克服新能源资源禀赋较差、技术成熟度不足、成本较高等诸多困难，持续优化电力结构、供暖模式、出行方式、车辆结构，逐步提升可再生能源占比，大幅提升能源利用效率，在更大的区域谋划布局绿电供应体系，加快形成有利于推动碳达峰碳中和工作的政策环境，持续开展创新技术研发应用，尽快推动能源系统在清洁化的基础上实现以电气化和脱碳化为主要特征的绿色低碳转型。

第三节　区域政府在低碳城市建设中的角色

一、基于城市资源配置理论分析

（一）低碳城市建设中的"三类资源"

中观经济学认为，城市资源总体上可以分为三类。第一类是区域可经营性资源，即与经济增长相对应的资源，以各区域产业资源为主。在低碳城市建设中，碳排放权交易、碳市场建设、发电行业等行业企业属于区域可经营性资源范畴。由市场规则配置该资源，区域政府对可经营性资源产业进行规划和引领、扶持和调节、监督和管理。第二类是区域非经营性资源，即与社会民生相对应的资源。节能周、低碳日、环境日等活动属于区域非经营性资源范畴，对此类资源配置政策原则主要是社会保障、基本托底、公正公平、有效提升。第三类是区域准经营性资源，它以各区域城市资源为主。用于保证低碳城市建设的公共服务系统以及为建设低碳城市提供公共服务的软硬件基础设施属于区域准经营性资源范畴。"准经营性资源"配置、开发、运营、管理过程中遵循"政府推动、企业参与、市场运作"方式。

(二) 低碳城市建设中的有为政府

为实现"双碳"目标，北京市完善政策制度体系，明确时间表、路线图和施工图，强调减污降碳、协同治理。此外，发挥市场调节作用，推进产业和能源结构调整，完善碳排放权交易机制，形成有效激励约束，同时，围绕政府和市场的关系进行了不懈的探索，经过十年来的不断努力，首都绿色高质量发展取得了历史性的进展。

一是强化资金支持，引导和加大城市低碳发展投入。

区域政府同时具有"准宏观"和"准微观"两个角色。区域政府代理国家对本区域经济加以宏观管理和调控；同时，区域政府又代理本区域的非政府主体，与其他区域展开竞争，以实现本区域经济利益最大化。在低碳城市建设中，北京市政府前瞻性发布《北京市"十三五"时期节能降耗及应对气候变化规划》，引导和加大城市低碳发展投入，完善财政资金支持机制，强化市级财政资金和市政府固定资产投资支持，积极争取中央资金支持，加大节能降碳工作支持力度。探索建立市场化的应对气候变化专项基金，对重点领域用能节能改造、节能降碳产品等给予鼓励支持。随着新能源汽车置换补贴等促消费政策显效，《北京市 2022 年国民经济和社会发展统计公报》数据显示，2022 年，北京市实现新能源汽车类商品零售额 269.5 亿元，同比增长 17.1%，连续 4 个月呈两位数增长。此外，北京加大财税政策扶持力度，通过政府主导加大对从事节能降碳技术创新的研究机构或企业支持，引导社会资金投向节能降碳领域。北京深化市场化改革，强化制度创新，建立有利于节能降碳产业发展的政策环境，支持提升节能降碳产业效率。进一步完善节能技改、合同能源管理扶持政策，推广能源管理、碳排放管理等第三方服务机制。

实现碳中和目标所需要的资金不能光靠政府，还需要市场弥补缺口，所以应完善绿色金融政策体系，引导和激励金融体系以市场化的方式支持绿色投融资活动。根据中国节能协会碳中和专业委员会数据，参照当前欧洲能源交易所出售的现货碳排放许可价格每吨 55.95 欧元测算，北京市的二氧化碳减排成本达 2.1 万亿元。"十四五"时期，北京提出总投资 1866 亿元的能源领域重点项目清单，通过 81 项能源发展重点任务，提升能源安全能力和加快绿色低碳转型并重，构建坚强韧性、绿色低碳智慧的首都能源体系①。表 3-3 整理了北京市的财政投入办法，从中可以看出政府对低碳建设的全力支持。

表 3-3　　　　　　　　　北京市低碳财政投入情况

重点任务	政策	财政投入	主要责任单位
实施新能源补贴	《北京市电动汽车社会公用充换电设施运营补助暂行办法》	北京市在 2021 年根据充换电设施投入数量和充换电站运行情况进行评估，对充换电设施的投资和建设企业进行财政补贴。开展充电和换电业务示范站点的评选，加大对充电桩的补贴力度	北京市城市管理委员会、北京市财政局
	《北京市关于鼓励汽车更新换代消费的方案》	2023 年将继续实施乘用车置换新能源车补贴政策，补贴标准和方式都与 2022 年保持一致。从 2023 年 3 月 1 日起到 8 月 31 日，凡在本市经营一年以上的旧车，以及在本市的经销企业处购买新能源轿车的，给予 8000～10000 元的补贴	北京市商务局、北京市经济和信息化局、北京市财政局北京市生态环境局、北京市市场监督管理局、北京市公安局公安交通管理局、国家税务总局北京市税务局
绿色低碳发展项目奖励	《2023 年北京市高精尖产业发展资金实施指南（第一批）》	对本市注册的制造业企业在 2022 年至申报截止日期间竣工的，建设期不超过 3 年，固定资产投资不低于 200 万元，在污染治理、污水资源化利用、高效节能设备利用、低碳发展、工业互联网＋绿色制造等领域开展专项提升，或在清洁生产、节能节水、碳减排等方向实现绩效提升的项目，按不超过纳入奖励范围总投资的 25% 给予奖励；实施主体达到国家级绿色工厂、国家级绿色供应链管理企业（含下属企业）标准、空气重污染应急减排绩效评价 B 级以上（含绩效引领），或项目实施后单位产品能耗或水耗达到国家、行业或地方标准先进值的，按不超过纳入奖励范围总投资的 30% 给予奖励，单个企业年度奖励金额最高不超过 3000 万元	北京市经济和信息化局北京市财政局
绿色建筑财政支持	《北京市建筑绿色发展奖励资金示范项目管理实施细则（试行）》	既有建筑的绿色节能改造按平方米、超低能耗、超低能源建筑、AA 级及以上的住宅分别给予每平方米不超过 20 元，200 元，120 元和 60 元的补贴	北京市住房和城乡建设委员会北京市财政局

① 北京投资 1866 亿元构建坚强韧性、绿色低碳智慧能源体系［EB/OL］. 中国新闻网，2022 - 04 - 01.

续表

重点任务	政策	财政投入	主要责任单位
先进低碳技术试点项目财政支持	《关于开展2022年北京市低碳试点工作的通知》	经审计、验收合格但无市级或政府固定资产投资补助的项目，按照资金评审结果，按项目建设（不含配套工程）固定资产投资额30%的补助，单个项目最高可达1000万元。 同时，视情况会同相关部门将项目纳入货币政策支持工具的支持范围，引导金融机构提供优惠的融资服务，并将多渠道做好试点成效宣传推广	北京市生态环境局
	《关于开展2023年北京市低碳试点工作的通知》	对评选出的优秀先进低碳技术试点项目进行授牌，多渠道做好试点成效宣传推广；符合条件的按规定给予一定额度的财政资金支持，或推荐给金融机构引导提供金融支持	北京市生态环境局

资料来源：作者根据政府公开资料整理绘制。

二是低碳赋能，建立绿色低碳循环发展的产业体系。

以碳排放权交易制度、碳普惠制度、市场准入制度等为重要切入点开展市场机制创新，激发各类市场主体绿色低碳转型的内生动力和创新活力（徐佳、崔静波，2020）。北京大力发展科技含量高、资源消耗少、碳排放低的工业，推动高耗能高排放的生产产业退出和设备淘汰，不符合首都职能的制造业有序搬迁和退出。政府不断推进绿色转型，按照国际、国内先进的能源效率、碳排放标准，开展一批低碳技改工程。推进天然气发电厂，煤气锅炉，工业窑炉，污水处理和数据中心的废热回收，推动城市路灯的节能与发展循环经济与清洁生产，推动资源综合利用，实现市级及以上工业园区的绿色化和低碳化[①]。

各方面认真落实《北京市"十四五"时期高精尖产业发展规划》，大力发展绿色能源、新材料、新能源汽车和节能环保等绿色工业，推动全市工业结构向绿色化方向发展。严格把控工程的准入条件，重点产业如汽车、电子、制药等要按照能效、水效、碳排放标准，对其进行设计和建造。

北京坚持绿色低碳和前瞻性战略性新兴产业在国有资本的增量投资下走稳数字化低碳发展的路径。持续推进传统产业转型升级，大力发展新能源、新材料、氢能、储能等战略性新兴产业。此外，市管企业加快构建绿色低碳循环产业体系，以数字化转型促进低碳化发展，推进"上云用数赋智"，促

---

① "十四五"时期北京市全面推进绿色低碳循环发展［N］. 机电商报，2022－08－15.

进大数据、人工智能、5G、物联网、北斗等新一代信息技术与传统产业深度融合。

三是全民行动，倡导绿色低碳生活方式和消费模式。

政府积极进行有关低碳发展的宣传、教育、普及，促进人们对低碳生活的理解。逐渐营造出企业主动减排、居民自觉低碳的良好氛围。北京市构筑全民共同行动格局，积极组织开展节能周、低碳日、环境日等宣传活动，加大应对气候变化和节能宣传力度。加强媒体宣传和公众监督，发挥媒体正向导向作用，使绿色生活成为社会广泛共识和自觉行动①。大力推进绿色生活的创建活动，提高民众节约意识，提倡简约、绿色、低碳、文明的生活模式，并对各类奢侈浪费进行强烈的抵制，形成绿色低碳的社会风气。

加大对节能、减排先进技术的研发与推广。充分发挥社会组织和企业的作用，加大对节能减排公益的扶持力度，扩大公众参与的环保监督渠道。②开展节能减排自愿承诺，引导市场主体、社会公众自觉履行节能减排责任（王琳等，2021）。

强化全社会应对气候变化、节能和碳达双轮驱动，系统施策。正确处理政府和市场的关系，坚持两手发力。包括充分发挥法规标准的引导作用，强化制度创新，完善能源与碳排放总量和强度控制机制；强化排放单位主体责任，完善碳排放权交易机制，形成有效激励约束机制；营造有利于促进节能降碳的政策环境，倡导简约适度、绿色低碳的社会风尚，开展节约型机关、气候友好型区域、低碳出行、低碳建筑等重点领域创建行动。2023 年 9 月 15 日，"2023 北京绿色生活季"活动启动，共设置八大板块："绿亮生活、绿享未来、绿畅出行、绿助光盘、绿倡办公、绿游山水、绿色金融、绿碳积分"，涵盖居民生活食、住、行、游、购各领域③。从 2022 年 8 月 10 日到 9 月 10 日，短短一个月内，共有 636 万北京市民开通了个人碳账本，有 5 次及以上减排行为的市民达到 269.7 万人，推动实现减排行为 8800 次，减排二氧化碳总量约 4 万吨④。

---

① 参见《北京市"十四五"时期应对气候变化和节能规划》，北京市发展和改革委员会，2022 - 08 - 09.

② 参见《辽宁省"十四五"节能减排综合工作方案》，2020 - 07 - 22.

③ "2023 北京绿色生活季"9 月 15 日启动　八大板块倡导市民低碳生活 [N]. 金台资讯，2023 - 09 - 10.

④ 标记绿色生活，碳账本、碳交易中的"北京模式"[N]. 新京报，2023 - 04 - 27.

（三）低碳城市建设中的有效市场

一是激发市场活力，进一步完善碳排放权交易等市场机制。

在低碳城市建设中，要发挥"有效市场"和"有为政府"双重作用。中观经济学认为，市场经济体系中存在着"微观企业"和"区域政府"这两个双重竞争主体。不但自然人和企业法人可以成为市场主体，区域政府也可以成为参与竞争的市场主体。企业与区域政府在不同的层面上进行各自的竞争。北京充分发挥碳市场机制对减少碳排放的激励和约束作用，进一步优化本市试点碳市场机制及配套措施。通过完善碳排放配额总量控制制度，进一步完善碳排放权交易等市场机制，持续扩大碳市场覆盖范围，完善重点排放单位管理机制和配额分配方法，丰富配额初始分配制度，逐步推动配额有偿分配。进一步更新完善碳市场工作机制，鼓励和引导排放单位积极通过技术创新、精细化管理降低碳排放，并通过市场机制降低社会总体减排成本。完善碳市场制度设计，在自愿减排量交易、碳普惠机制、碳金融产品、生态补偿机制等方面大力创新，扩大市场机制的覆盖范围。研究开展本市用能权交易机制。统筹完善可再生能源电力消纳与节能考核、碳排放核算等工作机制和政策的协调统一，构建支持和鼓励可再生能源消纳的政策环境。

北京还注重做好与全国碳市场的衔接，按照全国碳市场建设整体安排，做好纳入全国碳市场的本市重点排放单位的管理。完善日常监管机制，做好碳排放报告、核查、配额核发以及履约等全过程管理，强化数据质量管理；做好全国自愿减排交易机构建设运行，在生态环境部指导下，积极推进全国温室气体自愿减排（CCER）交易机构建设工作，参与制订 CCER 交易规则，组织开展 CCER 交易和管理系统建设，探索和国际碳交易与抵消机制的衔接和合作[①]。

2013 年，北京市率先在全国范围内开展了碳排放权交易试点，涉及八大行业、八百余个碳排放主体，在交易规模、活跃度等方面都处于领先地位，为我国碳市场的发展提供了借鉴。北京碳排放权试点交易制度通过不断发展和完善，碳价为我国七大碳市场中最高的。根据碳排放交易网数据，2021 年北京碳配额线上成交均价为 72.86 元每吨（全国 7 个试点碳市场中价格最高），最高突破了 107 元每吨；截至 2021 年底，碳排放交易累计成交额 30.03 亿元，各类产品累计成交量达 9336.77 万吨，各类碳资产交易领先

---

① 参见《北京市"十四五"时期应对气候变化和节能规划》.

全国。北京绿色交易所在首轮碳交易中，已向超过 450 家电力公司开展
CCER 交易，实现了 1850 万吨的 CCER 交易，交易额 6.71 亿元人民币[①]。

二是政府支持绿色金融，大力发展节能降碳金融服务。

加快培育绿色金融组织体系，建设数字化绿色金融基础设施。鼓励金融
机构引入节能降碳评价要素，开发支持绿色产业发展的绿色债券，开展气候
友好型投融资等金融服务。以市场化募资方式创建节能降碳产业绿色基金，
鼓励和支持社会资金投向低碳技术研发和推广应用。规范发展节能评估、能
源审计、碳排放评价、碳排放核查等咨询服务业态。完善节能量审查核证标
准及相应平台建设，支持银行业金融机构在中关村开展股债联动业务，积极
开展绿色信贷和绿色投资。鼓励保险机构开展气候风险分析，开发气候灾害
等保险产品，发挥在气候风险防范方面的积极作用。

北京创造性地推出多元化碳减排支持工具，助力经济绿色低碳转型。
2022 年，使用常态化的再贷款、再贴现额度等长效工具累计投放资金超
1500 亿元，支持市场主体近 4 万户；引导 21 家国有银行驻京支行已完成
200 余亿元的碳减排融资，带动每年减少 400 多万吨碳排放；基础设施绿色
升级贷款余额和清洁能源产业贷款占绿色贷款余额比重分别为 54.1%、
35.4%，同比增长 27.3%、54.4%，政策性碳减排工具正成为北京绿色低
碳转型的关键支撑。此外，北京碳减排支持工具参与主体扩大至外资银行，
例如，北京属地的德意志银行（中国）有限公司和法国兴业银行（中国）
有限公司纳入碳减排支持工具金融机构范围，2 家外资银行共发放符合碳减
排支持工具要求的贷款 3.64 亿元。[②]

二、基于区域政府超前引领理论分析

（一）制度的"超前引领"

区域政府需要通过对区域内的城市资源进行配置来实现竞争目的，政府
超前引领是区域竞争关键。制度的"超前引领"，是指充分发挥政府，特别
是区域政府在制度创新上的作用，通过创设新的、更能有效激励人们行为的
制度和规范体系，改善资源配置效率，实现社会的持续发展、变革和经济的

[①] 生态环境部支持北京承建全国自愿减排交易中心　控排企业 CCER 年需求或超 2 亿吨 [N]
.21 世纪经济报道，2022 - 02 - 24.

[②] 北京深入推进绿色低碳发展，加快经济绿色低碳转型 [EB/OL]. 莱关注，2023 - 03 - 17.

持续增长。

在低碳城市建设中，区域政府准确把握本地区低碳发展的战略定位、政策导向，以实现全社会绿色低碳转型作为着力点，把低碳发展作为推动和引领地区高质量发展和生态环境高水平保护的重要抓手，切实将绿色低碳发展理念融入城市发展规划、战略等顶层设计（任丙强，2018）。立足本地区低碳发展的基本规律和阶段性特征，重点开拓自身低碳发展优势与特色亮点，提升低碳发展规划编制水平，把低碳发展规划的核心指标与重点任务有机融入本地区经济社会发展规划纲要及相关专项规划（韩璐等，2024）。北京市政府和生态环境局发布了多份规划，通过出台低碳发展规划，不断进行低碳城市建设制度创新，推动将低碳发展核心目标纳入本地区经济高质量发展和生态文明建设考核目标体系。利用好低碳发展约束性指标这个关键抓手（邓和顺等，2024），推动构建绿色低碳循环发展的经济体系和清洁低碳、安全高效的能源体系，推动城乡低碳化建设和管理，加快低碳技术研发与应用，补齐低碳发展制度短板，倡导简约适度、绿色低碳的生活方式，推动低碳发展的模式、路径、制度和技术创新，切实完善低碳发展的组织机构、建立工作协调机制，加强低碳发展能力建设和人才队伍建设。

表 3-4 对北京建设低碳城市政策进行了梳理，可以看出，北京的政策体系完整，目标明确。除此之外，北京根据国家和本市工作需要，加快修订《北京市碳排放权交易管理办法（试行）》。积极推动修订《北京市实施〈中华人民共和国节约能源法〉办法》《北京市节能监察办法》等相关法规、规章。

表 3-4　　　　　　　　　　北京建设低碳城市政策梳理

时间	政策名称	政策内容
2012 年	《北京市低碳城市试点工作实施方案（2012-2015 年)》	北京市以试点的身份，走在国家低碳探索的前列，采取了多种引导措施，全方位地作用于低碳消费行为的领域
2013 年	《关于北京市在严格控制碳排放总量前提下开展碳排放权交易试点工作的决定》	在十三五计划中，制定"碳排放总量控制目标""加强对碳排放的管控，保证碳排放强度逐年降低""实行碳排放限额管理与碳交易"
2015 年	《北京市推进节能低碳和循环经济标准化工作实施方案》	建议建立一个反映北京特点，具有先进指标水平，完善系统结构的节能、低碳与循环经济标准体系
2016 年	《北京市"十三五"时期环境保护和生态建设规划》	要牢固树立"绿水青山就是金山银山"的理念，持续加大生态环境保护力度，加快形成崇尚绿色发展、绿色生活的社会风尚，确保生态环境质量明显改善

续表

时间	政策名称	政策内容
2017 年	《北京市"十三五"时期能源发展规划》	能源发展着眼于四个转型：更多地关注从保证总量和供求平衡向总量、结构和效率并重的转变；更多地关注保障以煤为代表的传统矿物能源供给，向以天然气和电力为代表的清洁能源提供保障，并发展利用太阳能、地热能等可再生能源；更多地关注从城市内的能源布局向城市内部和城市外两个统筹发展；更多地关注由传统的运行调节向信息化、精细化和智能化的运行调节的转变
2018 年	《关于全面加强生态环境保护坚决打好北京市污染防治攻坚战的意见》	全面加强生态环境保护、打好污染防治攻坚战，建设"天蓝、水清、土净、地绿"的美丽北京
2020 年	《关于做好 2020 年重点碳排放单位管理和碳排放权交易试点工作的通知》	在总结 2013 年碳排放权交易试点启动以来运行情况的基础上，为优化碳排放权交易机制，实现"十三五"温室气体排放控制目标，并协同控制大气污染物排放
2021 年	《北京市国民经济和社会发展第十四个五年规划和二〇三五年远景目标纲要》	将绿色北京建设放在重要位置，让广大市民享有更多的青山绿水蓝天白云
	《北京市"十四五"时期生态环境保护规划》	明确提出力争到 2035 年实现全社会自觉绿色生产生活，碳排放量率先达峰后持续下降，并在 2050 年实现碳中和，比全国"3060"目标的时间提前十年，为低碳城市建设形成北京经验和北京示范
	《北京市"十四五"时期应对气能规划》	通过出台应对气候变化规划，统筹减缓和适应气候变化工作，将控制温室气体排放、积极应对气候变化作为生态文明建设和加快新旧动能转换的重要抓手
2022 年	《"十四五"时期低碳试点工作方案》	全面统筹推进低碳试点工作，五年内建设一批多层次、多类型的低碳试点示范
	《北京市碳达峰实施方案》	聚焦效率引领、科技支撑、机制创新，为全国实现碳达峰作出北京贡献
	《北京市民用建筑节能降碳工作方案暨"十四五"时期民用建筑绿色发展规划》	全面促进民用建筑绿色化、低碳化、智能化，在全国建筑领域碳达峰碳中和行动中发挥示范引领作用，为建设国际一流的和谐宜居之都贡献力量
2023 年	《关于开展 2023 年北京市低碳试点工作的通知》	在气候投融资试点建设的基础上，提出了"低碳技术""低碳领跑者""气候友好地区"等三个方面的目标

资料来源：作者根据北京市人民政府网站文件资料整理绘制。

北京大力推进有关生态环境保护、资源能源利用和城乡建设等方面的法律法规的制订和修改。建立政府监督、社会监督和公众参与的监督管理体制，建立健全社会监督机制，加强监督和执法力度，对违规行为进行曝光。

政府狠抓低碳城市建设规章制度的监督落实。北京把加强法规制度建设作为基础，把压实各类主体责任作为核心，把完善碳交易等市场机制作为重点，加快构建城市低碳治理体系，让节能降碳成为各类主体的自觉行动。结合本地区低碳发展阶段特征和基本规律，坚持目标导向、创新驱动、重点推进、协同创新，探索构建碳排放强度和总量"双控"以及减污降碳协同增效等制度体系，研究制定相关法规、政策、标准和评价指标等。开展以投资政策引导、强化金融支持为重点的气候投融资试点等重大制度建设，建立健全企业温室气体排放信息披露制度，积极探索集约、智能、绿色、低碳的新型城镇化模式和产城融合的低碳发展模式，因地制宜建立碳排放许可、碳排放评价、碳普惠制等配套制度。

（二）组织的"超前引领"

组织的"超前引领"，是指通过政府，特别是区域政府在政府组织结构、组织方式、组织制度等方面进行的创新活动，提高经济和产业发展的组织基础，从而促进经济发展和社会进步。为贯彻落实党中央、国务院关于应对气候变化和"碳达峰碳中和"的重大战略部署，北京积极探索差异化低碳发展模式、组织形式和管理机制，形成政府引导、企业主体、全社会共同参与的工作格局①。北京市政府不断强化低碳发展规划体系、政策体系、财政支持等的引导作用，通过成立由市委、市政府任组长的低碳城市建设相关领导小组、建立联席会议机制，一以贯之践行绿色低碳发展理念，整体部署、系统推进，形成部门合力。北京市成立了市委生态文明委，下设大气污染综合治理及应对气候变化工作小组，建立了各区和各部门相互协作的工作机制，统筹推进绿色发展工作，将污染防治与节能减排目标分解到各个区、各行业主管部门，并按照年度进行考核。"十三五"期间北京构建了能耗和能源强度以及碳排放总量和碳排放强度的"双控双降"机制，加强能源和碳排放统计核算能力建设，初步形成市区两级碳排放核算体系，树立了先进的标杆，强化排放单位主体责任，综合运用资金支持、技术支撑、宣传推广等多种手段，实施低碳试点创建活动，引领全社会积极参与减碳②。

---

① 北京市生态环境局. 关于印发《北京市"十四五"时期低碳试点工作方案》的通知，2022年6月17日.
② 绿色低碳发展需"有为政府"与"有效市场"组合发力［N］. 新京报，2022－12－20.

政府支持构建规范化、常态化的温室气体清单编制机制，逐步完善温室气体排放统计体系和部门间数据协调机制，提升温室气体清单编制的科学性和准确度。鼓励试点城市研究建立城市碳排放数据信息服务系统或管理平台，实现对碳排放信息的智能化管理（陈楠、庄贵阳，2018）。鼓励结合本地区战略定位和低碳发展需求，开展对各级领导干部的低碳发展专题培训，加快对第三方机构、社会组织等的培育。北京围绕全市碳排放控制和节能目标，进一步明确重点行业部门和各区在节能降碳工作中的责任分工，形成统筹推进、分工协作的工作机制。实施会商监测预警机制，及时研判碳排放和能耗形势，对重点地区和行业开展督导。

北京全面实施碳排放总量和强度、能源消费总量和强度的目标分解考核评价制度。充分考虑各区和行业发展阶段、功能定位、能源需求和减碳潜力等影响因素，夯实控制责任，将节能降碳目标纵向分解到各区，横向分解到市级行业主管部门，细化节能降碳目标。研究完善"十四五"时期碳排放和能耗目标考核体系，明确区域政府重点用能单位和重点碳排放单位节能降碳责任，严格落实相关法律法规要求，建立健全内部管理制度，完善管理机制，逐步建立能源和碳排放管理体系，优化能源计量器具配置。

政府编制了温室气体排放清单，建立部门联动的温室气体清单编制常态化工作机制，按年度编制包含各类温室气体的市级温室气体排放清单，鼓励开展区级温室气体排放编制工作。按照清单编制相关方法学要求，做好各级清单编制方法和数据衔接，确保清单成果数据的准确性和科学性，强化清单对北京市应对气候变化政策的决策支持。

（三）技术的"超前引领"

技术的"超前引领"，是指发挥政府在集中社会资源中的优势，使其直接或间接参与技术发明，推动技术进步，促进企业技术创新能力建设。包括为企业提高技术创新能力创造有利的外部环境和采取一系列直接在经济上激励企业技术创新的措施和政策。北京建立健全以市场为导向的绿色低碳技术创新体系，为加快发展方式的绿色低碳转型、推动高质量发展提供有力支撑。着力提升绿色低碳技术的供给能力，畅通先进适用绿色低碳技术的转化路径，推进创新成果转化为生产力。完善本地区绿色采购制度及其实施细则，推动各政府部门、各单位按规定优先采购绿色低碳技术与产品。鼓励根据国家推荐的低碳发展相关目录与清单，结合本地区实际发布具有地域特色的绿色低碳技术和产品推广目录（邓和顺等，2024）。

北京市发改委发布《绿色低碳先进技术示范工程实施方案》，围绕"1 + N"碳达峰、碳中和的政策框架提出了具体的目标和任务，优先考虑能源、工业、建筑和运输等领域，在此基础上，开展"源头减排""过程减排"和"终端固碳"等先进适用技术的示范应用。

首先，加速在能源节约和减少碳排放方面的技术革新。以碳达峰、碳中和为目标，强化科技创新，推动节能减排，加强关键技术研究与开发（禹湘，2020）。开展创新技术应用示范和推广，加速节能降碳科技成果向现实生产力转化。围绕建设城市清洁能源系统，广泛推广工业余热回收、热泵供暖、园区能源梯级利用等节能降碳技术。① 针对建筑、工业等重点领域，从设计、材料、装备技术、管理技术等方面大力开展节能降碳创新技术推广应用。

北京以中关村国家自主创新示范区和大学科技园为基础，建立一批以节能减排为目标的专业孵化基地。紧跟科技进步的发展趋势，制定动态调节机制（钟昌标等，2020）。充分运用市场化体系孵化节能降碳技术，加快推进技术推广应用。实现首都绿色产业技术辐射、产品出口和服务输出，将北京打造成全国碳达峰碳中和技术创新基地。

其次，建立有利于节能降碳产业发展的政策环境。北京加大财税政策扶持力度，通过政府主导加大对从事节能降碳技术创新的研究机构或企业支持，引导社会资金投向节能降碳领域。探索利用温室气体排放在线监测、社会化活动水平大数据监测、校核排放单位温室气体排放的创新模式，强化报告数据质量。结合大数据、区块链等技术，建设城市温室气体排放核算与管理平台，研究建立系统化、信息化、智能化的城市应对气候变化管理体系，打造数据驱动的智慧化治理新模式。加强重大基础问题研究，积极开展在减缓和适应气候变化路径、气候变化影响评估与极端气候风险预判、气候变化经济学等方面的基础科学研究。加大人才培养力度，设立节能降碳发展智库，鼓励高校设置应对气候变化、碳达峰碳中和相关学科，加强创新型、应用型、技能型人才培养。

最后，以市场主体带动创新能力全面提升。绿色低碳发展内在动力不断提升，北京结合国家碳达峰碳中和重大战略部署，围绕低碳技术项目试点工作，大力推动节能低碳技术创新突破，建成张北柔性直流电网工程等新能源工程项目，促进氢能、新型储能、分布式能源、超低能耗建筑等先进低碳技

---

① 部分表述参考《北京市"十四五"时期应对气候变化和节能规划》，北京市发展和改革委员会，2022 – 08 – 09.

术的推广示范，加大建筑、交通等重点领域的低碳技术应用支持。聚焦重点技术领域，布局科研服务平台，高水平打造怀柔能源国家实验室、未来科学城能源谷，支持重点用户科学建设综合智慧低碳园区，形成低碳引领能源和产业革命的内生动力，建立绿色低碳循环发展经济体系①。

（四）理念的"超前引领"

理念的"超前引领"，是指政府在运用国家的公共权力和对社会进行管理的过程中，对新情况、新问题进行的前瞻性的、合理的、有针对性的分析（韩永辉等，2024），以此来引导我国的经济体制和组织方式的创新与发展。区域政府把促进节能降碳科技创新、产业发展和基础能力提升作为深化应对气候变化工作的重要内容（庄贵阳、魏鸣昕，2020）。挖掘绿色低碳发展内在创新动力源泉，优化绿色低碳产业政策环境，培育高精尖专业人才，强化试点示范作用，为实现绿色低碳发展提供支撑（刘天乐、王宇飞，2019）。北京充分利用国际科技创新中心建设优势，深入实施创新驱动发展战略。把促进节能降碳科技创新、产业发展和基础能力提升作为深化应对气候变化工作的重要内容。挖掘绿色低碳发展内在创新动力源泉，优化绿色低碳产业政策环境，培育高精尖专业人才，强化试点示范作用，为实现绿色低碳发展提供支撑。

在市民中倡导低碳生活理念。"光盘行动""绿色出行"等成为更多市民的自觉选择，自碳普惠项目启动以来，平台累计用户量达 30 余万人，绿色出行量累计 2100 万人次，垃圾分类深入人心②。"北京国际大都市清洁空气与气候行动论坛"是环境保护交流的重要平台，得到联合国环境署等政府间国际机构、外国政府生态环境保护部门、友好城市和非政府组织的持续支持和参与。自 2020 年起，论坛作为环境服务领域的专业论坛纳入中国国际服务贸易交易会举办，通过打造城市绿色低碳名片，增强城市营商环境吸引力，助力北京国际交往中心和国际科技创新中心建设。同时，论坛还连续多年应邀成为联合国环境署组织协调的联合国"国际清洁空气蓝天日"的平行活动，面向全球，进一步扩大影响③。

---

① 绿色低碳发展需"有为政府"与"有效市场"组合发力［N］. 新京报，2022 - 12 - 20.
② 2021 年北京空气质量首次全面达标　绿色低碳理念将会在"双奥之城"延续［EB/OL］. 中国网，2022 - 02 - 16.
③ 北京进一步推动"创新引领降碳减污"理念　更好应对未来气候变化［EB/OL］. 北青网，2023 - 08 - 29.

第四节　研究结论与对策建议

一、研究结论

本章在中观经济学理论的指导下，以北京为研究对象，深入分析区域政府在低碳城市建设过程中所发挥的作用，得出以下结论：

一是"有为政府"和"有效市场"双重发力。低碳城市建设的资源配置过程中需要"有为政府"和"有效市场"双重发力，区域政府规划强化低碳城市发展顶层设计，建立绿色低碳循环发展的产业体系，进一步完善碳排放权交易等市场激励机制。区域政府同时具有"准宏观"和"准微观"两个角色，既代理国家对本区域经济加以宏观管理和调控；同时，又代理本区域的非政府主体，与其他区域展开竞争，以实现本区域经济利益最大化。在低碳城市建设中，发挥"有为政府"作用，区域政府引导和加大城市低碳发展投入，建立绿色低碳循环发展的产业体系，倡导绿色低碳生活方式和消费模式；发挥"有效市场"作用，进一步完善碳排放权交易等市场机制，大力发展节能降碳金融服务。

二是区域政府发挥"超前引领"作用。区域政府在区域竞争过程中发挥"超前引领"作用，在低碳城市建设中进行全方面创新，在制度、组织、技术、理念四方面实现"超前引领"。区域政府通过对区域内的城市资源进行配置来实现竞争目的，政府超前引领是区域竞争关键。首先，制度的"超前引领"，切实将绿色低碳发展理念融入城市发展规划、战略等顶层设计；其次，组织的"超前引领"，区域政府不断强化低碳发展规划体系、政策体系、财政支持等的引导作用，通过成立由市委、市政府任组长的低碳城市建设相关领导小组、建立联席会议机制，一以贯之践行绿色低碳发展理念，整体部署、系统推进，形成部门合力；再次，技术的"超前引领"，为企业提高技术创新能力创造有利的外部环境和采取一系列直接在经济上激励企业技术创新的措施和政策；最后是理念的"超前引领"，区域政府在行使国家公共权力和管理社会的过程中，对低碳城市建设中不断出现的新情况、新问题进行前瞻性的理性分析，指导经济制度和组织形式的创新和发展。

二、对策建议

(一) 完善顶层设计

在低碳城市建设中,要处理好短期和中长期的关系,坚持五年规划安排与长远发展战略相衔接,把握好降碳的节奏和力度。锚定远期碳中和目标,立足当前工作实际,实事求是、循序渐进、持续发力,加快实施节能和新能源利用等措施,压实"十四五"时期节能降碳目标任务,确保碳排放达峰后稳中有降。切实将绿色低碳发展理念融入城市发展规划、战略等顶层设计,确保落实各项绿色低碳发展任务,完善推动绿色低碳转型的制度体系,加快绿色低碳先进适用技术的推广应用,加强低碳发展统计核算能力与队伍建设。处理好发展和减排的关系,坚持资源节约、生态环境高质量保护、积极应对气候变化与经济社会高质量发展协调一致。大力推动节能低碳技术创新突破,形成低碳引领能源和产业革命的内生动力,建立绿色低碳循环发展经济体系。协同控制温室气体与污染物排放,实现减污降碳协同增效。

(二) 激励创新发展

"有为政府"需要超前引领,运用理念创新、制度创新、组织创新和技术创新,营造有利于促进节能降碳的政策环境,倡导简约适度、绿色低碳的社会风尚。建设低碳城市是区域政府的应有职责,应充分运用管制性政策、市场性政策和公众参与性政策,基于生态总体规模控制的考虑提供有助于城市绿色转型的基础设施和公共服务,并进一步控制和淘汰对环境有破坏力的产业,从而提升社会的福利水平 (张梦, 2016)。也要通过一系列的激励制度,引导和推动企业采用全新的产品或服务、流程设计、营销模式、组织架构,防止经济增长对环境的损害。通过教育机构、行业协会、非营利组织、媒体、公益活动等手段,倡导健康的消费观和生活方式,减少资源环境压力。在社会管理层面,强调体制性创新和系统性创新,改变产品结构,通过改变人的生活方式和工作追求来寻找替代式的发展道路,避免单纯依靠技术创新对高效率的片面追求,关注系统的创新,实现从效率导向演变成效果导向,建设低碳城市。

(三) 充分发挥市场作用

低碳城市建设,要处理好政府和市场的关系,坚持两手发力。充分发挥法规标准的引导作用，强化制度创新，完善能源与碳排放总量和强度控制机制。强化排放单位主体责任，完善碳排放权交易机制，形成有效激励约束机制。健全市场机制，深入开展用能权有偿使用与交易，促进能源生产要素向优质项目、企业、产业和经济发展状况良好的区域集中。在具备条件的地区，大力开展"绿色能源认证交易"和"用电需求侧管理"的试点工作。积极推行合同能源管理，推行"一站式"节能咨询、节能设计、节能金融等项目。通过规制环境管理，促进第三方治理，并以此为基础，探索和拓展新的生态环境发展与管理服务。要扩大能效标志的使用范围，建立能效标志管理系统。健全绿色制造的有关标准，推进节能、低碳和绿色环保的产品认证工作。

第四章　区域政府经营城市策略研究

中观经济学是研究区域政府经济行为及职能角色的经济科学。城市是现代化建设的"领头车"，面对国内经济整体放缓的时代背景，"十四五"规划明确提出，深入推进新型城镇化战略，加快转变城市发展方式，城市经营进入关键重塑期。"合肥模式"开创了"以城建城、以城兴城、以产兴城、以城促产"的城市经营可持续发展模式，对国内外城市发展路径选择具有积极的借鉴意义。本章基于城市经营的问题导向，以中观经济学为理论支撑，以合肥市政府经营城市行为为研究对象，深入分析区域政府在城市经济建设过程中的经济行为与职能角色。研究发现：区域政府具备超强引领能力，能够以经营的理念规划城市；区域政府具备经营城市职能，能够通过创新经营手段运营城市；区域政府具备微观主体属性，能够通过创新经营模式提升城市品质；区域政府通过有效联动市场，能够创新经营理论建设城市。基于上述分析，进一步为新阶段区域政府经营城市提出相关政策建议，包括：强化制度供给，完善城市经营管理制度体系；创新经营模式，建立多层次市场化运营体系；转变政府职能，实现"管理式"向"服务式"转变。

城市经营是适应宏观经济形势的现实之需。20世纪末以来，在世界经济时代的"全球化"趋势下，各国之间相互依存又相互竞争，相伴而来的是区域城市竞争"地方化浪潮"；改革时代的"市场化"走向下，党的"十四大"正式确立了"要建立中国特色社会主义市场经济体制"的经济体制改革目标。1994年我国开始实施分税制财政管理体制，不断理顺中央与地方的分配关系。产业时代的"工业化"趋势下，土地、人口、劳动等城市要素逐渐成为区域间竞争的核心领域，逐渐成为城市经济增长的核心驱动力。在全球化、工业化、信息化、市场化相互交织发展的宏观背景下，区域间的城市经济绩效竞争和城市地位提升在全国范围内正加速重组，城市经营应运而生，开启了我国"城市经营热"，为我国城市规划建设管理的改革与发展提供了新的路径方向。

进入新时代，我国城市建设取得了历史性成就，基础设施水平与服务能力不断提高，城市综合承载力、核心竞争力逐渐增强，但仍旧存在着区域发展不平衡、不充分问题。国家先后出台《中华人民共和国国民经济和社会发展第十四个五年规划和 2035 年远景目标纲要》《国家新型城镇化规划(2021 - 2035 年)》，明确提出"新型城镇化战略"，开展城市现代化试点示范；党的二十大报告进一步指出，要"实施城市更新行动，打造宜居、韧性、智慧城市"，对新时代新阶段城市建设提出了新部署新任务。在这一时代背景下，如何经营城市，如何转变城市发展方式，如何走出一条中国特色新型城镇化和城市发展道路，成为政府、社会和学界共同关注的重大课题。

"合肥模式"对国内外城市发展具有示范效应。在长期计划经济向社会主义市场经济转轨背景之下，围绕"以经济建设为中心"的基本路线，区域政府一直充当着经济建设的主体，逐渐形成了"经济建设型政府"驱动的城市发展模式。合肥在城市发展早期，在政府主导下，工业化与城市化得到了一定程度的发展，但资源浪费、土地财政、市场机制扭曲等负面问题日益暴露(胡华杰，2018)。合肥政府转变发展思路，实现了从"经济追赶"向"经济领跑"、"工业强市"向"产业名城"、"大湖名城"向"活力之城"、"中部小城"向"特大城市"、"封闭经济"向"开放经济"、"交通梗阻"向"立体交通"的华丽转变。"合肥模式"的成功，突破了过去"经济建设型政府"驱动下"只建设、不经营，只投入、不收益"的模式弊端，开创了一条以城建城、以城兴城、以产兴城、以城促产的城市经营可持续发展模式，为国内外城市发展提供了有益的借鉴。

城市经营是"有为政府"与"有效市场"的有机统一。政府和市场的关系，一直是经济学界不断争论的议题。我国改革开放的伟大实践已证明，政府与市场是相互补充、相互促进的关系，中国特色市场经济是"有为政府"与"有效市场"的有机结合的经济，具备"强市场"和"强政府"并存的"双强机制"(陈云贤等，2023)。迈步中国式现代化新征程，党的二十大报告明确提出，要"坚持社会主义市场经济改革方向""充分发挥市场在资源配置中的决定性作用，更好发挥政府作用"，在正确认识市场与政府关系领域取得了重大理论突破。

城市经营是"有为政府"与"有效市场"有机统一的实践具象，既涵盖政府行为，又涵盖市场行为。学界主要围绕城市经营内涵体系(郝杰，2017；康骁、唐永忠，2018)、运作模式(王俊豪、金暄暄，2016；文雁兵等，2022)等领域展开了大量研究，为剖析城市运营机制提供大量的理论支撑。但这一类研究却鲜少探讨城市经营背后的政府经济行为，较少讨论城市经营背后政府与市场的联动机制，对区域政府城市经营的典型案例研究更是少之又少。

政府经营城市是理论逻辑与实践逻辑双重结合的经济命题。因此，本章以中观经济学为理论支撑，试图通过城市经营"合肥模式"的解析，以探讨区域政府在城市经营过程中的策略模式与经济行为。一方面，期望通过地方案例分析和成功经验总结，为其他地区地方政府在经济发展转型时期城市经营提供一定借鉴和启示；另一方面，期望通过对典型案例的系统分析，以检验中观经济学理论的实践性与正确性，推动中观经济学与宏观经济学和微观经济学共同构筑当代经济学理论体系。

第一节 理 论 依 据

一、政府城市经营论

（一）城市经营

"城市经营"源自20世纪70年代西方国家提出的城市管理理念，其核心内涵即将政府看作具备市场主体性质的超级经济组织（Super Economic Organization），把城市资源视为资本并按照市场机制进行运作，以多元化融资和产业化经营城市（Murayama & Guoqing，2005）。城市经营是政府与市场有机结合的创新模式，其内涵可概括为区域政府以城市资源资本化为落脚点，运用市场经济手段经营城市，以实现城市资源配置效益最大化与城市资产增值空间最大化（李广斌等，2006）。这一模式将"经营"从企业层面延伸到城市层面，把城市当作一种资产，以市场化手段经营城市内自然生成资本、人力作用资本及相关延利资本（饶会林，2001），开创了以"市场之手"建设城市、管理城市、运营城市的发展模式。

学界对城市经营主体的看法主要划分为两大派系，即：政府是城市经营的唯一主体（杨丽丽、龚会莲，2012；康骁、唐永忠，2018）、政府和市场为共同经营主体（郝杰，2017）。整体来看，尽管学术界关于城市经营的内涵体系尚未形成系统框架，但基本遵循了政府在市场机制前提下，利用资本化手段建设城市这一逻辑。中观经济学理论框架下，经营城市就是把城市作为一种资源来管理。这种资源，首先是涵盖城市社会、经济、历史、文化等领域的泛资源，其次是涵盖地铁、高铁、机场等的基础设施资源，再次是依托城市经济地理、资源禀赋的产业资源（陈云贤、顾文静，2019）。将城市作为一种资源来运营，区域政府的角色职能定位尤为关键，其城市经营策略决定着城市转型与提升的成败。

（二）城市竞争力理论

城市竞争力与城市经营是密切关联的一组理论与实践命题。竞争力的概念最早来源于微观企业发展，随后被逐渐引用到宏观国家层面、中观区域（城市）和产业发展领域。城市竞争力是一个综合体现，包含"城市潜在竞争力，即城市资源经营；城市核心竞争力，即城市产业；城市综合竞争力，即城市环境与管理；城市未来竞争力，即城市发展战略"。所谓城市竞争力，大致可定义为某一城市同国内外其他城市相比，所具备经济增长优势和自身社会财富创造能力（Kresl，1999；张京祥等，2002），即吸引转化、集聚占领各类资源以创造经济价值和占领市场的能力（仇保兴，2002），其本质是区域政府为城市发展在其区域内乃至更广空间辐射范围内进行资源优化配置的能力（胡华杰，2018）。

"钻石模型"框架下，提升城市竞争力表现为政府能够创造一个支撑生产力提升的市场环境（Poter，1990）。国内外学者针对城市竞争力展开了大量探讨，包括"3+1"评价模型（Dennis，1998）、多要素结构模型（Webster & Muller，2000）、弓弦箭模型（倪鹏飞，2001）、城市价值链模型（北京国际城市发展研究院，2003）等理论维度，随着理论研究的"多点开花"，区域政府也逐渐认识到"城市竞争力"对于城市发展的重要性。中观经济学区域政府竞争理论认为，区域政府竞争外在的表现为项目、产业配套、进出口、人才科技、财政金融、基础设施、环境体系、政策体系和管理效率九大领域的竞争（陈云贤、顾文静，2019），进而形成经济增长的核心竞争力。

（三）城市经营的政府功效

区域政府与城市发展并不是孤立存在的概念，城市经营的内在动因直接来源于区域政府的"经济人"假设。为了实现本区域利益最大化，地方政府争相改善城市制度、基础设施、景观和自然环境，在经营城市中的行为表现越来越趋向于"经济人"（张道宏、尹成果，2005），表现出"具有企业精神的政府"特征（Peters，1996）。为追求区域收益最大化，区域政府之间存在着"三类九要素"竞争（陈云贤、顾文静，2017）、"县际竞争"理论（张五常，2009）、"政治锦标赛"理论（周黎安，2007）等均是其对区域政府"理性经济人"角色的生动刻画。但在现实中，城市管理与建设需要引入市场机制，需要政府与市场的共同推进，而这也正是城市经营的基本思想。中观经济学认为，成熟市场经济具备"双强机制"（陈云贤、顾文静，2019），城市经营本身就是对政府与市场关系、政府资金与社会资本合作模式的创新与超越。从实践看，PPP 模式是当前城市经营的典型模式，学界围绕这一模式的政府与市场运营的关系（王俊豪、金暄暄，2016）、风险系统（Ameyaw et al.，2013；Yan et al.，2016）等领域展开了大量研究，为论证城市经营中的市场与政府关系提供了有效支撑。

二、政府资源配置论

（一）最优资源配置

经济的可持续发展，不仅仅是资本、劳动等生产要素的增加和资源配置效率的提高，更重要的是要素有效配置背后政策制度和经济后果（武小楠，2022）。资源配置是基于稀缺性资源的存在而产生的调节手段，如果仅仅由市场机制进行配置，资源错配问题不可避免。学术界已有不少文献开始研究资源错配问题（Hsieh & Klenow，2009；Midrigan & Xu，2014；Chang et al.，2016；陈钊、申洋，2021），认为地方保护（宋马林、金培振，2016）、有效税率差别（陈晓光，2013）、金融摩擦（融资约束）（林东杰等，2022）等因素不同程度地造成了经济发展过程中的资源错配和效率损失问题，难以实现最优的资源配置。

现代市场经济下，实现最优资源配置离不开非市场要素（即政府力量）的支撑。学界普遍认为政府财税优惠是政府资源配置最有效的政策工具，政府能够通过这两大工具的补偿机制"让渡"部分经济利益给市场经济主体（柳光强，2016），进而增强市场信心、释放市场活力。基于公共财政理论，不少研究认为政府财税政策，不仅存在"激励效应"（Tassey，2004），还存在"挤出效应"（Thomson & Jensen，2013），给市场经济运行带来不稳定因素。王方方（2017）发现财政政策对产业结构优化确实产生了时变效应，在经济衰退时期，应该增加财政支出、提高投资性支出占比。基于信号理论，夏清华、黄剑（2019）认为政府财政政策能够有效弥补市场信息的不对称性、不确定性，通过"信号"效应对市场错配进行有效矫正，激励市场主体更多将资源投入生产性过程中而非配置到非生产性的寻租活动。基于资源依赖理论，武小楠（2022）提出存在一部分关键性资源（创新资源等）是集稀缺性、生产性、经济性、不可替代性多重特征于一体的，需要政府介入打破市场资源依赖固化结构。在城市经营领域，学者们认为地方政府主导的土地资源配置模式为工业化和城镇化发展带来的积极作用（黄忠华、杜雪君，2014；杨其静、彭艳琼，2015；陈钊、申洋，2021），这对解释城市经营中资源优化配置的政府功效提供了理论依据。

（二）中观经济学视域下的资源配置

不同于古典经济学企业主体生产要素和产业资源的配置，中观经济学视域下，政府资源配置范围主要集中在城市资源配置上，具体包括：市场配置的可经营性资源；由政府主导的公共服务和产出的非经营性资源；以及通过政府投资开发后形成、并可以由市场和政府共同经营的准经营性资源（陈云贤、顾文静，2019）。从世界各国经济发展路径看，区域政府的资源配置路径也经历了"要素驱动－投资驱动－创新驱动－财富驱动"等动态变迁历程，相对应地，区域政府资源配置路径也经历了要素驱动型、投资驱动型、创新驱动型和财富驱动型"四阶段"资源配置路径。

在社会主义市场经济体制下，区域政府发挥着"准国家"的角色，政府配置的资源主要是政府代表国家和全民所拥有的自然资源、经济资源和社会事业资源等公共资源，充分发挥政府政策体系弥补市场资源配置之"虚"。其资源配置领域不仅包括资源稀缺，还包括城市资源的生成（陈云贤、顾文静，2019），即通过对已有资源的合理配置所培育出新的市场、催生出新的资源（陈云贤、顾文静，2015），区域政府的市场主体地位也正是在资源生成过程中而得以体现（陈云贤，2019）。不同于西方经济学框架的"三驾马车"，区域政府以投资推动资源生成与开发，开创性从供给端重塑了拉动市场经济发展的新"三驾马车"（要素供给、环境供给、市场供给）（陈云贤，2022），市场机制的进入形成了"有为政府＋有效市场"特殊资源配置模式，不仅充分发挥了政府统筹优势，同时也有效弥补了市场机制的缺陷。

三、"有为政府"与"有效市场"

(一) 政府与市场关系

在经济学发展的历史长河中，政府这只"看得见的手"与市场这只"看不见的手"一直在不断较量，政府与市场之间的关系仍未呈现出清晰的演变规律（张厚明，2022）。古典经济学之父亚当·斯密（1974）坚持自由放任市场经济的思想，认为政府只需做好市场"守夜人"，以市场这只"看不见的手"配置社会资源。后来的新自由主义学派在这基础上，倡导"最小型政府"（Minimum Government），强调在经济发展中应当发挥政府职能最小化、市场机制最大化（Aghion & Roulet，2014）。20 世纪 30 年代，资本主义世界性经济危机爆发，完全自由市场的缺陷暴露无遗，奉行国家干预思想的凯恩斯主义成为主流，围绕"干预型政府"（Interventionist State）主张政府运用货币政策、财政政策、就业政策与产业政策等宏观经济政策进行宏观调控（王勇、华秀萍，2017），这一理论正式开启了政府干预经济新时代。但 20 世纪 70 年代，资本主义滞胀危机爆发，凯恩斯主义失灵，主张市场自由放任的新自由主义开始盛行，市场重新成为市场经济资源配置的主导力量。

(二)"有为政府"与"有效市场"

政府在市场经济中究竟扮演着什么角色？中观经济学认为政府不仅是中央政府，还包括区域政府（陈云贤、李粤麟，2023）。区域政府具备"准宏观""准微观"双重属性，其行为逻辑与利益取向是区域经济收益或政府利益最大化，其"企业家型政府"的特征重新审视了政府的经济角色（Mazzucato，2013）。林毅夫（2008）认为政府在市场经济运行中不应该仅仅充当保护产权与市场的"守夜人"角色，应当实现"有效的市场"与"有为的政府"结合，在尊重市场规律的前提下，以"强有限政府"实现多功能化（Bardhan，2016）。为什么世界上绝大多数发展中经济体都不能摆脱中等收入陷阱，关键在于，这些国家都未能正确认识到政府与市场的关系，二者并不是简单的、一对一的矛盾对立关系。成熟市场经济是"强式有为政府"和"强式有效市场"的有机融合，区域政府积极转变职能为市场机制运行进行超前引领、提供保障支撑，进而构建"双强经济模式"（陈云贤等，

2023）。中国道路的成功实践表明，在发展和转型中既要发挥"有效市场"作用，又要发挥"有为政府"功效，要同时用好"看不见的手"和"看得见的手"（林毅夫，2017），这为世界其他国家破解"市场失灵"、实现政府与市场相得益彰提供了中国智慧和中国方案（张新宁，2021）。

国内外学者针对政府城市经营、政府资源配置论与"有效政府"领域已经展开大量研究，可以发现：政府角色在经济发展中逐渐从引导者、调控者宏观角色向微观参与者转变，并且不断发挥政府功效实现"有为政府"和"有效市场"的有机结合。但上述研究均是从理论层面进行论证，缺乏实践层面的经验支撑。政府与市场的关系不是一个简单的谁多谁少、谁强谁弱、谁大谁小的此消彼长或者非此即彼的关系（冒佩华、王朝科，2014），社会主义市场经济体制改革下，所要解决的核心问题是处理好政府和市场的关系（张雷声，2017）。面对理论界"经济建设型政府"转向"公共服务型政府"的新课题，本章以中观经济学理论为支撑，以合肥城市经营为案例，系统研究合肥城市经营背后的市场机制与政府功效，为论证中观层面区域城府城市经营策略与经济行为提供经验支撑。

第二节　合肥城市经营案例概述

一、城市经营背景

合肥市地处安徽省中部、江淮之间、长江三角洲西翼，承东启西、连南接北，是安徽省下辖地级市、省会、特大城市、合肥都市圈中心城市，是国务院批复确定的中国长三角城市群副中心城市，承载着国家重要科研教育基地、现代制造业基地、综合交通枢纽三大战略定位。截至2022年年底，下辖4个区（瑶海、庐阳、蜀山、包河）、4个县（肥东、肥西、长丰、庐江），代管1个县级市（巢湖市），总面积11445平方千米，常住人口为963.4万人，城镇人口达815.4万人，城镇化率实现84.64%。[①]

改革开放初期，在计划经济体制下围绕"以经济建设为中心"的基本路线，区域政府充当着城市发展和产业发展的唯一建设主体和投资主体

---

① 资料来源于合肥市统计局《合肥市2022年国民经济和社会发展统计公报》.

（胡华杰，2018），并逐渐形成了"经济建设型政府"驱动的城市发展模式。在巨大的经济激励下，由于政府承担了城市建设的所有投资，城市发展缺乏多元化投资，仅靠财政投入和土地出让收入已不能满足城市空间扩张的需求，合肥城市发展面临着城镇设施建设不足、产业发展空间不高、城市经济增长低效等衍生问题。从历史唯物主义的立场出发，特定时期"经济建设型政府"的积极作用不可否认，但由于"政府失灵"的缺陷，以区域政府充当经济建设主体的发展模式难以有效适应新发展阶段现代市场体系发展的现实需要，要求区域政府必须从"经济建设型政府"向"公共服务型政府"转变，地方政府亟需寻找新的发展模式。

20世纪90年代，随着市场化进程的推进和国内国际形势的变化，1994年前后，相继实行的分税制改革和土地改革探索，使区域政府在投资开发、市政设施等城市经济活动中获得了更多的自主权和决策权，极大调动了区域政府发展经济的积极性。1998年，党的十五届三中全会提出"小城镇、大战略"；2000年，"十五"规划明确提出"实施城镇化战略"，城市化逐渐上升到国家战略高度。借助改革开放的强劲势头，围绕"开发皖江，呼应浦东"的战略决策，合肥掀起了招商引资和土地城市化热潮，合肥政府开始探索运用市场机制来调控城市发展目标与有限资源之间矛盾，开始运用市场化手段对城市各类资源和资产进行资本化运作，城市经营的"合肥模式"应运而生。

二、城市经营历程

（一）构建城市框架，解决发展容量

合肥城市经营，是以大规模的"大开发、大建设、大发展"开始的。2002年，合肥启动编制城市发展战略规划，目的是为城市的大发展创造良好的环境。2005年，合肥建成区面积为224.7平方公里、市区人口为224万人，2000年至2005年间，合肥GDP占全省的比重从10.7%上升到15.9%。城市经营探索初期，合肥初步形成了现代化大城市的框架，城市品质、规模和经济实力有了一定基础的发展。但城市首位度不高、城市空间有限、城市品质不佳等问题依然显著，如何重振日渐衰微的中心城市地位，成为新阶段合肥城市发展亟待破解的时代课题。2006年，合肥提出"新区开

发、老城提升、组团展开、整体推进"发展思路，推动合肥向"141"① 布局拓展，合肥城市发展实现了从环城时代走向"滨湖时代"，城市承载力和辐射能力得以大幅提升。

（二）承接产业转移，做大经济体量

在经济全球化和区域经济一体化背景下，从 2006 年开始，安徽先后实施"合肥经济圈""皖江城市带承接产业转移示范区"② 等区域发展战略，合肥紧紧抓住中部崛起战略、东部产业转移机遇，充分利用合肥承东启西的区位优势，大规模承接国际国内产业转移，形成了以"省会合肥经济圈"为主，以"沿江城市群"和"沿淮城市群"为南北两翼的中心城市发展格局。从国际产业承接看，2008 年，首家外资银行香港东亚银行进驻合肥，全国首家中资汽车金融公司奇瑞徽银汽车金融公司获准筹建③，安徽日报报业集团与南非米拉德（MH）传媒集团联合组建了新安传媒有限公司，推动资产质量持续改善。《合肥市 2010 年国民经济和社会发展统计公报》数据显示，2010 年，合肥新批外商投资企业 72 户，实际利用外商直接投资规模达 14.3 亿美元，同比增长 10%。其中，外商直接投资 10.96 亿美元，增长 27.8%；工业实际利用外资 7.91 亿美元，增长 34.9%。从国内产业承接看，合肥承接省外产业主要来自长三角，吸引了上海绿地、浙江绿城、江苏雨润、浙江万向等众多企业入驻，为后来合肥汽车零部件、家电、纺织等产业集群打造奠定了雄厚的工业基础。

（三）聚焦科技创新，做强经济质量

早在 2004 年，合肥已被批准成为国家首个科技创新型试点城市，在这之后，合肥大刀阔斧地实施创新驱动发展战略。2005 年，提出"工业立市"的战略决策，3 年时间内，合肥成功引进京东方，推动家电、纺织、机械等产业迎来发展黄金期。由于要素供给紧缺和外部环境约束加剧，仅依靠传统产业发展路径远不足以支撑合肥长久发展，产业发展仍旧面临着关键领域"卡脖子"，倒逼合肥必须转变赛道。进入新时代，合肥聚焦科技创新，大

---

① 合肥"141"战略构想，就是在合肥城镇密集区范围内构建一个主城、四个外围城市组团、一个滨湖新区的总体空间框架.

② 皖江城市带承接产业转移示范区包括合肥、芜湖、马鞍山、铜陵、安庆、池州、巢湖、滁州、宣城九市，以及六安市的金安区和舒城县，共 59 个县（市、区）.

③ 参见中国人民银行合肥中心支行《2008 年安徽省金融运行报告》.

力培育战略性新兴产业。2017 年，成立了合肥长鑫存储技术有限公司，打破了海外半导体巨头长期垄断的局面；2020 年，合肥政府前瞻布局新能源产业赛道，与蔚来汽车签订股权融资协议，一跃成为国内新能源汽车领域的明星城市。新时代十年，合肥科技支出规模由 22.7 亿元增加到 174.1 亿元，累计投入 134 亿元支持 20 个综合性国家科学中心项目建设，累计投入 56 亿元支持 16 个市校合作平台建设，引进各类创新创业人才 740 人，推动合肥从"创新高地"加速迈向"科创名城"。迈入现代化建设新阶段新征程，合肥开始布局在人工智能开源平台、图像识别等人工智能未来产业，抢占发展制高点，实现了从"跟跑""并跑"到"领跑"的历史性跨越。

三、城市经营成效

(一)"经济追赶"向"经济领跑"的逆袭

城市经营二十余年，合肥经济发展取得巨大飞跃。从国内生产总值看，2000 年，合肥市 GDP 仅 487.51 亿元，2005 年，GDP 首次突破千亿大关，实现 1074.38 亿元。此后，合肥宛如一匹黑马开启经济发展"逆袭之路"。2020 年，经济总量首次跃上万亿台阶，实现 10005.56 亿元；截至 2021 年，合肥经济规模实现 11412.8 亿元，连续七年每年跨越一个千亿台阶，实现了从"经济追赶"向"经济领跑"的历史跳跃。从产业发展看，2000 年，城市经营初期，合肥第一、二、三产业经济规模分别为 60.6 亿元、208.71 亿元、218.19 亿元，占 GDP 比重分别为 12.43%、42.81%、44.76%。这一阶段，工业与服务业齐头并进，成为合肥经济增长的"左膀右臂"。新时代以来，第三产业成为合肥经济主要贡献力量。2012 年，合肥第一、二、三产业经济规模，占 GDP 比重分别为 4.40%、42.54%、53.06%；截至 2021 年，第一、二、三产业经济规模分别实现 351.05 亿元、4171.21 亿元、6890.54 亿元，占 GDP 比重分别为 3.08%、36.55%、60.38%（见图 4 - 1），经济结构实现了由第二产业转向第三产业的转变。

(二)"工业强市"向"产业名城"的蝶变

从工业立市，到工业强市，再到产业名城，合肥通过构筑现象级"产业地标"走出了一条以"产业裂变"带动"经济质变"的城市经营道路。"十二五"期间，合肥工业总产值连跨五个千亿台阶，规模以上工业增加值

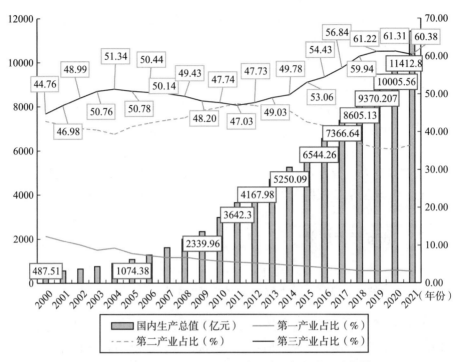

图 4-1　2000~2021 年合肥市国内生产总额及产业结构情况

资料来源：合肥市统计局各年份统计年鉴。

由 1052.7 亿元增加到 2255.7 亿元，占全省的比重达 23%，初步形成了家电、装备制造、平板显示及电子信息等 3 个"千亿产业"。"十三五"期间，合肥形成以了"芯屏器合"的产业名片和地标，培育了"新型显示器件、集成电路、人工智能"三大国家级战略性新兴产业集群[①]，战略性新兴产业产值占全市工业比重超过 55%。京东方 3 条高世代线、蔚来汽车总部、协鑫集成等重大工业项目相继落地，推动"芯屏汽合""急终生智"成为合肥城市新型"产业地标"。根据合肥市统计局统计数据，2022 年，战略性新兴产业产值占规上工业比重达 56.2%，规模以上战略性新兴产业产值实现 14.3% 增长，拉动全市规上工业产值增长 7.7 个百分点，工业机器人、新能源汽车、锂离子电池、集成电路等工业经济持续发展（见表 4-1）。

---

① 合肥这十年 | 战新产业的合肥十年：从"无中生有"到"跨越发展"［EB/OL］. 项目总投资 – 基金（sohu.com），2022 – 07 – 25.

表 4−1　　　　　　　　合肥城市经营重点布局产业与代表性企业

年份	产业	代表性企业	2025 年目标
2000	智能家电	惠而浦、海尔、格力等	2000 亿级
2008	新型显示	京东方等	2000 亿级
2011	智能终端	联宝科技等	2000 亿级
2016	集成电路	长鑫存储、晶合集成等	1000 亿级
2020	新能源	江淮、大众安徽、蔚来、比亚迪等	3000 亿级
2022	新一代信息技术产业、新能源汽车和智能网联汽车产业	蔚来汽车等；科大讯飞、华米科技、中科寒武纪等	5000 亿级

资料来源：作者根据公开资源整理绘制。

（三）"大湖名城"向"活力之城"的转变

市场新主体培育一直是合肥城市经济蓬勃发展的底气所在、韧性所在。尤其是工业民营企业，具备顽强市场韧性、有效激励机制、高效执行能力与持续创新能力的核心优势（王再平，2015），其"五六七八九"[①] 特征是合肥"工业立市"、成功逆向的动力所在。合肥市统计局数据显示，合肥在市场主体引育方面成效显著。2005 年，合肥工业企业数为 668 个，其中，内资企业、港澳台投资企业、外商投资企业分别为 565 个、37 个、66 个，占工业企业数比重分别为 84.58%、5.54%、9.88%。截至 2021 年，合肥工业企业数扩大至 2376 家，企业数较 2005 年增长 3.5 倍。其中，内资企业、港澳台投资企业、外商投资企业分别扩大至 2187 个、59 个、128 个，占工业企业数比重分别为 92.05%、2.48%、5.39%（见图 4−2）。合肥多层级企业梯度体系的构建，成为驱动工业经济增长的中坚力量。

（四）"中部小城"向"特大城市"的崛起

随着城市整体规划的实施，2005 年至 2022 年，合肥城市建设用地面积从 225 平方公里扩大到 507.0 平方公里。从人口增长看，2005 年，合肥户籍人口数、常住人口数分别为 455.70 万人、463.00 万人。2010 年，合肥行政区划调整，原巢湖市居巢区和庐江县调整进来的人口约 180 万人。2011 年，

---

①　民营经济具有"五六七八九"的特征，即贡献了 50% 以上的税收、60% 以上的国内生产总值、70% 以上的技术创新成果、80% 以上的城镇劳动就业、90% 以上的企业数量.

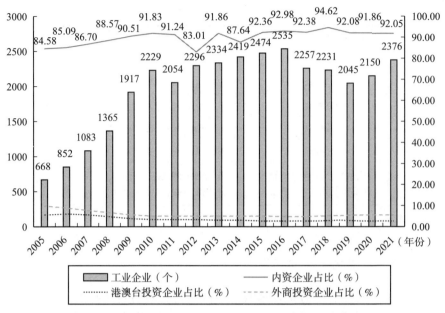

图 4 - 2 2005 ~ 2021 年合肥市工业企业数及其构成

资料来源：合肥市统计局各年份统计年鉴。

合肥人口快速增长，户籍人口数、常住人口数分别实现 706.13 万人、752.00 万人。截至 2022 年底，合肥户籍人口数和常住人口数分别实现 800.16 万人、963.4 万人，合肥正式迈入特大城市行列。值得注意的是，2005 年至 2022 年间，合肥城市人口持续保持净流入趋势，2015 年，人口净流入 113.28 万人，此后连续八年合肥人口净流入规模保持在百万规模以上（见图 4 - 3），"创新之都""工业名城"双重效应下，合肥持续巩固"人口红利"、培育可持续"人才红利"，走出了一条以人口高质量发展支撑的现代化城市发展道路。

（五）"封闭经济"向"开放经济"的飞跃

合肥经营城市二十多年，对外贸易规模大幅扩大，开放型经济发展成绩斐然。从进出口规模看，2000 年，合肥累计实现外贸进出口总额 19.09 亿美元，增长 19.7%。其中出口总额 13.24 亿美元，增长 24.0%；进口总额 5.85 亿美元，增长 11.1%，外向型经济发展规模效应尚未显现。2021 年，合肥进出口总额 514.60 亿美元，比上年增长 37.2%。其中，出口 314.13 亿美元，增长 37.8%；进口 200.48 亿美元，增长 36.3%。从吸引外商直接投

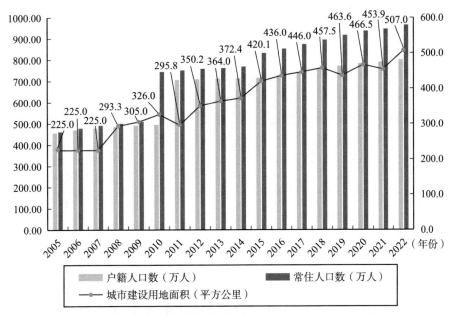

图 4-3　2005～2021 年合肥市城市建设用地面积及人口数

资料来源：合肥市统计局各年份统计年鉴。

资看，自 1984 年以来合肥利用外资始终保持连续增长的良好态势。合肥市统计局统计数据表明，合肥实际外商直接投资规模实现从 2000 年的 1.27 亿美元，到 2007 年突破 10 亿美元，到 2014 年突破 20 亿美元、再到 2017 年突破 30 亿美元的跃升，截至 2021 年，实际利用外商直接投资实现 37.48 亿美元，利用外资规模呈现出跨越级增长特征（见图 4-4）。

（六）"交通梗阻"向"立体交通"的蜕变

合肥初步形成了现代化综合立体交通网络体系，城市建设迈入都市时代。新时代十年，巢城港区综合码头、中国物流合肥基地码头、神皖庐江电厂码头等港口已建成运营，推动"合肥造"加速走向海外。2013 年新桥国际机场正式取代骆岗机场实现历史转场，2018 年合肥新桥国际机场成功跨入"千万级机场"行列，2022 年安徽民航机场集团与西部航空有限责任公司签署战略合作协议，推动合肥新桥国际机场正式迈入"双基地"运营新阶段，逐渐成为对外开放交流的重要门户和外贸窗口。2011 年至 2021 年间，合肥交通固定资产投资从 22.59 亿元增加到 136.1 亿元，总量规模增长 6 倍，加速推动合肥形成覆盖市域、辐射城际、连通长三角的公路网络体系。从铁路干线发展看，2014 年 11 月 12 日，合肥高铁南站开通运营，正

式开启了合肥铁路乃至安徽铁路发展史新纪元。合肥已经形成对外八个方向
"米字型"高铁辐射格局，连同上海、杭州与南京，共同构筑了华东地区四
大枢纽中心。

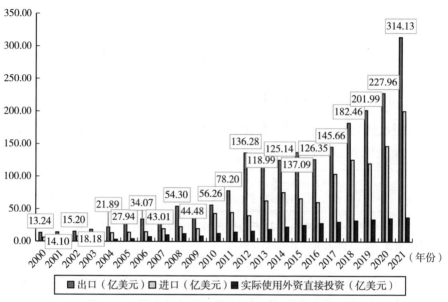

图 4 - 4　2000 ~ 2021 年合肥市进出口和吸引外资情况

资料来源：合肥市统计局各年份统计年鉴。

第三节　基于中观经济学视角分析
区域政府经营城市策略

　　新世纪之初，作为省会城市，合肥城市发展仍旧面临经济总量偏小，辐
射能力不强；经济结构不尽合理，传统产业优势不明显，新兴产业竞争力不
强；工业企业规模不大，高新技术企业实力不强，县区工业发展不快等突出
问题，产业发展面临资源约束、能耗约束、人才约束等多重瓶颈制约。如何
把资源向工业集中，如何实现政策向工业倾斜，如何推动产业转型升级，如
何提升产业竞争力？这些成为合肥城市发展要解决的关键问题。基于这一时
代背景，合肥率先开辟了区域政府城市经营新赛道，充分发挥区域政府
"准宏观""准微观"双重属性，以政府超前引领、微观参与，积极引入市
场机制，实现"有为政府"与"有效市场"的有机统一，推动合肥实现从

"跟跑""并跑"到"领跑"的历史性跨越。

一、政府超前引领，以经营的理念规划城市

中观经济学视域下，经济发展、城市建设、社会民生是区域政府的三大职能，具体表现为区域政府对区域内可经营性资源、非经营性资源和准经营性资源的一种调配、一种管理、一种政策（陈云贤，2017），这要求政府的组织和管理必然是超前引领的（陈云贤、顾文静，2019），要求区域政府要发挥理念的超前引领、制度的超前引领、组织的超前引领和技术的超前引领，规划城市、建设城市和经营城市。

（一）制度创新的"第一行动集团"

制度的"超前引领"是指区域政府通过创设新的、更能有效激励人们行为的制度和规范体系，改善资源配置效率（陈云贤、顾文静，2019）。为何合肥能够抓住发展机遇？一个重要的原因是，在制度改革和创新上，合肥政府具有高度的自觉、过人的胆识和不凡的业绩。随着市场化改革和分税制措施实施，中央授权下沉推动区域政府拥有区内自主经营权的市场主体和追求经济利益最大化的政治组织双重身份。相对于微观市场主体，区域政府具备更强的组织集体行动和制度创新的能力，能够凭借自身政治力量主动谋求本区域经济利益最大化，扮演着推动制度改革与创新的"第一行动集团"角色（杨瑞龙，1998）。

一是推动制度创新，破除体制机制障碍。20世纪，合肥面临着底子薄弱、发展不足、发展不强多重难题，合肥政府意识到其归根结底是体制机制的问题。2006年，合肥政府以合肥城市建设投资控股有限公司设立为起点，搭建城市投融资平台，有效突破了大建设大发展资金的瓶颈制约；整合建设工程、政府采购、产权交易、土地出让制度四个交易中心，建立起了全市统一的招投标交易平台，对工程建设、土地资源、产权交易等实行招标、采购、建设的"一场式交易"；大力推进行政审批制度改革，强化财政管理体制改革，取消了行政机关和全额拨款事业单位的账户（涉及300多个单位、876个账户），大大提高财政资金的使用效率。2007年，合肥政府把国有大企业、园林市政管理体制、文化体制、开发园区管理体制、行政审批制度等五个方面确定为改革重点，推行"建设工程六分开"制度，对工程建设实行"规划、设计、立项、招标、投资、建设六分开"，进入了城市经营制度

跨越的深化阶段。2008 年，合肥政府推进经营性土地管理制度改革，实行"政府拆迁、净地拍卖"，并扩大上市土地的公告范围，让开发企业公开竞争公平竞争，以制度改革"打造阳光地产"。

二是强化政策供给，增强政府支持力度。区域政府具备"准宏观"角色，在城市经营中，一方面，合肥政府聚焦中央政府职能的延伸作用，围绕着"创新驱动发展战略""可持续发展战略""区域协调发展战略""自由贸易试验区提升战略""人才强国战略"等国家战略，出台系列举措在区域范围落实国家宏观经济政策，以保持区域经济总量增长和经济结构平衡；另一方面，合肥政府不断优化顶层设计，强化政策制度供给，为区域市场主体运行建立并维护区域市场规则与秩序，如通过利用财税金融政策、产业政策、人才政策、对外开放政策等经济政策制定对市场经济运行进行积极有效的引导和调整，将制度超前引领转化为区域政府"可持续发展职能"，不断增强市场信心、提高政府治理效能。目前合肥围绕战略规划布局、土地开发、资源配置、城市建设、招商引资、市场培育、对外开放建立了立体化多层次城市经营政策体系，生动证明了区域政府在制度超前引领领域大有可为，深刻论证了哪里有改革哪里就有发展，论证了区域政府改革的力度和深度决定发展的速度和高度（见表 4 - 2）。

表 4 - 2   新阶段合肥经营城市政策体系

涵盖领域	政策名称
总体规划	《合肥市国家知识产权强市建设示范城市工作方案（2022 - 2025 年）》 《合肥市加快提升城市国际化水平行动方案（2022 - 2025 年）》 《合肥市国民经济和社会发展第十四个五年规划和 2035 年远景目标纲要》（2021）
土地开发	《合肥市批而未供、闲置和工业低效土地全域治理攻坚行动方案》 《合肥市人民政府办公室关于印发合肥市加快盘活存量资产扩大有效投资的政策措施的通知》 《合肥市人民政府办公室印发关于进一步规范产业用地出让管理的意见（试行）的通知》
资源配置	《合肥市政府引导母基金投资管理实施细则》 《合肥市人民政府办公室关于印发合肥市国有（集体）资产租赁交易管理办法的通知》 《合肥市人民政府办公室关于印发合肥市公共资源集中交易目录（2023 年版）的通知》
城市建设	《合肥市人民政府关于印发轨道交通场站综合开发的意见（试行）的通知》 《合肥市推进新型基础设施建设实施方案（2020 - 2022 年）》 《合肥市人民政府办公室关于推进城市园林绿化高质量发展的实施意见》

续表

涵盖领域	政策名称
招商引资	《合肥市人民政府办公室关于印发合肥市促进股权投资发展加快打造科创资本中心若干政策的通知》 《合肥市人民政府办公室关于持续优化招标投标领域营商环境的实施意见》 《合肥市优化营商环境行动方案（2023版）》
对外开放	《合肥高新区支持自贸试验区建设　推进"双自联动"发展若干政策》（简称"双自十条"） 《合肥高新区推动外资扩量提质促进对外开放的若干政策》
市场经济	《合肥市进一步加大纾困力度助力企业发展若干举措》 《合肥市促进经济发展若干政策》

资料来源：作者根据合肥市人民政府网站公开资料整理绘制。

（二）战略规划的"第一设计人"

区域政府具备理念的"超前引领"作用，能够通过行使国家公共权力和发挥社会管理职能，对城市发展出现的新情况、新问题进行理性分析与前瞻性布局，对历史经验和现实经验进行新的理性升华和科学提炼，为区域发展提供正确的价值导向和发展方向（陈云贤、顾文静，2019）。合肥城市经营二十余年，其成功密钥在于把握了"两大导向"：符合国家战略导向、符合产业发展方向。合肥正是通过发挥区域政府战略理念的超前引领，将城市规划、产业发展和科技创新作为提升城市竞争力的核心内容，探索建立以战略导向为支撑的城市经营战略体系。

城市规划在城市发展中起着重要引领作用。城市经济以城市为载体和发展空间，由工业、商业等各种非农业经济部门聚集而成，城市经济毫无疑问地成为区域经济增长的主要驱动力量，也成为政府"蒂伯特选择"机制的作用核心。建市以来，合肥政府致力于研究和制定经济社会发展长期和中长期战略，始终坚持规划先行、理念引领的发展路径。从合肥城市总体规划历程变迁看（见表4-3），合肥城市规划定位从"纺织工业城市""科教基地和铁路枢纽""科研教育基地和中心枢纽城市""国家级科研教育基地、现代制造业基地和综合交通枢纽""具有国际影响力的社会主义现代化大都市"的演变，可以发现，合肥政府战略经营目标导向从过去单纯追求经济发展逐渐向经济、社会、科技、资源、环境协调发展的组合经营转变，区域政府的"超前引领"更多转向技术、理念的"超前引领"，在突出城市经营物质空间和经济竞争的同时，也不断强调城市资源政策、名片打造以及战略实施成效，以培育城市综合竞争力。

表 4 – 3　　　　　　　　　合肥城市总体规划的变迁历程

年份	规划名称	发展定位
1958	第一版总规（1958 – 1967 年）	以纺织工业为主的生产城市
1982	第二版总规（1979 – 2000 年）	我国重要的科教基地和建设中的铁路枢纽城市
1999	第三版总规（1995 – 2010 年）	全国重要的科研教育基地、华东地区和长江中下游地区重要的中心城市
2016	第四版总规（2011 – 2020 年）	长三角世界级城市群副中心城市、国家重要的科研教育基地、现代制造业基地和综合交通枢纽
2022	第五版总规（2021 – 2035 年）	创新引领的全国典范城市，具有国际影响力的社会主义现代化大都市

资料来源：作者根据公开资料整理绘制。

政府超前引领的目的是有效调配资源，在区域竞争中形成领先优势，实现可持续发展。合肥城市发展经历了改革开放前"环城时代：创造'风扇型'合肥模式"，到新世纪初"滨湖时代"，再到新时代"环湖时代"三个时期，区域政府的"超前引领"作用功不可没。2002 年，为适应社会、经济、环境需要的空间发展模式，合肥政府携手南京大学、同济大学和中国城市规划设计研究院，制定了"141"城市发展战略方案；2005 年，合肥市政府编制完成《合肥市"141"空间发展战略规划》，正式推出并实施"141"城市空间发展战略，全面开启了合肥向"环城 – 滨湖 – 临江 – 达海"发展演变新时代。随着国务院正式批复合肥市行政区划调整方案，2013 年，合肥公布《合肥市城市空间发展战略及环巢湖地区生态保护修复与旅游发展规划》，正式提出"1331"市域空间发展战略，即一个主城区（"141"整体）、三个副中心城市（巢湖、庐江、长丰）、三个产业新城（合巢、庐南、空港）、一个环巢湖生态示范区，实现了城市空间发展战略的升级。在当地政府战略"超前引领"下，合肥一跃成为长三角副中心城市、国家重要科研教育基地、国家科技创新型试点城市、现代制造业基地。

（三）技术创新的"第一推动者"

技术的"超前引领"，是指发挥政府在集中社会资源中的优势，使其直接或间接参与技术发明，推动技术进步，促进企业技术创新能力建设（陈云贤、顾文静，2019）。合肥充分发挥了区域政府的技术超前引领作用，对于这类可经营性资源市场配置的范畴，区域政府更多是在遵循市场机制的前提下，通过政策措施制定形成符合市场规律的基本准则或政策生态，为微观市场主体技术创新提供保障支撑。

一是政府牵头设立科技创新平台，整合创新资源。合肥城市发展初期，并不具备良好产业基础和充裕资源优势。对于合肥而言，经过早期拼土地、拼资本等有形生产要素的简单扩张后，资本报酬递减的瓶颈使得粗放型经济增长方式难以为继，创新要素无疑成为新阶段合肥经济可持续增长的源泉。20 世纪末，合肥政府牵头推动中科大、中科院合肥物质科学研究院以及中电科 38 所等一大批高校、科研院所搬迁至合肥，推动合肥一跃成为全国四大科教基地之一，科教资源和科技创新将是未来合肥冲出重围的"王牌"。"十三五"期间，合肥政府率先挂牌运营国家实验室，搭建能源、人工智能、大健康研究院和环境综合研究平台，启动安徽科技大市场建设，推动聚变堆主机关键系统等一批重大科技基础设施建设，建立起了由点到面、由中心到全域的科技创新网络格局，充分发挥区域政府资源统筹能力，实现创新资源有效生成（创新基础设施和平台构建）和创新资源的优化配置，将科教优势转化为经济优势，把潜在优势转化为现实优势。

二是政府强化科技投入，发挥财政资金的保障支撑作用。为激励企业技术创新，合肥政府坚持"用明天的科技锻造后天的产业"理念，出台《合肥国家科技创新型试点市实施方案》《加快新型工业化发展若干政策》《合肥市科技创新专项基金管理办法》等系列政策，设立"加快工业发展专项资金""合肥市科技创新专项基金""合肥市人才发展专项基金"，组织实施"3820"产业英才建设工程。合肥统计局数据显示，2005 年至 2021 年，合肥科学财政支出由 0.18 亿元增加至 174.08 亿元，占一般公共预算支出比重由 0.25% 上升至 14.23%，教育领域财政支出由 7.36 亿元扩大至 210.20 亿元，占一般公共预算支出比重由 15.85% 上升至 17.18%。区域政府不断发挥财政资金的资源配置作用，以技术"超前引领"推动合肥打造成为全国科技创新策源地、新兴产业集聚地（见图 4-5）。

三是政府引领创造创新生态，优化外部环境。为解决科研与市场接轨的"老大难"问题，合肥政府在全省率先引入市场机制，牵头成立安徽循环经济技术工程院，推动科技成果的有效转化；探索建立区域性功能金融中心，组建高新技术风险担保基金和高新技术风险投资基金，由区域政府"超前引领"搭建高新技术项目与风险投资"联姻"的平台。为完善知识产权保护机制，出台《推进合肥市国家知识产权保护示范区建设加强知识产权协同保护二十条》，以行政保护和法治保障形成知识产权协同大保护的工作格局；合肥先后成立合肥市知识产权保护中心、市委科技创新委员会，设立"合肥科技创新日"，围绕专利、商标、版权等为创新主体提供全方位的知识产权保护服务，不断优化创新资源配置。

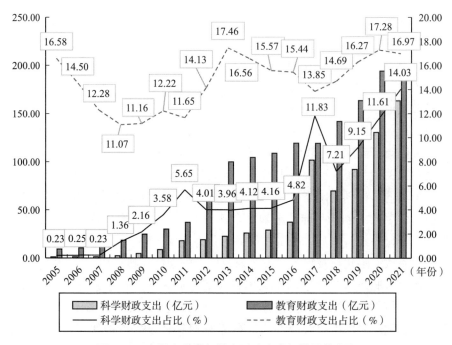

图 4 - 5　合肥市科学与教育财政支出规模及其占比

注：数据来源于合肥市统计局各年份统计年鉴；占比指占当年一般公共预算支出比重。

二、政府微观参与，以竞争的模式提升城市

区域政府具有双重属性、双重职能（陈云贤、顾文静，2019）。一方面，代理国家和上级政府执行区域政策的制定者和执行者的角色；另一方面，扮演市场"参与者"直接参与市场竞争与经济活动。后者体现着区域政府的"准微观"属性。中观经济学认为，区域政府经济竞争的理论假设前提是区域政府具备经济理性人特性，即在市场机制下，区域政府和市场各主体一样都是"理性经济人"，均以"成本－收益"分析为遵循谋求自身利益最大化。区域政府的利益驱动和相互竞争是经济增长的动力（Qian,

2003），"合肥模式"的成功表明，在中国特殊央地关系和地方政府考核机制下，区域政府具备"市场主体性"特征。

（一）"政府企业化"追求收益最大化

城市经营过程中，城市发展的规划权与经营权是统一的，区域经济效益与地方官员政绩是统一的（石瑛，2018）。随着财政分权改革和市场化改革的深入，区域政府越发将自身看作市场"企业"来运营，越发追求自己作为独立经济主体的利益最大化目标，整体上呈现出制度改革和经营运作的有机结合（陈岩松，2007）。

区域政府在城市经营过程中，致力于实现财政收支的动态平衡，最优化地方政府支出，追求最终绩效输出的最大化（朱鹏扬，2019）。在分税制改革的财政约束之下，合肥政府始终坚持在效益最大化与成本最小化的边界条件上达成最优化的资源配置，以"政府公司化"经营实现区域经济收益最大化。从地方财政收入结构看，政府收入具体涵盖了地税收入、中央转移支付收入、非税收入、土地出让收入、地方债务收入等，合肥市政府也正是通过放权让利，通过土地出让、产业培育、企业引进，建立了"财政－产业－经济"的良性动态循环，为区域政府税基扩大、区域经济增长主体培育注入活力。合肥市财政局数据统计显示，2003 年至 2022 年，合肥一般公共预算收入由 35.87 亿元增加至 909.30 亿元，整体扩大了 25 倍。20 年间，合肥财政依存度①整体呈现上升趋势，地方财政收入规模随着 GDP 增长而不断扩大。这表明合肥在城市经营过程中，致力于实现区域经济发展与政府财政收入的双重最大化，"政府企业化"倾向显著（见图 4－6）。

（二）区域政府投资实现高质量引资

为了推进高质量招商引资、争夺更大产品市场与资源配额，促进区域经济发展，区域政府有激励、有能力发挥项目投资职能，通过对高风险行业、基础设施等公共产品的直接投资，创造良好经济环境，发挥政府投资的乘数效应，促进经济绩效倍数增长。区域政府具备"准宏观"与"准微观"双重属性，既要实施宏观调控职能贯彻上级政策规划、落实国家发展战略，又要作为市场经济活动主体以政府投资引导和带动社会资本参与重大项目。合

---

① 财政依存度是衡量一个国家或地区经济运行质量的重要指标，一般指财政收入占国内生产总值（GDP）的比重，占比越高，说明国家或地方财力越充足．

肥政府提出，"服务好现有企业是最好的招商引资"，这也是合肥政府多年城市经营的成功经验。

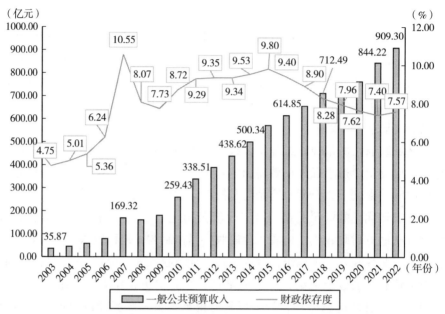

图4-6 2003~2022年合肥市一般公共预算收入及财政依存度

资料来源：合肥市统计局各年份统计年鉴。

资本招商具备着高效招商引资、聚合社会资本、助推新兴产业、促进经济转型的多重功能，已成为区域政府经营城市关键所在。合肥为何能在城市经营中脱颖而出？一个重要原因是合肥政府构建投资与招商同步的"基金招商"模式，以"投行型政府"构建或设立各类投资基金撬动社会资本服务于区域经济发展，形成了颇具合肥特色的资本招商模式。截至2022年，合肥全年"双招双引"产业链项目接近1000个，协议引资额超5000亿元，战略性新兴产业对工业增长贡献率84%，规上工业总产值突破万亿元，新增国家"专精特新"小巨人78家①，推动"芯屏器合""急终生智"成为合肥城市现象级"产业地标"，产业名城建设不断实现新突破。

招商引资需要处理好政府与市场的关系，合肥"以投带引"的产业招

---

① 资料参见2022年12月30日在合肥市第十七届人民代表大会第二次会议上《政府工作报告》内容．

商模式，正是政府与市场结合的实践具象化。在产业链培育领域，面向新一代信息技术产业、高端装备制造等领域，合肥政府构建了"1＋3＋5＋N"政府投资基金产业发展政策体系①；在产业基金领域，依托合肥产投、合肥兴泰、合肥建投三大国资运营平台，形成"引导性股权投资＋社会化投资＋天使投资＋投资基金＋基金管理"的多元化科技投融资体系；在"国资领投"领域，合肥政府通过财政资金增资或国企战略重组整合打造了国资平台，引入社会资本形成高端产业集群培育"合力"；在创投城市计划领域，陆续出台《合肥市促进股权投资发展加快打造科创资本中心若干政策》《合肥市政府引导母基金投资管理实施细则》等政策，借力资本市场构建了"科技－产业－金融"良性循环生态，开创了"以投带引""国资领投"的招商引资新模式，推动合肥实现从"风投之城"到"创投之城"再到"产投之城"的换道超车。

（三）全方位竞争培育区域核心优势

区域政府"准微观"属性内在地决定了区域政府间不可避免地展开竞争，以追求各自区域的资源配置最优化和最终产出效率最大化。区域政府的竞争是全方位的、多领域的。区域政府的竞争从来都不是静止的，围绕项目竞争、产业链配套竞争、进出口竞争、人才科技竞争、财政金融竞争、基础设施竞争、环境体系竞争、政策体系竞争和管理效率竞争等九大领域，呈现出"三类九要素"特点（陈云贤、顾文静，2019）。

区域政府经济竞争具有辖区特征，合肥政府在城市经营过程中，与"长三角"宁波、南京、苏州，华东济南、中部长沙等地区均存在着竞争。以人才科技竞争为例，地区要实现经济高质量发展需要大量的人才和科技资源支撑。作为我国重要的先进制造业高地，"培养更多高素质技术技能人才、能工巧匠、大国工匠"成为合肥城市经营不可或缺的重要方面。合肥位于"长三角"城市群，上海、杭州、南京等核心城市对人才的虹吸效应逐渐增大，长三角"抢人战"呈现白热化。

作为后发城市，围绕人才资源是第一资源、科学技术是第一生产力的理念，合肥开始向江浙"抄作业"。一方面，区域政府不断加大科技创新投入，发挥国家双创示范基地引领作用，打造"中国声谷·量子中心名校引

---

① 2017年合肥市人民政府印发《关于印发年合肥市扶持产业发展政策体系的通知》，明确提出了"1＋3＋5"政策体系.

才计划"，探索建立国有资本领投、社会资本跟投的"科创＋产业＋资本"投融资模式，不断完善本土人才培养体系和创新成果转化体系；另一方面，区域政府不断创造条件吸引人才落地，如探索放宽人才城市落户限制，搭建人才引进通道与平台，以科研资助、税收优惠、配偶与家庭安置等柔性政策开展政策竞赛，吸引人才落地合肥。2022 年，合肥新招引大学生首次超过 30 万人，新增高技能人才 5.5 万人，连续 5 年入选"魅力中国——外籍人才眼中最具吸引力的中国城市"榜单，合肥政府广开进贤之路、广纳天下英才，通过科技人才创新生态构建，实现了人才从"抢过来"到"抢着来"，为培育区域竞争优势提供强力人才支撑。

三、政府联动市场，以经营的手段运营城市

城市经营既需要区域政府发挥"政治企业家精神"（陈云贤，2020），做到"政府有为"；又需要微观主体发挥"企业家精神"（张维迎，2022），实现"市场有效"，推动"有为政府"和"有效市场"形成合力，破解经营城市"市场失灵"问题。中观经济学认为，成熟市场经济具备"强市场"与"强政府"并存的"双强机制"，"强市场"意味着市场在资源配置上起决定性作用，而"强政府"则是强调在遵循市场规律的基础上做"有为政府"，积极发挥区域政府在"三类型"资源配置以及超前引领作用（陈云贤、顾文静，2019），这对资源配置中"市场失灵"与"政府失灵"问题上提供了新的解释角度。"合肥模式"的成功实践，表明了城市经营是区域政府的一种特殊的经济职能，既是政府行为，同时又是市场行为（郝杰，2017），是"有效政府"与"有效市场"有机结合的"双强机制"。

（一）"双强机制"下基础设施建设运营

中观经济学认为资源包括与社会民生相对应的"非经营性资源"、与经济增长相对应的"可经营性资源"，与城市建设相对应的资源的"准经营性资源"（陈云贤、顾文静，2019）。"准经营性资源"作为城市资源的核心，通常是市场机制和政府机制发挥作用的交叉领域。对于这一类资源的配置，区域政府和市场的边界关系可以看作是共生互补、相互替代的，是一种"非此即彼"和"此消彼长"的博弈关系，既可以由区域政府开发和管理，又可以由市场来推动，充分发挥其商品属性。合肥城市经营，创建了凭借"大交通"发展"大市场"的经营模式。这一过程中，"有效政府"与"有

效市场"机制缺一不可。

基础设施建设中的"有为政府"。在社会主义市场经济体制下，政府仍是市政基础设施等公共产品的提供者，而城市经营则是区域政府行为方式的一次变革，推动政府由过去100%主导基础设施建设、运营和管理，向"政府引导、市场运作"城市建设模式转变。2003年，合肥出台《合肥市市政设施管理条例》，正式开启了大交通发展大市场的城市经营道路；2006年，合肥政府针对城市转型需求，提出"大建设"战略决策；进入新时代，合肥主动适应"一带一路"重要节点城市和长三角世界级城市群副中心城市发展需求，"1331"城市空间发展战略，加大政府投资、联动社会资本，推动合肥新桥国际机场正式投入使用，建立了连接省市、通达全国的快速客运铁路网，推动轨道交通从无到"十字形"轨道交通线网转变。新阶段，合肥政府出台《合肥市推进新型基础设施建设实施方案（2020－2022年）》，合肥政府规划实施超200个新基建重点项目，总投资不低于2000亿元，以区域政府财政资金、中央预算资金以及专项债券资金等叠加政策助推新基建。

据统计数据，2000年至2022年，合肥全社会固定资产投资由92.78亿元增加至8765.95亿元，投资规模呈现逐年扩大趋势。值得注意的是，合肥固定资产投资占GDP比重整体呈现出"先升后降"趋势，2009年至2015年期间，合肥固定资产投资占GDP比重大于100%，表明固定资产投资仍然是拉动经济增长重要的力量。2015年以后，固定资产投资对经济增长的拉动快速下降，合肥正在告别投资依赖，开始转向投资、消费、出口协调并重的经济结构，经济动能转换成效明显（见图4-7）。

基础设施建设中的"有效市场"。对于"准经营性资源"的开发管理，如果只考虑区域政府作为唯一投资主体，往往存在着只投入不收益，只建设不经营，只注重社会性、公益性，而忽视经济性、效益性等问题，最后造成城市资源的大量损耗、城市建设的重复浪费、城市管理的无序运转。因此，在城市经营过程中，需要引入市场机制对城市存量资产进行市场化配置与开发，避免重回政府作为唯一管理载体的老路。从合肥实践看，PPP模式已经成为合肥基础设施建设的重要手段，具备主体多元、利益共享、风险共担等多重优势，对化解财政建设资金短缺、优化政企资源配置、提升公共产品与服务质量具有积极影响（张延强等，2018）。合肥率先开启了城市基础设施市场化与投融资改革，如《合肥市推进新型基础设施建设实施方案（2020－2022年）》，提出要发挥市级股权投资基金作用，引导社会资本加大新基建投入力度；探索出台分行业绩效指标体系，建立PPP项目绩效管理机制。

截至2021年末，合肥推动21个项目纳入全国PPP综合信息平台项目库，总投资规模实现490.82亿元，以"有为政府"与"有效市场"两大机制不断提升城市资源配置、开发、运营、管理效能。

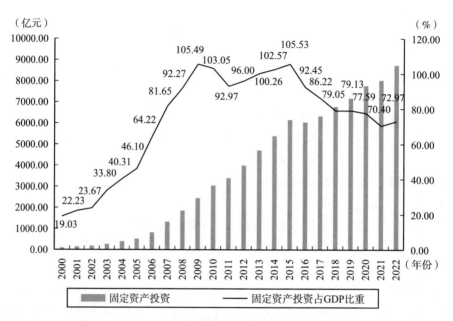

图 4 - 7　2000 ~ 2022 年合肥固定资产投资及其 GDP 占比

注：数据来源为合肥市统计局各年份统计年鉴；自2018年起合肥统计局只公布全年固定资产投资比上年增长数据，当年固定资产投资总额数据由作者重新统一口径进行测度。

（二）"双强机制"下城市土地资源经营

　　城市连同属于它的土地是一个经济整体，城市土地资源既是城市发展的生产要素，又是城市功能布局的空间载体，土地资源的有效经营成为区域政府经营城市的关键支撑（崔卫华，2005）。中观经济学认为，土地出让竞争一直是区域政府竞争的重要手段，土地不仅是简单的"地块"，还承担了引资、融资和财政等多重职能，通过"土地出让"来经营的战略资源，充分彰显了城市土地资源的"准经营性"特质（陈云贤、顾文静，2019）。在这一过程中，区域政府为了本区域经济利益最大化，通常将区域管辖权转化成为区域经营权，更加主动谋求土地经营和发展的主动权，以区域资源的有效配置达到最佳产出效率，充分发挥城市"经营者"的角色。

　　将土地资源视作城市经营资本，以土地出让推动区域经济增长。合肥政府在城市经营过程中，通过土地出让推动城市化进程与区域工业化高速发展，最终带动区域经济增长。2005年，合肥政府正式启动土地储备交易试点，将土地储备交易机制与推进小城镇建设相结合，不断推进城市化进程；2007年，大力推行国有经营性建设用地"政府拆迁、净地拍卖"模式，规定县域范围内所有经市土地有偿服务中心"招、拍、挂"的土地出让收入一律缴入市财政专户，再由市财政拨到县财政，以推动合肥城市经营性建设用地价值回归；2009年，探索建立土地出让源头管理供后动态监管的长效机制，提出要将闲置及已批未供未用的土地统一纳入政府储备范围。

随着土地资产进入"存量时代"，广东佛山、广州、深圳等城市开启了以"三旧"改造（城市更新）驱动的存量资产城市经营模式。面对城市建设陈旧、产业用地低效、产业承载能级不高、产业辐射能级不足等问题，合肥政府全面启动城市更新计划，积极复制推广全国城市更新典型经验，探索推进土地节约集约利用综合改革。党的十八大以来，合肥保持建设用地年均1%的增幅保障GDP年均近9%的增速，实现人均城镇用地面积降低至96.5平方米/人，工业项目用地容积率提高至1.5以上。同时，建立了工业项目"标准地"供应制度，不断强化"亩均论英雄"经营城市土地资源。十年间，合肥市地均GDP提高至35.53万元/亩，增长146%；单位GDP建设用地使用面积下降至281亩/亿元，降幅近60%；规上工业企业亩均税收达到32.9万元，实现同期安徽全省平均水平的两倍，土地经营成效显著。

（三）"双强机制"下城市无形资本运作

城市可以被品牌化，城市品牌是城市现代化发展的无形资产，在城市经营过程中具有不可忽视的经济价值（Li et al.，2013；许梦雅，2015；卢盛峰等，2018），能够通过塑造良好的城市形象提升城市核心竞争力。相对于有形资源而言，无形资源具有更强大的力量，往往是区域竞争制胜的关键所在（陈云贤、顾文静，2019）。实施城市名牌战略是区域政府城市经营的重要战略之一，城市形象塑造的关键在于引入市场机制，推动"城市文化资本"市场化运作。合肥政府在城市经营过程中扮演着"城市形象运作人"角色，通过充分挖掘城市历史古迹、特色文化、发展理念、创新技术、产业优势等无形要素，推动"城市文化资本"商业化运作，构建了"创新、协调、绿色、开放、共享"城市品牌战略体系，在提升城市品质的同时，推动城市资产加快升值，使得合肥成为国内外投资热点城市。

城市经营是区域政府的一种城市营销行为，其底层逻辑是"城市文化资本"商业化运作,归根结底就是把城市作为一种特殊商品,通过品牌赋能构建良好的商业形象。合肥在城市经营早期,主要以文化底蕴为支撑构建城市名片。2006年,合肥政府联合社会媒体共同推出"合肥名片大型评选活动",围绕合肥历史文化基础和产业基础进行城市投票评选;2007年,正式发布"包公故里、科教基地、滨湖新城"的城市名片,通过勾勒出合肥城市发展的"历史、今天与未来"进行城市宣传营销。资源创造不同于资源配置,更多强调新资源、新服务与新知识的产生,而不是对现有资源、服务与产品的定价(陈云贤、顾文静,2019)。城市品牌的构建,不仅仅是在于挖掘城市存量资产的商业价值,更多的是在于通过无形资产的市场化运作,为城市社会经济发展带来增值空间。

企业品牌和产品品牌也是"城市文化"的一部分,也是城市形象建设及城市核心竞争力提升的关键环节。名牌产品是城市经济发达程度的外在表现,地区产品的知名度与城市知名度是内在关联的。城市名牌产品中蕴含着丰富的文化元素,是城市形象文化的具体反映。合肥政府在城市品牌建设方面一直积极作为,依托获批建设综合性国家科学中心的城市、"科大硅谷"两大国家级战略平台,京东方、合肥百大、科大讯飞、合肥美的、联宝电子、宁德时代高新技术企业,安徽大学、中国科学技术大学、合肥工业大学等高等院校,"科技之都""科创之城"城市形象享誉国内外。合肥已拥有大众、比亚迪、蔚来、江淮、长安等新能源汽车企业,已成为全球最大的新能源汽车市场并形成全球竞争优势;2023年,合肥以"绿动未来智领世界"为主题举办2023年合肥国际新能源汽车展览会,"新能源汽车之都"已成为合肥城市发展闪亮名片(见表4-4)。

表4-4　　　　　　　合肥城市名片和部分城市荣誉

合肥城市名片	
全球首颗量子科学实验卫星(墨子号)	中国最早寺庙(白云寺)
亚洲最大演播厅(安徽广播电视台中心大楼)	国际热核聚变实验堆计划(中国科学院等离子体物理研究所)
全国唯一怀拥五大淡水湖之一的省会城市(巢湖)	世界上距离城市中心最近的死火山(大蜀山)
中国第一炒货品牌(洽洽)	中国第一台微型计算机(DJS-050)
中国第一台窗式空调	全球首个城域量子通信试验示范网
世界第一台DVD	国内第一条纯电动公交线路(18路)
华东最大的单体寺院(开福寺)	

续表

合肥部分城市荣誉	
国家园林城市（1992）	全国创建社会信用体系建设示范城市（2015）
中国优秀旅游城市（1998）	中国特色魅力城市 200 强（2017）、中国最具投资潜力城市 50 强（2017）
中国最具投资潜力城市（2009）	中国先进制造业重点城市（2018）
全国卫生城市（2010）、国家创新型试点市（2010）	2019 年成为全国第二批社会信用体系建设示范城市、2019 年美好生活指数最高省会城市十强、2019 年社会治理创新典范城市
中国十大最佳投资城市（2012）、中国特色魅力城市 200 强（2012）、全国数字城市建设示范市（2012）	2020 年当选为国家公交都市建设示范城市、2020 年当选为第六届全国文明城市、2020 年被评为中国宜居宜业城市、2020 年全国双拥模范城市
中国社会管理综合治理优秀城市（2013）	2022 年荣获"全省双拥模范城"称号、2022 年被评为第二批"国际湿地城市"、2022 年荣获"中国气候宜居城市"称号

资料来源：作者根据合肥市人民政府网站公开资料整理并绘制。

第四节　研究结论与政策建议

一、研究结论

中观经济学从中国改革开放伟大实践出发，为世界各国解决政府与市场关系的难题提供了新的有效路径。新时代，中观经济学在政府与市场经济理论创新方面大有可为（陈云贤，2023）。本章基于中观经济学视角，立足于合肥市城市经营的成功实践，系统探讨了区域政府城市经营城市策略，这为论证中观经济学理论正确性与指导性提供了经验支撑。基于上述研究，得出以下结论。

第一，城市经营的"合肥模式"在全国具有示范效应。回顾合肥城市经营历程，合肥城市发展经历"拉开城市框架，解决发展容量""承接产业转移，做大经济体量""聚焦科技创新，做强经济质量"的历史变迁。在这一过程中，合肥政府推动形成了土地开发盘活存量资产、以大交通发展大市场、"以投带引"培育战略性新兴产业、以科技创新驱动转型升级、以特色文化打造城市名城的城市经营策略体系。在合肥政府多元化城市经营战略下，合肥完成了"经济追赶"向"经济领跑"、"工业强市"向"产业名城"、"大湖名城"向"活力之城"、"中部小城"向"特大城市"、"封闭经济"向"开放经济"、"交通梗阻"向"立体交通"的蝶变，城市经营策略的成功经验在全国具有示范效应。

第二，区域政府具备超强引领能力，以经营的理念规划城市。区域政府能够在市场经济运行规律前提下，发挥"超越"市场经济活动的"引领"优势弥补市场不足，"有效市场"和"有为政府"有机结合的最佳主体，极大突破了西方经济学理论框架下市场与政府二元对立定位。基于"合肥模式"的成功实践，发现：在城市经营过程中，区域政府在制度创新领域执行"第一行动集团"角色，在战略规划层面充当"第一设计人"角色，在技术创新领域扮演"第一推动者"角色，能够通过对制度的超前引领、理念的超前引领、技术的超前引领等有效调配资源，形成领先优势，实现高质量发展。

第三，区域政府具备经营城市职能，以经营的手段运营城市。经济增长、城市建设、社会民生是现代区域政府的三大职能，归根结底表现为区域政府对区域各类有形资源和无形资源的一种经济学分类、一种资源调配和一种政策匹配。通过对合肥城市经营策略的研究，可以发现，区域政府围绕城市土地资源、产业资源、文化资源，通过将区域管辖权转化成为区域经营权，扮演城市"经营者"角色，有效验证了区域政府在以经营的手段运营城市领域大有可为。

第四，区域政府具备微观主体属性，以经营的模式提升城市。现代市场经济体系中，政府角色定位具有复合性，既是宏观调控者，又是微观参与者；既是秩序维护者，又是市场竞争者。其两种角色、两种属性的辩证统一关系，决定了区域政府具备实现市场和政府有机统一的能力。从城市经营"合肥模式"实践来看，区域政府具备某种的"市场主体性"，在城市经营中始终以追求本区域资源配置最优化和最终产出效率最大化为中心，更像一个追逐利益最大化的"政企结合体"，这有效地验证了区域政府的"准微观"属性。

第五，区域政府能够有效联动市场，以经营的方式建设城市。中观经济学理论视域下，政府与市场之间是一种和谐共生、优势互补的关系，区域政府引入与市场经济相适应的经营理念充当"合格的决策者和经理人"，弥补市场缺陷；又能发挥"有为政府"功效，培育市场主体，激活市场活力，实现"有为政府"与"有效市场"的有机统一。城市经营是区域政府的一种特殊的经济职能，既是政府行为，同时又是市场行为。"合肥模式"的成功，证明了强大的政府与自由的市场在社会经济发展过程中缺一不可，但自由的市场必须依靠强大的政府提供，需要"有为政府"连续不断地引领市场创造。

二、政策建议

城市经营是一项复杂的工程系统，既有宏观层面的战略引领和规划布局，又有微观层面的市场运作与模式经营；经营领域涉及产业、空间、环境、文化等方方面面，既具有可经营性一面，又具有不可经营性一面，现实中不能简单地按照政府主导模式或按照市场模式经营。因此，通过上述合肥政府经营城市的系统研究，围绕区域政府的角色定位提出以下几点政策建议。

（一）强化制度供给，完善城市经营管理制度体系

城市的可持续发展离不开顶层设计维度的制度创新和政策支撑。要完善城市经营政策体系，聚焦财税金融联动建立以城市规划为平台的公共政策体系，围绕土地集约化发展建立城市经营空间政策体系（人口空间政策、产业空间政策、环境空间政策、土地空间政策、交通空间政策、住房空间政策等），提升区域政府资源配置效率。要以城市经营制度改革创新破除体制机制障碍，明确政府与市场的职能边界，构建城市政府有为经营、市场机制有效运行的多元主体参与的网络式组织架构，探索建立城市建设项目投资回报补偿机制，构建匹配新时期城市经营的新权责关系、新资源配置关系。

（二）创新经营模式，建立多层次市场化运营体系

面对新阶段城市建设所面临的财政资金困境、土地资源盘活问题、无形资产运营难题，区域政府要认清在城市经营中的自我定位，以市场化运营作为核心突破点。要以政府引导基金作为耦合点，建立全方位、多渠道、可持续的市场性投资新机制，创新城市经营资本转换、经营权流转和股份转换等市场运作模式，探索"专项债－绿色金融债－城投基金"多元组合式金融工具篮，创新现代城市建设投融资模式，盘活区域内经营性资本。要主动强化区域政府"市场主体"角色，建立适应市场机制的城市运作管理机制，

建立城市品牌主导的有为经营战略体系，运用资本运营的手段打造地标产业、培育城市文化、塑造城市形象、推广城市品牌，充分发挥区域政府城市经营的特许经营权，以城市资源市场化商业化运作盘活现有经营性资本。

（三）转变政府职能，实现"管理式"向"服务式"转变

区域政府作为城市发展的管理者、建设者，必须明确自身角色定位，转变政府职能，实现"全能政府"向"有限政府"转变、经济职能向社会职能转变、管理城市向服务城市转变。要提升政府公共产品供给能力，发挥区域政府的超前引领作用，供给思想性公共物品、物质性公共产品、组织性公共产品、制度性公共产品，破解城市经营过程中公共产品和公共服务的能力不足困境。要推进数字政府建设提升政府服务水平，要充分利用新一代信息技术加快区域政府市场监管、社会治理、公共服务等领域的数字化转型，以数字政府提升政府经营城市决策科学性、优化资源配置效率、城市现代化管理效能。要充分引入市场资本加快推进"服务型政府"集约化平台支撑体系，推动政务数据、公共数据、社会数据的多源汇聚、深度融合、共享开放和开发利用，以实现区域政府竞争与合作的深度融合迈向城市经营的高质量发展阶段。

第五章 "有效市场"与"有为政府" 结合下的区域竞争研究

中国特色社会主义市场经济是"有为政府"与"有效市场"相结合的经济。当前全球化和市场经济不断发展,"有效市场"和"有为政府"成为推动经济增长和竞争力提升、催生新质生产力、助力中国式现代化建设的关键因素。2021年中共中央、国务院印发《成渝地区双城经济圈建设规划纲要》,标志着成渝地区双城经济圈建设迈上了加快推动高质量发展的新征程。本章选取重庆与成都两个城市为例,从中观经济学视角对成渝两市的发展现状、竞争优势与不足进行总结,并结合中观经济学理论从"有效市场"与"有为政府"驱动因素对两市政府的竞争策略进行研究,得出以下结论:成渝两市具有地理位置、人才和资源优势、政府支持和政策环境等共同优势;存在产业结构、发展重点、城市形象和品牌建设等优势差异;存在同质化竞争、交通运输网络承载能力不强以及科技创新能力相对较弱等问题。本章提出以下对策建议:首先,推进错位发展,激发市场活力;其次,明确政府职能,竞争引领结合;再次,加强协调合作,规范市场秩序;最后,坚持创新引领,培育竞争优势。

随着中国经济的快速发展,西部地区城市迅速崛起成为重要的经济中心。2020年1月召开的中央财经委员会第六次会议,明确提出推动成渝地区双城经济圈建设。2021年10月,《成渝地区双城经济圈建设规划纲要》正式发布,标志着成渝地区双城经济圈建设迈上了加快推动高质量发展的新征程。成都和重庆作为西部地区的两个重要城市,党的十八大以来取得了令人瞩目的成就。这两个城市在经济增长、城市化进程和社会发展等方面取得了显著进展,成为中国城市发展的典范。然而,它们的成功并非偶然,而是得益于"有效市场"和"有为政府"的双轮驱动下所形成的竞争模式。

"有效市场"是一个经济体系中的重要组成部分,它通过提供公平、透明和高效的市场环境,促进资源的优化配置和经济的稳定发展。在成都和重庆,有效市场的建设得到了高度重视和积极推动。市场准入门槛的降低、市场监管体系的完善以及市场竞争的激烈程度都是"有效市场"的重要特征。"有效市场"为企业提供了公平竞争的机会，促进了创新和发展。在"有效市场"的推动下，成都和重庆的企业得以充分发挥自身优势，不断提升竞争力，推动了经济的快速增长和新发展格局的形成。

与此同时，"有为政府"的作用也是两地取得成功的重要因素之一。政府通过积极的政策引导和支持，为企业提供了良好的发展环境和政策氛围。政府在基础设施建设、产业引导、人才培养等方面发挥了重要作用。政府的积极参与和有力推动，为企业提供了更多的机会和资源，促进了产业的发展和经济的增长。区域政府在市场经济中的角色不仅仅是监管者，更是推动者和引领者，在推动地方经济发展的过程中不断优化产业结构，加强基础设施建设，提供优质的政策服务体系，为企业提供了更多的发展空间。

因此，成都和重庆的成功经验值得深入研究和借鉴。本章在中观经济学视角下，探讨成都和重庆在"有效市场"和"有为政府"的双轮驱动下所形成的竞争模式。通过对这两个城市成功的原因和经验的分析，可以为其他地区提供有益的借鉴和启示，推动中国经济的可持续发展。

第一节　理论与文献概述

一、关于"有效市场"与"有为政府"的相关研究

陈云贤、李粤麟（2023）基于中观经济资源生成视角对"有为政府"的竞争属性进行了分析，研究认为，区域政府在资源生成领域参与竞争，主要是关于"三类九要素"的竞争；区域政府从供给侧通过要素供给、环境供给和市场供给"三驾马车"推动市场经济发展；区域政府不仅具有宏观属性，还具有竞争属性职能，且在不同发展阶段区域政府职能的结构权重也会不同。陈云贤等（2023）认为，中观经济学着眼资源生成领域，提出了微观、中观和宏观三元结构的经济增长理论，认为中国经济的运行模式是"有为政府"与"有效市场"的结合。市场竞争存在企业与区域政府双重主体。政府的超前引领是破解政府与市场关系难题的关键。

裴广一（2021）认为，"有为政府"要以"有效市场"为前提，"有效市场"要以"有为政府"为基础；"有效市场"与"有为政府"有机结合

要坚持党的领导，完善中长期规划，加强法治建设；推动"有效市场"与"有为政府"有机结合要引导产业政策，发展核心技术、运用新兴技术，打造智慧政府、深化国有企业改革机制，优化民营企业发展环境。沈坤荣、施宇（2021）发现，中国的"有效市场"是政府主导的渐进式市场化改革，"有为政府"是中央政府与地方政府的结合；"有效市场"与"有为政府"的现实困境主要是市场环境持续恶化、地方政府与中央政府之间的异样博弈、地方政府之间的非理性博弈；推动"有效市场"与"有为政府"更好结合要处理好市场与政府的关系、推动新发展格局构建、化解地方政府隐性债务、矫正土地功能异化、以绿色全要素生产率推动经济增长。

任晓伟、赵娜（2021）指出，"有效市场"与"有为政府"更好结合的意义在于其是新发展阶段深化经济体制改革的必然要求，推动高质量发展的必由之路，实现经济现代化的现实要求；面临的主要问题是要突破"三大失衡"，优化收入分配格局，完善法律体系；进一步推动"有效市场"与"有为政府"更好结合要在更高起点上实现政府有形之手与市场无形之手的结合、更好把握政府进退并释放市场活力、更好体现政府有为与市场有效。刘建丽（2021）认为，现代市场经济运行的现实是，世界上不可能存在完全有效的市场和能力无缺的政府，也不存在标准和完美的"政府与市场关系"，每个国家都在寻求"有效市场"和政府有效调控的有机结合点。从我国改革开放"两大奇迹"看，中国特色社会主义市场经济在"有效市场"与"有为政府"结合方面具有更大优势。

二、关于地方政府间竞争关系的相关研究

马草原等（2021）研究发现，跨省相邻城市之间产业结构的差异程度由于省际分界线的存在显著增加。这说明地方政府竞争并没有使区域产业布局走向同质化，相反，特色产业政策的实施加强了地区分工，促进了"行政区域专业化"的形成（杨继东、刘诚，2021）。朱金鹤和庞婉玉（2021）对我国政府竞争、市场竞争对产业结构升级的影响进行了研究，发现政府竞争对产业结构升级存在显著正向影响，市场竞争影响不显著；在政府竞争强度较低的情况下，市场竞争对产业结构升级具有显著的正向影响，当政府竞争强度超过一定值后，市场竞争的正向效应逐渐减弱；为此要以功能化政府形象引导市场运行，以精准化市场信息引导政府决策，以分层化约束机制规范政府竞争行为，防止政府"过度经营"。

王家庭等（2022）认为，政府竞争显著缓解了区域塌陷，同时对要素流动产生积极影响；应对区域塌陷问题，要防范地方政府间的"恶性"竞争，因地制宜，提升对外开放水平，完善基础设施建设，加大教育投入力度，促进产业转型升级防范区域塌陷。杨青和苑春荟（2023）指出，政府竞争不利于创新绩效提升，政府竞争对创新绩效存在门限影响，要求竞争动机和竞争行为适度；政府竞争对研发资本集聚产生倒"U"型影响，适度的研发资本集聚有利于创新；经济发展水平、金融市场与技术市场发育程度也可通过研发资本集聚机制影响政府竞争的创新效应。鉴于此，政府间应实施偏重公共服务的差异化竞争策略，建立优势互补的跨区创新经济圈。

三、关于成渝地方政府竞争合作关系的相关研究

方行明等（2022）指出，成渝两市在合作与发展的同时，也出现了同质化竞争的倾向，存在产业趋同化特征；化解这种竞争困局需要两市正确认识同质化竞争问题，充分发挥市场机制作用，推动产业结构同中有异，加强自主创新，发展各自的核心技术与自主知识产权，正确处理好新兴产业与传统产业之间的关系，推动双城经济圈的内涵深化与外延扩张。高宁（2008）认为川渝合作首先是成渝两地的合作。竞争是成渝经济发展的必然趋势，合作是成渝经济共同发展的最佳选择。根据竞争与合作这一特征和双核空间结构理论，成渝两地应建立并探索成渝"哑铃共同体"发展模式，"哑铃共同体"发展模式的关键在于加强各方的协调与合作，营造合力，错位发展。为此，成渝应加强规划协调，促进产业互补，推动产业共同发展。王娟和廖祖君（2016）指出，成渝双核竞争集中表现在争夺产业转移、抢争资源集聚形成的品牌、发展战略缺乏联动、互设市场竞争壁垒四个方面。但成渝双方竞争大于合作，主轴带建设能够提升成渝双核分工协作水平，促进成渝双核深度参与融入长江经济带发展。为此需要积极争取对成渝主轴带建设的政策支持，形成区域一体化的政策体系，提升成渝互联互通层级，协助成渝主轴带空间布局成型，推进产业发展互动，促进成渝市场一体化。

杨继瑞和周莉（2021）认为，成渝地区双城经济圈建设不可能消除地区之间的竞争；形成良性的竞合关系需要成渝双方换位思考，形成"动车组意识"，遵守最大公约数规则，保护双方的"股份制权益"，搭建共同平台，实现重大项目错位配置，培育抱团发展观念，促进干部全方位交流；此外还需要充分发挥民间组织、行业和企业功能，完善同守共遵的激励与约

束，进一步探索和完善特殊点位下的利益分享与补偿机制。

综上所述，目前关于"有效市场"与"有为政府"的理论研究已经十分丰富，形成了相对丰富的理论系统。这些研究多集中于"有效市场"与"有为政府"的理论逻辑与演进逻辑（田素华、李筱妍，2022；裴广一，2021；程必定，2023），或是研究如何更好地推动"有效市场"与"有为政府"的结合的实践逻辑（马珺，2022；张新宁，2021；孙学玉，2021）。但其中大多是从宏观的角度对我国社会主义市场经济进行分析论证，从中观经济学视角出发的研究还相对较少，因此仍有较大的延伸空间。

关于地方政府间竞争的研究却恰恰相反，大多研究过于集中在中观层面，例如官员晋升、资本流动等。且关于地方政府竞争的研究应当进入一个更为复杂的情景之中，因为地方政府之间的关系不是单纯的竞争关系，也不是单纯的合作关系，而是竞争与合作并存。因此对于地方政府间"竞合"关系的研究应当进一步深化。

关于成渝地方政府竞争的相关研究还有待加强，目前相关研究大多集中于对成渝双城经济圈良性关系的构建，多是对于成渝合作的研究，在成渝地方政府竞争方面的研究还有待深化。目前大多学者多从微观层面对成渝关系进行研究，从中观经济学视角对两市政府竞争开展研究还有很大的空间。

第二节　重庆与成都经济与产业概况

中观经济学认为，不同地区由于经济发展的差异会引起社会整体资源配置的不均衡问题，从而引起不同地区的利益分化（李春安，2004）。理性的区域政府为了本区域的利益最大化会进行资源争夺，而合理的竞争首先是通过制定合理的政策和规划对本区域未来的人才培养打下坚实的制度基础，然后通过区域政府的经济手段对区域内的教育资源配置进行超前引领。区域政府要提升人才竞争力，必须在辖区内营造尊重知识、尊重人才、尊重科技的社会氛围，营造有利于人力资本成长、科技创新的良好环境。同时，要为人才提供相应的物质待遇以及生活等方面的支持。

重庆与成都是中国西南地区的两个重要城市。两地在政治、经济、文化等方面的竞争和交流，不仅促进了双方的发展，也对整个西南地区的历史进程产生了重要影响。双方在各自的优势产业上进行竞争，推动了产业升级和技术创新，提高了经济效益。双方的竞争也吸引了大量的投资和人才，促进了区域经济的快速发展。为了吸引投资和人才，双方都加大了城市规划和基础设施建设的力度，提高了城市的品质和形象，共同推动了城市现代化进程。同时，双方也积极开展文化交流活动，加强文化合作与交流，丰富西南地区的文化内涵。此外双方也积极参与国家的西部大开发战略，推动了西南地区的整体发展。

一、重庆经济与产业的发展历程

（一）经济发展稳中向好

重庆直辖市作为"西部大开发"战略的重要城市，凭借长江经济带优势，与成都形成成渝地区双城经济圈，经济表现亮眼。2022年重庆市生产总值达2.91万亿元，并已晋升成我国第四大城市。2012～2022年重庆GDP年均复合增速达9.65%，超全国水平1.22个百分点；2022年重庆人均GDP为9.07万元，略高于全国平均水平（8.57万元）（见图5－1）。从经济总量增速来说，2010～2017年间重庆GDP增速大于全国GDP增速，增速差距总体呈下降趋势。近年，重庆经济总量增速振幅较大，平均增速大于全国水平。在新冠疫情期间（2020～2022年），重庆面临产业链供给困难影响，尤

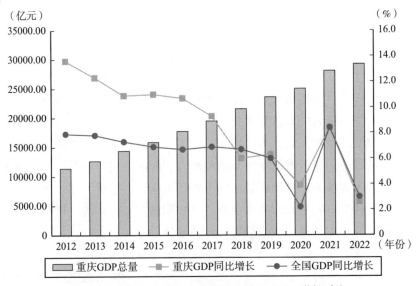

图5－1　重庆市GDP规模及其与全国GDP增长对比

数据来源：根据历年《重庆市国民经济和社会发展统计公报》《中华人民共和国国民经济和社会发展统计公报》整理。

其是 2022 年受高温限电的困境,8 月工业增加值同比跌至 -18.2%。2023 年一季度,重庆 GDP 同比增速达 4.7%,增长至略高于全国增速(4.5%)水平,表明疫情结束后重庆经济韧性较强,经济发展稳中向好。

(二)产业结构不断优化

党的十八大以来,重庆坚持把经济结构调整作为转型发展的关键,着力稳增长、促改革、调结构、防风险,深入推进供给侧结构性改革,加快推动发展动力转换,重庆三次产业结构由 2012 年的 7.6:45.8:46.6 发展为 2021 年的 6.9:40.1:53.0,与 2021 年全国三次产业比重 7.3:39.9:52.8 相比,第二产业占比相对偏高,但与 2012 年重庆三产业占比(7.6:45.8:46.6)对比,第三产业占比明显提升,呈现一、二产下降,三产提升的产业发展趋势。与此同时,三次产业内部行业结构也逐步向多元化、高质量方向发展(见图 5-2)。

重庆作为我国重要的老工业基地之一,工业发展相对较快。近十年,重庆规模以上工业增加值持续正增长,平均增速为 11.23%,高于全国平均增速(8.02%)。2022 全年实现工业增加值 8275.99 亿元,比上年增长 2.9%,规模以上工业增加值比上年增长 3.2%。2022 年重庆全年规模以上工业战略性新兴产业增加值比重为 31.1%。从产业细分领域来看,新能源汽车产业、新材料产业、生物产业、高端装备制造产业增加值分别比上年增长 136.3%、12.3%、7.5% 和 6.5%。

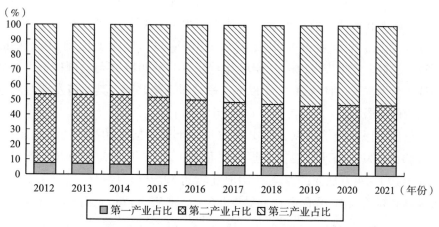

图 5-2 2012~2021 年重庆第一、二、三次产业占比情况

目前，重庆市已经成功构建了以长安汽车为核心，十多家整车企业为骨干，上千家配套企业为支撑的汽车产业集群①。这一集群形成了"1 + 10 + 1000"的优势发展格局（郑三波、彭晨，2020），其中，长安汽车作为龙头企业，引领着整个产业的发展。此外，重庆市在智能网联和新能源汽车产业方面取得了显著进展，总体处于西部地区领先水平②。国家统计局数据显示，2022 年重庆汽车产量达 209.18 万辆，位列全国第四，同比增速 4.69%。其中，新能源汽车产量同比增速（140%）高于全国平均水平（90.5%），占全市汽车产量比重同比提高 9.8 个百分点，增至 17.4%。2023 年一季度，重庆汽车出口和产能迎来"开门红"，新能源汽车成绩可观。据《重庆日报》报道，从产值来看，汽车产量产值达 1116.1 亿元，同比增长 3.6%，新能源汽车产值达 118 亿元，同比增长 52%，对全市汽车产业产值增长贡献率为 106%。从出口方面看，2023 年一季度，中国汽车出口反超日本居全球第一，重庆制造占 10%。其中，重庆出口汽车 8.4 万辆，同比增长 31%。

《重庆市战略性新兴产业发展"十四五"规划（2021 - 2025 年)》强调，积极实施"6 + 5 + 4"产业发展路线，即六大战略性新兴产业（新一代信息技术、新能源 + 智能网联汽车、高端装备、新材料、生物技术、绿色环保），五大支柱产业（电子、汽摩、装备制造、消费品、原材料），四大未来产业（空天开发、基因技术、未来材料、光电子）。重庆市第三产业增加值从 2012 年的 5407.56 亿元稳步增长到 2022 年的 15423.1 亿元，年复合增长率达 10.86%，高于全国增速 1.2 个百分点。从产业结构来看，批发和零售业、金融业和房地产业位列前三。其中，2010 ~ 2022 年间，重庆金融业实现较快增长，金融业占 GDP 比重从 2010 年的 6.68% 上涨到 2022 年的 8.55%。近十年重庆房地产占 GDP 比重除 2013 ~ 2014 年与全国持平，其余均低于全国水平，且从 2017 年以来，呈缓慢下降趋势，其经济发展对房地产依赖度减弱。

重庆市民营经济活跃，GDP 占比稳步上升。据《2022 年重庆市国民经济和社会发展统计公报》数据资料显示，2022 年重庆市民营经济实现增加值达 1.74 万亿元，占全市 GDP 比重达 59.7%。值得一提的是，重庆市高新技术企业中民企占比高达 99.6%。重庆为营造良好的营商环境，

---

① 自动驾驶时代　重庆"戏份"越来越重［N］. 重庆商报，2019 - 06 - 12.
② 重庆汽车加速驶向"一带一路"沿线市场［N］. 重庆日报，2023 - 08 - 05.

帮助民营企业转型升级,推动民营经济高质量发展,全面增强民营经济综合实力和竞争力,自 2018 年的全市民营经济发展大会召开后,先后出台《关于全面优化营商环境促进民营经济发展的意见》《关于进一步营造企业家健康成长环境弘扬优秀企业家精神更好发挥企业家作用的实施意见》以及"支持实体经济企业 18 条""制造业降成本 36 条"等政策措施,形成"2+N"政策体系。

(三)对外开放不断扩大

重庆进出口总值在西部地区位列前茅。2022 年,重庆进出口总值创新高,在西部地区位列第二。据《2022 年重庆市国民经济和社会发展统计公报》数据资料,重庆 2022 年货物进出口总额为 8158.35 亿元,比上年增长 2.0%。其中,出口 5245.32 亿元,增长 1.5%;进口 2913.03 亿元,增长 2.9%,创历史新高。在西部地区 12 个省市中,重庆外贸进出口值继续保持在第 2 位,占同期西部地区外贸总值的 21.1%[①]。从外贸企业角度,民营企业在进出口对外贸增长表现突出。2022 年,重庆民营企业进出口 3741.1 亿元,增长 7.1%,占同期重庆进出口总值 45.9%,对重庆外贸增长贡献率达 156%[②]。从外贸结构来看,笔记本电脑出口成绩亮眼,农产品获得外贸新机遇。据重庆统计局数据,重庆连续三年笔记本电脑出口额居全国第一。2022 年,重庆电子信息产业进出口 4951.2 亿元,占同期重庆外贸进出口总值的 60.7%。其中,出口方面,主要商品为笔记本电脑,出口 5545.3 万台,价值 1774.7 亿元,量值在全国均保持首位。重庆新能源汽车的快速发展,推动出口持续增长。据重庆海关公布的数据,2023 年,重庆汽车出口超过 330 亿元,同比增长51.9%,其中,乘用车出口增幅更是高达 79.2%,"重庆造"汽车正成为外贸增长新引擎。

二、成都经济与产业的发展成就

(一)典型"强省会"型城市

成都是四川省省会,成渝地区双城经济圈核心城市,国务院确定的国家

---

① 2022 年重庆外贸进出口总值 8158 亿元 [N]. 重庆日报,2023 - 01 - 17.
② 2022 年重庆外贸保持正增长 进出口总值达 8158.4 亿元 [N]. 重庆日报,2023 - 01 - 16.

重要高新技术产业基地、商贸物流中心和综合交通枢纽，西部地区重要的中心城市（柯雪梅，2021）。

　　成都是典型的"强省会"型城市，掌握了大部分资源，对一个省份中的经济、人口有极大的掌控作用。2021 年，成都的 GDP 为 1.99 万亿元，占四川省 GDP 的 36.8%（见图 5 - 3），相较于 2010 年的 34.2% 上升了 2.6 个百分点。而作为四川省第二大城市的绵阳 2021 年 GDP 为 3350 亿元，仅为成都的 17%。

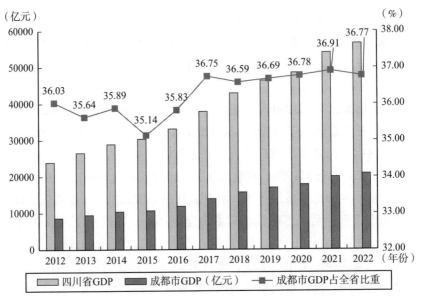

图 5 - 3　新时代以来成都市 GDP 总量及其全省占比情况

资料来源：根据四川省统计局历年《四川统计年鉴》整理。

（二）产业结构持续完善

　　如图 5 - 4 所示，2021 年成都第一产业增加值为 582.79 亿元，比上年增长 4.8%，两年平均增长 4.0%；第二产业增加值为 6114.34 亿元，比上年增长 8.2%，两年平均增长 6.2%；第三产业增加值为 13219.85 亿元，比上年增长 9.0%，两年平均增长 6.4%。三次产业结构为 2.9∶30.7∶66.4，与全国三次产业比重的 7.3∶39.9∶52.8 相比，成都的第三产业占比明显较高（程文雯，2022）。

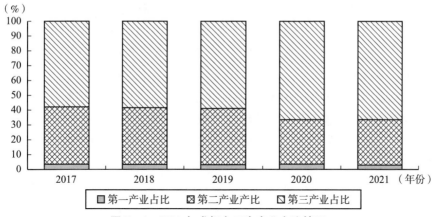

图 5 - 4 2021 年成都市三次产业占比情况

成都正在加快发展先进制造业,致力于打造具有国际竞争力的制造业集群。以创新为引领,数字技术为支撑,服务与制造深度融合为发展导向,构建掌握产业链核心环节、占据价值链高端地位的先进制造业新体系,建设国家级制造业高质量发展试验区①。这一举措旨在潜心锻造面向全球、面向未来、服务国家战略的成都制造业核心优势,为成都的制造业升级和转型升级注入强大动力。成都重点企业中万亿级产业装备制造和电子信息类企业最多,约占所有企业的64%。其中装备制造包括航空航天、轨道交通、能源装备等细分产业;电子信息产业除硬件设备和软件信息以外,还包含从电子连接器到光模块的所有电子元器件制造。除万亿级产业以外,成都的企业还主要分布在生物医药、现代种业、新材料等相关产业。

此外,成都正加快发展现代服务业,推动生产性服务业专业化,并向价值链高端延伸,以促进产业协同发展。通过"优产业提能级、建平台聚流量、强枢纽促循环",加快培育"在成都、链欧亚、通全球"的生产性服务业集群,打造国家先进生产性服务业标杆城市、全球服务资源配置战略枢纽②。

(三)外向型经济进一步发展

2021 年,成都货物进出口总额达 8222.0 亿元,比上年增长 14.8%。其

---

① 成都市国民经济和社会发展第十四个五年规划和二〇三五年远景目标纲要 [N]. 成都日报,2021 - 03 - 22.

② 中共成都市委关于制定成都市国民经济和社会发展第十四个五年规划和二〇三五年远景目标的建议 [N]. 成都日报,2020 - 12 - 31.

中出口总额 4841.2 亿元，增长 17.9%；进口总额 3380.8 亿元，增长
10.7%（见图 5 – 5）。全年新开通 5 条国际货运航线，国际（地区）航线增
至 131 条，旅客、货邮吞吐量分别达 4447.2 万人次和 64.9 万吨，双流国际
机场旅客吞吐量 4011.7 万人次，居全国第二。外商投资实际到位资金为
504.5 亿元，新设或增资 1000 万美元以上的重大外资企业 138 个。自贸试
验区全年新增企业 52548 户、新增注册资本 3058.4 亿元；其中新增外资企
业 382 户、新增注册资本 118.2 亿元。自贸试验区全年实现货物进出口总额
505.4 亿元①。

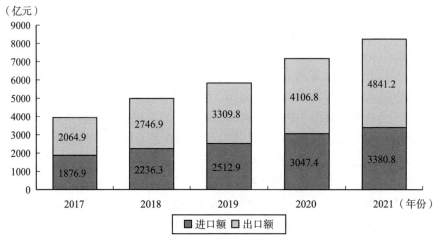

图 5 – 5　2017 ~ 2021 年成都市货物进出口额

第三节　"有效市场"与"有为政府"双重机制下成渝政府竞争模式

一、成渝两市竞争的比较优势及差异

（一）重庆发展的资源优势

重庆作为中国西南地区的重要城市，具备了许多有利于其发展的条件。

---

① 2021 年成都市国民经济和社会发展统计公报［N］. 成都日报，2022 – 03 – 25.

首先，重庆市地理位置优越。重庆市位于长江上游，拥有丰富的水资源和良好的水运条件，这为其经济发展提供了有力支撑。同时，重庆市地处中国西南地区的中心位置，与周边省市相对接近，具备了良好的区位优势。这使得重庆市成为西南地区的交通枢纽和商贸中心，吸引了大量的投资和人才。

其次，重庆市拥有丰富的自然资源。重庆市地处山区，拥有丰富的矿产资源，包括煤炭、铁矿石、铜、锌等。根据《2022 年重庆统计年鉴》数据，2021 年重庆主要矿产资源保有量巨大，其中煤炭 43.6 亿吨，铁矿石 3 亿吨，铝土矿 1.5 亿吨，盐矿 118.1 亿吨，充裕的资源禀赋优势为重庆市工业发展提供了强大的支持。重庆的工业基础较好，尤其是制造业。在"三线"建设时期，国家在重庆建设了一批军工企业，如汽车、机械制造和冶金等，为其经济稳定增长做出了巨大贡献。近年来，医药化工、仪表仪器制造等新兴产业的蓬勃发展，进一步巩固重庆工业经济向好态势（欧书阳，2003），2021 年，重庆规模以上工业总产值达 2.6 万亿元，增加值增长 10.7%，战略性新兴产业集群发展成效显著。此外，重庆市还拥有丰富的水力资源，2021 年重庆水电可供量达 282 亿千瓦时，占全市电力可供量的 28.4%，使其成为中国重要的水电能源基地之一。

再次，重庆市的交通网络十分发达。重庆市拥有完善的公路、铁路和水路交通网络，为其经济发展提供了便利。重庆市地处长江和嘉陵江的交汇处，水运成本相对较低，使得重庆市成为重要的物流中心，2021 年重庆港口货物吞吐量达 19804 万吨，是中国西南地区最大的内河港口，2023 年全年内河港口货物吞吐量 22342.48 万吨。此外，重庆市还拥有多条高速公路和铁路，目前重庆公路线路里程总计 18.4 万公里，连接了周边的城市和省份，为重庆市的外部联系提供了便捷。

最后，重庆市拥有丰富的人才和科技支持。重庆市拥有多所高水平的大学和研究机构，共有普通高等学校 74 所，培养了大量的高素质人才。同时，重庆市还积极引进国内外的科技人才和创新团队，推动科技创新和产业升级，为重庆市的经济发展提供了强大动力。重庆最大的优势在于其是西部唯一的直辖市。从重庆近年的发展中可以明显看到，直辖对于推动地区经济快速增长所起到的显著作用，重庆的 GDP 总量和人均 GDP 从 1997 年的 22 位和 18 位上升到了 2022 年的第 16 位和第 10 位，城市 GDP 总量更是超过广州位居全国第四，这是重庆提升城市竞争力的有利条件。

（二）成都的比较优势

成都作为中国西南地区的中心城市之一，在城市规模和功能、基础设施、市场发育等方面都占有绝对优势；同时省会城市的地位使其极化效应相当显著，全省的资金、人才资源都向成都聚集（欧书阳，2003）。近年来，成都取得了快速而稳定的发展，成为中国内地最具活力和潜力的城市之一。这种发展得益于其独特的地理位置、优越的自然资源、完善的基础设施以及开放的经济政策。

首先，成都得天独厚的地理位置为其发展提供了巨大的优势。成都位于中国西南地区，地处川西平原，四周环山，拥有丰富的水资源和肥沃的土地，使得成都具备了发展农业、水利和旅游业的巨大潜力。同时，成都还是中国西南地区的交通枢纽，连接中国内地和西南亚、南亚以及东南亚等地区。这种地理位置使得成都成为重要的物流和贸易中心，吸引了大量的投资。

其次，成都拥有丰富的自然资源，为其经济发展提供了坚实的基础。成都拥有丰富的矿产资源，如煤炭、天然气、铁矿石等，其中天然气作为成都优势矿产，2020年底探明储量达16.77亿立方米，为能源和钢铁等重工业提供了充足的原材料。此外，成都还拥有丰富的农产品资源，如稻谷、小麦、玉米等，2021年成都产出稻谷120.2万吨，小麦16.4万吨，玉米57.7万吨，为粮食加工和农产品出口提供了充足的供应。这些丰富资源为成都工业和农业的发展提供了有力支撑。

再次，成都拥有完善的基础设施。成都拥有现代化的交通网络，包括高速公路、铁路和航空港等，2021年成都民用航空线路374条，旅客吞吐量达4447万人，公路通车里程29520公里。这些交通设施使得成都与其他城市之间的联系更加紧密，为人员流动和物资流通提供了便利。此外，成都还拥有一流的教育和医疗设施，为人才培养和社会发展提供了强有力的支持。

最后，成都开放的经济政策为其发展提供了广阔的空间。成都积极引进外资，鼓励外商投资，并提供一系列的优惠政策和便利条件，2021年成都外商投资企业数为713个，投资实际到位504.46亿元。这种开放的经济政策吸引了大量的跨国公司和外资企业进入成都，推动了经济的快速发展。同时，成都还积极参与国际合作和交流，截至目前共与国外37个城市结成友好城市，加强了与其他国家和地区的经济联系，扩大了市场和合作的空间。这些条件为成都的经济发展提供了坚实的基础和广阔的空间，使其成为中国内地最具活力和潜力的城市之一。

（三）重庆与成都的主要差异

一是产业结构差异。随着中国经济的快速发展，重庆和成都作为西部地区的两个重要城市,都展现出了强大的经济实力和潜力。然而,尽管它们有着相似的地理位置和文化背景,但在产业结构方面却存在着一些显著的差异。

首先,重庆在制造业方面具有明显的竞争优势。重庆作为中国西部地区最大的制造业中心之一,拥有庞大的制造业基础和完善的产业链条。重庆的制造业涵盖了汽车、电子、钢铁、化工等多个领域,并且在这些领域中拥有众多的龙头企业和优质供应商。重庆的制造业产值和出口额一直位居中国西部地区的前列,这为其在产业结构方面获得竞争优势提供了坚实的基础。

相比之下,成都在服务业方面具有较大的竞争优势。成都作为中国西部地区的金融、商贸和文化中心,拥有发达的金融机构、商业企业和文化产业。成都的金融业发展迅速,吸引了大量的金融机构和投资者,成为西部地区的金融中心之一。此外,成都的商贸业也十分繁荣,吸引了众多的国内外企业和消费者。成都的文化产业也在不断发展壮大,成为中国西部地区的文化创意中心,为成都在产业结构方面取得竞争优势提供了有力支撑。

产业结构的差异源于各自的地理和历史条件。重庆位于长江经济带,拥有丰富的水资源和交通优势,这为其发展制造业提供了得天独厚的条件。而成都则位于成都平原,地理位置优越,交通便利,这为其发展服务业提供了良好的环境。此外,重庆和成都在历史上的不同发展路径也导致了产业结构的差异。重庆在历史上曾是中国的工业重镇,而成都则一直是商贸和文化中心。这些历史因素也对两个城市的产业结构产生了深远的影响。

二是发展重点差异。首先,重庆与成都在城市规划方面存在差异。重庆以其山城地理特点为基础,注重发展垂直空间,大力推进立体交通建设,如轻轨、索道等。而成都则更加注重水平空间的规划,倡导城市绿地建设,注重保护生态环境。这种差异使得重庆在垂直空间的利用和交通便利性方面具有一定优势,而成都则在生态环境保护和城市宜居性方面更具优势。

其次,重庆和成都在产业发展导向上存在差异。重庆以工业为主导,拥有丰富的资源和完善的工业体系,特别是汽车、化工等重点产业的发展较为突出。而成都则更加注重发展现代服务业,如金融、IT 等高新技术产业,以及文化创意产业。这种差异使得重庆在制造业方面更具竞争力,而成都则在服务业和创意产业方面更具优势。

最后,重庆和成都在经济发展方面存在差异。重庆作为中国西南地区的经济中心,拥有较高的 GDP 和较强的经济实力。重庆以大型企业为主导,注重基础设施建设和重工业发展。而成都则以中小微企业为主导,注重创新创业和科技产业的发展。这种差异使得重庆在经济规模和传统产业方面更具优势，而成都则在创新创业和科技产业方面更具竞争力。

二、重庆充分发挥"有为政府"和"有效市场"双重作用

（一）激发市场活力，推动开放创新

一是优化营商环境，激发市场活力。营商环境在党和国家战略决策中的重要地位日益凸显，良好的营商环境成为国家治理现代化的重要标志之一（娄成武、张国勇，2018）。作为综合实力和竞争力的重要体现，营商环境在一定程度上反映着区域政府治理能力的高低，是经济社会可持续发展的关键影响因素。重庆市政府深入贯彻党的二十大精神，为破解制约市场主体发展困难问题，更好激发市场活力，增强发展内生动力，持续优化市场营商环境，努力营造有效市场氛围做出了一系列努力。

首先，加快转变政府职能，深入推进简政放权、放管结合、优化服务改革，建设人民满意的服务型政府。中观经济学认为，区域政府的管理效率是区域政府行政管理活动、行政管理速度、行政管理质量、行政管理效能的总体反映，是对区域政府的行政能力、执政能力、服务能力的综合评价。政府职能转变能够显著降低城市—行业层面的资源错配程度，对改善管制程度较低行业的资源配置具有较强的边际作用。为了简化审批程序，重庆市政府推行了"一网通办"政务服务平台，实现了办事事项的线上办理。这一举措极大地提高了企业的办事效率，减少了不必要的时间和成本。重庆市还提高了行政审批的透明度，公开了审批流程和标准，为企业提供了更加公正和透明的营商环境。重庆还发布了《重庆市人民政府关于取消和下放一批行政审批项目等事项的决定》《重庆市人民政府办公厅关于调整重庆市人民政府推进政府职能转变和"放管服"改革协调小组的通知》《重庆市人民政府办公厅关于进一步规范区县行政审批服务大厅建设的意见》《重庆市进一步优化营商环境降低市场主体制度性交易成本工作任务清单》《重庆市2023年优化营商环境激发市场活力重点任务清单》等一系列政策文件，以市场主体需求为导向，以制度创新为核心，以更高目标、更高标准持续推动营商环境改善，建设市场化、法治化、国际化的一流营商环境，努力打造西部地区营商环境的排头兵①。

---

① 重庆市人民政府办公厅关于印发重庆市2023年优化营商环境激发市场活力重点任务清单的通知［N］. 重庆市人民政府公报，2023 – 05 – 15.

其次，优化涉企公共服务，加大政策支持力度。中观经济学指出，区域政府的财政竞争包括财政收入竞争和财政支出竞争。财政收入竞争是指区域政府通过追求经济增长竞赛，增加税收。财政支出竞争是区域政府扩大政府投资支出来增加社会的资本增量和存量，从而促进社会经济发展。财政竞争中的税收竞争主要是对资源的竞争。基于资源可流动的前提假设，区域政府通过税收竞争对消费者和资本进行竞争。重庆市政府出台了一系列鼓励外商投资的政策，并提供了丰富的优惠政策和补贴措施。重庆市对于高新技术企业和战略性新兴产业企业给予了税收减免和财政补贴，以鼓励这些企业的发展。例如，重庆对于被认定为高新技术企业的企业，可以按照国家规定享受所得税优惠税率，其中符合条件的高新技术企业可以享受15%的企业所得税税率。另外，对于在重庆市注册并从事科技创新或技术服务活动的高新技术企业，还可以享受增值税和营业税的减免政策；重庆市政府为高新技术企业提供了多种资金支持渠道，包括科技创新基金、战略性新兴产业发展专项资金等；为了促进高新技术产业的发展，重庆市政府还推出了一系列土地使用优惠政策，包括土地出让金减免、用地指标优先等；重庆市政府为高新技术企业提供了一系列的人才引进支持政策，包括人才公寓、购房补贴、个人所得税减免等。此外，重庆市还成立了专门的机构，如重庆市外商投资企业协会、重庆市外商投资促进中心，负责为外商投资提供咨询和服务，为企业解决在投资过程中遇到的问题。

最后，加强知识产权保护。在优化营商环境背景下，政府应当在知识产权保护中履行制度供给职能、公共服务职能、市场监管职能和纠纷解决职能（李雨峰、陈伟，2020）。知识产权是企业创新和发展的重要保障，重庆市政府高度重视知识产权保护工作，印发了《关于强化知识产权保护的具体措施》，加大对知识产权的保护力度和执法力度，打击侵权行为，进一步完善了知识产权保护体系，提升知识产权保护能力，营造良好的创新和营商环境。此外，重庆市还加强了知识产权的宣传和培训，提高了企业和公众的知识产权意识，强化了知识产权保护的效果。

二是深化改革创新，增强内生驱动。实践证明，改革创新是经济发展的本质要求和基本动力。全面深化改革，是一场注重法治引领、强化制度创新的根本性变革。创新是引领发展的第一动力，是建设现代化经济体系的战略支撑①。持续发展中的改革创新生成了重庆经济发展的内生驱动力，起着提

---

① 张伟超. 科技创新是引领行业发展第一动力［N］. 中国黄金报，2017 – 11 – 07.

振士气、完善创新、畅化运行功能，居于"保障"地位。

直辖市成立以来，重庆进一步深化改革，厘清了改革和发展的思路，细化了目标，落实了责任，并朝着既定的目标不断前行。重庆改革户籍制度，充分发挥市场机制作用，城镇化水平逐步提高。此外，重庆还大力推进融资体制改革，深化行政体制改革、产权制度改革、分配制度改革、商贸流通体制改革等一系列改革措施。随着国家批准重庆和成都一起成为全国统筹城乡综合配套改革试验区，标志着重庆改革进入新阶段（王猛，2020）。

孙荣等（2011）认为，地方政府竞争的动力是实现地方经济增长，制度创新是实现经济增长的路径，知识溢出是制度创新的重要源泉。地方政府竞争、制度创新与知识溢出三者通过经济增长有机地结合在一起。利用知识溢出促进合作为解决当前中国地方政府之间的竞争失当困境提供了一定的思路。唐志军等（2011）认为在我国的大多数省份，投资增长率的波动是引起 GDP 增长率波动的主要因素。地方政府竞争是导致各省投资冲动、进而造成我国宏观经济波动的深层原因。重庆致力于调动聚集创新资源，强化运用以技术进步和知识为财富创造的基础手段，谋求科技创新型增长。重庆致力于建设西部创新中心，使其能够继续保持优势。重庆不只局限于技术创新，还同样重视制度创新。2014 年到 2016 年分别出台了《重庆市深化科技体制改革实施方案》《重庆市深化体制机制改革加快实施创新驱动发展战略行动计划》《重庆市深入实施创新驱动发展战略工作方案》及《中共重庆市委、重庆市人民政府关于深化改革扩大开放加快实施创新驱动发展战略的意见》。2022 年 1 月，重庆市发布了《重庆市科技创新"十四五"规划（2021—2025 年）》，旨在把重庆建设成为具有全国影响力的科技创新中心。

三是更高水平开放，提高发展质量。在全球化经济大潮中，对内对外开放，是区域发展的重要动力来源之一。区域对外开放包括面向国外其他经济实体的国际开放，也包括面向国内其他地区的区际开放。在整个对外开放的进程中，各级政府尤其是作为地区经济发展过程中"第一集团"的地方政府发挥了不同的作用（朱慧、董雪兵，2010）。进入新时代以来，重庆市坚持以扩大开放促改革、扩大开放促发展、扩大开放调结构。根据《2023 年重庆市人民政府工作报告》，2018 年至 2022 年五年间，重庆外贸进出口增至 8158.4 亿元、服务贸易额累计达到 3000 亿元，内陆开放高地建设不断实现新突破①。近年来，重庆市开放度进一步提升，在中西部处于领先发展水平。

---

① 重庆市人民政府工作报告［N］. 重庆日报，2017 – 01 – 24.

首先，积极参与国际贸易合作。通过加强与国内外企业的合作，重庆市不断拓展贸易渠道，提高了进出口贸易的规模和质量。2013 年、2014 年、2020 年、2021 年，重庆货物进出口值相继跨越 4000 亿元、5000 亿元、6000 亿元、8000 亿元台阶。2021 年全市进出口总值为 8000.59 亿元，2013～2021 年年均增长 10.1%，高于全国水平 4.8 个百分点，占全国外贸总额的比重由 2012 年的 1.4% 提高至 2.0%，进出口总值居全国第 11 位、西部第 2 位。重庆市 2018 年发布了《重庆市人民政府关于做好稳外贸稳外资稳外经有关工作的通知》，2022 年出台了《重庆市人民政府办公厅关于促进内外贸一体化发展的实施意见》，进一步提高了对外开放水平。特别是在"一带一路"倡议的推动下，重庆市积极参与国际贸易合作，加强与共建国家的经济联系，促进贸易往来和投资合作。

其次，大力发展外向型经济。通过建设自由贸易试验区和跨境电商综合试验区，重庆市吸引了大量的外资和跨国公司进驻。2017 年获批建设中国（重庆）自由贸易试验区，围绕自贸试验区探索联动创新区和协同开放示范区，高标准实施中新互联互通示范项目，加快建设两江新区，协同推进开放口岸和综合保税区建设。2021 年，重庆成为西部首个可办理化学药品首次药品进口备案的口岸城市（全国第四个城市）①；获批建设万州综合保税区和永川综合保税区，全市综合保税区增至 6 个，西永等 4 个已开放运行综合保税区占全市外贸进出口总值的 68.7%，对全市外贸增长贡献率为 65.3%，西永综合保税区、原两路寸滩综合保税区进出口值分别居全国综合保税区第 4 位、第 7 位。同时，重庆市积极推动国内企业走出去，拓展海外市场，提高了国际竞争力。2021 年，重庆民营企业、国有企业进出口值分别为 3493.96 亿元、675.54 亿元，2012 年分别增加 1915.78 亿元、469.98 亿元，年均分别增长 9.2%、14.1%，对全市外贸增长贡献率分别为 67.2%、11.0%，较 2012 年分别提高 18.2 个、8.1 个百分点；外商投资企业进出口 3825.06 亿元，比 2012 年增加 2249.62 亿元，2013～2021 年年均增长 10.4%。

最后，积极深化外贸合作，优化市场布局。重庆努力开拓多元化国际市场，鼓励企业巩固欧美、日韩等传统市场，深耕东盟、"一带一路"等新兴市场，积极举办重庆出口商品东盟展、非洲巡展等系列活动，组织企业赴欧

---

① 开行十载 中欧班列（渝新欧）给重庆带来什么 [EB/OL]. 重庆市人民政府网（cq. gov. cn），2021－03－19.

洲、东盟、南美、中东、日韩等国家地区参展，不断提升"重庆造"产品影响力，外贸"朋友圈"不断扩大。2021年，重庆与215个国家和地区建立贸易伙伴关系。此外，重庆市还持续深化区域经贸合作，实施与东盟经贸合作行动计划，深入对接《区域全面经济伙伴关系协定》，持续开展跨境贸易便利化专项行动。重庆对RCEP其他14个成员国合计进出口2368.10亿元，比2012年增加1476.50亿元，2013~2021年年均增长11.5%。智博会、西洽会、中新金融峰会等对外开放平台影响力持续增强，中新互联互通项目能级不断提升，重庆"忠橙"等农特产品常态化供应东盟市场，区域合作效能进一步显现。

（二）完善服务体系，实现超前引领

一是持续优化产业结构。产业政策的制定和执行在推动地区产业结构合理化和高度化方面起着重要作用，但在推进产业结构优化升级时，需要综合考虑地方市场化程度和地方政府能力等因素（韩永辉等，2017）。重庆是一个传统的重工业城市，直辖以来，在产业发展的基础上，不断推动产业集群和产业转型升级。直辖后产业结构明显优化，由1996年的24.2：40.0：35.8转变为2022年的6.9：40.1：53.0，第一产业比重显著降低，第二产业比重平稳发展，第三产业比重明显提高。近年来，重庆市政府在优化产业结构方面做出了许多努力。

首先，大力发展高新技术产业。通过加大对高新技术企业的扶持力度，吸引了一大批高新技术企业在重庆设立研发中心和生产基地。特别是在信息技术、生物医药、新能源等领域，培育了一批具有国际竞争力的高新技术企业，为重庆市的产业结构优化做出了积极贡献。

其次，积极推动传统产业的升级和转型。在传统制造业方面，重庆市通过引进先进的生产技术和设备，提升了传统产业的竞争力和附加值。同时，重庆市还加大了对传统产业的技术改造和创新支持，推动了传统产业向高端、智能化方向发展。这些举措不仅提高了传统产业的效率和质量，也为重庆市的产业结构升级提供了有力支持。此外，重庆市政府注重发展现代服务业。重庆市人民政府2015年和2020年分别发布《关于加快发展生产性服务业的实施意见》《新形势下推动服务业高质量发展的意见》，加大了对金融、文化、旅游等现代服务业的支持力度，鼓励企业创新发展，提高服务质量和水平。特别是在金融业方面，重庆市积极推动金融创新，加强金融对实体经济的支持，包括发挥市产业引导股权投资基金作用，鼓励市区等各级政府对

产业引导基金提供配套支持；支持发展动产融资，扩大商业价值信用贷款试点规模，发展轻资产交易市场；引导有条件的服务业企业开展股权融资；提高企业信用贷款和中长期贷款比重，更好满足中小企业融资需求等，为重庆市现代服务业的发展提供了重要动力。

另外，重庆市政府还注重发展绿色产业。重庆市积极推动清洁能源、节能环保等绿色产业的发展，加大对绿色技术和绿色产品的研发和应用力度。重庆市还加强了对环境保护的监管和执法力度，推动企业向绿色发展转型。这些举措不仅有助于优化产业结构，还有助于改善环境质量和人民生活水平。

二是加强基础设施建设。基础设施建设的质量和完善度是衡量一个城市经济和社会发展的重要指标之一。陈云贤（2017）指出，基础设施投资是区域或地区政府间竞争的重要手段，一方面，基础设施对经济社会发展具有支撑和引导功能，能促进地区经济加快发展，另一方面，也有利于保证国家利益的实现和促进区域经济的协调发展，从而实现区域政府或地方政府利益集合的最大化。基础设施投资是实现地方经济快速持续增长的重要推动力，它涉及经济社会的方方面面（杨宝剑、颜彦，2012）。地区基础设施投资总量增加，投资规模扩大，必将推进该地区产业结构优化升级，从而通过产业间的关联效应带动其他产业的发展，这样便为地区经济发展提供了新的增长点。直辖以来，重庆市持续推进基础设施建设，发展空间有效拓展。作为中国西部地区最重要的城市之一，重庆市一直致力于提升基础设施水平，以推动经济发展和改善居民生活质量。2022年重庆市人民政府印发了《重庆市城市基础设施建设"十四五"规划（2021－2025年）》，进一步明确了"十四五"时期重庆城市基础设施发展思路、发展目标和重大任务。

重庆市在交通基础设施建设方面取得了显著的进展。"十四五"以来，重庆坚持适度超前开展交通基础设施规划建设，不断扩大有效投资，投资规模逐年攀升，助推一批重要的出渝出川大通道加快完善。北上至京津冀地区形成全程350公里时速的高铁大通道，东向至长三角地区的主轴通道项目取得重大进展，南向至南亚、东南亚的西部陆海新通道建设迈入快车道，西向联动成渝地区双城经济圈综合交通体系加快发展。西部国际综合交通枢纽和国际门户枢纽建设加速推进①。重庆市政府大力发展公路、铁路、水路和航空等交通网络，以提高城市的交通运输效率。重庆市已经建成了一系列高速公路和城市快速路网，方便了居民和商业活动的流动。此外，重庆市还积极推进轨

---

① 2022年重庆综合交通投资超1300亿元［N］. 重庆日报，2023－01－09.

道交通建设，已经建成了多条地铁线路，方便市民出行。这些交通基础设施的建设不仅提高了交通的便利性，也为重庆市的经济发展提供了坚实的支撑。

三是完善政策服务体系。完善的政策服务体系也是区域政府相较于其他区域竞争力的体现。近年来，重庆市在完善政策服务体系方面做出了许多努力。政策服务体系的完善对于促进经济发展、改善民生福祉具有重要意义。在这方面，重庆市采取了一系列措施，以提高政策服务的质量和效率。

首先，加大政策宣传力度。政策的有效传达和宣传对于政策的落地和实施至关重要。重庆市通过多种渠道，如媒体、互联网和社交平台，广泛宣传政策信息，让更多的人了解政策内容和适用条件。同时，重庆市还注重加强与企业、群众和社会组织的沟通与互动，及时回应疑问和需求，提供更加全面和准确的政策信息，增强政策的可操作性和可理解性。

其次，优化政策服务流程。政策服务的流程是否简化和便捷，直接关系到政策的实施效果。重庆市通过整合政务资源，优化政策服务流程，简化申请材料和办理手续，缩短审批时间，提高政策服务的效率。此外，重庆市还建立了政策服务中心，为企业和群众提供一站式政策咨询、申请和办理服务，方便了其办事需求，提升了政策服务的便利性和可及性。

最后，加强政策服务的监督和评估。政策的有效实施需要监督和评估机制来保障。重庆市建立了政策服务的监督和评估体系，定期对政策服务的质量和效果进行评估，及时发现问题并采取措施进行改进。同时，重庆市还鼓励企业和群众对政策服务进行评价和反馈，及时解决问题，提高政策服务的满意度和可持续性。

三、成都不断提升市场和政府的相得益彰效应

（一）打造活力四射的市场发展生态

一是优化营商环境，激发市场活力。营商环境是一个地区经济软实力和综合竞争力的集中体现，已成为各级地方政府的重要考核内容。地方政府调动、整合辖区内的各类资源，围绕营商环境的各项指标开展激烈竞争，并通过营商环境的优化，促进区域发展。作为中国西部地区的经济中心和创新引擎，成都一直致力于提供友好、高效和透明的营商环境，以吸引更多的投资和促进经济发展。

首先，成都采取了一系列政策措施，以简化办事流程和提高效率。为了

降低企业开办的成本和时间，成都推出了"一次办好"改革，实现了企业开办时间的大幅缩短。此外，成都市还建立了"一站式"服务平台，为企业提供全方位的服务和支持，包括注册登记、税务申报、融资等方面的服务，大大提升了企业办事的便利性。

其次，成都积极推动政府职能转变，加强监管和服务的协同。成都建立了"互联网＋政务服务"平台，通过信息化手段实现政府与企业之间的无缝对接，提高了政府服务的效能和透明度。同时，成都还加强了对企业的监管，建立了信用体系，对违法违规行为进行严厉打击，保护了市场的公平竞争环境。

最后，成都大力推进法治化建设，加强知识产权保护。成都加强知识产权的保护力度，建立知识产权保护中心，提供专业的知识产权服务和咨询，帮助企业解决知识产权纠纷。此外，成都还完善了法律法规体系，加强对合同和交易的法律保护，为企业提供了更加稳定和可预期的经营环境。

二是培育创新生态，打造发展引擎。构建创新生态体系、推动产业结构转型升级是各地培育区域竞争力、实现创新驱动发展的新趋势。成都市政府积极采取措施，响应中央政府创新驱动的战略决策，将科技创新作为提升区域产业竞争力的重要手段（刘畅、于旭，2016）。

首先，积极推动创新创业环境的优化。政府采取了一系列措施，提供了更加便利的创业政策和服务，为创业者提供了更多的支持和帮助，秉持"宜居宜人"，高标准实施人才安居工程，构建"租售补"一体的人才安居服务体系，硕士研究生及以上学历人才购买人才公寓可享受政策面积8.5折优惠，着力实现"蓉漂之后，再无漂泊"。秉持"共建共享"，高水平打造"成都人才综合服务中心"一站式服务枢纽，构建"1＋4＋N"人才工作服务网络，规划建设蓉漂人才公园，充分传递人才是第一资源的信号。成都还设立了多个创新创业园区，提供了低成本的办公空间和配套设施，吸引了大量的创业者和创新企业入驻。此外，政府还鼓励企业与高校、科研机构合作，促进科技成果转化和产业化，为创新创业提供了更加有利的环境。

其次，注重人才引进和培养。政府加大了对高层次人才的引进力度，提供了丰厚的待遇和优厚的政策支持，吸引了一大批国内外优秀人才来成都创新创业。成都在全国率先推出"先落户后就业""先安居后就业"政策，支持用人主体设立"两站一基地"，针对博士后、博士和硕士人才量身定制专项政策，完善科研项目"揭榜挂帅""赛马"制度；支持人才创新创业，实施"蓉漂计划""蓉城英才计划""产业建圈强链人才计划"，给予个人资助，并推出"人才贷""研发贷""成果贷"科技金融组合产品（李世芳，2023），让广大青年人才创新创业底气更足、羽翼更丰满。同时，成都重视人才培养和培训，建立了一系列的人才培养项目和机制。截至 2023 年，成都人才总量达 622.32 万人（居全国第 4 位），荣登《财富》杂志"大学生和青年求职者吸引力城市"榜首，连续 4 年荣获"中国最佳引才城市"奖，成为年轻人的向往之城①。

成都专注于支持青年创业落地孵化，致力于打造青年创新创业的"一站式"服务平台。通过整合全市各类创业园、孵化器、创业苗圃等资源，为在成都的青年创业项目提供便捷的"一键式"服务接口。同时也重点关注金融服务升级，根据不同层次的青年创业项目金融需求，建立了覆盖全周期的创业金融帮扶体系，包括无偿资助、无息借款、债权服务和股权支持等。此外，还实施了"青创计划"，针对符合条件的青年创业项目，提供最长 3 年、最高 10 万元的无息借款支持。联合市金融监管局，市再担保公司，推出"蓉易贷·蓉青贷"青年创业专项普惠信贷产品（杨俊峰，2023），解决创业青年在自主创业的成长初期、利润低、资产轻的贷款困境和小微企业在扩大生产经营过程中流动资金不足问题②；聚焦青年创业导师智库，选聘导师，开展巡诊、问诊、赛前培训等服务活动，帮助创业青年解决具体问题，为创新人才提供了更好的成长和发展机会。

此外，积极推动科技创新和产业升级。中观经济学中指出，区域政府通过 R&D 经费资助为区域内的企业、高校和科研院所提供支持，以此推动科技创新和产业升级。成都加大了对科技创新的投入，建立了一批科技研发平台和实验基地，提供了良好的科研环境和条件。通过锻造战略科技"国家队"，推动 12 个国家重点实验室在蓉集聚，4 个方向天府实验室实体化运营，4 个国家重大科技基础设施加快建设，145 个国家级科技创新平台建成布局，努力造就科技创新策源之地、青年价值实现之地。打造创新创业"强磁场"，实施高新技术企业倍增计划，培养 1.16 万家国家高新技术企业、202 家专精特新"小巨人"企业，推动 36 家人才企业顺利上市，成都跻身全国"双创"第四城，为广大青年人才筑业兴业提供丰富场景。成都还加强了与高校、科研机构的合作，扩展校院企地"朋友圈"，构建校院企地人才发展共同体，联动首批 107 家成员单位开展人才共引、政策叠加、项

---

① 成都充分释放青年创新创业活力 [N]. 成都日报，2023 – 07 – 19.
② 青年创业 金融助力 [N]. 中国银行保险报，2023 – 11 – 07.

目衔接、平台共建和服务共享，与清华大学、北京大学、中科院等21家高校院所建立战略合作关系，规划建设10个环高校知识经济圈，推动实现"聚四海之智、借八方之力"，推动科技成果转化和产业升级。

最后，注重创新文化的培育。政府加大了对创新文化建设的投入，举办了一系列的创新创业活动和赛事，鼓励创新思维和创新行为的形成。成都还注重知识产权保护和知识产权运营，加强了对创新成果的保护和运用，为创新创业提供了更好的法律保障和市场环境。

三是建设消费中心城市，扩大有效投资。消费环境与投资环境是衡量一个地区市场环境优劣的重要指标。投资是稳定经济增长的重要推动力量。扩大地方政府的有效投资，提升地方政府的投资效率，优化投资的配置可以推动经济的转型，减少不必要的投资浪费，帮助地方政府降低财政负担。成都市政府为了进一步提升城市的消费能力和吸引更多的投资，采取了一系列相关的措施。

首先，加大了对消费领域的投资力度。成都作为超大城市，2022年常住人口突破2100万人，近十年来净流入人口约700万人，同时还辐射西部3.5亿人口，链接亚欧大市场，消费市场广阔。2022年，成都旅游总收入1814亿元，餐饮营业收入1445亿元，体育产业总规模突破1000亿元，音乐产业产值503亿元，会展总收入实现711亿元①。通过大力发展商业、餐饮、旅游等消费服务业，成都不断提升城市的消费水平和消费体验。特色商圈的建设成为城市吸引力的重要标志，如春熙路、IFS等商业区的崛起，为成都的消费中心城市建设作出了重要贡献。

其次，积极引导外来投资。成都持续提升国际门户枢纽功能，紧密连接全球消费供应链。成都是国内第三个拥有双国际机场的城市，中欧班列（成渝）开行量突破2.4万列；同时拥有23家领事机构、落户315家世界500强企业、培育217家总部企业，并吸引了2000多家品牌首店落户；获批5个国家级服务出口基地，2022年跨境电商交易规模达到914亿元，市场采购贸易出口货值达到315亿元，服务进出口总额达154亿美元，成都对外开放迈上新的台阶。通过出台一系列的优惠政策和扶持措施，成都吸引了大量的外资和投资项目。尤其是在高新技术产业和创新创业领域，成都积极推动科技企业的发展，吸引了许多知名企业和创业者在成都设立总部或研发中心。

---

① 四川成都多方面发力加快建设国际消费中心城市［N］. 消费日报，2023-08-11.

最后，加强了消费者保护和权益保障。建立健全的消费者权益保护机制，对违法行为进行打击和处罚，成都为消费者提供了更加安全和放心的消费环境。这不仅提升了消费者的信心，也为成都的消费中心城市建设提供了有力的支持。

（二）发挥区域政府的超前引领作用

一是加强基础设施建设，提升综合承载能力。为了加快构建更高层次更高水平的基础设施体系，全力支撑经济社会高质量发展，更好满足人民美好生活需要，成都市政府近年来积极推动基础设施建设，并取得了显著的成就。

首先，成都在交通基础设施建设方面取得了重大突破。城市交通是城市发展的重要支撑，成都通过大力发展地铁网络，不断完善公交系统，以及改善道路交通状况，有效缓解了交通拥堵问题。成都地铁已经发展了多条线路，并且在不断扩展中。此外，成都推动交通枢纽、机场、铁路等交通设施改造升级，加快构建智能化、网络化现代交通体系。有序推进城市关键道路智能化改造，加快开展基于5G车联网的车路协同大规模验证与应用，探索开放城市快速路、高速公路等不同类型和风险等级的道路测试场景。

其次，成都在城市绿化和环境保护方面也取得了明显的成效。为了改善城市的生态环境，成都大力推进城市绿化工作，加快建设能源互联网，推动先进电网技术、控制技术、信息技术融合，优化完善新能源终端设施布局，建设能源互联网服务平台，提升城市能源安全供给能力和保障水平。建设智慧城市能源两张网、零碳社区园区试点等项目。通过增加绿地面积、植树造林和打造生态公园等措施，成都不仅美化了城市环境，还提供了更多的休闲和娱乐场所。此外，成都还加大环境保护力度，加强废水处理和垃圾处理等工作，有效改善城市的环境质量。

成都在信息技术基础设施建设方面也取得了显著进展。随着信息技术的快速发展，成都市政府印发了《成都"十四五"新型基础设施建设规划》与《成都新型基础设施建设行动方案》，积极推动数字化建设，支持成都超算中心建设全国重要的算力功能服务平台，推动人工智能计算中心建设，构建"边缘计算＋云计算＋智算＋超算"多元协同、数智融合的先进算力体系，强化全国一体化算力网络成渝国家枢纽节点功能，加快5G独立组网规模发展，在工业制造、交通物流、文化旅游、大型体育赛事、教育医疗、城市管理等领域开展"5G＋"融合应用示范，推进通信、广电等基础设施共建共享。通过建设智慧城市平台、推广电子政务和智能交通系统等措施，提高了城市管理的效率和便利性。

二是完善现代产业体系，构筑产业比较优势。成都作为中国西部地区的重要城市，在产业体系方面，拥有一系列的比较优势，这使得它成为一个具有竞争力和吸引力的投资目的地。

首先，成都以其强大的制造业基础而闻名。作为中国西南地区最大的制造业中心之一，成都拥有完善的制造业链条和雄厚的产业基础。在汽车制造、电子设备制造、航空航天、生物医药等领域，成都的企业具有较强的技术实力和市场竞争力。成都是中国西部地区最大的汽车制造基地之一，拥有一系列知名的汽车制造企业。这些企业的发展不仅带动了成都的制造业增长，也为当地就业提供了大量的机会。

其次，成都在现代服务业方面具备较强的竞争力。随着中国经济的转型升级，现代服务业逐渐成为经济增长的新引擎。成都充分利用自身的资源和地理优势，积极推动现代服务业的发展。特别是在金融、文化创意产业和信息技术领域，成都取得了显著的成就。成都是中国西部地区最重要的金融中心之一，拥有众多的金融机构和创新型金融企业。同时，成都还积极发展文化创意产业，培育了一批具有国际影响力的文化企业和品牌。这些现代服务业的发展不仅提升了成都的经济实力，也为城市的国际化进程做出了重要贡献。

成都在科技创新方面也具备较强的优势。作为中国西部地区的科技创新中心，成都拥有一流的科研机构和高等教育资源。成都不断发挥科研院所的溢出效应、空间平台的承载效应、要素平台的带动效应、环境资源的服务效应，打造科创大苗圃、孵化器、加速器，抓紧"四大板块"工作，服务大众创业、万众创新，加强科研院所和区域发展合作共赢，优化创新服务体系，培育众创空间，形成集聚创新资本、人才、平台要素的激励政策。成都的高新技术产业发展迅速，涵盖了信息技术、生物医药、先进制造等领域。例如，成都高新区作为成都软件和信息服务业发展高地和聚焦区，已经成为全国重要的软件产业基地之一，吸引了大量的高科技企业和人才。同时，成都还积极推动科技创新与产业融合，促进了科技成果的转化和应用。这些科技创新的优势为成都的产业发展提供了强大的支撑，也为城市的可持续发展奠定了坚实的基础。

三是纵深推进重点改革，激发高质量发展动力。首先，在简政放权方面做出了积极的努力。通过推进政府职能转变，成都市大幅减少了行政审批事项，优化了政务服务流程，提高了办事效率。此举有助于激发市场活力，吸引更多投资和创业者进入成都，推动经济的持续健康发展。

其次，加强了金融体制改革。自 1993 年国务院确定成都为西南地区的金融中心到 2022 年建成立足四川、服务西部、具有国际影响力的西部金融中心，成都积极推动金融创新，加大对实体经济的金融支持力度，促进金融业与实体经济的深度融合。2019 年 7 月，成都创新性地提出"自贸通"金融解决方案，成功入选商务部发布的自由贸易试验区第三批"最佳实践案例"，通过系统整合各类金融资源和政策资源，实现政府、银行、担保多方联动，帮助企业降低融资门槛，提供利率、国际结算手续费优惠及利息补贴等综合服务，有效展示金融服务功能的质效；在推动跨境投融资便利化方面，成都通过结算场景创新来提升跨境人民币结算功能，截至 2022 年，成都开展跨境人民币结算业务的银行机构达 46 家，跨境人民币结算额从 2017 年的 608.9 亿元，快速增长至 2021 年的 1459.64 亿元。成都还加强了金融监管，提高了金融风险防控能力，为金融业的稳定发展提供了坚实的基础。

再次，在推动公共服务体系建设方面也取得了显著进展。成都市于 2023 年印发了《成都基本公共服务设施建设管理办法》，加强教育、医疗、文化等公共服务领域的改革和创新，提高公共服务的质量和效率。成都还加强社会保障体系建设，为市民提供更加全面和可持续的社会保障服务。成都还加强基层党建工作，推动党的基层组织在社会治理中的作用发挥，为市民提供更好的公共服务。

最后，在人才体制改革方面也取得了显著成效。成都积极推动人才引进和培养，加大对高层次人才的吸引力度，优化人才评价机制，为人才提供更好的发展平台和机会，包括加大人才发展体制机制改革力度，提档升格人才工作领导小组，由区委书记、区长担任组长和第一副组长，统筹领导全区人才工作，强化"一把手"抓"第一资源"的政治担当；依托科研院所、科技领军企业积极打造科技创新平台、公共服务平台、工程研究中心等创新基地，落地成都"蓉漂之家"、联通 U 谷等一批服务载体和科技成果转化载体，构建"多中心 + 网络化"的人才组织体系，加快聚集高层次人才和创新团队，助力创新链、人才链双链驱动，深化产业建圈强链；以创新价值、能力、贡献为导向，分类建立人才评价制度，将企业经济贡献度、R&D 研发投入、投资额等多维指标和"以薪定才"作为实施人才评价的重要手段，给予市场主体、用人单位更大的自主权。成都还建立了人才服务中心，为人才提供全方位的服务，提高人才的获得感和归属感。

第四节 研究结论与对策建议

一、研究结论

本章旨在探讨"有效市场"与"有为政府"在区域竞争中的作用,并以成都和重庆两个城市为例,通过对这两个城市的比较分析,得出以下研究结论。

首先,"有效市场"的存在对竞争起到了积极的推动作用。通过对成都和重庆的案例分析中发现,市场的有效运作为企业提供了更公平的竞争环境和更多的机会。"有效市场"的特点包括信息透明、竞争自由和资源高效配置等,这些特点为企业提供了更多的选择和发展空间。在这样的市场环境下,企业能够更好地利用市场机会,提高自身竞争力,并实现可持续发展。

其次,"有为政府"的积极作用也是竞争模式中不可或缺的因素。成都和重庆两地的政府在经济发展中发挥了重要作用,包括政策引导、资源整合和市场监管,通过制定有利于企业发展的政策和提供必要的支持,为企业提供了更多的机会和资源。政府对市场的监管也起到了规范市场秩序和维护公平竞争的作用。政府的积极参与促进了市场的健康发展,推动了企业的创新和竞争力的提升。同时,政府还通过建设基础设施、提供教育培训等措施,为企业提供了更好的发展环境和条件。

最后,成都和重庆的竞争模式各自发挥比较优势。成都作为西部地区的重要城市,其竞争模式更加注重创新和高端产业的发展。成都在高新技术产业和创新创业方面取得了显著的成绩,成为西部地区的创新中心。重庆则更加注重基础设施建设和制造业的发展,成为西部地区的重要工业基地。这两个城市的竞争模式在一定程度上反映了其地理位置和产业结构的特点。

当然,重庆与成都双轮驱动下的竞争仍然面临一些挑战和问题。例如,市场信息的不对称性可能导致某些企业在竞争中处于不利地位;两个城市之间同质化竞争现象严重;政府的政策执行力度可能存在差异,导致企业获得的支持和保障不均等。

二、对策建议

（一）推进错位发展，激发市场活力

尊重客观规律、发挥比较优势是建设成渝地区双城经济圈的基本原则。按照协同发展的要求，推动成渝地区双城经济圈内产业错位发展，是实现经济发展高质量的有效途径。

首先，重庆和成都之间存在着明显的区域差异，这为错位发展提供了机遇。重庆作为内陆重要的工业城市，具有丰富的资源和制造业基础。与此相比，成都则以其发达的服务业和高科技产业而闻名。因此，重庆和成都可以通过加强合作，实现资源互补和产业互补，形成错位发展的区域发展新格局。例如，重庆可以向成都提供更多的制造业产品，而成都可以向重庆提供更多的技术和服务支持。这种合作将有助于提高两个城市的经济效益，并激发市场活力。

其次，重庆和成都在基础设施建设方面都投入了大量的资金和精力，这为错位发展创造了条件。重庆的交通网络和成都的高速铁路系统已经得到了显著的改善，使得两个城市之间的交流更加便捷。此外，重庆和成都还积极推进数字经济和智能城市建设，为错位发展提供了新的机遇。通过进一步提升基础设施建设水平，重庆和成都可以加强彼此之间的联系，促进资源的流动和市场的繁荣。

然而，重庆和成都在推进错位发展过程中也面临一些挑战。首先，两个城市之间的竞争可能会导致资源分散和市场碎片化。为了避免这种情况，重庆和成都需要建立有效的合作机制，确保资源的合理配置和市场的整合。其次，重庆和成都需要加强人才培养和科技创新，以提高两个城市的竞争力。只有通过不断提升自身的创新能力，重庆和成都才能在错位发展中取得更大的成功。

（二）明确政府职能，竞争引领结合

认真研究地方政府职能定位与职责分工问题，是全面正确履行政府职能的必然要求，是加快完善社会主义市场经济体制、发展社会主义民主政治的必然要求，也是推动科学发展、促进社会和谐、全心全意为人民服务的必然要求（杜巧莉，2012）。要实现可持续的发展和创新，两地政府在明确自身

职能的同时，还必须找到竞争和引领相结合的平衡点。政府的职能应该明确。政府在经济发展中的角色主要包括制定政策、提供公共服务和监管市场。政府应该积极参与市场的规划和引导，为企业提供良好的经营环境和政策支持，同时也要加强对市场的监管，防止市场失灵和不正当竞争的出现。此外，政府还应该加强对公共服务的提供，包括教育、医疗、交通等方面，以满足人民日益增长的对美好生活的需求。通过明确自身的职能，政府可以更好地发挥引领作用，推动经济的创新和发展。

政府应该促进竞争与引领相结合。竞争是市场经济的核心驱动力，可以激发企业的创新和发展活力。两地政府应该通过建立公平竞争的市场环境，打破垄断和不正当竞争，鼓励企业进行技术创新和产品升级，提高市场的竞争力。同时，政府也应该积极引领产业发展方向，通过产业政策和投资引导，推动战略性新兴产业的发展，培育具有竞争力的企业和品牌。竞争与引领相结合，可以实现市场的稳定和可持续发展。

（三）加强协调合作，规范市场秩序

政府合作能够显著改善地区资源配置。政府合作能够通过降低市场分割和促进区域产业分工进而降低资源错配（袁胜超、吕翠翠，2022）。

加强政府间的合作。两个城市可以建立更紧密的合作机制，共同制定政策和规划，协调发展战略。政府部门可以加强信息共享和沟通，共同解决经济发展中的问题。此外，两个城市可以共同举办经贸洽谈会和展览会，促进企业之间的交流和合作。

强化产业协同发展。重庆和成都作为两个相邻的城市，应该加强合作，实现优势互补和共同发展。两个城市在经济结构和产业特点上存在一定的差异，可以通过合作互助，实现资源共享和优势互补。政府应该加强沟通和协调，建立良好的合作机制，共同制定发展战略和政策，推动两个城市的共同发展。同时，政府还应该加强对人才的引进和培养，提高人力资源的质量和能力水平，为经济发展提供强有力的支持。两个城市在产业结构上存在一定的互补性，可以通过合作实现资源的优化配置和产业链的完善。例如，重庆在汽车制造和生物医药等领域具有优势，而成都在电子信息和航空航天等领域有着独特的优势。通过合作，可以形成产业协同效应，提升整体竞争力。

共同推动市场监管机制的建立和完善。两个城市可以通过加强执法力度，打击违法行为，维护市场秩序。同时，可以加强市场监管部门之间的合作，建立信息共享和协同执法机制。此外，可以加强对企业的监管和评估，提高市场准入门槛，防止不正当竞争和垄断行为的发生。

促进人才交流和培养。两个城市可以通过共同举办培训班和研讨会，提高人才的专业素质和综合能力。同时，可以建立人才交流平台，促进人才的流动和合作。通过人才的共享和合作，可以提升两个城市的创新能力和竞争力。

（四）坚持创新引领，培育竞争优势

在全球经济竞争日益激烈的背景下，随着创新驱动发展战略的深入实施，技术创新逐渐成为新的晋升标尺，创新竞争已成为地方政府之间新的竞争模式。研究表明，政府创新竞争能够显著促进企业技术创新，政府围绕科技创新展开竞争会提高企业创新补贴、税收优惠和地区产业集聚水平，从内部和外部两个层面改善企业创新环境，从而推动企业技术创新。重庆与成都应当不断加强创新能力，积极推动科技进步和产业升级，以保持自身的竞争优势。

加强创新能力的建设。创新是推动经济发展和提高竞争力的关键因素。这两个城市应该加大对科研机构和高校的支持力度，鼓励科技创新和知识产权保护。同时，建立创新创业生态系统，为创业者提供良好的创业环境和政策支持。通过培养创新人才和吸引高端人才，重庆和成都可以不断提升自身的创新能力，为经济发展注入新的动力。

加强产业转型升级。随着经济的发展，传统产业面临着市场竞争的压力。这两个城市应该积极推动产业结构的调整，加大对战略性新兴产业的扶持力度。通过引进高新技术和发展新兴产业，重庆和成都可以实现产业升级，提高自身的竞争力。同时，加强与其他地区的合作，促进产业链的延伸和优化，形成更加完整的产业生态系统。

加强政府的支持和引导。创新需要一个良好的生态环境，包括政策支持、资金支持和人才支持等方面。政府在创新引领和竞争优势培育中发挥着重要作用。应该加大对创新项目和企业的资金支持力度，减少创新风险，为创新提供更多的机会。同时，加强政策引导和规划，为创新和产业发展提供有力的政策支持。通过政府的引导和支持，重庆和成都可以形成良好的创新生态和竞争环境。

加强与全球创新中心的合作。全球创新中心集聚了全球最优秀的创新资源和人才。通过与这些创新中心的合作，重庆和成都可以借鉴先进的创新理念和经验，加速创新能力的提升。同时，重庆和成都还可以通过合作，吸引更多的国际投资和合作机会，推动本地产业的国际化发展。

第六章　地方政府如何推动产业集群发展

改革开放以来，地方政府在区域经济发展和产业升级方面的重要角色不容忽视。党的二十大报告指出，要构建高水平的社会主义市场经济体制，充分发挥市场在资源配置中的决定性作用，同时更好地发挥政府的作用。过去40多年中，中国经济经历了高速增长阶段，这一增长离不开地方政府发挥的关键性作用。产业集群作为中国工业快速发展的一个重要形式，在发展过程中也面临人口红利消失、全球经济复苏缓慢的困境，而相关困难的解决更加需要地方政府的大力支持。当前，全国各地的产业集群正在科技创新赋能下加快形成新质生产力。本章选取上海临港新片区新能源企业产业集群为分析对象，从中观经济学视角出发，对地方政府在产业集群中发挥的推动作用进行研究。首先通过回顾产业集聚理论及政府行为理论，阐释了本章的理论基础；然后概述上海临港新片区以及新能源汽车产业的发展历史以及现状，并在此基础上对地方政府发挥资源禀赋、保障产业配套、推动科技创新等方面的作用进行分析，为其他地区在打造产业集群和推动区域经济发展提供借鉴。

党的二十大报告中提出要"构建高水平社会主义市场经济体制""充分发挥市场在资源配置中的决定性作用，更好发挥政府作用"。政府在完善中国特色社会主义经济体制中作用逐渐凸显。改革开放40多年来，中国经历了经济增长的高速阶段，年复合增长率高达14.43%，这一增长奇迹虽然离不开劳动力和资源优势，但更离不开区域政府在产业发展中持续的资本投入、人力资本积累以及科技创新支撑，更是地方政府发挥引导作用的重要体现。产业竞争加剧、市场失灵频现等原因是地方政府积极参与产业集群中技术创新的客观需求（丘海雄、徐建牛，2004），而中国解决政府官员激励问题的独特方式使得地方政府致力于寻求一切可能的投资来源并推动区域经济发展（周黎安，2007）；韩永辉等（2017）在对地方政府影响产业结构优化升级作用机理的研究中指出，在特定的制度框架下，中国地方政府演变成为一种发展型政府，以推动辖区的经济发展，可见在中国特色社会的经济发展过程中地方政府的作用十分突出。

作为中国工业高速发展的重要形式,产业集群在我国各区域的经济增长中发挥了重要作用。中国东部沿海地区的劳动密集型产业以产业集群的形式得到了广泛发展,这种模式在诸多研究中得到了强调和分析(Long & Zhang,2012;程水红、曾菊新,2007;李燕等,2010);有趣的是,这种集群模式不仅限于东部沿海地区,它甚至在西部地区的农业生产中也有所体现(Zhang & Hu,2014)。这些研究表明,无论是在经济更发达的沿海地区还是在内陆的农业领域,产业集群都成为一个重要的发展模式(杜建军等,2020)。可见,在全球经济一体化和区域经济融合的背景下,为应对国际竞争的挑战,产业集群已成为地区经济增长的亮点,并且成为国家竞争力的关键因素(赵军、时乐乐,2012)。虽然在改革开放初期通过分工和规模经济的优势,实现了各类工业产品的专业化生产,但是随着人口红利和其他低成本优势的逐渐消失、世界经济复苏进程缓慢以及逆全球化问题的逐步凸显,我国经济高质量发展面临巨大的压力,对产业集群式发展道路也提出了更高的要求。党的二十大报告指出,要"推动战略性新兴产业融合集群发展,构建新一代信息技术、人工智能、生物技术、新能源、新材料、高端装备、绿色环保等一批新的增长引擎",可见,中国正在将战略性新兴产业集群的发展作为实现经济高质量发展的重要方式。在科技创新赋能下,从"中国制造"到"中国创造",再到培育新质生产力的生动诠释,通过源头设计不断实现整个生态链生产效率跃迁。

为此,本章选取了上海临港新能源企业产业集群的案例,以产业聚集理论和政府行为理论作为出发点,并基于中观经济学视角分析在新能源产业集群的产生与发展过程中,地方政府如何在不同节点通过出台产业政策调节市场并优化资源配置,为打造产业集群并带动区域经济发展提供了一定借鉴。

第一节　产业发展与政府行为的理论基础

一、产业聚集理论

(一)产业聚集理论基本观点

阿尔弗雷德·马歇尔是首批观察并深入分析产业聚集现象的经济学家之

一。他将这种现象定义为"产业区"，并认为这种区域内的企业和工人可以共享多种经济利益，从而促进整体经济的繁荣发展。马歇尔强调了产业集群中劳动市场、投入共享、技术溢出的优势，认为在一个高度集中的产业区，新技术和创新想法的传播速度更快，因为企业之间的密切接触促进了知识和经验的共享。这种环境不仅促进了技术进步和生产力提升，还加速了新产品和服务的推广，从而使得整个区域都能受益于最新的行业发展动态。

马歇尔的经济思想深刻揭示了产业聚集对区域经济、社会和技术进步的重要性。通过劳动市场共享、投入共享和技术溢出，产业聚集不仅为企业和工人带来了直接好处，还为更广泛的地区和经济体带来了间接但长远的利益影响。在当今全球化和技术驱动的经济环境中，理解并利用产业聚集的这些优势，对于促进可持续发展和增强竞争力至关重要。

经济学家阿尔弗雷德·韦伯对工业在地理上聚集的原因进行了研究，由于受到德国经济学家约翰·海因里希·杜能农业区位理论的影响，1909年韦伯发表了他的经典之作《工业区位论》。韦伯深入分析了影响工业地理分布的三个关键因素。他提出了"运费指向论"，强调运输成本在工业布局中的决定性作用；还有"劳动费指向论"，把劳动力成本作为另一个关键变量；还探讨了"聚集指向论"，指出聚集因素也会对工业区位产生重大影响。这些因素包括共享基础设施、技术溢出效应以及通过规模经济实现的成本节约等，都是促使企业聚集在特定地区的重要驱动力。韦伯强调，当由于聚集而获得的经济效益大于额外增加的运输和劳动力成本时，企业可能会选择迁移到这些聚集地区。

20世纪90年代，保罗·克鲁格曼放弃了规模报酬不变和完全竞争的前提，转而采用规模报酬递增和不完全竞争市场的假设来重新审视产业聚集问题，引入了"中心－外围模型"。他指出，规模经济、运输成本，以及生产要素的迁移和聚集是推动产业聚集的关键力量。更重要的是，他强调了产业聚集的初始阶段具有偶然性或随机性。

1990年，迈克尔·波特在其著作《国家竞争优势》中首次详细阐述了"产业集群"这一具有深远影响的概念。他定义产业集群为一组地理位置相近的，彼此之间存在共同点和互补性的企业和机构的集合，这些企业和机构可以是同一产业链的，也可以是相关支持领域分支产业的。波特在他的理论中，巧妙地将竞争优势的概念扩展到了区域经济和产业聚集的分析中，强调了地理邻近企业之间的协同效应，以及这种协同效应对于提升整个区域或国家竞争力的重要性。

总结来看，上述产业集群理论中都离不开对产业集群外部性的思考，可以概括为资源共享、关联匹配、知识溢出。一是资源共享，包括劳动力资源、公共设施资源、中间投入品资源等的共享，也包括对产业风险的共担。二是关联匹配，包括了人力资源的匹配、上下游产业的关联以及配套产业和资源的发展。三是知识溢出，包括知识产生、积累以及溢出的全过程。最后，由于产业集群的存在，各类新技术、新知识、新想法更容易得到实践和传播，实现技术的进一步溢出。

（二）产业聚集评价体系

哈佛大学的 Edward Mason 教授于 1938 年创立了第一个产业组织理论研究机构——"梅森联谊会"，通过案例研究的方法，对不同产业的市场结构和企业行为进行了深入的实证分析，并详细讨论了市场结构如何影响企业行为和业绩。1959 年，Joe Bain 提出了"结构—行为—绩效范式"的综合分析框架，即市场结构（Structure）、市场行为（Conduct）、市场绩效（Performance）的 SCP 模型，并进一步纳入了政府的产业组织政策作为关键的影响因素。该分析流程涵盖了对产业结构、企业行为、经营绩效以及产业组织政策的全面考察。新的产业组织范式正在形成，但 SCP 理论仍适用于多种产业形态（胡晓鹏，2007；赵雪梅、侯经川，2020）。在分析企业行为时，外部环境的变化也是其重要影响因素（胡元林、孙旭丹，2015）。通过深入分析这一框架，能够更全面地洞察市场动态与企业策略如何相互作用，从而共同塑造经营绩效的细节和趋势（闫章秀、高锁平，2009）。SCP 分析框架认为，为了实现市场的最优绩效，政府的产业政策调整和完善成为不可或缺的一环。这个框架不仅为理解产业集群的内在运作机制提供了深刻见解，也强调了政府在形成和维护产业集群中的决定性作用，从而为政府政策的制定和实施提供了坚实的理论基础。

（三）产业集群形成要素

一是产业集群形成的宏观要素。产业集群的形成离不开具有先天优势的地区特征，由于一个地区的资源禀赋、政府扶持政策等宏观因素的存在，部分产业在某一特定区域更容易形成集群式的发展。地区资源禀赋的种类主要包括自然资源和社会资源。中国的资源型产业集群正处于发展的初级阶段，其形成模式主要表现为以资源禀赋为基础，以规模经济为驱动因素，以政府培育作为主要发展路径的特征（刘媛媛、孙慧，2014）。

　　自然资源不仅促进了特定产业的集群，还为相关的辅助产业和服务业的发展创造了条件，如物流、维修和研发等，进一步丰富了地区的产业结构和就业机会。同时，当地政府通常会制定相应的政策来保护和合理利用这些自然资源，确保可持续发展，这也在一定程度上保障了产业集群的长期健康发展。

　　社会资源在构成上具有更多层面的复杂性，它不仅包括教育和研究机构如高等学校和科研院所，还可能延伸至技能培训中心、创新孵化器、金融机构、行业协会和政府部门等。地方产业集群的形成和发展需依托于适宜的经济与社会环境，其中社会资源作为一种非正式制度对经济增长产生显著影响。这些资源构成了一个多元且互补的产业网络，为企业特别是初创企业提供了一个较为健全的生态系统，有利于它们获取资金、技术、人才和市场信息等关键资源（傅允生，2005）。

　　二是产业集群形成的中观要素。产业集群的形成不仅受宏观因素如国家政策的影响，还深受中观因素的影响，这些因素主要涉及产业自身的发展特性、所在地区的城市规模，以及当地独特的社会氛围等。

　　首先，产业的内在特征，如发展潜力和产业链价值，在产业集群的形成过程中起着至关重要的作用。对于那些与国家战略对接，符合社会和消费者需求的新兴产业，尤其是在涉及我国产业链安全的产业领域（刘志彪，2022），它们往往能获得政府的重点扶持。这些产业由于前景广阔，能够吸引大量资本和人才的注入，形成新的增长点和创新高地。产业链的长度也是一个关键因素，一个拥有复杂、完整产业链的行业更可能促成企业之间的合作，实现上下游之间的专业化分工和资源共享，这种互补和协同作用是产业集群形成的重要驱动力。

　　其次，城市规模对产业集群的形成也具有显著影响（陈建军等，2009；胡尊国等，2015）。大型城市通常意味着更广阔的市场、更丰富的资源和更高级别的服务设施。这种环境不仅能够吸引更多的企业、投资和人才，还能促进产业内部分工的精细化和专业化，从而加速产业集群的形成和发展。大城市的多样化市场也为企业提供了更多的机会和挑战，激发了企业的创新活力和竞争力。

　　最后，社会氛围，尤其是一个地区的传统文化和商业环境，对产业集群的形成也有深远影响。以往的研究表明，营商环境政策如果仅仅倾向于功利主义，而忽视在本地培养产业能力和发展产业集群，将会产生较大问题（刘英奎等，2020）。综上所述，产业集群的形成是一个多方面、多层次的复杂过程，它需要产业自身的强大潜力、大型城市的综合优势，以及积极开放的社会氛围的共同作用。只有这些中观因素相互结合，才能形成一个稳定、持续发展的产业集群，进而推动区域经济的繁荣和社会的全面进步。

三是产业集群形成的微观要素。产业集群形成的微观要素涵盖了多个层面，深刻地体现在区域内的产业规划、基础设施建设、产业结构调整、金融服务体系的完善，以及产业培育孵化机构的建设等方面。部分产业规划在起草之时就以产业集群理论为主要依据，可见产业规划等这些微观要素在产业集群的形成过程中起着举足轻重的作用（龚绍方，2008；吴扬等，2008）。

第一，根据地区的发展特色和长远目标，地方和国家层面的政府会制定详细而有前瞻性的产业规划。这种规划不仅明确了产业发展的方向和重点，还能为企业提供一个清晰的发展蓝图。通过有效的产业规划，政府能够合理引导资源配置，优化产业布局，确保产业发展的可持续性。

第二，一个多元化且完善的金融服务体系是支持产业集群发展的重要力量。产业集群的发展主要惠及行业中的大型企业，而中小型企业的业绩改善不太明显，然而这并不意味着中小企业从集群发展中完全没有收益。高虹和袁志刚（2021）的研究表明，产业集群效应可以通过缓解企业的融资限制来降低其投资和生产的门槛，从而使更多中小型企业能够参与生产活动，进而促进城市和行业规模的增长。因此金融机构如银行、投资公司、风险投资等能为企业提供必要的资金支持，帮助企业在关键时期得到资金注入，推动技术创新和产业升级。同时，金融服务机构还可以通过提供财务咨询、市场分析等服务，帮助企业优化管理，提高市场竞争力。

第三，产业培育孵化机构在产业集群的形成过程中也扮演着重要角色。这些机构通常提供一站式服务，包括资金支持、技术咨询、市场推广、人才培训等，帮助初创企业和中小企业快速成长。通过孵化机构的支持，这些企业能够在激烈的市场竞争中立足，进一步丰富产业集群的内部结构。

上述微观因素是与政府行为紧密联系在一起的，政府的相关行为，如制定针对性的产业规划、投资基础设施建设、引导金融机构入驻等，不仅能放大产业集群的规模经济效应，提升整个集群的运营效率，还能刺激企业及其附属的科研机构加大研发投入，促进技术创新。这一系列举措将共同作用，降低企业的整体生产成本，优化产业结构，从而在更高层面上实现区域经济的协同增长和可持续发展。

二、政府行为理论

(一) 政府行为理论基本观点

政府行为的定义涵盖了政府为实现既定的政治和经济目标,有目的地采用各种手段来调整和管理经济和社会生活的行动(武尚理、高晋康,1990)。在现代经济学理论中,我们深刻认识到政府在市场经济中的重要性。当市场失灵或存在不完善时,政府的干预和调控成为确保经济运行平稳和社会福祉的关键机制之一。这一原则同样适用于产业集群这种小型经济市场,因为产业集群也可能面临市场失灵的情况,需要政府行为来引导和支持其发展。因此,政府行为作为产业集群的外在动力机制在帮助我们理解地方政府在促进产业集群发展中的作用时具有重要意义(刘恒江、陈继祥,2005)。

政府行为理论强调政府在产业集群发展中的作用不仅仅是市场的补充,更是市场主体且能够创造公共价值,推动社会的整体进步(张永会,2019)。政府的干预不仅关注短期经济利益,还考虑了长期可持续发展和社会福祉。通过合理的政府行为,可以协调企业、科研机构和社会资源,促进产业集群的创新能力和竞争力,最终实现区域经济的繁荣和全面进步。

总的来看,在产业集群的形成和发展中,政府行为的有意识干预和政策制定能够弥补市场的不足,促进经济的健康发展,同时也有助于实现更广泛的社会目标和公共利益。因此,政府行为理论在解析政府在产业集群发展中的角色时具有不可或缺的价值。

2021 年,中共中央和国务院联合发布了《法治政府建设实施纲要(2021-2025)》,强调了在经济调节、市场监管、社会管理、公共服务以及生态环境保护等多个方面完善政府职能的重要性。文件明确指出,需要清晰界定政府与市场、政府与社会的关系,以期促进有效市场和积极政府的更好融合。此举标志着对中国经济社会管理模式的重要调整,强调政府在法治框架内运作,旨在建立更加公正、透明和高效的治理体系。

在这样的背景下,如果将政府行为定义为一个以政策制定和执行为核心,围绕此进行资源配置和社会管理的过程,那么政府在产业集群形成与发展的过程中的角色和职能就显得尤为关键。政府不仅需要制定明确、具有前瞻性的产业政策,而且要确保这些政策的实施符合"有法可依、有法必依、执法必严、违法必究"的社会主义法治原则。

（二）政府产业政策

具体到产业集群的发展，政府行为主要通过以下几种产业政策表现出来：产业结构政策、产业组织政策、产业布局政策以及产业技术政策。产业结构政策关注于优化和升级产业结构，以适应国内外市场和技术发展的变化；产业组织政策着眼于改善产业内部的组织形式和运作机制，促进公平竞争和企业创新；产业布局政策则聚焦于合理规划产业的地理分布，平衡区域发展，减少资源浪费和环境压力；产业技术政策旨在通过支持研发和技术创新，提升产业的技术水平和国际竞争力。

一是产业结构政策，具体是指政府为优化和升级国家或地区的产业结构而制定和实施的政策。这类政策的目标通常是通过支持某些行业的发展、限制或淘汰落后产能，以促进产业向更高效、更环保、更具创新性和竞争力的方向发展。产业结构政策可能包括提供财政支持、税收优惠、研发补贴、技术创新鼓励、环境规制和市场准入标准等措施，其中"链长制"在推动产业链现代化方面展现出的卓越成效，强化了政府政策在引导地方政府行为、塑造区域经济发展方向上的关键作用，这一成效不仅凸显了政策倾向选择作为一种有效的政策工具的价值，同时也扩大了其在推动产业转型升级中的应用范围（刘志彪、孔令池，2021；唐晓华、景文治，2021）。通过这些政策，政府试图引导经济资源向更具生产性和可持续性的行业转移，从而实现长期的经济增长和社会发展目标。比如2012年5月国务院通过的《"十二五"国家战略性新兴产业发展规划》制定的节能环保产业、新一代信息技术产业、生物产业、高端装备制造产业、新能源产业、新材料产业和新能源汽车的七大战略性新兴产业的发展目标和重大行动就是典型的产业结构政策①。产业结构政策主要包括培育优势产业、扶植潜力产业以及产业转型升级三方面的内容。

二是产业组织政策，具体是指政府为规范和优化特定行业或市场结构的政策。目的在于促进竞争、防止垄断、保护消费者权益，并确保市场有效运作，为企业实现"规模经济"与"技术创新"创造条件，推动市场结构和产业组织变革（周建军，2017）。产业组织政策主要包括制定和实施反垄断

---

① "十二五"国家战略性新兴产业发展规划 [EB/OL]. 中国政府网，https：//www.gov.cn/gongbao/content/2012/content_2192397.htm.

法规、促进市场进入和退出、设置公平竞争的标准和规则，以及监管价格和服务质量。由于市场失灵的存在，如何平衡市场参与者的利益，维护健康的市场环境，从而促进整体经济的高效和持续发展是产业组织政策要解决的主要问题，为防止市场的运行可能使得资本的不断积累进而导致贫富差距的扩大，政府需要通过规制的供给维持经济市场的稳定。以 2010 年国务院发布的《国务院关于促进企业兼并重组的意见》为例，该意见明确提出，要以汽车、钢铁等行业为重点，推动优势企业实现强强联合，跨地区兼并重组、境外并购和投资和合作。

三是产业布局政策，具体是政府为指导和优化地区内产业分布和地理布局而制定的政策。作为产业政策核心内容之一，产业布局政策展现了国家在宏观层面对整体产业进行的全面规划和引导（陈映，2014），它涉及决定哪些产业应该在哪些地区发展，以及如何配置相关的基础设施和资源。产业布局政策的目的是促进区域经济平衡发展，最大化资源利用效率，减少环境影响，促进就业，以及增强各地区的经济竞争力，这类政策可能包括对特定行业在特定区域的投资优惠、税收减免、基础设施建设，以及环境和规划法规的制定等。以 2016 年国务院发布的《中共中央　国务院关于全面振兴东北地区等老工业基地的若干意见》为例，该文件中对加快东北地区老工业基地的振兴制定了若干产业布局政策。

四是产业技术政策，是由地方政府制定和实施的一系列战略措施，旨在刺激和促进产业发展。2016 年，中共中央和国务院发布了《国家创新驱动发展战略纲要》，这是中国在产业技术政策领域的一项重大倡议。该纲要明确了中国未来科技创新的宏伟蓝图，即：到 2020 年成为创新型国家，到 2030 年进入创新型国家的前列，到 2050 年建成世界科技创新强国。这一战略纲要不仅设定了长期目标，而且强调了创新在国家未来发展中的核心地位。为实现这些目标，纲要提出了一系列策略和措施，例如，加大科研投入，优化科技项目管理，促进科研机构和高校与产业界的合作，以及鼓励企业成为技术创新的主体。政府还承诺通过财政优惠、税收减免、金融支持等方式，为企业和研究机构的创新活动提供有力支持。此外，为了营造有利于创新的环境，政府还加强了对知识产权的保护，改善了技术转移和成果转化的机制，以及促进了国际科技合作。通过这些综合措施，政府旨在营造一个激励创新、容忍失败、鼓励实验的文化氛围，从而推动科技进步，加速产业升级，增强国家的国际竞争力。

（三）区域政府行为的角色分析

按照产业集群发展过程的先后顺序对政府的主要角色进行分析，可以将政府在产业集群发展的不同环节，将政府的角色定义为谋划者、供应者、维护者以及引领者。

产业集群的谋划者。地方政府承担着战略规划与制定政策、提供资金和税收优惠、建设基础设施、促进研发和技术创新、人才培养和教育、建立合作网络、监管和市场维护的责任。政府在产业集群发展中的战略规划与政策制定是一个复杂且关键的过程，首先要从对市场和行业的全面分析开始，涉及国内外市场趋势、技术发展动态、行业竞争格局以及本地区的资源状况，这一步骤是识别潜力产业和优先发展领域的基础；其次，基于以上分析，政府需设定具有前瞻性的战略目标，这些目标应涵盖期望达成的经济增长、社会效益以及产业竞争力提升等方面；同时，政府需要根据这些战略目标制定相应的政策和措施，例如提供投资优惠、税收减免、研发支持和人才培养等，以确保资源有效利用，并推动目标产业的发展；此外，在规划过程中，政府还要进行详尽的资源配置，包括财政资金、土地、教育资源等，以确保相关资源能够为产业集群的发展提供支撑；最后，为确保政策的接受度和有效性，政府与企业、学术界、社区等各方的持续沟通和协调也是至关重要的。

产业集群的公共产品供应者。政府还负责提供教育和培训资源，支持技术研发和创新，提高产业集群的竞争力；政府通过制定和执行法律法规，为产业集群营造一个公平竞争和有序的市场环境，推动地区经济高质量发展。要增强基础设施的供给力度，优化公共服务体系的供给。

产业集群发展的环境维护者。由于市场失灵的存在，地方政府对市场环境的维护承担着不可替代的重要角色，但是区域政府在充当产业集群发展的环境维护者时，必须立足政府身份，在维护市场环境的同时，给予市场充足的灵活性，保持市场活力。作为产业集群发展的环境维护者，地区政府需在现有法律法规体系的束缚下为维持市场环境贡献两个方面的力量：一是要维护产业发展环境的稳定有序、和谐健康，针对未实现公平竞争的领域以及不能有效保障员工合法权益的事实，地方政府有义务对相关企业进行处罚，通过合法手段维护市场秩序，促进区域内企业建立互惠互信的合作与竞争体系，进一步推动实现知识、技术、信息的共享与溢出，提高区域经济活力；二是要维护产业发展环境的公平公正、良性竞争，地方政府需作为维护者制定各类产业相关产品的质量管理体系和控制产品市场价格，在维护厂商利益的同时，增进消费者效用，防止出现道德风险等市场失灵现象。

产业集群的企业发展引领者。作为产业集群的企业发展引领者，政府在促进区域内企业竞合和创新方面发挥着多重作用。政府可以建立合作平台如产业园区和商业协会，为企业间的信息交流和资源共享提供便利，从而促进合作关系的建立；同时，政府具有实施激励政策和提供资金支持的能力，可以鼓励企业间的联合创新和共同研发项目；此外，通过建立健全的知识产权保护体系，政府能够为企业提供安全的合作和创新环境；最后，政府还可以制定公平竞争的市场规则，确保健康的竞争环境，并在此基础上推动企业与大学、研究机构的产学研合作，加速科研成果的转化。通过以上综合措施，政府将有效促进企业间的合作与竞争，加强整个产业集群的创新能力和竞争力。

（四）政府行为在产业集群发展中的角色分析

政府行为在经济和社会发展中占有重要地位，其影响不仅渗透到社会的各个层面，还直接关系到一个国家或地区发展的质量和速度。为了更深入地理解政府行为的内涵与作用，需要从两个维度进行深入分析：一是对政府行为的分类理论分析，二是对政府行为在产业集群中的角色定位分析。

首先，政府行为的分类理论关注政府行为的种类和特点。政府行为广泛而复杂，可以从多个角度进行分类。按照职能划分，政府行为可分为立法、行政和司法行为；按照经济职能，可分为经济调控、市场监管、社会福利与公共服务、环境保护等。另外，从政策工具的角度，政府行为又可以细分为财政政策、货币政策、产业政策、区域政策等。这种分类有助于清晰地认识政府在不同领域和层面上的职能和活动范围，为深入研究政府如何通过各种政策工具影响经济社会活动提供理论基础。

其次，政府行为的角色定位分析则是在具体的经济社会背景下，探讨政府在产业集群发展中承担的责任和角色。产业集群是指在某一地区，相同或相关的企业和机构聚集在一起，通过各种形式的合作与竞争，实现资源共享、技术进步和市场扩张，从而获得集群效应，提升整体竞争力。在这一过程中，政府行为对产业集群的形成、发展和升级起着至关重要的作用。

总体来看，在产业集群的不同发展阶段，地方政府的角色定位有所不同。在初期阶段，地方政府可能更多地扮演"推动者"和"规划者"的角色，即发挥"准宏观"属性，通过政策引导和财政支持等方式，帮助产业集群的形成和初步发展。例如，政府可能会提供税收优惠、土地政策支持、创业扶持等措施，吸引企业入驻，促进产业集群的集聚效应。进入成熟阶段后，政府的角色逐渐转变为"服务者"和"调节者"，即发挥"准微观"属性，参与产业资源的培育与配置。此时，产业集群已具备一定的自我发展能力，政府的职责之一是为企业提供高效的公共服务，如市场信息、技术支持、人才培养等，帮助企业提升竞争力；另外，地方政府需要通过市场监管，维护产业集群的健康有序竞争环境，例如加强反垄断审查、打击不正当竞争行为等。在产业集群的转型升级阶段，政府则可能需要扮演"引领者"和"战略家"的角色，充分发挥超前引领作用。面对国内外市场环境的变化和产业技术的革新，政府需制定前瞻性的战略规划，引导产业集群朝着更高层次、更高价值链方向发展。这可能涉及鼓励技术创新、引导产业结构调整、促进绿色可持续发展等多方面的工作的超前引领。

需要注意的是，针对地方政府行为的分析不仅需要理论上的分类学研究，更要结合实际情况，分析政府在特定经济社会背景下的角色定位。只有这样，才能充分发挥地方政府在产业集群发展中的积极作用，推动经济社会的持续、健康发展。

第二节 上海临港新片区促进新能源汽车产业集群发展分析

中观经济学认为，政府应当积极介入产业集群的发展过程，通过制定有利于产业集群的扶持政策、鼓励公平竞争和科技创新，以及充分挖掘区域内的优质资源，进一步加强产业集群的竞争力。政府的扶持政策对于产业集群的产生与发展的影响同样重要，产业集群虽然在整个经济市场中规模相对较小，但它仍然具备一定的市场体系潜力。在这个市场体系中，如果仅仅依赖自然资源和社会资源的天赋来推动产业的汇聚，那么势必会导致寻租和道德风险等市场失灵现象的出现，从而进一步加剧贫富差距，这种现象在后发地区更加明显（李伟铭、黎春燕，2014）。

政府的角色就如同一只看得见的手，它必须参与产业集群的建设过程。这意味着政府可以通过激励企业进行研发和创新，提供税收激励和财政支持，以推动产业集群内的科技创新。政府还可以鼓励各企业之间的合作，促进知识和资源的共享，从而增强集群的整体实力。此外，政府还可以建立培训计划和教育体系，以确保劳动力具备适应产业集群需求的技能。通过这些措施，政府得以发挥积极作用，帮助产业集群创造社会资源，为产业的持续发展提供坚实的支持，促进经济的繁荣和增长。在这个过程中，政府不仅可以增强产业集群内企业的竞争力，还可以提高整个地区的竞争力，为经济的可持续发展创造更有利的环境。因此，政府在产业集群的形成和发展中扮演着关键的角色，其政策和支持措施对于实现经济繁荣和社会公平至关重要。

上海作为中国传统汽车产业的重镇，不仅在传统汽车制造领域拥有深厚的工业基础和强大的实力，而且在新能源汽车产业的集群式发展上也处于全国领先地位（张占贞、赵臻，2023）。上海在新能源汽车产业的推动和发展中取得了显著的成绩。特别是在上海临港新片区，这一成就尤为突出。临港新片区不仅汇聚了如上汽集团、特斯拉等新能源汽车产业的龙头企业，还形成了一个高效、协同的产业生态。

在上海临港新片区的发展过程中，地方政府发挥了至关重要的作用。通过制定和实施一系列政策措施，如税收优惠、资金支持、人才引进和技术创新等，地方政府有效地引导了产业集群的健康发展。这些措施不仅促进了企业之间的协作与竞争，还加速了技术创新和产业升级，使上海临港新片区成为新能源汽车产业的重要集聚地和创新高地。

值得注意的是，上海临港新片区的成功并非偶然。它是基于上海深厚的工业历史、强大的经济实力、优质的教育资源和开放的国际视野共同作用的结果。临港新片区的经验表明，有效的政府政策、企业合作和技术创新是推动产业集群发展的关键因素。这种模式为其他地区在发展新能源汽车产业乃至其他高新技术产业提供了可借鉴的经验。未来，上海临港新片区在继续推进产业集群发展的同时，也将面临更多的挑战，比如如何进一步优化产业结构、提升创新能力和加强可持续发展等，这些都将是上海新能源汽车产业发展要研究的重要课题。

一、上海临港新片区介绍

（一）上海临港新片区园区简介

上海临港片区的全称是中国（上海）自由贸易试验区临新港片区，是经党中央、国务院批准，在上海东南设立的南临洋山国际枢纽港、北接浦东国际航空港的占地面积为873平方公里的自贸片区，由于设立在上海大治河以南、浦东机场南侧，构成了在海运、空运、铁路、公路、内河、轨交的综合交通优势。上海临港新片区的建设分为核心承载区和战略协同区两部分，其中核心承载区指的是临港新片区管委会经济管辖区域，规划面积为386平方公里，其中有119.5平方公里为先行启动区①。2019年临港新片区挂牌成立以来，先行启动了南汇新城、临港装备产业区、小洋山岛以及浦东机场南侧等区域②，建设已初具规模。战略协同区则指的是新片区中的奉贤、浦东、闵行区等区域，总规划面积约为456平方公里。

上海临港新片区对标国际公认的竞争力最强的自由贸易园区，坚持自由贸易试验区各项开放创新措施，推动具有国际市场竞争力的开放政策和制度，不断增强片区经济的抗风险能力，实现临港新片区与境外的灵活投资经营、自由货物进出、便利资金流动、高度开放运输、自由人员执业、快捷联通信息③。

（二）上海临港新片区发展现状

2019年8月，随着国务院印发《中国（上海）自由贸易试验区临港新片区总体方案》，上海临港片区正式成立，同年11月，习近平总书记在上海考察时对临港片区建设提出了"五个重要"的指示，要将新片区打造成"集聚海内外人才开展国际创新协同的重要基地、统筹发展在岸业务和离岸业务的重要枢纽、企业走出去发展壮大的重要跳板、更好利用两个市场两种资源的重要通道、参与国际经济治理的重要试验田"（杨欢，2019），可见临港新片区已经成为一片被寄予厚望的改革热土，为上海在新时代的改革开放当中做好排头兵、创新发展先行者提供了新的发展机遇。

2023年8月20日是临港新片区挂牌成立的四周年，根据上海市政府新闻办公室发布的信息，四年以来，新片区地区生产总值年均增长21.2%，规模以上工业总产值年均增长37.8%，全社会固定资产投资年均增长率为39.9%，进出口贸易总额年均增长达到44%，在主要经济指标实现快速增长的同时，上海临港新片区的税收也实现了较快速度的增长，4年来的平均增长率达到16.2%。与之相对应的是上海的总体经济情况，2019～2022年上海的生产总值的年均增长率仅为5.38%，规模以上工业总产值年均增长

---

① 临港新片区建筑工地消防监管的主要特点与管理策略分析 [EB/OL]. 今日消防，2023 – 09 – 28.
② 一条面向海洋的"自贸区弧地带"已形成，将成为我国深度融入经济全球化的重要载体 [EB/OL]. 每经网，http://www.nbd.com.c.
③ 对标世界最强自贸区力促制度创新 [N]. 经济参考报，2019 – 09 – 04.

率为 5.54%，进出口贸易总额年平均增长率则为 7.17%，税收收入年均增长 4.15 个百分点。可见临港新片区的发展近年来势头有增无减，进一步说明了临港片区对上海经济增长的贡献巨大。在经济影响力不断扩大的同时，临港新片区也正在形成一个包括集成电路、人工智能、新能源汽车、生物医药、民用航空、先进装备制造、绿色再制造以及氢能等产业在内的八大战略性新兴产业的聚集地①。

2021 年 7 月上海市人民政府印发的《中国（上海）自由贸易试验区临港新片区发展"十四五"规划》中明确指出，到 2025 年，临港新片区要初步实现"五个重要"目标，具有较强国际市场影响力和竞争力的特殊经济功能区的建设初具规模，在更多重点产业领域实现较大突破，在承担我国深入融入经济全球化任务的同时，成为上海打造国内国际双循环战略的重要枢纽②。由此可见，当前上海临港新片区仍在加速蓄力，为中国经济高质量发展创造新的增长极。

二、临港新片区新能源汽车产业概况

（一）新能源汽车产业地图

产业结构理论认为，区域政府培育优势产业主要专注于强化和发展那些已经在地区经济中占据领先地位的产业，通常涉及对这些产业的持续投资、提供税收优惠、研发支持和市场推广等，目的是巩固这些产业的竞争优势，同时促进就业和经济增长；除此之外，相关产业结构政策还可能包括保护这些产业免受不公平的竞争和市场波动的影响，支持优势产业在一定地区内的扩张。

扶植潜力产业旨在识别和支持那些具有巨大增长潜力但尚未充分发展的产业。地区政府通过对未来产业趋势以及自身优势的分析，为新兴产业提供初期资金、研发资源和政策支持，以加速相关产业成长和成熟，为此政府部门可能会通过特定的激励措施促进创新，为企业和创业者提供风险资本，以及建立适宜的监管框架来促进这些产业的健康发展。

产业转型升级更加关注的是通过技术创新和改革，将传统产业转型为更

---

① 临港新片区"十四五"规划出炉　描绘制度创新和产业发展蓝图［N］. 上海证券报，2021 - 08 - 13.

② 加快对外开放高地建设［N］. 人民日报，2021 - 12 - 30.

高效、更环保、更具技术含量的产业，它包括推动产业结构的优化，如从劳动密集型向技术密集型产业的转变，以及从低附加值向高附加值活动的转移，为实现这一目标，地区政府将致力于要求投资新技术、提高工人技能和鼓励企业采纳先进的生产和管理方式，并通过设立专项基金支持相关活动，确保工人得到必要的再培训和支持，以适应新的产业结构。

按照 2019 年 11 月 28 日新片区管委会对外发布的《中国（上海）自由贸易试验区临港新片区产业地图》的情况来看，临港新片区的产业布局主要包括 8 个重点区域，分别为前沿产业区、国际创新协同区、生命科技产业区、综合区先行区、特殊综合保税区、现代服务业开放区、浦东机场南侧区域以及小洋山岛区域。新区的前沿产业区主要包括了智能新能源汽车、集成电路、高端装备制造、绿色再制造、航空航天和新一代信息技术等产业在内的前沿产业集群发展区，国际创新协同区主要包括了智能新能源汽车、人工智能、集成电路、新一代信息技术、海洋科技创新以及国际医疗服务等创新发展产业（胡一真，2021）；生命科技产业区主要指的是智能新能源汽车和生物医药产业区；综合区先行区涵盖了航空航天、新一代信息技术、智能制造、集成电路以及科技创新服务等产业；现代服务业开放区主要提供了跨境金融、新兴国际贸易和国际医疗三方面的服务产业；浦东机场南侧区域主要致力于航空航天、现代航运服务产业的发展；小洋山岛区域则重点发展现代航运服务产业。在八个临港新片区的重点产业区域，智能新能源汽车分别被放在了前沿产业区、国际创新协同区、生命科技产业区的三个产业布局当中，由此可见新能源产业的发展及未来前景被给予了极大的关注。

（二）发展现状

发展新能源汽车是中国从汽车消费大国向汽车生产强国转变的重要契机，它不仅关系到中国乃至全球应对气候变化、推动绿色经济发展，也是中国保证能源安全、推动各类产业转型升级的主要手段。新能源汽车产业作为临港新片区的八大前沿产业之一，目前已聚集了包括特斯拉在内的智能新能源汽车产业相关企业 160 多家，产业产值也已突破了 2300 亿元，成为片区内首个千亿级产业集群。在这之中，上海临港产业区国家外贸转型升级基地（汽车及零部件）也实现了跨越式的发展，该基地聚集了汽车和零部件生产、国际分拨等功能[①]，为加快推进新能源汽车产业实现高质量发展和推动

---

① 制度优势加速上海汽车产业走出去［N］. 经济日报，2023－04－25.

新能源和人工智能转型升级提供了中坚力量（李治国，2023），当前该汽车及零部件基地汇集了福汽贸易分拨中心，为福特在全球的6个工厂提供零件及整车分拨、宝马集团洲际配送中心也在该基地落户，仓储规模高达50000平方米，除此之外，梅赛德斯奔驰、大众、保时捷等汽车企业也在基地搭建了保税分拨中心、销售服务机构。上述的情况说明除了以特斯拉等新能源汽车整车生产为主的企业外，临港新片区还汇集了其他配套的零件分拨、运输服务等新能源汽车产业发展的配套服务，形成了较为完善的新能源汽车产业集群。

2022年临港新片区管委会发布的《临港新片区加快构建智能新能源汽车产业生态的行动方案（2022－2025）》指出，预计到2025年，新能源汽车产业产值将突破4000亿元，年均增长率将超过30%，临港片区的新能源企业产业将助力上海打造万亿级汽车产业集群，与此同时，该行动方案也制定了到2025年实现营业收入超百亿元企业5家、企业数量超500家、新增上市挂牌企业5家、具有核心竞争力的汽车电子和软件产品50个的目标以及培育百名行业领军人物、引进5万名汽车人才、打造多于10万人的从业人群的人才目标，临港片区新能源汽车产业也在力争建成全国第一个"数据通全路、云网联全车、智能赋全城"的智能网联汽车创新引领区。

第三节　地方政府在新能源汽车产业集群中的促进作用

政府行为理论的核心观点之一是政府能够通过政策制定、资源配置、监管和市场干预等手段来纠正市场失灵，并促进经济的有效运行。在产业集群中，政府可以采取一系列措施，如提供资金支持、制定产业发展规划、改善基础设施、引导科研投资、提供培训和技术支持等，以帮助产业集群的企业更好地发展和竞争。政府还可以协调各方利益，创造良好的营商环境，吸引投资和人才流入集群，推动产业集群形成和壮大。

特别是在科技创新方面。林毅夫（2012）曾提到产业的持续升级是一个经济体可以实现持续增长的重要因素，因此产业技术政策的核心目的就是加强区域内企业的研发能力，推动技术进步，引领产业升级，并最终通过技术创新的力量实现产业的高质量发展。有研究指出，在学习和创新的过程中，产业集群系统可能遭遇多种挑战，包括信息扭曲、创新参与者间互动不足、公共知识基础与市场需求不匹配、有效客户缺乏，以及政府功能失调等系统性问题（王岚，2009），可见产业集群系统的创新需要政府政策的加持。具体地，地方政府制定的产业集群创新政策产业和技术政策通常涵盖了资金支持、研发设施建设、人才培养和引进、知识产权保护、技术转移以及创新成果的商业化等多个方面。

一、因地制宜，充分发挥资源禀赋优势

面对临港新片区便利的交通运输的资源禀赋，上海市政府将新能源产业的发展重点放在了新能源汽车整车生产与配套产业的聚集之上，并依托优秀的运输网络，让新能源汽车的发展更具竞争力。2020 年 12 月，中国（上海）自由贸易试验区临港新片区管理委员会发布了《中国（上海）自由贸易试验区临港新片区前沿产业发展"十四五"规划》，规划中指出，要发展深度跨界融合的智能新能源汽车产业集群，推动临港成为世界新能源汽车产业发展的新高地，并在 2025 年末实现汽车电子、感知计算、智慧交通、车联网等领域产业链的建设初具规模的同时，形成 3 ~ 5 家产业竞争力和经济规模位居全国前列的头部企业，实现 2000 亿元的产值规模。

在空间布局上，区域政府规划了在前沿产业区—南区（装备产业园）打造智能新能源汽车产业和科技生态的重点布局，以及在临港奉贤园区和前沿产业区—北区（万祥书院园区）的智能新能源汽车产业配套的辅助布局。

除了在大方向上通过政策进行把控以外，临港新片区管委会还对新能源汽车产业未来发展前景做出了政策指引，2023 年 6 月 8 日，《临港新片区智能网联汽车创新引领区总体建设方案》以及《中国（上海）自由贸易试验区临港新片区促进无驾驶人智能网联汽车创新应用实施细则》等一系列围绕智能网联汽车产业的政策文件正式发布，建设方案将新能源汽车产业与人工智能相结合，力争将临港建成全国第一个"数据通全路、云网联全车、智能赋全城"的智能网联汽车创新引领区[①]，标志着未来新能源汽车产业集群将逐步向智能化方向发展。

陈云贤（2017）曾将区域比作一个大型的企业，区域政府就是区域的企业家，区域政策通过所掌握的区域资源进行"超前引领"，让企业做企业该做的事情，让政府做企业做不了和做不好的事情，优化资源配置，探索区

---

① 临港将建全国首个智能网联汽车创新引领区 [N]. 文汇报，2023 - 06 - 09.

域可持续增长路径，就会形成区域竞争优势。事实上，临港新片区的区域政府也是这样去做的，作为临港新片区首个超千亿的产业集群，新能源汽车产业更是在建设初期就得到了区域政府在政策上的倾斜。

自 2019 年挂牌以来，临港新片区就在积极布局以集成电路、人工智能、生物医药、民用航空为代表的前沿产业，增强以智能新能源汽车为代表的优势产业①。据临港新片区管委会透露，自 2019 年临港新片区成立以来，经过五年的发展，临港集成电路产业已经成为新片区投资规模最大、集群效应最强、产业链布局最完善的核心产业。目前已集聚了 260 多家在国内外有影响力的集成电路企业，覆盖芯片设计、晶圆制造、关键原材料、核心零部件、高端装备及先进封测等领域。围绕数字经济、氢能源、智能机器人等重点领域拓展新兴产业，并成功打造出了全球首款互联网汽车荣威 ERX5，为新能源产业的进一步发展提供了较强的支撑；除此之外片区还坚持头部企业带动的方式加快重大项目集群集聚发展，加快推动特斯拉超级工厂等重大项目落地，并带动新能源汽车产业链配套的本地化发展，充分发挥智能新能源汽车产业的集群效应，目前已经形成了以特斯拉、上汽集团等整车企业为领军，以宁德时代、康明斯、延锋汽车、地平线、锦源晟、商汤科技、李斯特、广微万象、麦格纳以及东山精密等在内的智能新能源汽车各个细分领域的龙头企业为支撑的产业集群，集群中涵盖汽车芯片、汽车内饰、车身、自动驾驶系统、新材料、精密加工等产业，形成了汽车整车的全产业链生产体系②。

二、有条不紊，切实保障产业配套服务

新能源汽车产业的集群发展离不开园区基础设施的完善与配套服务的优化。基础设施作为公共产品，由于其使用的非排他性和非竞争性，因此只能由政府来提供；与此同时，为了实现新能源汽车产业集群的集聚与发展，相关的金融资金等配套服务也需要区域政府通过政策指引的方式予以实现。

（一）大力发展基础设施

由于公共产品的非竞争性和非排他性，且具有前期资金投入量较大，后

---

① 中国（上海）自由贸易试验区临港新片区条例 ［N］. 上海市人民代表大会常务委员会公报，2022 - 04 - 22.

② 新能源汽车"临港速度"领跑世界级产业集群 ［N］. 上海证券报，2023 - 03 - 29.

期回报速度慢的特征，因此只能由政府部门进行提供，才能更好地实现产业的进一步集群式发展，产业集群的公共产品供应者意味着政府在产业集群中扮演着提供基础设施、教育、研发支持、法律和监管环境等公共产品和服务的角色，这包括建设和维护交通网络、通信系统、能源供应等基础设施，这些是企业运营和产业集群发展的基础。

产业基础设施的建设是产业集群形成的基石。高效的物流、完善的工业园区、先进的通信网络等基础设施能够有效降低企业的运营成本，提高产业链的整体效率，进而吸引更多企业聚集，形成产业集群。与此同时，基础设施建设的完善也有助于吸引外部投资，推动区域经济的快速发展。

因此，发展产业集群首先是要增强基础设施的供给力度，基础设施建设主要包括水、电、气、交通以及通信等内容的建设，这是企业能够正常生产运行的基本条件，也是企业得以进一步发展壮大的重要基础。增强基础设施供给不仅意味着数量上的增加，还包括提升质量、效率和可持续性，相关举措对于促进经济增长、提高生活质量、吸引投资和促进技术创新至关重要，通过改善基础设施，可以为地区产业集群提供坚实的支撑，增强区域的吸引力和竞争力，从而推动长期可持续发展。

在临港新片区四年多的建设历程中，片区管委会一直将现代化、立体化的综合交通体系等基础设施的建设作为重要任务，根据上海市委、市政府的统一部署，按照"对外强化、站城融合、内部提升、特色差异"的原则积极开展交通体系的完善与加强当中，在海港建设方面，逐步放开洋山四期全自动码头的产能；空港方面，建成并投用了浦东国际机场卫星厅，该卫星厅也是全球最大的单体卫星厅；铁路方面，推进建设了沪通铁路二期建设，为海铁联运的实现打下了坚实的基础；轨道交通方面，建设机场联络线、南汇支线，打造形成了临港新片区主要节点与浦东枢纽的 15 分钟交通圈，与虹桥枢纽的 60 分钟交通圈；公共道路建设方面，建设形成了两港大道、申港大道、临港大道等对外衔接通道。交通基础设施的建设为新能源汽车产品的物流运输提供了极大的便利，切实增强了新能源汽车产业集群发展的优势。

除了常见的交通基础设施建设之外，临港新片区还十分重视新能源产业集群发展过程中所需的特定基础设施建设，除了已建成的自动驾驶基地外，当前新片区还在逐步推进氢能网络建设以及车联网等新一代信息基础设施的建设，极大地促进了智能汽车产业生态园的搭建。

基础设施的建设关系到临港新片区新能源汽车产业集群的基础，作为区域政府，只有在提供完备的基础设施的情况下，才能更大地激发新能源汽车产业集群对相关企业及上下游产业链上的优质企业的吸引力，进一步扩大产业集群的影响力与高质量发展潜力。

（二）完善金融支持

临港新片区新能源汽车产业集群发展同样离不开金融领域的制度创新。为了更大限度地实现投资自由，推动包括新能源汽车在内的重点产业的对外开放，临港新片区在过去四年多的发展过程中，率先引进了包括汇华理财这一全国首家外资控股的合资理财公司和汇丰金科这一全国首家跨国金融集团独资的金融科技公司在内的各类金融业创新发展项目；除此之外，为进一步深化金融开放创新发展，临港片区在过去几年陆续开展了跨境贸易投资高水平开放外汇管理改革试点，进一步增强了片区的金融开放水平，当前临港新片区正积极发展金融多项功能性平台，包括国际金融资产交易平台等，并正在建设以科技保险创新为引领的专区①，赋能新能源汽车产业集群等实体经济。

2020 年 5 月，临港新片区管委会发布的《全面推进中国（上海）自由贸易试验区临港新片区金融开放与创新发展的若干措施》指出，要从服务国家大局、对标世界一流、聚焦先行先试三大目标出发，积极吸引外资设立各类金融机构，加强与国际接轨的制度建设，实施资金便利收付的跨境金融管理制度，要推动高水平贸易投资自由化便利化措施，提高跨境金融供给能力，支持设立各类总部型或功能性机构，集聚发展各类资产管理机构，加快建设金融科技生态圈，加大对新能源汽车产业等的信贷支持力度，拓宽科创企业直接融资渠道，依托产业优势促进跨境业务和离岸业务发展，加快金融集聚区建设以及支持金融业务创新发展，推动片区内的金融开放与创新发展。2021 年 6 月，临港新片区印发《中国（上海）自由贸易试验区临港新片区金融业发展"十四五"规划》，对片区未来五年在先行先试构建金融规则体系、加快推进现代金融机构体系建设、全力优化实体经济服务体系等方面对金融业支持新能源汽车产业集群发展提供了指导意见。2021 年 8 月，临港新片区管委会印发了最新的《中国（上海）自由贸易试验区临港新片区支持金融业创新发展的若干措施》的政策文件，表示临港新片区将继续对法人持牌金融机构、法人新型金融机构、投资类公司、金融功能性机构等予以支持，相关金融机构将在未来的发展中服务实体经济，促进金融在特殊

---

① 上海国际金融中心迈向更高层级［N］. 金融时报，2022 - 09 - 15.

经济功能区发挥引领和支撑作用。

三、添砖加瓦，稳步推进科技创新发展

（一）大力促进科技创新

临港新片区始终将科技创新作为经济高质量发展的内生动力，并在片区内专门设置了国际创新协同区，预计到 2025 年，供给创新协同区将实现引进建设世界一流科研机构和科学家工作站 30 家以上，新增企业与科研机构 1000 家，为打造原创技术策源地、科技企业聚集地打下坚实的基础。

过去四年，临港新片区围绕新能源汽车、集成电路、人工智能等重点产业，相继制定出台促进产业集群发展的各类科技创新政策和措施，在扩大政策覆盖面的同时，多方位提升政策带动产业升级的精准度，形成了临港片区重点产业和科技创新相辅相成的政策体系。近年来临港新片区发布了《临港新片区科技创新型平台管理办法》，在加强对各类产业平台政策支持的同时引导平台发挥创新服务功能；除了支持创新平台建设之外，新片区还加大了创新政策的实施力度，发布《加快提升科技创新策源能力若干政策》《建设发展科技企业孵化载体若干政策》《科技企业载体认定和管理办法》以及科技服务业的系列细则。

（二）高度重视人才引进

任何产业的发展都离不开人力资源的支撑，产业集群的发展更是如此，产业集群更容易聚集更多相关产业的技术人才，因此临港新片区也将吸引人才作为促进新能源汽车产业集群发展的重要一环，在片区范围内给予优秀人才更为开放和包容的人才政策。首先是在境外人才出入境、停留与居住以及针对境外人才的从业政策上发力，在临港新片区探索实施电子口岸签证机制，为境外人才制定便利的长期及永久居留政策，开设来华工作许可和居留许可事项办理的"单一窗口"，并建立上海市首个区域性移民事务服务中心；其次是针对专业人才留居临港新片区实施境外专业人才执业备案、建立对境外人士开放相关专业资格考试等制度（潘洁、潘晟，2023）。

2023 年 3 月，临港新片区举办了全球人才云聘会并正式发布了《临港新片区人才筑巢工程实施方案》，方案从培育前沿产业集群、优化人才引进政策、实施高层次人才培育、强化产业人才扶持等 10 个方面系统性地提出

了人才发展支持方案①，如优秀人才安家补贴政策、"双一流"高校和世界排名前 200 名院校的人才实习补贴政策等具体措施。在此基础上，2023 年 8 月，上海市出台《关于促进中国（上海）自由贸易试验区临港新片区高质量发展实施特殊支持政策的若干意见》，该意见明确指出将进一步缩短临港新片区"居转户"的年限，为新片区吸引海内外人才提供强有力保障，如对于符合重点产业布局单位要求的核心人才，"居转户"年限由 7 年缩减为 3 年。截至 2023 年初，临港新片区累计引进、落户人才 4.37 万人，人力资源总量超 10.5 万人，是上海市人才发展政策体系最为优越、人才集聚速度最为突出，人才价值实现最为便捷的区域。

四、保驾护航，有序开展体制机制革新

临港新片区的发展历程并非一蹴而就，而是一段经历了多次波折的演化史。2002 年洋山深水港建设使得临港新城从一片滩涂之上拔地而起，通过填海造地的方式，为临港新城打造了 311.6 平方公里的规划面积，并迎来了部分产业的入驻，此时临港新城的定位更多的是为洋山深水港提供服务，其自身并没有形成增长极，加上 2009 年南汇区并入浦东新区，临港新城降级为南汇新城镇。2013 年，随着"临港 30 条"的发布，临港新城的特区中的特区地位进一步显现，包括汽车整车及零部件、大型船用设备、发电及输变电设备、海洋工程设备、航空配套产业在内的高端装备制造业在临港新城落地生根，但是由于上海自由贸易试验区成立，但临港新城并没有被包括在内，临港新城的发展在这一时期仍然体现出任重而道远的特征，"留人"是地区发展的首要问题。一直到 2018 年 11 月，随着首届进博会在上海开幕，临港被中央赋予了中国上海自贸区新片区的身份，参照经济特区进行管理，是"上海改革开放再出发"的重要窗口，至此临港新片区才真正迎来了高速发展的阶段。

在产业集群的发展过程中，政府应承担建设和维护地区培养符合产业需求的技术和管理人才的人力资源管理系统，并提供职业培训和再教育课程，帮助现有劳动力适应快速变化的技术环境；在技术研发方面，政府还应通过资金补助、税收优惠和建设研发设施等方式支持企业和研究机构的创新活动，并制定包括知识产权保护和市场准入政策在内的相关政策法规，为技术

---

① "硬核"出招聚人才 [N]. 国际金融报，2023 – 03 – 27.

创新提供了良好的环境；政府还应重视企业的资金需求，通过引进更多金融服务机构为企业发展提供政策性融资、借贷服务。

回顾临港新片区未成立之前临港新城的发展历程，不难看出政府在区域经济发展中的重要作用。在没有地方政府引导资金流入、鼓励产业入驻和吸引人才留居的情况下，一个地区的发展不可避免地将受到很多制约。由于拥有"上海改革开放再出发"的重要定位，临港新片区自成立以来就体现出了"新"的特征，在地方政府的政策引导之下，新片区的"新"体现在新制度和新模式之上，为地区产业集群式发展以及经济高质量发展提供了动力。

（一）积极开展制度创新

围绕政策目标，政府需要在法治原则的指导下，通过立法、执法、监督以及政策指导等方式，积极引导资源向关键领域和优势产业集中，鼓励科技创新，优化产业环境，提高产业集群的整体竞争力。同时，政府还需强化对政策执行过程的监督和评估，确保政策的有效性和公正性，维护市场秩序，保护企业家精神和知识产权，从而营造有利于产业集群健康、可持续发展的环境。通过这样的方式，政府行为将在推动产业集群发展、促进经济转型升级、实现可持续发展等方面发挥关键作用。

临港新片区不仅是一个经济特区，还是一个制度特区，得益于中央政府对临港新片区的特殊政策，新片区可以在制度建设之上开展先行先试，转变政府职能，在提高地区经济自由度的基础上进一步破除体制机制障碍。

2019年印发的《中国（上海）自由贸易试验区临港新片区总体方案》体现出了政府部门对临港新片区在制度创新方面的部署，"支持新片区以投资自由、贸易自由、资金自由、运输自由、人员从业自由等为重点，推进投资贸易自由化便利化"，并发挥开放型制度体系优势，以风险防控为底线，以分类、协同、智能监管为基础，加快存量企业转型升级，整体提升区域产业能级。2022年2月上海市人民代表大会常务委员会公布的《中国（上海）自由贸易试验区临港新片区条例》作为该地区首部综合性地方法规，也对临港新片区的新制度进行了创新型的尝试，对地区已有的政策进行法律规范和细化，加强了临港片区改革创新发展工作的法治化程度，进一步增强了境内外投资者信心。2023年临港片区管委会和上海市商务委员会发布的《关于支持临港新片区深化高水平制度型开放推动服务贸易创新发展的实施方案》则在服务贸易领域为上海数字贸易国际枢纽港的建设、深化服务贸易重点领域创新式发展、打造全方位服务贸易促进体系等方面提供了制度依据①，进一步规范了临港新片区的数字要素、数字贸易产业的发展以及跨境金融等行业的服务能级。由此可见，在打造"新制度"之上，临港新片区坚持制度创新，为相关产业与企业的发展提供了极大的便利。截至 2023 年 8 月，也即临港新片区成立 4 周年，该地区累计形成典型的制度创新案例 102 个，其中有 48 个是临港新片区全国首创的案例，进一步体现了其制度创新的能力。

（二）致力园区发展模式创新

临港新片区的新模式指的是其在发展模式和管理模式上的创新。临港新片区选择的是"产城融合"的发展模式，2004 年上海出台的《临港新城总体规划》中将临港新城定位为集装箱国际深水枢纽港和国际航空枢纽港，并指出，临港新城要打造成独立综合型节点的滨海城市、具有上海辅城地位的战略重点发展区域，使其成为以现代装备制造业为核心的重要产业基地，而在 2010 年中央发布的《长江三角洲地区区域规划》当中则将临港新城定位为具有海港特色的旅游目的地和综合型滨海新城的地区。上海"十四五"规划纲要中也对临港新片区的定位进行了进一步提升，指出临港新片区应对标国际竞争力最强的自由贸易区，充分利用开放政策和制度的吸引力，推动形成一批千亿级产业集群，打造一批更高开放度的功能型平台，塑造世界一流滨海城市的框架形态②。这些定位的实现都离不开临港新片区对"产城融合"活力新城的打造，实际上，临港新片区专门在区域内打造了"产城融合"区，围绕滴水湖核心、沿海发展带、洋山特殊综合保税区、新兴产业区、综合产业区以及前沿科技产业区打造"一核一带四区"的产城融合功能布局，为临港新片区将产业城市有机统一，打造各类产业全新关系奠定了基础。

临港新片区在管理模式上的创新主要指的是参照经济特区进行的经济管理模式。早在临港新片区被并入上海自贸试验区之时，中央就提出在加强法治建设和风险防控，切实维护国家安全和社会安全、扎实推进各项改革任务

---

① 关于支持临港新片区深化高水平制度型开放推动服务贸易创新发展的实施方案［EB/OL］. 上海市商务委员会，https：//www. shanghai. gov. cn/gwk/search/content/e76c8ab8ecb34a62852987d059dce155.

② 上海市国民经济和社会发展第十四个五年规划和二〇三五年远景目标纲要［N］. 解放日报，2021 – 01 – 30.

落地的基础上，新片区应参照经济特区进行管理。2023 年 8 月，在临港新片区成立四周年之际，上海发布《关于支持中国（上海）自由贸易试验区临港新片区深化拓展特殊经济功能走在高质量发展前列的若干意见》，正式开启了上海市政府对临港新片区的新一轮支持政策，该意见提出了强化临港新片区特殊功能定位、打造更具吸引力的人才发展环境、加大财政资金、土地等要素供给支持力度、推动科技创新前沿产业集聚发展、支持服务贸易创新发展、提升城市服务功能 6 个方面共计 29 项任务举措①，主要聚焦在临港新片区特殊定位、经济发展以及功能打造三个方面。

首先，强调新片区"五自由一便利"的特殊定位，支持新片区开展更大程度的压力测试，并出台一批首创性、含金量高的支持政策。

其次是经济发展，以低碳绿色能源等产业为核心，提出具有针对性、引领性的制度创新和配套措施，以加快前沿产业的集群式发展②。

再次，教育和研究机构及医疗是新区的关键支撑部分。它们不仅涉及对一流专业人才地培养，还通过进行前沿科研，推动了技术创新和知识积累。这种环境吸引了各类的企业家和投资者来这里寻找新的商业机会和创新项目。另外，高等学校和科研院所通常与地方和国家级政府机构以及行业内主要企业建立合作关系，共同推进研究项目，解决具有挑战性的技术问题。在这一背景下，高新技术产业尤其是新一代信息技术、先进装备制造、人工智能、新材料科学以及生物医药等行业，能够在这样的环境中蓬勃发展。这些产业需要大量的研发投入、高级人才以及复杂的技术转移和商业化过程，而丰富的社会资源能够为它们提供支持和服务。因此，一个健全的社会资源网络不仅为高技术产业的崛起提供了肥沃的土壤，还促进了整个地区经济的多元化和可持续发展，最终实现了社会的共同繁荣。所以从功能打造来看，重点强调新片区在建设独立综合性节点滨海城市上的优势，提出一系列支持政策以加快交通、教育、医疗等方面的配套设施建设，进一步提升新片区城市服务能力。可见上海政府将继续支持临港新片区参照经济特区管理模式行事，临港新片区在未来的经济高质量发展当中将仍然受到差异化的政策支持，这为新片区各类产业尤其是新能源汽车产业集群式的发展提供了坚实的政策基础。

---

① 陈颖婷. 聚焦关键词"特殊""经济""功能"［N］. 上海法治报，2023 – 08 – 22.
② 上海临港新片区推出新一轮支持政策［N］. 光明日报，2023 – 08 – 22.

第四节　总结与政策建议

一、总结

通过对上海临港新片区新能源汽车产业的案例分析，发现地方政府在产业集群发展与壮大的过程中扮演着十分重要的角色。

首先，地区政府应充分考虑区域的资源禀赋，包括自然环境、地理位置、矿藏资源、社会环境等，选择更适宜在区域内形成集群的产业类型，并出台相关政策引导龙头企业入驻并带动后续产业的发展。在临港新片区新能源产业的案例中，可以发现，相关政府部门在充分认识到临港优越的地理位置以及便捷的交通网络后，通过政策引导以及创造便利化的落地举措引入了特斯拉这一新能源产业整车生产的巨头企业，并在之后通过引入一汽汽车以及其他配套零部件产业初步建成了新能源汽车产业集群。

其次，在产业集群的发展过程中，为了进一步巩固某产业的发展优势，为集群式的发展壮大提供动力，地方政府积极完善配套服务，通过完善基础设施建设、拓展数字化的基础设施、助力金融企业落户并实现开放式的创新发展，为企业生产经营和产业集群的壮大扫除各类障碍。针对新能源汽车产业是一类对基础设施建设要求较高的产业，临港新片区政府对交通基础设施建设与完善、对未来发展自动驾驶、氢能汽车的基地与网络的构建进一步为新能源汽车产业的发展提供了优越的产业环境。

最后，为保证产业集群的未来发展需求，地区政府还需通过政策指引鼓励企业实施科技创新并通过人才加持实现跨越式发展。在临港新片区之中，为了引导企业科技创新，地区政府出台了各类创新平台建设的相关支持政策，同时为了使企业在创新发展过程中拥有源源不断的人力资源支持，相关政府不断放宽人才引进政策，使人才可以无后顾之忧地投入产业发展壮大的过程中。

二、政策建议

当前临港新片区新能源产业的建设已达到了千亿资产的规模，产业链较为完善，在全国的新能源产业集群的发展中位居前列，这一切都离不开区域政府在产业政策、配套服务以及人才聚集等方面发挥超前引领的作用。

因此，为进一步突显区域政府在产业集群形成、发展与壮大三个阶段当中扮演的角色，区域政府应潜心钻研区域特征以及中央寄予地区发展的重大使命与任务，将资源优势与产业特征相结合，有针对性地鼓励支持产业落地并形成集群式发展。

同时，也要在产业集群已经形成后，为产业发展提供配套服务，加大交通基础设施建设、有针对性地为相关产业发展的必然要求提供基础设施，加大金融精准支撑实体经济的力度，通过政策引导更多金融服务机构入驻以及扶持金融企业的方式支持金融科技对金融行业的重塑，加大探索投资经营便利、贸易自由化、跨境金融管理制度，针对区域重点发展产业打造具有较强国际竞争力的产业集群。

为保障产业集群的发展优势，区域政府还应在鼓励科技创新方面下足功夫，科技创新不仅是一个企业、一个产业的发展动力，也是国家保持长久生命力的重要源泉，因此为实现产业集群的持续发展，地方政府应更多关注创新与人才的引进与培育，在产业园区内建立科技创新培育孵化基地，为企业和人才创造良好的创新条件以及激励政策，重视研发投入与基础研究，提升自主创新能级；通过建立"产、学、研、用"的创新系统，形成区域协同创新生态，打造成为科技创新策源地。

第七章　战略性新兴产业发展中区域政府的角色定位

国际金融危机后，战略性新兴产业作为当前科技创新的前沿地带，已成为突破困境的关键领域，发展战略性新兴产业已经成为加快形成新质生产力的重要抓手和着力点。国家从宏观层面指导难以对战略性新兴产业起到直接效果，这就要求区域政府在产业发展中积极扮演战略性新兴产业发展的直接推动角色。本章以广州、深圳为研究对象，重点叙述区域政府在战略性新兴产业发展中如何展现有为政府的角色，并发挥激发有效市场的作用。广州、深圳两地的战略性新兴产业正呈现飞速增长的趋势，二者雄厚的经济基础与扎实的创新基础对产业发展起到了很好的支撑作用。当前两地已进入了战略性新兴产业转型升级的关键期，为取得更好的成果，广州、深圳两地政府在产业规划、市场维护、要素保障和产业投资等方面进行了全面的部署。良好的产业规划方面为战略性新兴产业明确发展方向，体现了区域政府的超前引领作用；维护市场秩序主要体现在为保证市场正常运行而营造良好营商环境；要素保障方面主要是促进产业发展各种要素有效配置，包括土地、资金和劳动力等，体现了区域政府的"准宏观"属性；产业投资方面主要为产业发展建设基础设施、创新平台等，通过财政金融等手段激发产业创新活力。在推动战略性新兴产业发展时，区域政府应强化产业发展的创新驱动、完善产业配套政策体系，加强区域产业开放合作。

2008年国际金融危机席卷全球，为尽快脱离金融危机困境，重新激发经济发展活力，许多发达国家纷纷将目光转向了战略性新兴产业，将其作为新一轮经济和科技发展制高点的重大战略。为此，发达国家开始积极出台产业规划，并结合地方政府的资源配置作用，配套各种有效的财税政策、金融政策与人才政策，希望在新的产业赛道上占据有利地位。与此同时，我国正处在全面建设小康社会的关键时期，经济发展迎来了新挑战，推进产业转型升级成为破除经济发展屏障的一大重要举措，发展战略性新兴产业成为推动产业转型升级的一个关键点。

为抓住新一轮经济和科技机遇，国务院于 2010 年出台了《关于加快培育和发展战略性新兴产业的决定》，拉开了我国发展战略性新兴产业的序幕。2012 年制定了《"十二五"战略性新兴产业发展计划》，其中就包括了节能环保、新一代信息技术、生物、高端装备制造、新能源、新材料、新能源汽车。同年，为规范战略性新兴产业发展专项资金管理，提高资金使用效益，还发布了《战略性新兴产业发展专项资金管理暂行办法》。为了提升我国在知识产权创造、运用、保护、管理等方面的水平，促进战略性新兴产业的培育与发展，制定了《关于加强战略性新兴产业知识产权工作的若干意见》。2023 年，习近平总书记指出要整合科技创新资源，引领发展战略性新兴产业和未来产业，加快形成新质生产力。2024 年 3 月强调要加快打造具有国际竞争力的战略性新兴产业集群。

早期阶段战略性新兴产业是由国家意志的强制推动，主要通过国家层面的宏观政策来规范与引导。然而，在具体的实施落实阶段，推动战略性新兴产业发展的关键还是各级地方政府。战略性新兴产业的出现和发展要经历一个由萌芽到壮大，然后是市场地位的确立、巩固和不断成长的过程。发展战略性新兴产业，必须坚持"由地方政府引导，市场主导"的原则。其中广州、深圳作为粤港澳大湾区的核心城市，取得了较为亮眼的成绩，充分发挥了有为政府和有效市场的相互促进作用。本章研究以广州、深圳战略性新兴产业为研究对象，重点分析广州、深圳区域政府在战略性新兴产业发展中的角色定位，以期为我国发展战略性新兴产业提供相应的借鉴。

第一节 理论基础

一、文献综述

（一）关于产业结构转型升级中政府影响作用的研究

推动战略性新兴产业发展的实质是产业结构转型升级的过程。产业结构升级对区域产出集中度与经济持续增长都有重要影响，这也是地方政府会着力推动产业转型升级的关键原因。

目前学术界对政府在产业结构升级中的作用还没有达成共识，部分学者认为，政府在促进产业结构的转变和升级中起着重要的作用，应该加大政府的干预力度。Baldwin（1969）认为，在"干中学"的过程中，国家应该运用产业政策来指导和保障新兴产业的发展，从而达到技术创新和技术追赶的目的。林毅夫（2002）提出，在发展中国家利用比较优势发展行业的过程中，政府可以采取产业政策帮助企业实现产业升级，但其功能局限在信息共享、投资协调以及外部性补偿等方面。"中国经济增长与宏观"课题组（2013）提出我国经济增长的关键是政府支持下的低工业化机制，通过要素市场干预，加速了企业资本积累。Kenderdine T（2017）认为中国经济的转型升级依赖国家政策的推动，这确保了产业空间和结构持续升级。文一等（2017）认为所有完成工业化发展的国家，政府在其中始终扮演了关键的引领者和不可或缺的"催化剂"作用。鞠建东、刘政文（2017）提出产业结构调整中存在的市场失灵，可以通过地方政府恰当的动态产业政策改善社会福利，但地方政府应该比企业更加掌握相关信息，而且要建立适当的机制使得政府有激励发展"正确"的产业。郭玥（2018）通过构建中国情景下政府创新补助信号传递机制模型，提出在政府技术审查能力及项目监管能力满足一定条件时，创新补助能对企业研发投入和外部投资起到直接和间接的推动作用，表明了产业政策中有限有为政府的作用。Liu A M 等（2018）提出政府应该制定更加有效的产业政策，促进技术创新与工业知识的传播。

还有一部分学者认为政府会阻碍产业转型升级。Young（2003）认为地方政府会阻碍要素与商品的有效流动，使得区域发展难以发挥比较优势作用，产业结构逐渐扭曲。Jenkins A（2004）通过研究英国天然气发展发现，政府对产业发展实行的相对温和政策，对天然气产业快速发展起到明显效果。安苑、王珺（2012）通过考察地方政府的财政行为特征对产业结构升级的影响发现，地方政府财政行为的波动显著抑制了产业结构的升级，市场化水平的提高显著缓解了财政行为波动对产业结构升级的负面影响。毛其淋（2013）通过使用 1998～2007 年微观数据发现，要素市场扭曲对工业企业生产率有明显的抑制作用，然而，持续的贸易自由化显著地提高了企业生产率，并且对要素市场扭曲具有一定的矫正作用。程俊杰（2016）认为，产业政策会推动企业集中到少数具有政府偏好产业，从而加剧产能过剩。Hong 等（2016）通过随机前沿模型对中国高新技术产业的研究发现，政府补助对高新技术产业的创新效率有负面影响，而私人研发资金的影响是显著和积极的。孟辉、白雪洁（2017）通过研究中国光伏产业发现，政府扶持与地区间竞争所引致的投资扩张是引发光电产业资源配置效率低下的主要原因。杨继东、罗路宝（2018）通过分析我国重点产业政策对土地资源空间配置的影响发现，地方政府间竞争是导致重点产业政策引发资源空间配置扭曲的重要原因，但提高市场化程度、扩大对外开放水平有利于减弱政府竞争的影响。

（二）关于战略性新兴产业中政府的角色定位研究

"战略性新兴产业"是我国的特有提法，其对应国外所说的新兴产业（new industry）。Tassey（1996）提出技术基础设施对企业的竞争有很大影响，政府在产业发展中应该承担技术基础设施的建设。José（2008）提出战略性新兴产业具有纯公共物品性质，决定了其发展历程必然存在市场失灵。战略性新兴产业的战略性与导向性影响社会全局、国家安全与公共利益，要求地方政府的干预，避免市场失灵带来的损失。Lall S（2013）认为政府有充分的理由采取选择性干预措施，以弥补市场和体制在产业发展中的不足。Ran L（2020）提出政府补贴对高新技术企业的发展和技术创新具有重要影响。然而，刘洪昌（2011）认为战略性新兴产业的选择应首先遵循国家意志原则，其次才是市场需求原则和其他原则。钟清留（2010）认为，政府远离市场与技术，难以做到科学有效的决策，过度干预可能会有严重后果，政府应充分发挥自身资源整合的优势，将重点放在产业环境营造与维护上。万军（2010）提出高科技发展具有不确定性，应根据自由市场原则由企业自行探索，政府应着重解决市场技术需求和强化制度创新，营造良好的创新环境。Lu S 等（2022）通过对中国新能源产业研究发现，政府补贴对产业发展在短期内有显著的积极影响，但长期来看补贴效应存在瓶颈。

虽然学者们在某些方面存在争议，但大部分学者都认为战略性新兴产业的发展应该发挥"有为政府"的调控作用。张少春（2010）指出，当前战略性新兴产业发展基础薄弱，根据幼稚产业保护理论，需要政府的保护与扶持，在市场调节下，发挥政策引导、激励和组织协调作用。时杰（2010）认为战略性新兴产业包括创新阶段、成长阶段和成熟阶段，每个阶段政府都应配套相应的政策促进产业发展。姜棱炜（2013）指出战略性新兴产业现有理论基础较为薄弱，政府需要强化顶层设计，优化资源配置，推动产业积极发展。

吴金希等（2012）提出地方政府应在多个方面发挥积极作用，包括应对市场失灵、构建区域创新系统、承担使命和抓住机会窗口等。杨曼

（2014）提出作为地方政府，要厘清与市场的关系，明确自身的职责与作用，做好战略性新兴产业的宏观调控、完善战略性新兴产业的体制机制。赵黎明（2017）通过量化分析发现政府补贴能够促使战略性新兴产业、传统产业和地方政府共同努力，带动区域社会经济发展。张健等（2017）指出，要想弥补市场调节机制的缺陷，就必须由政府来承担，发挥主导作用。对战略性新兴产业的共性技术创新，要做好规划指导、资金支持、制度保障、组织协调、信息支持等方面的工作部署。刘海颖（2019）通过比较市场与政府在战略性新兴产业发展中的作用，提出市场和政府在战略性新兴产业的发展过程中是一种互相引导和推动的相互作用关系，政府与市场需要不断地进行角色变换、科学配合、有效协调，在共同作用下促进战略性新兴产业的有序推进。赵黎明等（2017）通过研究战略性新兴产业、传统产业和地方政府之间的产业创新与发展问题，发现政府能够有效整合资源，提供财政支持，集中社会力量，迅速搭建产业链，巩固成果。

综上可以看出，当前对产业中政府角色定位的研究较为丰富，但适应我国实际的相关研究明显不足，对战略性新兴产业的研究不够深入，对中国国情的政府角色定位讨论不够清晰，部分研究也存在泛泛而谈的现象。因此，本章以战略性新兴产业发展中区域政府的角色定位为重点，详细探讨区域政府在产业发展中的角色，进一步丰富相关研究内容。并且以广州、深圳为研究对象，可加强相关研究的实践性，为政府制定政策提供有力的现实依据。

二、理论依据

西方经济学中的政府经济职能理论源于 200 多年前，亚当·斯密开创的"看不见的手"理论和"守夜人"理论，认为政府具有非理性经济人特征，政府的职能不产生价值，不应该干预市场。随后，凯恩斯提出了"有效需求不足"理论和"政府需求管理"政策，承认了经济危机的普遍存在和市场机制的缺陷，强调必须依靠政府来调节经济，将政府的经济职能概括为四个方面：为市场经济确立法律框架；影响资源配置来改善经济效率；制定分配计划促进收入公平；通过实施经济政策来稳定经济。虽然亚当·斯密与凯恩斯对政府是否干预市场有不同的观点，但现在政府适当干预市场不管是在发达国家还是在发展中国家都成了普遍现象。与此同时，出现了许多支持政府适当干预市场的经济理论，包括幼稚产业理论、市场失灵理论和中观经济学理论等都为政府在产业发展中的角色定位提供了理论依据。

（一）幼稚产业保护理论

根据战略性新兴产业在我国发展的实际情况来看，区域政府的适度干预是必要的。李斯特作为幼稚产业保护理论的代表人物，提出工业发展和生产力水平作为一个国家综合实力和国际竞争力的关键部分，需要国家和政府提供有力的保护，积极促进本国生产力水平提升（庄思哲，2013）。幼稚产业保护理论认为，当某个国家的新兴产业，还处于最适度规模的初创时期时，可能难以与其他国家竞争，为使得本国新兴产业获得比较优势，政府可以对该产业采取适当保护措施，制定保护与扶持政策，提高其竞争力，如运用财政支持、关税保护之类手段来实现。

（二）市场失灵与政府干预理论

由于市场经济体系存在一些扰动因素，市场垄断、信息不对称、价格扭曲和外部性等都可能导致公共物品与非公共物品出现资源配置低效的情况，从而导致市场失灵的出现。战略性新兴产业作为具有准公共性与高风险性的市场部门，扰动因素的影响加大了资源配置难度，与此相应容易出现市场失灵的现象。为防止市场失灵阻碍产业发展，这就需要政府采取适当的公共政策，对行业的科学发展进行规制和引导，从而有效地解决"市场失灵"问题。政府干预理论认为，政府对工业发展的引导，要立足于市场和企业两个方面，强调政府的统筹作用和市场规则，不能越界，不能过分干预（庄思哲，2013）。

（三）中观经济学相关理论

当前微观经济理论和宏观经济理论是引领经济学发展的两大体系，微观经济中企业是参与市场经济的主体，以追求利润最大化为目的，宏观经济中政府是市场经济的管理主体，以宏观调控的方式影响经济运行。但在实际经济运行中，微观经济理论体系的主题过"小"，宏观经济理论体系的主体过"大"，很难在市场经济作用下发挥直接有效的作用。为此，中观经济学理论将区域政府作为主要研究对象，提出城市经济和产业的发展需要地方政府在市场经济中发挥积极作用，如推动资源有效配置、提高区域竞争力、增强可持续发展能力等，强调了地方政府的"有为性"。陈云贤（2015）在《中观经济学——对经济学理论体系的创新与发展》一书中指出成熟市场经济具有"双强机制"，现代市场经济是"强大的有效市场" + "强大的有为政府"的经济体系,既需要用"强大的有效的市场"对资源进行高效的分配,又需要用"强大的有为的政府"来创造和维护市场环境。

此外,区域政府"超前引领"理论也是中观经济学理论体系的重要部分,这为本章提供了关键的理论支撑。"超前引领"理论认为要让市场做市场该做的事,让政府做市场做不了和做不好的事,二者都不能空位、虚位。此外,应充分发挥政府在经济发展中的引导、调控和预警功能,通过对投资、消费、出口等要素的引导,实现对资源的合理配置,建立领先优势,推动科技的可持续发展。陈云贤(2017)提出,地方政府"超前引领"是指政府在遵循市场规则的同时,采取的一系列因地制宜的政策措施,弥补市场缺陷,是"有效市场""有为政府"的最好体现,同时也是当代市场经济的一个重要特点。丁远(2015)提出,政府超前引领理论是对现有的宏观理论与微观理论的突破,也是对当代经济学理论体系的重大创新。

第二节　广州、深圳两地的战略性新兴产业概况

一、广深两地战略性新兴产业的总体布局

随着广州战略性新兴产业"十三五"和"十四五"规划的出台,广州市把战略性新兴产业摆在经济社会发展更加突出的位置,通过深入实施创新驱动发展战略,加大新兴产业集群培育力度,推动产业向价值链、创新链高端发展,为广州的经济社会发展提供持续增长的新动能。广州已形成八大战略性新兴产业集群,包括新一代信息技术产业、生物医药与健康产业、智能与新能源汽车产业、智能装备与机器人产业、新材料与精细化工产业、新能源和节能环保产业、轨道交通产业和数字创意产业。

受 2008 年全球金融危机的影响,深圳也加速了对新兴产业的规划和布局,持续推动新技术、新业态、新模式等的融合和创新发展,为新经济的发展打下坚实的基础,并率先出台了有关新兴产业发展规划的相关政策。深圳已经成为国内战略性新兴产业规模最大、集聚性最强的城市[①],涌现了华为、中兴、腾讯、比亚迪、华大基因、大疆等一批领军企业。深圳已经形成

---

① 构建梯次型现代产业体系 [N]. 经济日报, 2016 – 08 – 08.

七大战略性新兴产业集群：新一代信息技术、数字经济、高端装备制造、绿色低碳、海洋经济、新材料、生物医药等。其中又包含二十个细分领域，如软件与信息服务、网络与通信、智能终端等。在深圳政府指导下，七大战略性新兴产业集群已在市内十个区中稳步推进。

二、战略性新兴产业发展成效①

在地方政府的有效指导下，广州、深圳两地战略性新兴产业已初具规模，阶段性成果已然显现。2016 年广州战略性新兴产业增加值为 4710 亿元，2021 年扩大至 8616.77 亿元，同比增长 82.95%。《2022 年广州市国民经济和社会发展统计公报》显示，2022 年广州战略性新兴产业的数据颇为亮眼——"3＋5"战略性新兴产业②增加值合计实现 8878.66 亿元，比上年增长 1.7%，占地区生产总值的 30.8%。

深圳 2016 年战略性新兴产业增加值为 7848.72 亿元，2021 年为 12146.37 亿元，同比增长 54.78%。2022 年深圳市战略性新兴产业增加值达 1.33 万亿元，占地区生产总值比重提高到 41.1%。③ 在 2023 年上半年，深圳的 1300 多家战略性新兴行业企业总计完成了 3.36 万亿元的营收，平均每个企业的营收为 25.50 亿元，较上年同期增加了 12.27%。④ 深圳产业规模约为广州的 1.4 倍。在战略性新兴产业占 GDP 比值方面，广州 2016 年、2021 年占比分别为 25.38%、30.52%；深圳占比分别为 37.94%、39.61%。可见，广州战略性新兴产业的经济贡献度比深圳低。此外，深圳在 2022 年实现了 1.33 万亿元的战略性新兴产业的增加值，占 GDP 达到了 41.1%。一批具有创新精神的企业，如华为、腾讯、大疆、迈瑞、云天励飞等，持续完善的产业生态，引导着行业向高端化、规模化、集群化方向发展。⑤ 可见，广州战略性新兴产业规模相对低于深圳，但其近些年在政府的合理高效的规划下，增速提升明显，与深圳一样，都在战略性新兴产业发展中取得了比较优势（见图 7－1）。

---

① 本部分广州数据来自广州统计局，深圳数据来自深圳统计局。
② 广州市"3＋5"战略性新兴产业具体指，新一代信息技术、智能与新能源汽车、生物医药与健康三大新兴支柱产业，智能装备与机器人、轨道交通、新能源与节能环保、新材料与精细化工、数字创意五大新兴优势产业。
③ 深圳战新产业形成强劲发展动能［N］.深圳特区报，2023－05－06.
④ 上半年深市战略性新兴产业公司营收增长迅猛［EB/OL］.新华财经，2023－09－01.
⑤ 深圳布局战新产业　创新型企业加速集聚［N］.中国改革报，2023－05－12.

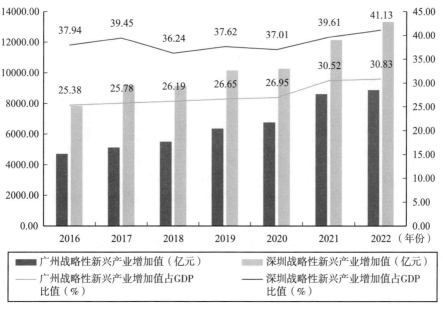

图 7-1　广州与深圳战略性新兴产业发展情况

　　从细分行业来看，广州战略性新兴产业在 2022 年都起到了领头羊的作用，新一代信息技术、智能和新能源汽车、生物和医疗保健的增加值增加了 5.4%，增加值均超 1500 亿元，经济潜力逐步凸显（见图 7-2）。除数字创意产业外，其他细分产业规模都相对较小。2022 年，深圳战略性新兴产业细分产业中，软件与信息服务、网络与通信、智能终端三大产业占据主导地位，增加值都超过了 2000 亿元，其中软件与信息服务增加值最高，为 2492.7 亿元，其他细分产业都低于 1000 亿元，规模较小（见图 7-3）。

　　总体而言，广州、深圳作为我国一线城市，在战略性新兴产业发展中取得了较好成绩，尤其在政府合理指导下，产业发展格局基本清晰，突出了"有为政府"的作用。同时，在遵循市场原则下，两地产业发展迎来高增长，突出了"有效市场"的作用，"有为政府" + "有效市场"正是中观经济学理论的核心思想，说明分析广州、深圳两地战略性新兴产业发展路径具有较强的代表性。

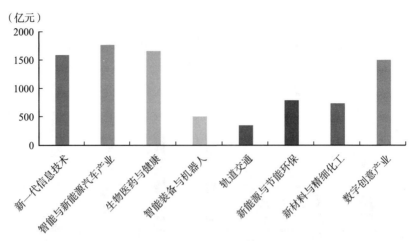

图 7－2　2022 年广州八大战略性新兴产业集群增加值

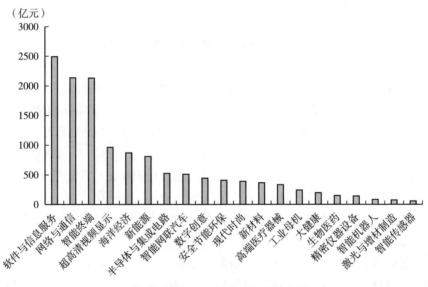

图 7－3　2022 年深圳二十大战略性新兴产业增加值

第三节　区域政府如何促进战略性新兴产业发展

　　本章意在分析战略性新兴产业发展中区域政府的角色定位，借鉴中观经济学理论体系，以广州、深圳两地政府为对象，重点研究地方政府在战略性新兴产业发展中如何做到"有为政府"，并发挥"有效市场"的作用。

一、广深两地战略性新兴产业的基础

广州、深圳作为我国两个较早发展战略性新兴产业的城市，不管是在经济体量还是创新方面都拥有着明显优势，对战略性新兴产业发展起到了很好的支撑作用。

在经济基础方面，2021 年，深圳与广州 GDP 分别为 30820.10 亿元、28225.21 亿元，人均 GDP 分别为 174542.01 元、150330.42 元，深圳无论是经济总量还是人均规模上始终保持领先优势。可见，深圳经济发展动力强劲，对战略性新兴产业发展起到显著的支撑作用。在财政方面，由于二者财政体制的差异，广州采用三级财政制度，深圳是二级财政制度，一定程度影响了广州的财政规模。具体来看，广州 2016 年财政收入为 1393.64 亿元，占 GDP 比重为 7.51%；2021 年财政收入为 1884.26 亿元，占比为 6.68%。而深圳 2016 年财政收入规模为 3136.49 亿元，占 GDP 比重为 15.16%；2021 年财政收入为 4257.70 亿元，占比为 13.81%（见图 7 - 4）。可见，深圳财政规模明显大于广州，就支持战略性新兴产业的经济基础来看，深圳相比广州对产业发展的支持力度较强。

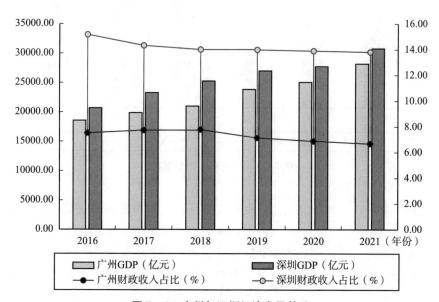

图 7 - 4　广州与深圳经济发展基础

注：资料来源于广州市、深圳市统计局；财政收入指一般公共预算收入，占比指占 GDP 的比重。

战略性新兴产业具有较强的创新特征，广州、深圳凭借雄厚的创新基础推动战略性新兴产业飞速发展。在 R&D 人员方面，广州 2016 年有 16.27 万人，2021 年为 23.57 万人，增长 44.87%。深圳 2016 年为 23.39 万人，2021 年为 44.36 万人。深圳 R&D 人员比广州多，约为广州的两倍。广州具有丰富的教育资源，人力资本优势明显，但"留才"能力偏弱。在专利方面，2016 年，广州专利授权量为 4.83 万件，2021 年为 18.95 万件，增长 292.27%。深圳 2016 年专利授权量为 7.50 万件，2021 年为 27.92 万件，增长 272.02%（见图 7-5）。由此可知，不管是在创新人员，还是在创新产出方面，广州创新基础比深圳弱，但广州增速优势明显，战略性新兴产业发展潜力巨大。

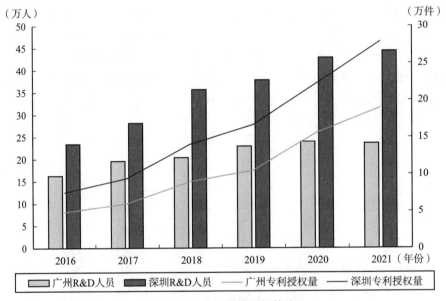

图 7-5 广深科技创新基础

总体来看，广州、深圳两地发展战略性新兴产业都有较好的基础条件，经济、财政实力为产业创新投入起到很好的支撑作用，研发人员为产业发展提供充足动力，稳步增长的专利数量说明两地都有较为完善的知识产权保护体系和创新成果转化环境。这也是两地战略性新兴产业取得显著成果的重要原因。

二、广州促进战略性新兴产业发展的策略

（一）广州产业发展历程

改革开放后，广州在中央的指导下，按照"巩固提升第一产业、调整优化第二产业、重点发展第三产业"的方针，顺利完成了经济结构的转型，成功地实现了由轻纺为主向重化为主，再向以服务业为主的转变。主要发展历程如下。

1978 年，在改革开放的推动下，广州依靠劳动力优势，大力发展轻纺工业，使经济飞速发展，到 1988 年轻纺工业占工业总产值达 65.96%。随后，广州通过实施外接国际产业，内挖国际市场的政策，开始了产业转型之路。到 20 世纪 90 年代，广州的支柱产业日益壮大，先后确定了包括但不限于电子、汽车、医药、纺织、服装、家电、食品、饮料、石化、建筑和房地产、金融保险、商贸旅游等支柱产业。2010 年，广州初步确立了三大主导产业，即交通运输设备，电子通讯设备，石化工业，同时，随着国家战略性新兴产业概念的提出，广州市政府也再一次推进了产业转型升级，将重点放在了生物制药、电子信息等新兴支柱产业上。2011 年，广州产业基本呈现以服务业为主体的经济特征，服务业增加值占地区生产总值比重达 61.5%，服务业对经济增长贡献率达 60.5%。

"十二五"期间，广州提出要加快发展"9 + 6"的产业结构，包括：汽车制造、石化、电子、重大装备、新能源与节能环保，新能源汽车等。进入"十三五"时期，在国家创新驱动发展战略的作用下，广州抓住战略性新兴产业发展机遇，通过财政金融手段不断强化产业创新活力，重点加强了新一代信息技术、生物医药与健康医疗、智能与新能源汽车、新材料、新能源、智能装备及机器人、都市消费工业、生产性服务业等产业建设。其中，为增强广州集聚国际高端要素的作用，提升在全球产业链的价值优势，广州各级政府打造了多个千亿级产业集群，将新一代信息技术、人工智能、生物医药调整为广州工业经济发展的主力引擎产业。

根据《2017 年广州市国民经济和社会发展统计公报》数据，2017 年广州市第一、二、三产业结构为 1.09∶27.97∶70.94，第二、三产业对经济增长的贡献率分别为 20.9%、79.3%，初步形成了第三产业主导、第二产业质效提升的产业结构。其中，第二产业培育出 5 个过千亿产业，分别是：

汽车、电子、石油化工、电力热力、电气机械；第三产业形成了六大服务业，即批发零售、金融、房地产、租赁商务服务业、交通运输和信息服务业，产值均超一千亿元。近年来，在广州提出"制造业立市"的战略下，基本形成汽车、电子和石化"三大支柱产业"和新一代信息技术产业、生物医药与健康产业、智能与新能源汽车产业、智能装备与机器人产业、新材料与精细化工产业、新能源和节能环保产业、轨道交通产业和数字创意产业"八大战略性新兴产业"发展格局，广州产业发展迎来新阶段。

（二）广州产业转型过程中的机遇与挑战

改革开放 40 多年来，广州已完成工业化初期、中期阶段，正加快向工业化后期过渡。在广州政府科学的规划指导下，广州的产业发展早已超过原始积累阶段，正向中高端化方向跃进，如今已经成功迈入战略性新兴产业的赛道。当中虽充满机遇，但也面临众多挑战。国际上新一轮科技革命来临，全球产业中心逐渐由西向东转移。国内经济发展迎来重大战略调整，正由高速发展向高质量发展阶段转换，发展新动能加速形成。尽管如此，广州仍凭借深厚的产业基础和市场优势，率先开启了产业转型之路。

虽然国际与国内环境对广州存在利好一面，但广州在推动产业转型升级、发展战略性新兴产业进程中仍存在许多阻碍，例如体制机制约束、对中高端产业发展认知不足。在产业结构方面，通过广州产业发展历程可知，其主要依靠传统产业起家，低端产业比重较大，即使到 2017 年广州低端产业产值占工业总产值比例都约为 50%，纺织服装、食品饮料、化工、有色金属等低端产业大量集聚的现象明显，这严重阻滞了产业转型升级进程。

在制度机制创新上，广州凭借其弹性的政策体系，吸引了大量的海内外精英，形成了一股"万众创新"的浪潮。借鉴北京、上海、深圳、杭州等地改革经验，广州不断强化体制机制创新，优化了引才、招商政策，跃升成为人才、企业流入的新高地。

在商业文化方面，广州开放包容，兼容并济的商业文化，非常适合人才和企业在此处扎根，但是，它包含的"短、平、快"的理念，却与技术的创新以及对高品质产品的坚持所需要的冲劲、定力不同，由此产生的总体商业气氛对行业的转型升级起到了一定的阻碍作用。此外，广州产业转型升级在认知方面还存在误区挑战，有人提出应按照"美国模式"，大力推动第三产业即服务业的发展，将广州打造成国际高端服务业高地；还有人认为应向德国学习，走"德国模式"，大力提升第二产业即制造业水平，将广州打造成国际高端制造业高地；也有人认为要推动广州发展多样化，提出制造业与服务业优化并举的路线。这些认识深刻考验着广州政府前瞻性与预见性的领导能力。机遇与挑战向来是并存在，广州产业发展能形成如今格局，战略性新兴产业能取得如今成就，靠的不仅仅是勇往直前的心态，传统产业的优势，更重要的是政府与市场的有效配合。

（三）广州推动战略性新兴产业发展的主要措施

1. 制定产业规划

广州为把握新一轮科技革命机遇，强化战略性新兴产业发展的系统性，推动产业高效合理发展，早在中央提出发展战略性新兴前，广州就开始积极出台高技术产业的发展规划，为发展战略性新兴产业做好基础工作。2009年，广州印发了《广州市建设现代产业体系规划纲要》，强调要构建以高科技含量、高附加值、低能耗、低污染的产业集群为核心的现代产业体系，并且要着力发展电子信息、生物医药和海洋产业、新材料、环保和新能源等高技术产业。现在来看，这些都与发展战略性新兴产业紧密相关，尤其这些高技术产业更是战略性新兴产业的发展雏形。因此，从区域政府与产业发展的关系来看，广州在推动战略性新兴产业发展时，一个首要任务就是做好产业规划，从战略性新兴产业的发展战略入手构建起产业发展的虚拟框架，以保证产业向着科学合理的方向发展。同时，政策不仅仅是政府制定的游戏规则，也是产业和政府相互依存的结果（Roberto et al.，2017），二者共同促进区域经济的发展。

进入新时代，为推动产业转型升级，加快战略性新兴产业发展步伐，2015年广州制定了《关于加快先进装备制造业发展和推动新一轮技术改造实现产业转型升级的工作方案》，以此进一步发挥区域政府的规划功能，即做好"有为政府"。2016年开始广州战略性新兴产业发展正式拉开序幕，通过发布《广州市战略性新兴产业第十三个五年发展规划（2016-2020年）》，基本明确广州战略性新兴产业发展的方向，到2022年又印发《广州市战略性新兴产业发展"十四五"规划》，指出新一代信息技术产业、智能与新能源汽车产业、生物医药与健康产业、智能装备与机器人产业、轨道交通产业、新能源和节能环保产业、新材料与精细化工产业和数字创意产业八大战略性新兴产业为发展的重点方向，构建了更加完善的战略性新兴产业的发展体系。在地方政府的规划指导下，总体确立了广州战略性新兴产业发展的基本路线。

广州战略性主导产业在广州产业结构演化过程中发挥了重要作用，其发展壮大能够推动产业转型升级，促使广州产业结构向高级化方向演化（李铁力等，2015）；同时，广州战略性主导产业与广州现阶段主导产业部门之间较大的重合性正好说明其选择具有合理性。同时，为进一步强化地方政府对战略性新兴产业的指导作用，广州市政府还对一些产业的发展进行了具体规划指导，出台了《关于推动工业机器人及智能装备产业发展的实施意见》《广州市加快超高清视频产业发展的行动计划（2018—2020年）》《关于加快工业和信息化产业发展的扶持意见》《广州市加快发展集成电路产业的若干措施》《广州市推动轨道交通产业发展三年行动计划（2019—2021年）》《广州市半导体与集成电路产业发展行动计划（2022—2024年)》等。

从广州战略性新兴产业发展的实践来看，区域政府始终起着"超前引领"的作用。陈云贤的《超前引领——对中国区域经济发展的实践与思考》开始系统提出政府"超前引领"这一重要的经济理论，强调要充分发挥政府尤其是地方政府在经济发展中的引导、调控和预警作用，对资源进行合理配置，形成先导优势，推动区域经济的科学可持续发展。

2. 维护市场秩序

经过长期发展，广州市场秩序建设水平在全国都位居前列，但进入新时代，发展战略性新兴产业对市场秩序的建设水平提出了更高要求，为构建适应战略性新兴产业发展的市场秩序，广州政府加强了对知识产权、技术创新、企业权益等方面的保护。并且，为营造良好的市场环境，提高战略性新兴产业技术创新效率，保障企业的合法权益，广州市政府加快了市场秩序建设的步伐。2018年制定了《广州市创建国家知识产权强市行动计划（2017－2020年)》，加强了知识产权公共服务和市场监管力度。为优化营商环境，推动经济高质量发展，2023年制定了《广州市市场监督管理局促进经济高质量发展若干措施》，充分发挥了市场监管职能作用。同时，为组织做好广州市工业产品质量安全监管工作，突出监管重点，提高监管的针对性和有效性，还制定了《广州市重点工业产品质量安全监管目录（2023年版)》。并且，还对部分特定领域与区域发展进行了规范，如2017年，为了促进广州空港经济区的建设和发展，制定了《广州空港经济区管理试行办法》；2020年，为强化公共服务提供质量，出台了《广州市公共服务类地方标准管理办法》。

总体来看，广州市政府对市场秩序建设具有全方位的特性，这是保证战略性新兴产业正常发展的基础。广州政府关于加强市场秩序建设的举措也符合中观经济学指出区域政府具有"准宏观"的职能，其中重点强调区域政府的"准宏观"职能可利用其公共性与强制力特性，推动区域市场秩序的构建与维系，保护和促进市场主体之间公平、自愿的交易，提高整个社会的产出和收益。因此，为满足战略性新兴产业对市场公平公正公开的高要求，广州政府利用其"准宏观"职能，目前基本营造了市场秩序良好、市场运行稳定的发展格局。

3. 强化要素保障

虽然广州的商业文化与战略性新兴产业技术创新的要求存在一定的相互抑制作用，但从要素保障的角度来看却对提高资源配置效率可以起到有效的推动作用。广州市政府认识到构建良好的市场秩序只是战略性新兴产业正常运行的基础，而要推动产业快速发展，形成产业集聚效应，关键是提高资源配置效率，优化政府的要素管理职能。广州为加快战略性新兴产业发展步伐，从市场决定资源配置效率的角度，加强地方政府的调控作用。依托作为千年商都、省会城市、国家中心城市形成的要素高地地位，现代服务业发展领先优势，遵循系统思维，以要素协调联动为抓手构筑制造业与科技创新、现代金融、人力资源协同发展的广州现代产业新体系。

与国内其他一线城市相比，资金要素流动一直是广州的短板，也是阻碍战略性新兴产业发展步伐的重要因素。在战略性新兴产业规划指导下，广州近年加强了对金融市场的建设，2015年印发《广州市金融发展专项资金管理试行办法》，规范专项资金的管理；2018年出台《广州市关于促进金融科技新发展的实施意见》，强化金融对科技创新发展的支撑作用；2023年又制定了《推动广州金融开放创新实施方案》，旨在全面提升广州金融中心发展能级和竞争力，系统性营造战略性新兴产业资金要素配置环境，有效地提高了资金配置效率。

此外，广州政府还着手优化了其他要素的配置效率。2021年，为进一步促进数据由资源向要素转化，推进数据要素市场化配置改革，促进产业和政府数字化转型，提高数字政府建设水平，制定了《广州市数据要素市场化配置改革行动方案》，通过整合数据要素强化了对战略性新兴产业的支撑作用；2022年，为加快推进劳动力要素市场化配置改革，引导劳动力和人才有序流动，出台《广州市劳动力要素市场化配置改革行动方案》，强化了劳动力要素的配置效率。

土地资源是产业发展的另一关键要素，2023年，广州市政府审议通过《关于加强土地供应及供后监管的实施意见》和《广州市国有建设用地使用权出让金计收规则》。对重点保障类、战略性新兴产业等扶持类项目，进行工业用地划重点保供应，通过"投资""投产"等前置条件，推动产业体系升级发展，从产业用地上保障了战略性新兴产业的发展空间。

加强要素组织管理，提高资源配置效率凸显的是政府与市场的协同关系。广州市政府在推动战略性新兴产业发展中的一大重要角色是要素组织者，而实际的资源配置更多的是交给市场决定，着力提高市场配置资源的水平。中观经济学强调区域政府的政策生态核心是激活生产要素，提高全要素生产力，促进国民收入的持续提高。地方政府在资源配置中仅仅作为组织者，而真正的决策者则应该是市场，这也是广州如今战略性新兴产业资源配置效率不断提高的重要原因。

4. 参与产业投资

由于战略性新兴产业的前沿性，给其发展带来了许多的不确定性，如技术风险、市场风险、资金风险及管理风险等，都增加了战略性新兴产业存活与发展的难度。然而，战略性新兴产业发展的利益却不是由企业独享的，根据中观经济学理论可知，战略性新兴产业具有一定的准经营性资源的特性，这就要求政府与市场共同承担成本，但区域政府对准经营性资源的配置必须充分尊重市场作为资源配置手段的主导地位。因此，为保障产业转型顺利推进，培育壮大战略性新兴产业，广州政府在原有产业基础上，还进一步加强了战略性新兴产业相关的投资建设，包括基础设施、科技创新平台和其他产业相关的投入。

"十三五"期间，广州对6个战略性新兴产业进行专项资助，包括新一代信息技术、生物医药、新材料和高端装备、时尚创意、新能源汽车、新能源和节能环保。2016年至2020年，广州市发展改革委、科技局、工业和信息化局等3部门累计投入近60亿元财政资金支持战略性新兴产业发展，生物与健康、新一代信息技术及智能与新能源汽车领域，投入财政资金占比约75%[①]。其中发展改革委约50.2亿元，工业和信息化局约6.76亿元，科技局约2.12亿元，各级政府充分发挥"准微观"属性不断完善战略性新兴产业生态体系，五年间战略性新兴产业增加值占GDP比重从不足20%提高到30%[②]。值得一提的是，资金投入发挥引流效应，撬动效能强劲，突出了市场在产业

① 广州构建战略性新兴产业体系的挑战与机遇 [N]. 广东经济，2022-09-20.
② 广州五年投60亿元支持战略性新兴产业 [EB/OL]. 广州市委网信办（gzwxb.gov.cn），2021-11-24.

发展中的作用，财政资金累计出资 19 亿元，设立 49 只子基金，吸引社会资本达 98 亿元，杠杆比例达 5∶1。子基金投资项目 228 个，其中返投广州项目 110 个，推动方邦股份、洁特生物、安必平医药、中望软件等公司科创板上市。

此外，根据中观经济学理论，基础设施领域是典型的"准经营性资源"，准经营性资源配置项目本质上仍有较强的公共产品性质，区域政府有义务维护公众利益，对项目的全周期运行负有监管责任。因此，区域政府需要加强机构设置、网络设施、交通设施等方面的建设，优化战略性新兴产业的发展环境，促进更多市场主体将资源投入有利于自主创新里面，从根本上保障战略性新兴产业持续有竞争力的发展。为加强基础设施对战略性新兴产业的支撑作用，广州充分发挥政府投资引导带动作用，适度超前开展基础设施投资，2022 年初计划安排基础设施项目 273 个，年度计划投资 1853 亿元，与 2021 年相比，年度投资计划增加了 122 亿元，增幅 7%[①]。在政府积极参与战略性新兴产业投资下，广州市战略性新兴产业生态体系日趋健全，五年间战略性新兴产业增加值占 GDP 比重从不足 20% 提高到 30%，成为推动广州市经济发展的重要推动力。

三、深圳战略性新兴产业发展中政府的角色定位分析

（一）深圳产业发展历程

深圳从一个小渔村发展到如今的国际大都市，产业发展经历了从无到有的阶段，当中有许多经验值得学习借鉴。深圳经济特区成立于改革开放之初，在国家《开展对外加工装配业务试行办法》政策的指导下，开启了"三来一补"的工业化阶段。依靠国家政策的优势，通过价格改革从计划经济与市场经济转变中获得差额利益，起到原始资本积累作用。在此之后，工业化与城市化进程加快，深圳政府提出"以外商投资为主、以加工装备为主、以出口为主"的政策，分别对前期的投资、产业和贸易做了基本定位，成为深圳嵌入全球分工体系最直接的推动力。在产业发展方面，为加快城市产业体系建设，强化高端产业发展基础，深圳与我国大多数城市一样，重点发展劳动密集型产业，如电子、纺织、机械等，基本形成外向型工业发展格局。在深圳市政府有效政策的引导下，电子信息产业发展迎来高速增长期，

---

① 超详细解读！2022 年广州的投资重点将在这些领域⋯⋯ ［N］. 广州日报，2022 – 02 – 09.

率先嵌入全球产业链，成为世界电子信息产业发展不可或缺的部分。到1990年底，深圳产业、市场愈发完善，形成以"三资"企业为主的市场主体格局，其中，成立企业超600家，"三资"企业超400家，职工数超10万人，产品上千种，基本建成现代电子工业体系。

1992年邓小平南方谈话后，基本明确了我国市场经济发展路线，充分调动了社会经济活力，对深圳市场化发展起到很好的推动作用，与此同时，深圳开启了模仿创新的工业化阶段。在加工贸易产业体系基础上，深圳开始探索创新之路，模仿创新主要有两个方面，一个是提高量的生产，在社会需求旺盛的情况下，大力发展生产力。另一个是强化质的提升，通过市场换技术的政策，积极引进国际先进技术，开启大规模新技术应用，推动产品市场由量向质转变。在不断模仿创新之下，逐渐形成了深圳现代化基础的产业体系，并为后来的产业转型升级之路奠定了厚实的基础。

新一轮科技革命来临时，深圳逐渐抛弃了之前模仿创新的道路，开启了产业创新转型升级阶段。2008年，深圳立志实现"腾笼换鸟"，在经过了一段艰难的转型之后，步入以创新为导向的高质量发展的新时期，在基因测序与新材料、新能源汽车、装备制造、显示技术等方面，以新一代信息技术与数字经济为主要内容，初步形成了具有相当强大的自主创新能力的行业模式，逐渐走上了世界创新的舞台（唐杰，2020）。2017年，深圳市知识产权密集型产业增加值合计9184亿元，同比增长13.6%[①]。深圳依靠初期的产业积累进入全球产业分工体系，依靠模仿创新真正实现自主创新，依靠创新推动产业转型升级，创新成为深圳发展的内核基因，这正是战略性新兴产业需要的关键要素。

（二）深圳战略性新兴产业产业转型过程中的机遇与挑战

深圳战略性新兴产业转型的成功，不仅仅在于其可以把握多次的重大机遇，更重要的是能有效地应对各种挑战。2008年的金融危机让我们意识到"德国模式"比"美国模式"更适合中国发展，国家大力推动制造业实体经济建设，制定一系列支持政策；与美国的国际竞争中又时常面临关键核心技术"卡脖子"的问题，我国加紧了自主创新的步伐，出台一系列支持措施。正值深圳产业转型之际，给其带来了众多利好方面。深圳抓住机遇，加快了产业升级转型步伐，战略性新兴产业成为主要目标。然而，产业转型注定不

---

① 今年深圳继续实施 最严知识产权保护［N］. 深圳商报，2018－05－25.

会一帆风顺，深圳也面临一系列挑战。

首先，最难解决也最为重要的是产业空间问题，土地作为产业发展的基础，很大程度上限制了深圳发展的能级。早期深圳依靠"三来一补"成就了低端制造业布局，由于土地规划缺乏合理性，导致出现许多无效用地或低效用地的现象，再加上产权分散的原因，土地整备难度较大，这成为阻碍深圳产业转型的最大屏障之一。面向创新时代，随着产业转型的加速推进，高技术产业快速成长，产业发展对土地空间提出新需求。但受限于深圳土地空间原本就比其他一线城市小，并且制造业厂房更新速度明显滞后产业转型速度，使得许多新兴制造业面临无地可用的情况。此外，2018 年以后，深圳房产市场迎来飞速增长，一定程度加剧了产业用房市场恶化，出现明显的厂房租金快速上涨、租赁行为违规的现象，增加了企业运营成本，整体上对产业环境造成了不利影响。

其次，国际金融危机以来，深圳为加快推进产业转型升级步伐，采用了"刮骨疗伤"的方法，推出"腾笼换鸟"政策，虽然淘汰了许多低端产业，但也带来了大量先进制造业外迁。此时，在国家政策的引导下，国内许多城市也开始了产业转型，加大了对高端产业的引进力度，使得深圳产业在国内市场面临强大的竞争压力。同时，随着我国劳动力优势逐渐丧失，深圳许多企业为减轻人力成本纷纷转移到东南亚。国际国内双重竞争下，深圳产业转型面临前所未有的困难。近年来，深圳周边城市"重金"吸引深圳企业落户，"总部在深圳、生产在其他地方"的现象已成为常态。电子信息产业作为深圳重要的支柱产业，是外迁比重占比最大的产业之一。

最后，教育短板尤其是高等教育的严重不足成为抑制深圳产业技术创新的重要原因。高等教育作为社会创新的核心来源，深刻影响着区域创新发展，与国内其他一线城市相比，深圳高等院校明显偏少，本土没有一座世界知名高校。深圳作为现代成长起来的年轻城市，各方面都焕发着朝气蓬勃的活力，然而，高等教育体系的构建却不是一朝一夕能成就的。许多城市都是经过几十年甚至上百年的经营才能孕育出一座世界知名高校，从这点来看，深圳的年轻不仅没有给其产业发展带来优势，反而因为高等教育体系的缺失影响了产业创新，这也是阻碍战略性新兴产业开展创新活动的重要原因。

（三）深圳推动战略性新兴产业发展的主要措施

一是发挥市场与政府的联动作用。

从深圳产业的发展脉络来看，市场机制始终贯穿其中，对产业发展起到关键的推动作用。改革开放以来，深圳市场经济发展领先全国；南方谈话提振市场经济发展信心，深圳进入产业的创新阶段；再到现阶段我国不断推动市场化改革之下，深圳开始了自主创新之路，如今正大力推动战略性新兴产业发展和构建未来产业布局。其中一个很明确的规律就是，市场做市场该做的事，政府做政府该做的事，产业发展要充分遵循市场规律进行，政府只是市场的管理者、监督者和保障者，起到规范市场的功能。不随意干涉市场是深圳市政府的主要原则，这也是保障市场经济发挥最佳效应的关键。正是在遵循市场经济发展规律的下，深圳逐步构建起了现代化产业体系，成为我国经济发展的主要引擎。

有效的政府政策是推动产业发展成功的关键（Jee & Mah，2017）。为加快战略性新兴产业发展步伐，深圳市政府充分发挥"超前引领"作用，通过其前瞻性与预见性的规划，为产业发展提前布局，并制定相应的指导政策。2008年，为应对国际金融危机，夯实新经济产业基础，率先开启了新兴产业发展政策的制定。2009年，深圳制定生物产业、互联网产业、新能源产业振兴发展政策。2011年制定新材料产业、节能环保产业文化创意产业、新一代信息技术产业振兴发展政策，2014年，又出台《深圳市机器人、可穿戴设备和智能装备产业发展规划（2014—2020）》。2016年，深圳市政府制定《深圳市战略性新兴产业"十三五"规划》。2018年，出台《关于进一步加快发展战略性新兴产业的实施方案》。2022年发布《深圳市科技创新"十四五"规划》，确定了新一代信息技术、数字时尚、高端装备制造、绿色低碳、新材料、生物医药与健康、海洋等七大战略性新兴产业和八大未来产业[①]。与此同时，为了加强对战略新兴工业的指导作用，2022年，深圳还出台了《深圳市培育发展未来产业行动计划（2022 – 2025年）》，提出了《关于发展壮大战略性新兴产业集群和培育发展未来产业的意见》。同时，制定了《关于加快培育发展未来产业的若干措施》，以加速未来产业的培育和发展，促进未来产业的高质量发展[②]。正是在政府和市场的高效配合下，深圳战略性新兴产业才有了如今的成就。

二是促进金融和土地资源优化配置。

在市场经济的作用下，深圳金融市场越发活跃，随着资本市场规模逐步扩大，金融创新有序推进，金融业在深圳的经济发展和资源配置中承载着日

---

① 齐金钊. 创新大潮起珠江"科技之都"绘宏图 [N]. 中国证券报，2020 – 08 – 21.
② 邹媛. 深圳战略性新兴产业积厚成势 [N]. 深圳特区报，2022 – 06 – 13.

益重要的作用。完善的金融市场可以推动产业高端要素高效配置，是加快创新成果产业化、市场化的重要条件，有利于创新生态的打造。深圳产业转型之所以有如今成效，金融资本市场的资源配置作用功不可没。在资金募集、并购重组、股权激励等市场机制支持下，深圳企业可以获得充足的资金开展各种创新活动，对企业资金链起到重要支持作用，尤其是深圳的中小企业融资体系非常健全，对企业起到很好的孵化作用。

战略性新兴产业对高端要素资源的需求较高，深圳政府为强化金融对高端要素的配置作用。加大了金融系统建设力度。2009 年，为促进深圳经济特区金融业发展，优化金融生态环境，推动产业结构优化升级，制定《深圳经济特区金融发展促进条例》。2015 年出台了《关于打造深圳金融标准构建深圳金融发展新优势的指导意见》，为深圳和全国开展金融标准化的探索提供了借鉴①。2018 年，为规范和加强深圳市金融发展专项资金的管理，提高资金的使用效益，充分发挥政府性专项资金的政策效应，出台《深圳市金融发展专项资金管理办法》。2022 年出台的《深圳市扶持金融科技发展若干措施》指出，要按照市场主导、政府引导的原则，加快金融科技产业升级。由此可看出，深圳政府对促进资源优化配置起到了难以替代的作用，是资源要素流动的重要推动者。

此外，深圳针对土地空间的不足，在推动产业发展时，尤其重视土地资源的配置。其中 2014 年出台《深圳市政府储备土地清理专项行动工作方案》，进一步规范全市政府储备土地管理工作。2019 年出台《关于规范已出让未建用地土地用途变更和容积率调整的处置办法》，加强土地用途变更和容积率调整管理。2023 年出台《深圳市 20 大先进制造业园区土地整备实施专项规划（2023 – 2030）》，划定了 80 个产业整备片区，为土地整备年度计划实施、产业整备任务安排、打造连片产业空间等提供支撑。

三是引领强化产业自主创新能力。

创新是产业成功的关键，也是深圳成功的关键。政府作为发展创新产业的创新政策工具（Landoni et al.，2019），需要有统筹全局、引领发展的能力，这也是对深圳市政府高水平创新能力的体现。从"三来一补"的工业化方式，到模仿创新经济的特征，再到现在的自主创新模式，都能看到政府的创新与产业创新，并持续推动社会经济创新持续发展。经研究证实，单纯依赖于物质要素投入的经济增长难以持久，而要获得可持续的发展，关键在

---

① 何泳 . 深圳标准构建特区发展新优势［N］. 深圳特区报，2016 – 05 – 25.

于提高全要素生产率①。提高全要素生产率，既要注重资源要素的配置，引导资源由低效率企业向高效率企业、低效率部门向高效率部门流动，更重要的是强化自主创新，提高研发投入与强化技术创新，这也是深圳为何能抓住创新的关键。

土地空间虽然在一定程度上限制了深圳战略性新兴产业的不断壮大，但深圳产业转型升级的成功，战略性新兴产业飞速发展的成果，更多还是依靠不断创新开拓的精神。深圳通过实施自主创新战略，推动产业发展从要素驱动向创新驱动转变，创造了从"深圳速度"到"深圳质量"的城市崭新发展理念和标杆。在科技创新领域，深圳采取了如下举措：一是健全科技创新制度，建立企业为主体，市场为导向，产学研结合的制度环境；在此基础上，构建具有自主创新能力的企业梯队，形成创新生态系统；二是加大对科技创新的扶持力度，加大对创新平台的建设力度，将优势资源聚集在一起，推动重大的科研项目和关键技术的研究。在新一代信息技术、遗传工程、节能环保、新能源和新材料等方面，形成了一系列具有独立知识产权的技术标准，占据了世界科技的制高点②；三是大力引进高素质创新型人才，通过优化人才引进机制，完善人才保障体系，造就了一批领军人才和中青年创新创业人才。

从政策实施路径来看，深圳政府实施的自主创新战略是保障科技创新持续发展的关键。2006 年，深圳发布《关于实施自主创新战略建设国家创新型城市的决定》，开始实施自主创新战略、建设国家创新型城市。2016 年，为进一步完善人才激励机制，加快现代化国际化创新型城市建设，出台《深圳市产业发展与创新人才奖实施办法》。2020 年，为了规范深圳市可持续发展科技专项项目的管理，推进国家可持续发展议程创新示范区建设，制定《深圳市科技计划项目管理办法》。2021 年，出台《深圳经济特区科技创新条例》，将科技创新的战略性进一步提高。深圳政府从始至终都在引领着产业创新发展。

（四）超前布局经济制高点

一直以来，深圳政府对产业经济发展都具有前瞻性的眼光，通过发挥了地方政府的"超前引领"作用，充分展现了"有为政府"的能力。深圳产业基础雄厚，产业集群优势明显，对战略性新兴产业高质量发展起到强力的

---

① 刘志彪：科学认识和把握当前经济热点问题 [N]. 人民日报，2017 - 01 - 03.
② 创新与改革是转变经济发展方式的强大驱动力 [N]. 经济日报，2011 - 05 - 13.

支持作用。例如，深圳的"新显示""人工智能"和"智能制造装备"三个"国家战略性新兴产业集群"，在2020年被列入"国家战略性新兴产业集群"①。同时，还配套出台了《深圳国家级新型显示产业集群建设实施方案》《深圳国家级人工智能产业集群建设实施方案》《深圳国家级智能制造装备产业集群建设实施方案》，积极探索"工业园区＋创新孵化＋工业基金＋工业联盟"的一体化发展模式，努力实现"链条融合，园区支撑，集群带动，协同发展"的新模式②。

另外，深圳在新经济蓬勃发展的背景下，还在不断地进行着新的基建规划，出台《深圳市人民政府关于加快推进新型基础设施建设的实施意见》，推动新技术、新业态、新模式和新消费的发展，为深圳工业的数字化转型奠定了坚实的基础。2020年，深圳第一批新基础设施建设工程共计95个，总投资4119亿元。其中，集成电路、8K超高清、生物医药等重大科技产业项目42个，总投资额1016亿元；智能制造、智慧能源和智慧交通在内的25个一体化基建项目，总投资额达651亿元③。深圳市七届人大四次会议报告提出，2023年，深圳将完成工业投资超2000亿元、增长20%以上。深圳的政策与投资总能跟上战略性新兴产业的需要，是保证战略性新兴产业快速发展的重要原因。

从以上对广州与深圳战略性新兴产业的分析来看，在产业转型升级的发展阶段，两地政府都对产业发展提供了充分的支持与引导。发挥地方政府的"准宏观"功能，通过财政或金融手段优化资源的配置。广州、深圳两地战略性新兴产业的发展正是有为政府与有效市场相互协调配合的结果。

第四节　结论与对策

一、研究结论

通过对广州、深圳两地战略性新兴产业的分析可知，政府和市场从始至

---

① 邹媛. 上半年深圳七大战略性新兴产业增加值逾4498亿元［N］. 深圳特区报，2020 – 08 – 07.

② 推动人工智能等三大产业集群建设［N］. 深圳商报，2019 – 12 – 19.

③ 上半年深圳七大战略性新兴产业增加值逾4498亿元［N］. 深圳特区报，2020 – 08 – 07.

终都在其中扮演了重要角色，地方政府发挥"准宏观"功能调控产业要素，市场遵循自由竞争原则配置资源，充分体现了中观经济学的观点，即让政府做政府该做的事，让市场做市场的事，才成就了两地战略性新兴产业的高速发展。结合前面分析展开进一步讨论，区域政府在战略性新兴产业的角色定位具体如下。

首先，发挥产业规划超前引领功能。从广州、深圳战略性新兴产业发展历程来看，区域政府始终承担着做好产业规划、指明发展方向的任务。在区域政府合理的指导下，市场会紧随政府的号召，积极向着有利于战略性新兴产业的发展推进。但是这要求区域政府具有长远的目光和正确的预见性，并且是在不违背市场原则下做出的规划。同时，区域政府的产业规划参与程度要适当而行，尤其不能面面俱到，主要的发展任务还是要交于市场处理。本案例中的广州政府相比深圳而言，对战略性新兴产业的规划程度更为细致，不仅对战略性新兴产业的整体发展方向进行了明确，对许多细分产业领域也相应做出了短期或长期的规划。这可能在短期对细分产业有较好的指导作用，但长期来看可能导致战略性新兴产业的发展重点有偏失。

其次，保障市场有序运行、高效发展是区域政府的重要任务。一个产业的发展离不开一个有序的市场，一个有序市场的运行离不开一个有效政府的推动。我国战略性新兴产业作为当前社会经济发展的新动力，产业发展还不成熟，市场体系还不完善，这要求区域政府要扮演好市场维护者角色，确保市场经济健康运行。从广州、深圳维护市场秩序的实践来看，二者通过制定多样的管理措施、指引或办法从多个方面来约束市场的不规范行为，包括知识产权保护、产品质量把控和营商环境营造等，这些政策都进一步强化了市场规则，保障了市场主体与消费者的权益，自然而然推动了产业的有序发展。区域政府作为市场秩序维护者，其主要任务是保障市场主体及各方的权益，而不是严格地制定各种市场规则。过多的市场条条框框可能不仅不会带来产业的发展，反而会严重影响市场运行效率。因此，区域政府在维护市场秩序时，需要注重营商环境的提升，提高市场运行效率。

再次，提高市场资源配置效率，是推动战略性新兴产业高效、快速发展的关键。产业发展离不开各种要素的支撑，如土地、资金、劳动力都是战略性新兴产业发展不可或缺的要素，区域政府作为这些要素最大的管理者，为推动本区域经济发展，创造税收，承担起要素保障的任务，这也是区域政府的"准宏观"功能。广州、深圳通过对土地、资金、人才等关键要素的调配，有效加强了战略性新兴产业的发展。在进入产业转型关键期，各地还会按照自身条件强化要素的流动,如广州资金要素薄弱,就加强金融的建设;深圳土地要素不足,就会加强土地的整备,充分体现了"有为政府"的作用。

最后,强化产业发展所需基础设施,推动科技创新活力迸发,也是区域政府推动战略性新兴产业发展的重点任务。由于战略性新兴产业的前沿性与不确定性,潜在风险也较大。因为战略性新兴产业的外溢性较强,政府也会受益良多,因此,区域政府需要承担产业发展的部分风险,提高产业创新的财政补助、强化企业的融资效率、加强基础设施建设等,都需要政府参与其中。虽然需要地方政府参与产业发展,但也要注意参与的程度,仅需保障产业市场基本运行环境,其他大多数产业发展的问题应交给市场处理。区域政府完全参与产业发展,不仅难以推动产业创新发展,可能还会阻碍市场运行效率,妨碍产业自主研发。

二、对策建议

广州、深圳战略性新兴产业之所以取得如今成就,与政府的正确引导和高效的服务密不可分。总体来看,广州、深圳战略性新兴产业已与前期注重技术引进、吸收和模仿的方式明显不同,自主创新已成为推动产业发展的主要方式。与发达国家不同,我国作为现代化产业体系建设的后起国家,存在市场制度不规范、创新要素配置效率低和创新基础薄弱等先天劣势。按照幼稚产业保护理论,这需要借助政府的力量扶持高技术产业发展,加快资本积累、知识积累和技术积累。通过引进吸收发达国家的技术,在政府的指导下,可以有效加快创新发展。但进入自主创新时期,缺乏"后发优势",政府也失去了信息优势,许多新知识、新理论与新技术都要自行探索。这时政府的能力显得尤为重要,如不及时转变政府职能,可能将产业带进发展的严重误区。关于区域政府如何推动战略性新兴产业发展,提出以下几点建议。

(一)强化产业发展的创新驱动

创新作为战略性新兴产业发展的核心动力,区域政府在实际发展中只有加强对产业创新能力的培养才能持续性推动产业发展。首先,强化创新基础设施建设。区域政府需要加强财政投入,强化重大创新平台引进力度,着力建设各种国家级、省级技术中心,加大高等教育投入力度。其次,构建产学研合作体系。鼓励高校、科研院所与企业开展创新活动,提高高校、科研院所成果转化率，积极推进形成以市场为导向、企业为主体、政产学研用相结合的战略性新兴产业技术研发体系。再次，着力解决核心技术"卡脖子"问题。依托全市资源组建创新联盟或创新平台，强化自主创新能力，重点突破产业关键核心技术，把握产业发展命脉。最后，完善政府体制机制创新。适时推动政府体制改革，推动制度优化步伐跟上战略性新兴产业发展步伐，为新兴产业的健康发展提供制度保障。

（二）完善产业配套政策体系

战略性新兴产业的发展还需各种保障才能顺利进行。首先，强化知识产权保障，创新作为产业的核心竞争力，没有充分的保障体系就难以形成良好的创新生态。其次，强化资金保障，战略性新兴产业投资巨大，仅依靠企业或市场难以承担，因此，需要政府通过财政补贴、税收减免等方式扶持产业发展。再次，强化关键要素保障，土地、人才也是战略性新兴产业发展的重要资源，区域政府应及时整备土地，优先提供给战略性新兴产业发展，强化对高端人才的引进力度，健全人才服务体系。最后，强化产业发展环境保障。区域政府要围绕项目建设、招商引资、创新平台、人才引育、科技攻关、融资保障等方面，出台相关产业发展专项政策。

（三）加强区域产业开放合作

战略性新兴产业由于需要庞大的资源，并且产生的效益明显，需要广阔的市场，因此，为高效推动产业发展，打开庞大的市场，地方政府应加强产业合作，促进市场开放。首先，强化区域合作的资金、人才、技术对接，加强区域基础设施、产业分工、公共服务、生态环境合作，为当地产业发展创造条件。其次，推动企业跨区域成立产业联盟，强化技术创新合作，加强与国际企业的合作，着力引进国外先进技术。最后，地方政府要积极引导企业开拓国内外两个市场。要鼓励战略性新兴产业异地建厂、组建联盟来扩大产业生产，支持创建特色品牌，对品牌进行宣传维护等活动，扩大知名度，充分利用国内外的资源，如技术、管理以及人才优势参与到国际国内竞争中，使其在国际市场站稳脚跟。

第八章　区域政府在汽车产业发展
中的促进作用分析

　　党的二十大报告中明确指出，为实现现代化产业体系的建设，必须始终将经济发展的重点放在实体经济上，推动制造业朝着高端化、智能化和绿色化方向发展。作为实体经济的重要组成部分，汽车产业全球市场规模庞大，对国民经济、就业、社会稳定和国家安全等方面都具有重要的影响。本章以中观经济学理论为基础，以广东省和吉林省政府为研究对象，深入分析两地政府在汽车产业发展中的超前引领表现。根据区域政府"准宏观"和"准微观"的双重属性，从制度、理念、组织、技术创新四个维度出发，重点关注区域政府在市场机制、营商环境、产业规划、配套设施、技术创新、融资服务与人才培养等方向制定的政策或措施，探讨当地政府如何介入市场，在项目、产业配套环境、科技、人才等方面进行竞争，从而实现资源的优化调配，以揭示"有为政府"在汽车产业，特别是新能源汽车领域中的促进作用，为"有为政府"的建设提供经验借鉴和启示，共同推动地方产业和经济的蓬勃发展。研究发现，广东吉林两地在充分发挥市场机制作用的基础上，积极构建法治化营商环境，完善汽车产业基础设施，集中资源扶持汽车产业发展。激发市场主体活力，营造有序竞争的市场环境，充分发挥市场的灵活性。针对新能源汽车的融资需求，对重点项目给予研发资金，以财政和金融联动的方式鼓励企业自主创新，延长全线产业链条。

　　为应对全球产业竞争格局变化、资源环境约束、劳动力等生产要素成本上升问题，2015 年国务院颁布了《中国制造 2025》的战略性文件，为中国制造业未来的发展规划了方向和路线，旨在推进我国形成新的经济增长动力，塑造国际竞争新优势，做大做强我国制造业。汽车产业的发展水平反映了国家在制造业方面的实力，对评估一个国家和地区的整体经济发展水平和工业化程度具有重要意义。在全球市场中汽车产业拥有庞大的规模和广泛的产业链，涉及钢铁、冶金、橡胶、电子元件、物流、金融等多个上下游产业，对工业结构升级和相关产业的联动发展至关重要。汽车产业一向是西方国家的重要支柱产业，然而，近年中国汽车制造业急起直追，不断加大自主创新投入，尤其是在新能源汽车方面的技术研发和市场开拓方面力度前所未有，持续刷新出口数据及技术突破，让中国汽车在全球价值链上的话语权连续上升。据国际汽车制造商协会（OICA）数据统计，2022年全球汽车销量高达8162.9万辆，而中国汽车销量就占据了世界份额的32.9%。2022年中国全年汽车产销分别实现了3016.1万辆和3009.4万辆，同比增长11.6%和12%，创历史新高，连续15年保持在全球第一水平。这一数字表明中国汽车产业已经成为全球汽车市场的重要参与者。

由于汽车产业的重要性，各国政府都大力支持这一行业的发展并投入巨资促进研发和技术更新，增强本国汽车的国际市场竞争力。在互联网技术兴起、"双碳"时代的多重因素下，我国的产业结构、生产方式、生活方式都受到了不同程度的影响与改变，政府出台了多项规范性和支持性政策，以促进汽车产业向绿色化、智能化发展为导向，向传统汽车行业提出了挑战和新的要求。一方面，传统汽车行业需要加快向新能源化转型，以减少对传统燃油的依赖，降低二氧化碳排放量，从而减缓对环境的负面影响。另一方面，汽车行业融入互联网技术，制造商能够更深层次地了解用户需求和市场趋势，在生产制造端投入人工智能技术能够实现更高效的生产线布局和生产流程，提高生产效率和严格把控产品质量，为消费者出行带来更安全和便捷的用车体验，提升我国汽车行业的竞争力和可持续发展能力，对推动我国实现制造强国进程有着重要意义。

广东省和吉林省作为我国具有代表性的制造大省，在我国汽车产业发展中具有重要的地位和影响力。本章深入分析广东和吉林省汽车产业发展的历程和成功经验，探索当地政府在产业发展中如何超前规划产业蓝图，在尊重市场规则的条件下，政府介入微观市场调配资源扶持产业发展，希望能够为其他地区建设"有为政府"、促进当地产业的持续发展提供参考。

第一节　基础理论及文献综述

一、区域政府超前引领理论

区域政府超前引领是指充分发挥政府在经济引导、调控、预警方面的作用，借助市场规则和机制，以规划、投资、消费、出口为导向，通过价格、税收、利率、汇率和法律等手段，以组织创新、制度创新、技术创新和理念创新等方式，有效地调配资源，以形成先发优势，推动区域经济可持续发展（陈云贤，2017）。

不同于传统经济学理论，中观经济学主张经济运行中要充分发挥区域政府的作用，聚焦微观和宏观之间，对区域经济中的准经营性资源、可经营性资源及不可经营性资源等三类资源进行事前、事中、事后干预，既要代理国家政府促进和维护本地市场，又要超出企业层面解决区域的经济问题，以市场机制为基础在区域政府相互之间展开竞争，由此演化成区域政府的"准宏观"和"准微观"双重属性（陈云贤，2023）。目前"有为政府"的概念可理解为能对三类资源进行有效调配、政策配套、制度安排三者合一的中央政府或地区政府（陈云贤，2019）。刘建徽、黄熙（2023）探讨了"有为政府"和"有效市场"发展面临的挑战，刘大洪（2023）则认为简化办事程序、保障公共服务、优化法治化营商环境是发挥政府职能建设"有为政府"的关键。沈坤荣等（2021）、程必定（2023）论述了"有为政府"与"有效市场"之间的逻辑关系。也不乏学者以"有为政府"和"有效市场"的为研究框架，如张琳琳等（2023），通过探索省级范围内城市绿色技术创新的不同渠道建立实证模型，卢现祥、滕宇法（2023）以 2005～2019 年281 个城市作为研究对象，发现政府能够缓解市场失灵，市场能够依托完善的市场经济法律体系来规范政府行为。

二、区域政府竞争理论

区域政府竞争理论是组成中观经济学理论体系中的核心之一，李长青等（2018）认为，有效的政府竞争能够促进区域经济高质量发展，而无效竞争则会降低资源配置效率，抑制经济增长。区域政府之间竞争是政府"准微观"属性下介入市场调控的一大手段，体现在制度、项目、产业链配套、进出口贸易、人才和科技等竞争中。

近年来，随着我国经济逐步落实"从量向质"的高质量发展转变，对产品质量、绿色环境、技术水平等方面有了新的要求。在"双碳"战略、可持续发展目标的指引和政策支持的推动下，新能源汽车成为汽车产业未来的发展方向。学者们通过不同的方法和角度探讨了政府在新能源汽车产业中制定的扶持政策和对产业发展的影响，认为本质上就是政府在发挥超前引领

作用，运用财政支持等手段参与区域竞争。Larson 等（2014）与 Yuniza 等
（2021）的研究表示部分国家新能源汽车政策存在过度关注技术创新或产业
化，却忽视了消费者重要性。乐为等（2022）发现 2009～2019 年我国涉及
新能源汽车产业的各政策在产业发展目标体系上的整体耦合状态较差，且对
产业化的重视要多于技术研发、基础保障设施。叶瑞克等（2022）认为新
能源汽车推广应用是一个由基础资源、需求条件、配套政策和模式创新等维
度构成的复杂系统。刘颖琦等（2023）则构建了中国新能源汽车产业扶持
效果的指标体系，运用空间自回归模型和空间误差模型，认为新能源汽车的
推广与经济发达程度呈正相关。

三、产业保护研究

保护幼稚产业理论主张政府应为国内市场竞争力较弱的产业提供支持和
保护，以帮助这些产业逐步成长和提高竞争力，直到具有抗衡国际市场的竞
争优势（宋灿等，2022）。

马符讯、刘彦（2019）梳理了中国汽车工业发展的历程，并认为中国
汽车工业过程累积了丰富经验，能为汽车工业的转型升级提供优越条件。传
统产业的改造升级对于现代化产业体系建设的整体发展至关重要，党的十八
大报告，提出加快传统产业的转型升级的要求，其中传统制造业的转型升级
尤为关键（刘建江等，2021）。随着"双碳战略"的深入推进，我国的汽车
行业转型的主流方向逐渐向电动化、低碳化、网联化靠拢。蒋瑜洁等
（2022）指出中日两国氢燃料电池汽车产业在技术、市场、发展模式等领域
存在极强的互补性。李月起、杨继瑞（2021）以汽车产业为例，探索创新
驱动制造业升级的机理，加强基础研究、构建产业技术创新生态、创新科技
成果转化机制是汽车产业创新升级的关键。但在实践过程中，我国汽车产业
的发展还存在研发能力薄弱、核心技术缺乏等问题（王元彬等，2019）。因
此在政府产业扶持的研究中，学者们更关注政府行为与创新绩效之间的因果
关系。熊志飞、张文忠（2022）运用空间杜宾模型计算了新能源汽车产业
基于创新网络关系的溢出效应，认为中国新能源汽车产业的创新活动已初具
规模。李文鹏等（2023）、池仁勇等（2021）、Huang 等（2022）利用企业
数据，证实了政府的扶持政策能够促进创新绩效。李旭、熊勇清（2021）、
史丹、明星（2023）使用双重差分模型，聚焦汽车产业的"双积分"政策
如何促进企业的技术创新。刘和旺等（2023）、武力超等（2023）的研究则

进一步将政策分为不同类型探索政府政策对企业技术创新的促进作用。

　　财政补贴通常是政府扶持产业的一大手段。为了促进新能源汽车行业的健康发展，在 2015～2021 年间我国不断调整补贴的发放标准，直至 2022 年财政部等四部门发布了《关于完善新能源汽车推广应用财政补贴政策的通知》，即 2023 年开始购买新能源汽车将再无购置补贴。Breetz 和 Salon（2018）肯定了政府补贴对纯电动汽车成本优势的重要性，李晓敏等（2022）基于 2012～2018 年中国新能源乘用车市场份额的月度数据，分析发现 2017 年前财政补贴对我国新能源汽车推广的促进作用最大，但随着我国新能源汽车产业化与补贴基准退坡，2017 年、2018 年的激励效应开始递减。长期执行补贴政策将会导致企业形成"补贴依赖症"乃至出现"骗补"行为（范如国、冯晓丹，2017）。李国栋等（2019）的研究也证明了政府补贴退坡和完全退出的合理性。

　　在上述文献研究中，关于区域政府与汽车产业的研究较为割裂，由于中观经济学是较新的经济学理论，涉及区域政府的内容多数集中在讨论区域政府职责和"有为政府"的内涵等，而有关汽车行业的研究则偏向于分析政策文本和基于微观角度开展研究，围绕资金补贴、技术创新等因素构建实证模型进行探讨，将中观经济学理论与实践结合讨论的研究还需进一步探索。

第二节　广东、吉林两地汽车产业概述

一、国家层面对汽车产业发展的规划和支持

　　新中国成立初期，我国的工业产品种类不多，生产能力也不强，国内的汽车制造工业近乎是空白期，直到 1953 年《中共中央关于力争三年建设长春汽车厂的指示》出台才标志着中国汽车工业正式拉开了帷幕。改革开放后，国家非常重视汽车产业的发展，先后出台大量政策鼓励汽车行业的崛起和升级。1978 年以来出台关于促进汽车产业发展的重要政策所示见表 8 - 1。从中可以看出，我国汽车工业发展主要可分为四个阶段，首先是 1978～2000 年，改革开放初期中央将汽车产业作为加快经济发展与推动经济增长方式转变的重要抓手，通过"一揽子"的规范性文件和支持措施不断巩固汽车产业在国民经济中的支柱地位。

　　入世后，中国经济进入新的发展阶段，积极参与国际市场合作，逐渐从劳动密集型为主导的生产方式向资本密集型、技术密集型转型，科技创新能力显著提高，工业发展水平迈上新台阶，但是产业结构亟待调整和优化升级，生产资源约束明显，在 2001～2008 年主要是对节能型汽车和智能汽车等新型汽车产业的发展进行统筹规划。

　　随着战略布局的进行，新能源汽车逐渐被大众熟知，政策涵盖的内容更加丰富，如新型汽车产业推广阶段，政策内容涉及供给、需求端的优惠补贴以及配套基础设施的投资建设，极大促进了新能源汽车行业的发展。

　　在产业政策和巨额财政的全力支持下，2018 年我国新能源汽车产量高达 127 万辆，是 2009 年的 254 倍，产业进入快速成长阶段，但由于国内新能源汽车驱动电机、控制器、自动驾驶等关键核心部件的水平参差不齐，过度依赖龙头外资企业产品和技术，导致存在结构性产能过剩和高端产能不足的问题（巫细波等，2022），同时也催生了一连串恶意利用规则的新能源汽车企业骗补事件。政府研发补贴对企业创新效率有激励作用，但政府补贴的激励效应是存在门槛效应（熊凯军，2022，贺炎林等，2022）：当产品市场竞争水平小于一定值时，政府研发补贴才能有效提高企业创新效率（滕莉莉等，2023）。因此在 2018 年后新能源汽车产业发展进入了调整阶段，整体方向侧重生产技术与产品质量的提升，补贴基准逐年退坡，并最终在 2021 年发布的《关于 2022 年新能源汽车推广应用财政补贴政策的通知》中表示将在 2023 年终止进行了 13 年的财政补贴政策。

表 8-1　　　　　1978～2023 年中央关于汽车产业发展的重要文件梳理

汽车产业快速起步阶段（1978～2000 年）	
1978 年	政府工作报告：机械工业要多生产车辆及零配件
1986 年	"七五"计划：明确了汽车工业的支柱性地位
1991 年	"八五"计划：加快发展轿车工业和零部件工业，提高配套能力和国产化程度
1994 年	《汽车工业发展政策》：中国第一部汽车产业政策发布，明确了以轿车为主的汽车发展方向
1996 年	"九五"计划：大力发展汽车行业
汽车产业转型规划阶段（2001～2008 年）	
2001 年	"国家高技术研究发展计划"（863 计划）：建立"三纵三横"开发布局，新能源汽车专项计划正式启动

汽车产业转型规划阶段（2001~2008 年）	
2004 年	《汽车产业发展政策》：提升新能源汽车生产、环保和可持续发展技术
2006 年	"十一五"规划：鼓励开发使用节能环保和新型燃料汽车
2007 年	《新能源汽车生产准入管理规则》：定义新能源汽车内涵，是国家鼓励新能源汽车市场化开端的标志性文件
新型汽车产业成长阶段（2009~2017 年）	
2009 年	《关于开展节能与新能源汽车示范推广试点工作的通知》
2012 年	《节能与新能源汽车产业发展规划（2012－2020 年)》：设立专项补贴资金、给予税收减免
2013 年	《关于继续开展新能源汽车推广应用工作的通知》
2014 年	《关于免征新能源汽车车辆购置税》：免征购置税三年
2015 年	《中国制造 2025》：推动节能与新能源汽车领域技术发展，对智能网联汽车的发展作出重要规划 《国务院办公厅关于加快电动汽车充电基础设施建设的指导意见》：明确基础设施建设的工作目标
2016 年	《关于调整新能源汽车推广应用财政补贴政策的通知》 《关于"十三五"新能源汽车充电基础设施奖励政策及加强新能源汽车推广应用的通知》
2017 年	《汽车产业中长期发展规划》：提出了全产业链实现安全可控、新型产业生态基本形成、绿色发展水平大幅提高等三个目标 《乘用车企业平均燃料消耗量与新能源汽车积分并行管理办法》
新型汽车产业调整阶段（2018 年以来）	
2018 年	《车联网（智能网联汽车）产业发展行动计划》 《关于调整完善新能源汽车推广应用财政补贴政策的通知》
2019 年	《关于进一步完善新能源汽车推广应用财政补贴政策的通知》 《关于继续执行的车辆购置税优惠政策的公告》
2020 年	《新能源汽车产业发展规划（2021—2035 年)》 《关于修改新能源汽车生产企业及产品准入管理规定》 《报废机动车回收管理办法实施细则》 《智能汽车创新发展战略》
2021 年	《国家标准化发展纲要》：提出研究制定新能源汽车、智能网联汽车等领域的技术标准 《智能网联汽车生产企业及产品准入管理指南（试行)》（征求意见稿） 《关于 2022 年新能源汽车推广应用财政补贴政策的通知》：国家新能源汽车购置补贴政策于 2022 年 12 月 31 日终止

续表

新型汽车产业调整阶段（2018 年以来）	
2022 年	《绿色交通"十四五"发展规划》
2023 年	《汽车行业稳增长工作方案（2023—2024 年）》 《智能汽车基础地图标准体系建设指南（2023 版）》：加强智能汽车基础地图标准规范的顶层设计

资料来源：作者根据国家发改委、财政部、工信部等部门文件整理。

综上所述，政府在加快推动省内汽车产业，特别是新能源汽车产业的创新发展做出了重要指示。中央政府通过制定《中国制造 2025》战略、《新能源汽车产业发展规划（2021—2035 年）》等纲领性文件，前瞻性地为汽车产业的转型升级系统谋划了明确的战略目标和路线。而地方政府在落实中央政策的基础上，按照当地的实际情况和优势，制定相应的产业发展计划，由中央至地方政府层层落实，为汽车企业的成长提供了稳定的发展环境和优越的资源。

二、广东、吉林两地汽车产业发展现状

吉林和广东都是中国汽车产业发展的重要省份，两地在不同的历史背景下都经历了独特的汽车产业发展历程。吉林省位于中国东北地区的中部，拥有丰富的汽油资源和较为完善的工业基础，在新中国迫切发展工业时期被授予了重任，中国第一个汽车制造厂在长春建成，见证了新中国汽车工业从无到有、由弱到强的历史进程，孕育了多家知名汽车企业，为中国汽车行业的发展提供了宝贵经验和大批制造业人才，是新中国汽车工业的发源地。广东省则位于南部沿海地区，是国家最先进行改革开放的地区，经济规模庞大，凭借着夯实的制造业基础、广阔的海内外市场和全国领先的技术水平等优势在众多汽车制造大省中脱颖而出。

（一）广东汽车产业规模庞大，新能源化产业优势明显

广东汽车底子最初非常薄弱，20 世纪 60 年代广州才开始制造汽车，当时的广州汽车制造厂制造"红卫"牌货车，由于基础差，无法与一汽的"解放"牌和二汽的"东风"牌货车竞争，1979 年不得不停产下马[①]。然

---

① 广州汽车工业用 50 年时间从"三无"到世界 500 强 [EB/OL]. 中国日报网，2017 - 12 - 08.

而，广东人没有气馁，而是不断攻坚克难，急起直追，经过几代人的努力，到 2016 年汽车制造业已经成为广州第一支柱产业，占三大支柱产业产值的 44.6%。

随着中国加入 WTO，广东制造实力更加强劲，汽车产业发展有着突出表现，如图 8-1 所示，2017~2022 年产销占比大体呈上升的趋势，多年占据全国汽车产量与市场占有率排行第一，汽车市场活跃。不仅在传统汽车产业制造方面拥有雄厚的基础，在人工智能和通信科技等方面也取得了重要进展，又有比亚迪、广汽集团等一众新能源汽车龙头企业，在新能源汽车领域拥有得天独厚的优势。

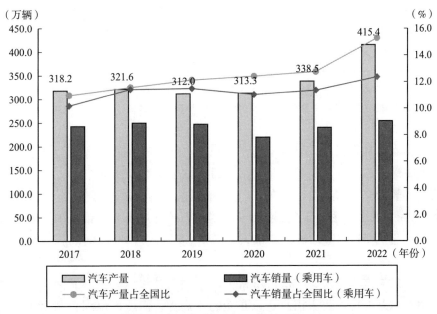

图 8-1　广东汽车产业总体发展概况

资料来源：中国汽车工业协会数据。

如图 8-2 所示，广东新能源汽车产量在 2018 年、2021 年、2022 年实现了迅猛增长，而 2020 年受到疫情的影响，即使增长速度有所放缓但总体产量仍呈快速上升的趋势，中汽中心数据显示，2022 年 11 月广东新能源汽车渗透率为 33.12%。可能是受到新能源汽车产能过剩、财政补贴政策退坡等因素的影响，新能源汽车销量占全国比呈现下降的趋势。

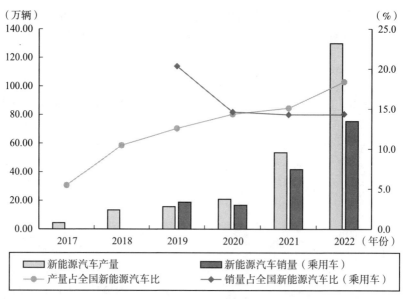

图 8 - 2 2017～2022 年广东新能源汽车产业发展

资料来源：中国汽车工业协会、新车交强险数据、广东统计局数据。

据南方日报报道，2023 年广东规模以上整车制造企业超过 25 家，规模以上零部件和配件企业超过 900 家，拥有整车及零部件研发、设计、生产、销售等较为完备的产业链。在 2023 年中国供应链百强名单中，广东上榜企业 10 家，其中 1 家位于全国前十①。据国家统计局统计数据，2023 年广东汽车产量为 519.19 万辆，新能源汽车产量为 253.18 万辆，双双居全国第一。

为发展汽车贸易，广州市出台了《广州市建设汽车国际贸易中心工作方案》，以"18 条"举措打造汽车贸易新高地，南沙区也配套制定了《南沙区关于建设国际贸易中心的工作措施》吸引整车进口贸易企业，并拿出专项扶持政策、保税展销、跨关流转等多种便利化政策和方案，为南沙打造汽车出海大通道。

从表 8 - 2 广东汽车出口规模情况看，广东汽车外贸态势强劲，但是由于广东的合资车企居多，且主要面向国内销售，汽车出口量并不突出，在 2023 年第一、二季度的出口占比为 4.9% 和 3.0%，全国排名仅为第 10。广东省在国内的出口份额虽然相较往年有所提升，但也只是从 2022 年的

---

① 中国新能源汽车看广东 [EB/OL]. 南方报业传媒集团，2023 - 07 - 18.

3.3%提升到了4.4%，仅增加了1.1个百分点，依旧维持在比较中游的水平——在18个有汽车出口业务的省份里，广东的出口份额仅排名第8[①]。

表8-2　　　　广东汽车（包含底盘）及汽车零配件出口规模　　　单位：亿元

指标	2020 年	2021 年	2022 年
汽车（包含底盘）	41.61	53.20	142.40
汽车零配件	450.87	553.48	574.58

资料来源：根据广东省统计局资料整理。

（二）吉林汽车产业基础夯实，新能源化进度相对滞后

吉林省作为老牌的汽车工业基地，域内汽车产业资源丰富，吉林省汽车制造企业具有较强的生产管理能力，2018年吉林省汽车产能利用率高达123.0%，居全国第一（巫细波，2020）。表8-3显示，吉林省规模以上工业企业汽车生产规模非常可观，汽车产量多年位居我国前列。但从整体上看产量数额呈下降的趋势，可能的原因是中国环保意识提高及政府对新能源汽车的大力支持，车联网、新能源等创新技术不断涌现，对传统汽车行业造成了较大冲击。虽然吉林省较早地布局了新能源汽车产业的建设，但由于地理位置因素，对新能源汽车动力电池的要求更高，现有的技术尚未能满足东北地区的出行需求，造成新能源汽车在全省推广的进展缓慢。2021年新能源汽车产量仅为10.7万辆，2022年为16.8万辆，新能源汽车乘用车的销量仅为1.3万台和3.7万台，2022年11月新能源汽车渗透率仅为21.32%，在四个梯队中位于第三，当地主要还是以生产燃油车为主。

表8-3　　　　　　　　吉林省汽车产销情况　　　　　　　单位：万辆

年份	规模以上工业企业汽车产量	销量（乘用车）
2017	289.8	37.9
2018	286.9	29.4
2019	288.9	28.5
2020	265.5	28.6
2021	242.4	30.3
2022	215.6	27.3

资料来源：吉林省统计局、新车交强险数据。

---

① 全国第一汽车大省却拖出口后腿？这下压力给到广汽集团 [EB/OL]. DA 访谈，2023-11-28.

吉林省具有悠久的汽车发展历史，整车产业基础稳固，产业体系较为完善，坐拥新中国成立以来第一家整车制造企业———一汽集团，其与全球知名汽车厂商大众、奥迪、丰田等设有合资企业。随着中国汽车市场的快速发展，吉林汽车产业逐渐向全产业链延伸，包括整车制造、零部件生产、设计研发、销售和服务等领域。在 2023 中国汽车供应链百强排行榜中，吉林上榜 4 家，其中吉林实力最强的"长春一汽富维汽车零部件股份有限公司"全国排名第 19 位。据"商商查"数据显示，吉林省汽车整车制造企业有108 家，零部件及配件制造 5540 家。

伴随着汽车产业自主创新力的不断提升，红旗、奔腾、解放等优质汽车品牌在国际市场的竞争力不断增强，如表 8 - 4 所示，2020～2022 年汽车出口规模稳步增长，其中整车出口额的增幅最大，在 2021 年、2022 年分别为127%、120%，但是汽车整体出口还显得比较弱，2023 年上半年出口排名中名列 16。吉林省 2023 年全年整车出口 191.7 亿元，增长 170.1%[①]。

表 8 - 4 　　　　　　　　　吉林省汽车出口情况　　　　　　　　单位：万元

指标	2022 年	2021 年	2020 年
汽车（包括底盘）	709998	322904	142317
汽车零配件	251546	229293	178664

资料来源：长春海关统计。

三、两地汽车产业发展中存在的问题

首先是产业不均衡发展。从区域范围看，广东汽车产业主要集中在珠三角地区，其他地区的汽车产业发展相对薄弱，缺乏现有产业规模和竞争力。珠三角地区占据了全省 90% 以上的研发资源（见表 8 - 5），人才、技术资源集中在汽车产业集聚区，广东汽车零部件和整车产业发展长期处于不对等状态，导致整个链条的供需不平衡和效率低下。

同样地，从图 8 - 3 吉林省细分城市的销量数据看，吉林省的汽车产业发展核心基本集中在长春市。

---

① 2023 年吉林省 GDP 同比增长 6.3% ［EB/OL］. 京报网，2024 - 01 - 19.

表 8－5　　　　　　　　广东分区域规模以上工业企业研发情况

经济区域	R&D 活动人员（万人）			R&D 经费内部支出（亿元）		
	2020	2021	2022	2020	2021	2022
珠三角	85.69	89.95	96.68	2388.24	2767.22	3072.79
东翼	2.39	2.14	2.23	49.92	55.24	57.52
西翼	1.10	1.10	1.28	25.18	25.22	39.81
山区	1.95	2.55	2.51	36.60	54.50	47.63

资料来源：根据《广东统计年鉴 2023 年》整理。

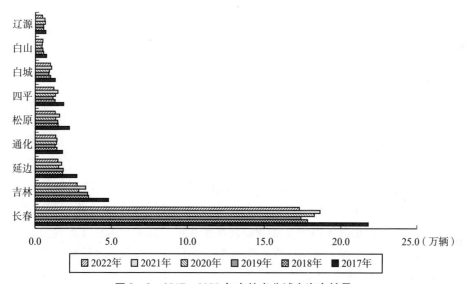

图 8－3　2017～2022 年吉林省分城市汽车销量

资料来源：新车交强险数据。

在这种导向下，长春市形成了单一的产业结构，经济增长过度依赖汽车制造业，整车和零部件发展主要依赖一汽集团（王硕、李冠龙，2021），汽车服务环节与本地零部件配套能力较为薄弱（田国胜，2018）。在疫情的影响下，长春成为 2022 年唯一 GDP 负增长的省会城市，由于长春市 GDP 占全省比重超过了 50%，吉林省也成为全国唯一负增长的省份。

自主研发能力是汽车产业持久发展的核心竞争力，特别是新能源汽车产业对芯片的需求要高于传统燃油汽车（巫细波等，2022），而我国整体自主创新能力较弱，面临着供应链、碳中和、国际化运营"卡脖子"的问题，关键产业链和供应链外部依赖性强，产业发展受制于人。自改革开放以来，吉林采取了国家提出的"引进、消化、吸收、创新"的技术发展路线，有效提高了吉林省的汽车技术和生产水平，然而过于依赖外资技术引进的情况仍然普遍存在（韩昊辰、徐博，2018），同时吉林政府对中小企业给予的关注有限，在项目审批、土地征用、银行贷款和办理相关手续等方面未能做到一视同仁，这给中小企业的自主创新带来了阻碍（李敏，2018）。

第三节　运用中观理论对区域政府的促进作用进行分析

区域政府实现"超前引领"过程中，需要运用理念创新、制度创新、组织创新和技术创新等方式实现资源调配。一般来说，政府实现理念创新主要体现在当地政府具有超前理念精神，从区域经济发展的现状中分析出问题所在，突破自我。在服务民众、参与竞争、市场开放等多个领域能够与时代背景进程同步，接受外界的监督和评价并不断完善政府职责。而制度创新是理念创新以政策、措施、方法的形式落实到经济市场，如按照区域实际情况与产业未来发展趋势，制定与完善相应的政策、法规和规章，不断加强政策的科学性、合理性，以适应市场发展的不同需求，为经济社会发展提供有力的制度保障。而组织与技术创新中，政府主要以"准微观"的身份参与到市场经济中，具体表现为加大金融创新力度，为中小型企业克服融资困难，创立产教平台，提高区域内企业的创新水平和培养高端技术人才等环节。超前引领的实现需要四个环节在现实实践中交融贯通。本部分将针对广东省和吉林省两地，根据区域政府的"准宏观"和"准微观"属性，分析区域政府在汽车产业发展中如何发挥"有为政府"的职责。

一、持续完善市场机制，构建法治营商环境

"有为政府"引导、介入市场，利用的是市场机制、市场手段和市场力量，陈云贤在《中观经济学》一书中指出：完善的市场机制和法治环境是发挥超前引领的前提。

在国家和地区政府的推广政策和激励措施下，消费者对新能源汽车的需求增长，厂商激烈争夺市场份额，但随着政策的调整与技术的不足，导致高端产业低端化建设，新能源汽车产业无序发展，产能过剩的问题逐步凸显。为了保持产业规模的优势和避免产能浪费，政府需要健全市场机制和营造法

治化的营商环境，加强知识产权的保护，通过明确的法律法规、监管体系以及公正的市场规则，提供微观主体一个公平竞争的市场环境，保证市场的效率和有序进行，为遏制低水平重复建设，推动落后企业和无效产能退出，对推进新能源汽车项目建设的规范有序具有重要意义。

加强知识产权保护。在构建法治营商环境方面，两地采取了一系列知识产权保护工作，分别公布《广东省知识产权保护条例》《市场监管管理局知识产权工作专项资金管理细则》《吉林省贯彻落实〈知识产权强国建设纲要（2021—2035 年）〉工作方案》等法制性文件，着力完善地方性法规体系，不断健全知识产权协同保护体系，提高违法成本和加大执法与管理监管的力度，先后成立当地知识产权保护协会，推动各项法律法规的执行和完善，助推知识产权强省的建设，拓宽了企业知识产权价值实现的渠道，为鼓励企业创新提供了良好的营商环境。

吉林深化营商环境改革。张学慧等（2021）的研究认为，政府放权将部分监管权力转移至市场，能够有效提高高新技术企业的投资水平，并且激励高新技术企业不断提高投资效率。新兴数字技术的快速迭代加速了社会数字化的进程，数字化政府的建设成为了政府"放管服"的重要手段之一，对改善营商环境、规范市场行为、增强市场活力有着积极的影响。两地着力于优化流程、整合部门、采用电子化等手段，推动更多企业服务事项一网通办，优化行政管理效率，打造政企沟通渠道，建立了政企双向可靠的点对点信息共享平台。

吉林省"十四五"规划中强调要举全省之力支持一汽创建世界一流企业、长春建设世界一流国际汽车城，打造全球最大的汽车工厂。政务服务办理时限平均压缩了 50% 以上，建立了企业及企业家信用记录和诚信档案，推出人才政策 2.0，并陆续施行《吉林省营商环境优化提升实施方案（2021）》等一系列法律法规和政策文件。作为全国乃至全世界重要的汽车整车和零部件生产研发基地，长春汽车经济技术开发区近年来以优化营商环境为重要着力点，深化"放管服"改革，多方面持续增强对项目建设和市场主体的服务质效，提升区域经济实力和市场主体信心，推进汽车产业集群"上台阶"①。

长春汽开区政数局在政务大厅开通两条"绿色通道"，一是"项目审批

---

① 王晓林.长春汽开区：优化营商环境助汽车业"上台阶"[N].经济参考报，2023 – 03 – 24.

绿色通道"，即大力推行容缺受理和告知承诺，对符合条件的项目实行拿地即开工①，最大限度地减少了企业的时间成本，实现快速生产建设。二是"出入境服务绿色通道"，为方便一汽集团的外籍专家出入境手续，汽开区已开通了专门的出入境服务绿色通道。为确保重要汽车零配件能够快速投产，长春海关已实施全天候快速通关服务，指导企业采用提前申报、两步申报、汇总征税等便利化措施。②

广东坚持高质量服务。在汽车产业的发展过程中，广东税务部门坚持高质量发展的鲜明导向，专注于强化产业优势、稳定市场占有率，全面贯彻各项税费支持政策，积极支持和促进绿色能源等领域的发展，共同助力汽车产业实现更为健康、可持续的发展。2023 年 4 月，广东省税务局发布"税收助力制造业当家"大企业定制性纳税服务专项行动③，为响应企业税费诉求，提高服务水平，推出了六项定制服务举措：提升税企沟通的层级，快速响应税费诉求，量身定制"一企一策"服务方案，细化实施税费政策，实施动态预警以防范风险，并提升数智服务以增加效率。《广东省内海关支持广东优化营商环境推动全省外贸稳规模优结构 20 条措施》由海关总署广东分署颁布。这些措施主要聚焦于提升进出口通关效率、支持广东拓展进出口、协助企业减轻负担增加效益、为广东外贸创新发展提供服务，以及促进广东跨境贸易便利化等方面④。通过进一步释放政策红利，这些措施有望提振企业信心，支持新能源汽车、储能产品扩大出口，开行更多整车出口班列。广东省政府对外发布《广东省进一步扩大对外开放积极利用外资若干政策措施（修订版）》，提出允许在专用车制造、新能源汽车制造、船舶设计、干线、支线和通用飞机设计、制造与维修等领域设立外资独资企业。此外，取消在广东设立的中资银行和金融资产管理公司的外资持股比例限制，鼓励外国银行在广东同时设立分行和子行，进一步改善广东营商环境和形成对外开放新格局，吸引优质外资项目。

广州作为粤港澳大湾区中心城市之一，正在坚定不移深化营商环境改革，全力构建市场化、国际化、法治化营商环境。2023 年 7 月 26 日，广州八部门联合印发《广州市进一步提升二手车出口便利化促进外贸高质量发

---

① 杨洪伦. 汽开区全力优化产业发展环境 [N]. 长春日报，2022 – 03 – 11.

② 马晓成. 吉林打造营商环境"快"车道 [N]. 新华每日电讯，2023 – 02 – 10.

③ 税收助力制造业当家，广东推出大企业定制纳税服务专项行动 [N]. 南方都市报，2023 – 04 – 27.

④ 7 月进出口企稳回升增速转正 [N]. 南方日报，2023 – 08 – 11.

展的若干措施》的通知。措施中提到，为深化营商环境"放管服"改革，更大力度激发市场主体活力，用好用足国内国际两个市场、两种资源，盘活国内二手车交易市场。肇庆在推动新能源汽车及汽车零部件产业发展的过程中，始终坚持以企业需求为导向，以"产业第一，制造业优先"的理念为指导，各级部门认真梳理研究现行政策和服务措施，落实新能源汽车相关税收优惠政策，成立汽车产业发展工作领导小组，召开政企面对面协商座谈会等举措，围绕打造新能源汽车千亿产业集群，建立健全新能源汽车产业发展政策体系和服务体系，持续强化服务意识，为企业提供精准服务，为产业发展构建优质营商环境，助力企业"轻装上阵"。

二、超前产业规划布局，完善配套基础设施

"有为政府"要实现超前引领，需要具备敏锐的预测能力和决策的判断力，在汽车产业发展中，区域政府能够及时响应中央号召，制定落实各类规范措施和支持政策，全局规划并扶持汽车产业发展，顺应时代背景积极引导产业转型升级，发挥"准微观"作用积极开展区域竞争的具象化表现。

计划经济时代，我国汽车产业在中央计划经济的支持下主要集中于东北地区，广东的汽车产业起步时间较晚，改革开放后的中国市场逐渐从"计划经济"走向了"市场经济"，逐步放开对汽车市场的相关限制，欧美及日韩汽车工业起步早、发展快，技术水平遥遥领先，广东通过中外合资企业的形式将从业人员送到国外培训、进修，接触到现代化汽车工业，直接参与中国生产的车辆的改进设计，为汽车工业培养造就一大批技术人才和企业管理人才，将汽车工业整体水平提高到一个崭新的高度。为更有效地利用外资，1990年，广东出台《广东省关于引导外商投资的若干规定》，对特定外商投资项目给予优先和税收优惠政策，重点发展铁路、公路等基础设施建设和汽车零部件项目，一些国际知名汽车品牌陆续进入广东设立生产基地或合资企业，加速了汽车制造和组装的成长速度，广东汽车制造产业逐渐形成了一定的规模。

（一）广东不断促进汽车产业发展

广州市是中国华南地区最大的汽车产业基地，在广东汽车产业发展布局中居于核心地位，有着广汽集团、广汽本田、广汽丰田、一汽大众等一众车

厂。广州标致汽车公司是广州发展汽车工业的第一个中外合资项目，也是改革开放以后我国汽车工业的第一批外资合作项目之一，但 1992 年由于中法政治关系紧张，导致广州标致迅速没落，广州市委、市政府果断决策成立汽车重组领导小组，调整汽车项目发展战略，选择日本本田汽车公司作为新的合作伙伴，开创了广州汽车工业发展的新纪元，至此合资汽车迎来爆发式发展，迎来广汽丰田、东风日产等企业，成功带动了当地汽车产业的迅速增长。

历经十余年的发展，广东已建成多个汽车产业园区如广州汽车品牌产业园、佛山汽车产业园、比亚迪汽车工业园、花都汽车城、顺德新能源汽车小镇等，新能源汽车领域作为汽车产业发展的重要方向，目前已形成了以比亚迪和广汽集团为核心，逐步辐射整个珠三角的产业格局。

（二）吉林持续优化汽车产业结构

吉林省是以长春和吉林为汽车产业的主要聚集地，其中长春表现最为突出。东北三省是新中国成立后建成的第一个重工业基地，我国第一个生产载重汽车的工厂便坐落于吉林长春，长春第一汽车制造厂的建成和投产结束了我国不能制造汽车的历史，对中国工业发展有着举足轻重的意义。吉林省和长春市支持一汽集团加快发展，推进其向世界一流企业的进阶，为此成立了支持一汽改革发展联合工作组办公室，并与中国一汽建立了省企合作管理机制，从先行企业改革模式中借鉴经验，为一汽的深化改革提供支持和承接。促进长春等六市政府与一汽集团签署战略合作协议，以支持一汽解放汽车有限公司与四平市合作建设一汽解放四平专用车委托改装合作基地，同时与白城市政府展开氢能产业战略合作①，就支持中国一汽创建世界一流企业、长春建设世界一流国际汽车城出台具体举措，涉及企业改革、核心技术攻关、产业链供应链配套、人才培养等 10 个方面，包括税费减免、要素资源配套、招商引资等 27 项措施办法。吉林省和长春市通过这些举措，建立了以一汽集团为核心的汽车产业链和市场布局，并发布了关于加快建设汽车零部件产业体系的政策措施通知，借助长春兴隆综合保税区的功能和政策，支持一汽大众零部件试验中心的建设，推动合资品牌的配套零部件产品在长春市进行测试验证，同时吸引更多零部件企业融入吉林省的汽车产业生态圈。2022年中国一汽以 4075. 39 亿元的品牌价值位居汽车行业榜首，这充分证明了吉林省和长春市对一汽集团的支持和推动取得了显著成果。

---

① 华泰来. 回暖势头映照发展潜力［N］. 吉林日报. 2020 - 08 - 05.

虽然新能源汽车进展较慢，但是吉林高度重视该产业的发展，汇集区域内资源全力推进产业进步。据长春新闻报道，奥迪—汽新能源汽车项目规划落地以来，吉林省委、省政府高位推动，项目所在的汽车开发区组建专班，创新服务工作模式，全程服务解决了水、电、气、热、物流等一大批制约项目建设的难题。随着产业政策的进一步落实和省内优质资源的聚力支持下，吉林省新能源汽车产业将加速发展。

（三）两地出台众多扶持汽车产业发展的政策

广东省和吉林省政府响应政府号召，为推动汽车产业的发展和转型升级做出了许多努力，首先体现在政策把控汽车产业发展方向和推广效果上，历年发布的系列政策如表8-6所示。

表8-6　　　　　广东省与吉林省关于汽车产业的重要文件梳理

	广东省
2006 年	《广东省国民经济和社会发展第十一个五年规划纲要》：布局新能源汽车相关技术研发和产业化转化工作
2009 年	《广东省汽车产业调整和振兴规划》
2010 年	《私人购买新能源汽车试点财政补助资金管理暂行办法》 《广东省电动汽车发展行动计划》
2012 年	《广东省战略性新兴产业发展"十二五"规划》：将新能源汽车产业归为八大重点发展产业之一
2013 年	《广东省新能源汽车产业发展规划（2013-2020）》
2015 年	《广东省省级新能源汽车推广应用专项资金管理办法》：设立专项基金引导、支持全省新能源汽车推广应用 《广东省电动汽车充电设施建设专项资金管理办法》
2016 年	《广东省人民政府办公厅关于加快新能源汽车推广应用的实施意见》
2017 年	《广东省战略性新兴产业发展"十三五"规划》
2018 年	《关于加快新能源汽车产业创新发展意见》：促进汽车产业向电动化、智能化方向战略转型
2019 年	《关于进一步完善扶持先进装备制造业发展财政政策措施的通知》
2020 年	《广东省发展汽车战略性支柱产业集群行动计划（2021—2025 年）》：加快发展汽车战略性支柱产业集群，促进产业迈向全球价值链高端
2021 年	《广东省制造业高质量发展"十四五"规划》：坚持传统与新能源汽车共同发展，推广新能源及智能网联汽车建立安全可控的关键零部件配套体系

续表

广东省	
2022 年	《广东省电动汽车充电基础设施发展"十四五"规划》 《广东省加快建设燃料电池汽车示范城市群行动计划（2022－2025 年)》：建成具有国际竞争力的燃料电池汽车产业技术创新高地 《广东省汽车零部件产业"强链"工程实施方案》
2023 年	《广东省人民政府关于高质量建设制造强省的意见》：大力发展新能源汽车，突破重点产业链的一批关键核心技术、前沿技术和颠覆性技术 《关于印发广东省进一步搞活汽车流通扩大汽车消费实施方案的通知》
吉林省	
2005 年	《吉林省汽车产业 2005－2010 年发展规划》：调整改造吉林工业基地产业发展
2007 年	《2007 年吉林省政府工作报告》：优化汽车产业结构，扩大地方零部件配套规模
2009 年	《吉林省人民政府关于落实国家汽车产业调整和振兴规划的实施意见》：大力培育和发展自主品牌，着手制订新能源汽车发展规划，加速新能源汽车产业化进程
2012 年	《吉林省汽车与石化产业配套协作发展专项资金绩效管理办法（试行)》
2015 年	《关于加快吉林省新能源汽车推广应用的实施意见》
2016 年	《关于下发〈吉林省新能源汽车推广应用补贴资金管理办法〉的通知》 《吉林省人民政府办公厅关于进一步促进新能源汽车加快发展的政策意见》
2018 年	《关于加快建设汽车零部件产业体系的政策措施》
2019 年	《吉林省 2019－2022 年新能源汽车推广应用补贴资金管理办法》：免征车辆购置税
2020 年	《吉林市新能源汽车推广应用补贴资金实施细则》 《吉林省关于稳定和扩大汽车消费具体举措的通知》
2021 年	《吉林省人民政府办公厅关于进一步促进汽车消费若干措施的通知》
2022 年	《吉林省人民政府关于印发稳定全省经济若干措施的通知》：给予补贴刺激传统燃油汽车和新能源汽车产业的消费需求 《吉林省电动汽车充换电基础设施发展规划（2021－2025 年)》 《"一主六双"高质量发展战略专项规划》：聚焦新能源汽车领域，围绕电动化、网联化、智能化发展方向，加快整车、零部件、后市场"三位一体"全面提升 《吉林省电动汽车充换电基础设施建设省级财政补贴资金管理暂行办法（修订版)》 《吉林省电动汽车充换电基础设施建设运营管理暂行办法（修订版)》
2023 年	《吉林省人民政府关于实施汽车产业集群"上台阶"工程的意见》 《吉林省制造业智能化改造和数字化转型行动方案（2023－2025 年)》：加快汽车等领域"智改数转"，积极推进汽车及零部件数字化转型

资料来源：作者根据广东省、吉林省政府网站公开资料整理。

优质的基础设施是经济发展的重要支撑，充电设施的建设直接联系到了新能源汽车产业的可持续发展。广东省和吉林省在新能源汽车产业发展中都有明确的目标，推进充电桩、充电站等新能源汽车基础设施的建设和普及力度，致力于提高充电便利性，解决电动汽车充电的痛点，为新型汽车用户提供便捷的充电与服务体验，推动新能源汽车产业的持续发展，对汽车产业链的升级与转型具有关键作用。表 8－7 为中国充电联盟提供的信息数据，2022 年广东省公共充电桩总量达 3829.6 百台，全国占比 21.31%，领跑全国，而吉林省新能源汽车基础设施建设方面取得了一定进展，但公共充电桩数量仍存在较大缺口，公共充电桩总量仅为 68.1 百台，面临着建设进度滞后的问题。

表 8－7　　　　　　　2022 年广东省和吉林省充电基础设施运行情况

	广东省	吉林省
公共充电桩保有量（百台）	3829.6	68.1
充电站保有量（百座）	217.1	4.2
共享私桩（百台）	77.0	1.8

资料来源：中国充电联盟数据。

三、激发企业创新动力，优化普惠金融服务

以亚当·斯密为代表的古典经济学认为，市场能够自动调节资源配置，政府的干预可能带来扭曲和效率损失。中观经济学认为，区域政府能够充分发挥其经济导向、调节、预警的作用，依靠市场规则和市场机制，通过引导投资、引导消费、引导出口等手段措施有效配置资源，形成领先优势。幼稚产业保护主义理论认为政府应当对发展规模较小，缺乏国际竞争力的新兴产业提供适当的支持政策，而我国的新能源汽车发展起步较晚，技术含量偏低，处于价值链的中游环节，核心技术还依赖进口，在国际新能源领域的竞争中处于不利地位。

加大财政扶持力度。财政补贴是政府扶持产业发展，调控市场资源的一种有效手段，在本章案例分析中区域政府通过对消费者免征购置税，取消限行、限购，政府采购等方式实质性地推广了新能源汽车，助推了新兴行业的发展。但归根结底，创新才是引领发展的第一动力，培养出产业的竞争优势才是新能源汽车产业在国际市场上立足的根本。研究证明政府补贴政策整体

上能够促进技术创新数量和质量上的提升（江永红、杨春，2022），不论企业处于成长期、成熟期还是衰退期，其对自主创新能力都有着显著的激励作用（岳宇君、马艺璇，2023）。对此，两地地方政府都设立了新能源汽车重大科技研发专项，加强关键核心技术的研发，旨在提升企业的自主研发能力，结束依赖国外进口的瓶颈制约局面。

地方财政科技支出比例可以反映地方政府对科技发展的支持程度，表 8-8 统计了广东和吉林地方科技创新发展情况，可以看出，两地地方财政科技支出存在明显差距，创新效率也存在地区差异，其中可能是与当地经济水平相关，经济水平越高，地方政府财政自给能力强，越能为科技创新发展提供良好的环境和保障，对比之下吉林省财政收入体量不大，财政运行紧平衡状态明显，还存在收支矛盾突出等问题，亟待加强管理地方政府债务和财政收支，调整优化支出结构以提高财政资金使用效益。

表 8-8　　　　　2017~2021 年广东和吉林科技创新发展情况

年份	广东省		吉林省	
	财政科学技术支出占比（%）	规上企业专利申请数（件）	财政科学技术支出占比（%）	规上企业专利申请数（件）
2017	5.5	199293	1.3	2894
2018	6.6	241700	1.1	3333
2019	6.8	272616	1.0	6256
2020	5.5	305665	1.0	6476
2021	5.4	340935	1.0	7949

资料来源：作者根据国家统计局数据整理绘制。

吉林长春汽开区针对企业生产经营普遍面临成本、资金、市场、人才等困难，采取了有针对性的政策和措施，紧紧抓住政策扶持、金融服务、创新驱动、人力资源四个关键领域，推动营商环境迭代升级，为企业发展延伸空间、创造机遇、全面赋能，围绕转型升级、技术改造、项目落位等[1]，推进政策向普惠化、功能型转变，为企业拓市场、抢订单制定更有时效性的政策供给[2]，致力于为企业营造一个更加公平的商业环境，促进企业的发展和壮

---

① 孟凡明. 再闯关山千万重 [N]. 吉林日报，2023-02-07.
② 王晓林. 长春汽开区：优化营商环境助汽车业"上台阶" [N]. 经济参考报，2023-03-24.

大，拨付近 8000 万元用于兑现政策奖励，以助力企业在提档升级、科技创新、品牌建设等方面稳步发展。实施汽车领域创新驱动增效工程，在加强企业创新创造能力、"双创"载体建设、支持科技成果转化应用等方面出台了明确的支持奖励政策，着力激发市场创新活力①。广东制定了《广东省省级新能源汽车推广应用专项资金管理办法》，设立新能源汽车专项资金，用于引导和支持全省新能源汽车推广应用，发布《广东省自主创新促进条例》，旨在促进地区之间自主创新合作和信息资源共享，扶持粤东西北地区的自主创新，统筹推进全省科技创新协调发展，以科学技术经费作为财政支出的重点，逐步提高研究与开发经费占地区生产总值的比例，并进一步完善了成果转化激励机制。广州市《燃料电池汽车示范应用工作方案（2022 – 2025年)》中对获得国家示范城市群考核"关键零部件研发产业化"积分的企业给予财政资金奖励，参照国家综合评定奖励积分，原则上每 1 积分奖励 5 万元，每个企业同类产品奖励总额不超过 5000 万元②。

鼓励新能源汽车发展。新能源汽车作为新兴产业，在我国仍处于初级水平阶段，企业经营时间不长、生产技术尚未成熟，尤其是很多新能源汽车零部件的提供商大多是中小型企业，导致企业开展外源性融资困难。针对类似情况，两省出台了《广东省支持中小企业融资的若干政策措施》《广东省激发企业活力推动高质量发展的若干政策措施》《吉林省人民政府关于缓解企业融资难融资贵若干措施的通知》《吉林省融资担保公司监管分类评级暂行办法》等文件引导汽车企业进行融资。围绕新能源及智能网联汽车等战略性支柱产业集群，针对产业创新技术需求，打造一批吸引社会资本参与的投资标的；建立中小企业信用评价体系，通过鼓励股权投资和并购重组、丰富债券融资品种等渠道拓宽中小企业直接融资渠道；搭建融资服务对接平台，加大金融科技赋能，鼓励金融机构在授信、信贷投放、资源配置上给予倾斜，降低融资成本，提高中小企业融资便利性，解决中小企业融资难、融资贵的难题。

商商查数据显示，截至 2023 年 8 月，广东省企业在名称、经营范围、主营业务、品牌标签等维度中含"新能源汽车"关键词的存续企业数量达 9万多家，2022 年新增企业 2.9 万家，吉林则为 1 万多家，年增 3108 家，充电桩相关存续企业广东为 4.6 万家，吉林则为 3400 多家。

---

① 孟凡明. 再闯关山千万重［N］. 吉林日报，2023 – 02 – 07.

② 广州力争到 2025 年燃料电池汽车产业规模超百亿［EB/OL］. 南方 Plus 客户端，2022 –12 – 12.

四、聚焦深化产教融合，强化人才支撑工作

人才是第一资源，国家科技创新力的根本源泉在于人的创造，在区域政府竞争理论中，政府竞争最突出的表现在于人才竞争。2022 年广东全省共160 所高校，专科 93 所，本科 67 所，共有 30 家国家重点实验室，23 家国家工程技术研究中心，以及 7589 家省级工程技术研究中心。此外，还有 4家国家级制造业创新中心和 33 家省级制造业创新中心。吉林省有 66 所普通高校，其中专科院校 29 所，本科院校 37 所，已建成国家重点实验室 11 个，省重点实验室 155 个，省级科技创新中心 238 个，全职工作的中国科学院和中国工程院院士 22 人，具备了较为丰富的研发和创新资源，这些为两省汽车产业发展奠定了坚实的基础。

产教融合是职业教育类型化高质量发展的核心内容，职业学校依照所设专业积极开办专业产业（聂强、聂蕊，2023），在政府的引领下，学校与产业内的龙头企业及同行企业、供应商等各类组织共同开展人才培养工作，推动高等教育、职业教育与产业实现更大范围、更全方向和更加紧密的融合发展和联动发展，对促进产业集群和经济高质量发展有着积极影响。

广东深化产教融合。《广东省人民政府办公厅关于深化产教融合的实施意见》明确提出要构建产教融合新体系，通过税收减免、财政补贴、创新基金等支持措施鼓励企事业单位与高等教育机构合作，设立产教融合的工作组织和机构，定期举办合作交流会议、论坛和培训，促进双方的对接和合作等多项工作深化产教融合。为全力帮助支撑广汽集团的发展，用多样化的形式和模式，为汽车产业培养技术人才，广汽乘用车有限公司与广东技术师范大学、肇庆学院、华南理工大学等高校正式签署校企合作战略框架协议，开展人才培训与培养、科研项目合作、产业学院、联合实验室、实践基地共建等，打造产学研合作新范式，全面推进和深化高校与企业间的多元化合作。广东省累计有 1223 家企业入选省级产教融合型企业，数量全国居首，在国家公布的《第一批拟入围国家级市域产教联合体》名单中，深圳市域产教联合体、佛山市"两高四新"产教联合体成功入围。

吉林加强与高校合作。长春汽开区已与 6 所高校签署了战略合作框架协议，支持企业与吉林大学、东北师范大学、长春汽车工业高等专科学校等共同建立人才培养基地，以为汽车研发、生产销售、维修等领域提供全链条的

人才支持①。同时，编制了《汽开区急需紧缺产业人才目录》，旨在吸引国际和国内的优秀人才。为支持国际汽车城吸引和集聚新能源汽车产业人才，吉林制定了《关于支持国际汽车城吸引集聚新能源汽车产业人才的若干政策》，全力支持奥迪一汽新能源、比亚迪动力电池等重点项目的落地，吸引数千名产业人才聚集。同时，吉林全力拓宽人才经费投入渠道，以实现资金的最大效用②。近年来，吉林已累计兑现了 1.78 亿元的人才奖励和住房补贴，2100 万元的企业研发支持奖励，以及 428.4 万元的职业技能培训补贴资金③。每年，吉林吸引数千名高校人才和技能人才在汽开区创业就业。截至 2023 年，吉林省成立了包括汽车、人工智能、智能制造等新兴产业在内的 14 个现代产业学院协作体，长春市汽车产业集群产教联合体入围国家公布的《第一批拟入围国家级市域产教联合体》名单。

产教深入融合为企业、产业培养高素质技术人才，但如何保住人才也是一大热门问题。据《中国城市人才吸引力排名：2023》的吸引力百强榜单数据，我国人才流动趋势分化明显，得益于雄厚的经济基础和政策保障，人才更倾向于往长三角、珠三角地区集聚。前瞻产业研究院的《2021 年中国 31 省市人才政策对比及效益评价深度分析报告》显示，截至 2021 年 4 月底，广东的人才引进和保障政策数量属于第一梯队。梧桐果数据统计表明，2019 届毕业生人才吸引指数省份排名中广东以 10.78 的人才吸引指数位列第一。

而东北三省的人才吸引指数普遍较低，吉林以 -2.97 排在倒数第五位，人才流失形势严峻。为了增强省内吸引力和人才竞争力，保障人才引得进、留得住、用得好，吉林省财政厅不断加大资金投入力度，省级人才资金投入年平均增幅达 7.35%，2019 年出台了"1+3"配套实施细则，即《吉林省享受"18 条"人才政策待遇对象的评定办法》和《吉林省引进人才配偶就业及子女就学实施细则》《吉林省引进人才安家补贴实施细则》《吉林省创新创业人才贡献奖励实施细则》，2022 年发布《关于激发人才活力支持人才创新创业的若干政策措施（3.0 版）》，涵盖了推动人才链与产业链的融合，培育激励企业各类人才，同时关注人才引留并举和创新人才服务机制等多方面的内容④。

---

① 王晓林. 长春汽开区：优化营商环境助汽车业"上台阶"［N］. 经济参考报，2023 - 03 - 24.

② 王春宝. 吉林长春汽开区建设世界汽车产业集群［N］. 消费日报，2023 - 11 - 16.

③ 长春汽开区：搭平台、聚要素、强保障 将人才关键变量转化为发展最大增量［EB/OL］. 人民网 - 吉林频道，2023 - 08 - 17.

④ 《关于激发人才活力支持人才创新创业的若干政策措施（3.0 版）》政策解读新闻发布会［EB/OL］. 吉林省政府网，2022 - 11 - 18.

第四节　结论与启示

一、研究结论

本章基于中观经济学视角，结合区域政府双重属性理论，着重分析在有为政府的"准微观"属性下，政府如何介入市场，在项目、科技、人才、财政和金融方面参与政府竞争，实现对区域汽车产业发展的超前引领作用。研究发现，广东吉林两地政府在尊重市场规律的前提下，积极发挥制度、理念、组织和技术上的创新引领作用：通过坚持改革开放完善市场机制，构建法制化的营商环境，营造竞争有序的市场环境，充分激发市场活力；超前规划和集中资源扶持汽车产业的成长，完善配套基础设施支撑产业持续发展；解决新能源汽车企业融资慢融资难的痛点，对重点项目给予研发资金，以财政和金融联动的方式鼓励企业自主创新，延长全线产业链条；培养专项人才的同时落实人才保障工作。

二、政策启示

一是强化顶层设计和规划引领。区域政府要制定综合性的区域产业发展规划，明确各地区的发展定位和优势产业方向，针对不同地区的特点和潜力，制订差异化的政策支持，拓展多元产业融合发展的新路径。持续优化营商环境，积极推进知识产权保护体系工程建设，深化"一网通办"等政务服务，提升政府治理现代化水平。除此之外，还应加强基础设施建设和公共服务的均衡布局，加大充电配套基础设施和交通网络的建设，为汽车产业创造良好的发展环境。

二是提高行业准入门槛，加强创新推动。首先是相关技术标准的制定和完善，要建立行业标准和规范，明确产品质量、技术要求和安全标准，提高整个行业的技术水平和产品质量。其次，结合企业生命周期制定差异化补贴政策或者税收优惠，鼓励企业自主研发，加大对关键核心技术的攻关力度，开展前沿技术的研究和应用，培育自主品牌，建立有效的不定期评估、动态调整及处罚等机制。推动高校科研机构和企业间的技术研发合作，改变核心技术受制于人的局面，提高产业链的国际竞争力。同时，加强教育培训和人才引进工作，提高地区人才素质和技能水平，为汽车产业提供优质的人力资源支持。

三是优化产业链和供应链的协同配套能力。推动汽车产业整零协同发展，鼓励集群内整车企业和零部件企业的加强合作，开展深层次的产业链对接，引导产业内部专业化分工和横向配套协作，促进上下游供需衔接，建立稳定的供应链关系，增强产业链供应链韧性，以应对市场需求的变化。

第九章　区域政府引导下的乡村振兴研究

　　我国已经进入全方位社会主义现代化建设新时期。全面建设社会主义现代化国家，农业农村农民的现代化是关键。当前正值全心投入贯彻落实党的二十大精神的关键时刻。新的阶段，新的努力，各个地方部门都致力于实现农业强国的愿景，全力推动农村振兴发展，塑造独具魅力的农村社区，创建各种具有特点的乡镇。中观经济学提出了"有效的市场"与"积极有为的政府"、地域政治"领先引导"等以区域政府为中心的理论，并且强调了区域政府的"近微观"及"近宏观"的"二元特性"，这为乡村振兴战略落实过程中利用地方政府的经济指导和调控功能，通过运用市场的规律和机制，高效分配资源，构建区域竞争力提供了理论支持。本章立足于中观经济学，以区域政府为分析主体，探索区域政府在乡村振兴的引领作用。本章以浙江省为例，通过解析浙江省乡村振兴典型模式，并从区域政府超前引领、资源配置，以及"有为政府"和"有效市场"的有机结合等方面，系统分析了浙江省政府及所属地市区域政府在乡村振兴过程中是如何指导并亲自参与这一行动的，以期为我国其他省份推进乡村振兴战略提供参考。本章研究发现，浙江在乡村振兴建设上积极发挥"有为政府"的作用，同时注重激发各地的市场主体作用。围绕"五位一体"总体布局，充分调动财政资源，在区域政府引领下协同推进乡村振兴。坚持因地制宜和分类指导，坚持发展区域特色产业，重视三产融合，突出农旅结合、互联网＋、数实产业融合发展，构建链式联动的乡村产业经济体系，以产业振兴为核心，为提升农村居民收入水平、缩小城乡差距夯实物质基础，探索出了一条区域政府示范引领、循序渐进的农村人居环境整治、美丽乡村建设新路径。

　　"三农"问题一直是党中央、国务院高度重视的核心问题。党的十八大以来，我国采取了一系列重大举措致力于农村建设，乡村振兴战略就是为了实现解决人民日益增长的美好生活需要和不平衡不充分发展之间的矛盾，实现"两个一百年"奋斗目标，促进全体人民共同富裕而推出的重大战略举措。

2018 年中共中央、国务院发布了《关于实施乡村振兴战略的意见》，指出乡村振兴战略要遵循统筹推进"五位一体"总体布局和协调推进"四个全面"战略布局。2024 年中共中央国务院发布了一号文件《关于学习运用"千村示范、万村整治"工程经验有力有效推进乡村全面振兴的意见》，从确保国家粮食安全、确保不发生规模性返贫、提升乡村产业发展水平、提升乡村建设水平、提升乡村治理水平、加强党对"三农"工作的全面领导六个方面提出了有力有效推进乡村全面振兴"路线图"。

在国家战略指引下，各地围绕经济、政治、文化、社会、生态文明及党的建设，致力于乡村现代化的推进。尤其是在数字经济快速发展的全球背景下，各地深入推进农业农村领域的技术革命性突破、生产要素创新性配置和产业深度转型升级，以此促进农业农村全要素生产率的大幅提升，加快培育乡村全面振兴新质生产力。全国涌现出非常多的乡村振兴典型。

基于中共中央、国务院对于乡村振兴的重视，浙江省先行先试，特别是在"千万工程"的理念指导下，各项工作走在全国前列。2018 年，中共浙江省委、省政府印发的《全面实施乡村振兴战略高水平推进农业农村现代化行动计划（2018—2022 年）》明确提出，到 2020 年，乡村振兴制度框架和政策体系基本形成，乡村振兴取得实质性进展，广大农村与全省同步高水平全面建成小康社会；到 2022 年，乡村振兴取得重大进展，以人为核心的现代化高水平推进。2024 年，浙江又推出《关于坚持和深化新时代"千万工程"打造乡村全面振兴浙江样板 2024 年工作要点》的通知，涵盖了粮食安全、农民收入、乡村"土特产"、诗画江南乡村建设、乡村文明善治、县域城乡融合以及相关基础性支撑等方面内容，这为加快绘就"千村引领、万村振兴、全域共富、城乡和美"的浙江新画卷指明了方向。①

如今，漫步于浙江省的农村地区，能真切地感受到"农业繁荣、环境优美、民风淳朴、管理高效、生活富足"的美丽图景已经实实在在地展现在我们的面前了。浙江得以在改革开放后几十年间取得如此翻天覆地的变化，离不开中国特色社会主义道路的正确方向，更离不开浙江各级地方政府和城乡居民的共同努力。有鉴于此，本章立足中观经济学思想，以区域政府为研究主体，探究在乡村振兴过程中区域政府行为是如何影响乡村产业和经济发展的，这不仅对全国乡村振兴战略政策的实施有非常重要的借鉴价值，而且有助于正确把握乡村振兴战略的未来方向。

---

① 沈吟. 勇担新使命　干出新气象［N］. 浙江日报，2024-02-22.

第一节　理论依据与文献回顾

一、理论依据

（一）区域政府概念界定

学界针对何为区域政府展开了系列探讨，认为区域政府是"区域"与"政府"两个概念的有机结合体。法国经济学家弗朗索瓦·佩鲁（1950）在《经济空间理论和应用》一文中提出了经济空间理论，将经济空间系统归纳为均质的经济空间、势力场的竞争空间以及政策运用的经济空间三大类别。沿袭这一理论，美国区域经济学家埃德加·胡佛进一步拓展到地理空间范畴，认为"区域是基于描述、分析、管理、计划或制定政策等目的而作为应用性整体加以考虑的一片地区"[1]。周义程和胡晓芳[2]基于行政区经济范畴尝试对区域政府概念进行系统界定，认为在行政区经济作为中国转型期出现的特殊区域经济类型，在中国中央放权、行政主导与地方经济发展考核机制下，地方（区域）政府对行政区划要素资源配置能力决定了区域经济发展。

尽管上述文献对界定区域政府概念带来很多启发性思考，但多基于地理空间和行政职能对区域政府进行探讨，较少关注其经济行为与职能定位。中观经济学以区域政府为主体，认为相较于中央政府，区域政府的功能和地位具有两个显著的特点：一是中央政府和区域非政府主体的双重利益代表，二是中央政府与区域非政府主体信息互通的桥梁（陈云贤、顾文静，2015），两大核心特征决定了区域政府具有"准微观""准宏观"双重属性。

在浙江省的乡村振兴实践中，区域政府作为乡村振兴的重要推动者和引导者，通过制定政策和规划，推动资源配置和产业转型升级，促进乡村经济发展和农民增收。赵培和郭俊华（2022）通过分析三个典型乡村的案例，揭示了在追求共同富裕目标下乡村产业振兴所面临的主要困境和可行路径。例如，浙江省政府通过制定乡村振兴规划，推动农业供给侧结构性改革，推

---

[1]　埃德加·M. 胡佛. 区域经济学导论［M］. 上海远东出版社，1992：239.

[2]　周义程，胡晓芳. 区域政府：概念界说及其建设构想［J］. 理论与现代化，2006（05）：27 - 31 +75.

动乡村产业融合发展，打造乡村旅游品牌，引导乡村振兴创新路径的探索和实践。因此，政府在乡村振兴中发挥着不可替代的作用，其公共性和强制性特征对于推动乡村振兴具有重要意义。

（二）区域政府超前引领理论

中观经济学认为区域政府是负责处理某一国度内特定地域问题的政府机构，一般等同于对应于全国性的中央政府（在一个实行联邦制的国家里，它被称为"联邦政府"）。政府的公共性和强制性特征在这一过程中得到了彰显，体现为其作为全社会的代表，具有集中展示和代表全社会利益和决心的能力。区域政府具备"超前引领"作用，指的是在市场进行经济活动之前所作的政府"引领"，这是对以往自由主义经济学中市场与政府之间定位的突破（陈云贤等，2023）。在区域政府引导下的乡村振兴创新路径研究中，超前引领理论重新审视了政府在市场经济中的定位。传统的国民自由主义经济学理论将政府视为"守夜人"，仅发挥辅助性作用。然而超前引领理论则主张政府应该在市场经济活动的各个阶段都进行积极干预和引领。这一观点为乡村振兴实践提供了新的理论视角，呼吁政府在乡村振兴进程中积极介入，引领和支持相关经济活动，从而与传统的国民自由主义经济学理论形成了明显的对比。但政府的这种所谓的强势介入是有对照和前提的，不同于苏联时期的国家干预主义，政府并不是不管不顾地凌驾于市场机制之上，恰恰相反，有效的政府介入是在充分尊重市场规律的基础下的因势利导（李宜达，2022）。

超前引领的内涵可以表述为：政府在尊重市场运行规律前提下弥补市场不足、发挥政府优势的一系列因势利导的行为，是"有效市场"和"有为政府"的最佳写照，也是现代市场经济的关键特征。地方行政部门"提前指导"指的是利用政府的经济主导、调整与警戒功能，但同时保持对市场规律及运作模式的尊重，借助推动市场上的投资、消费和出口活动来实现这一目标。此外，还使用价格调控、利率管理、法律法规制定等宏观调控工具，并结合政府组织的改革、制度优化、科技进步和观念革新等多种方式，有效地配置各种资源，以建立起先发制人的竞争优势，进而推进地区经济的科学性和持续性增长。

（三）"强市场"与"强政府"双强机制

根据中观经济学原理，一个完善的市场经济结构应该具备"强大"的政府和"强大"的市场共同运作的能力，这有助于最优化地分配地区资源，应当成为在建立社会主义市场经济制度的过程中所追求的目标。中观经济学提出了三个新的政府模型："强式有为政府"模式、"半强式有为政府"模式以及"弱式有为政府"模式。此外，依据各国的实际经济发展状况，还形成了另外的三种市场类型："强式有效市场"模式、"弱式有效市场"模式以及"半强式有效市场"模式（陈云贤、顾文静，2015）。毛传新（2001）提供了一个分析框架，用于理解转轨期间地方政府行为主体的角色和影响。

所谓的"有效市场"指的是包含以下六个主要因素的市场：市场要素系统、市场结构系统、市场法律制度、市场监督机制、市场生态环境以及市场基础建设。这个阶段的"准经营性资源"概念已经清晰并且在该类资源配置上已经形成市场与政府的和谐分工，配置效率达到新的高度。这个时期意味着市场经济发展已进入现代市场体系阶段。对于那些积极介入并推进"准经营性资源"分配及相应政策配合的政府来说，可以被视为"强式有为政府"。这种类型的政府能充分发挥其对经济方向、调控和警诫的作用，通过利用市场原则和机制，借助投资、消费、出口、价格、税率、利率、汇率等方式，实施制度、组织、科技、观念革新，以高效地管理非营利资产，优化经济发展条件，提高运营效率，增强竞争力，实现国家的全方位、科学、持续的发展。这是一种全球化市场体系中的成功策略。而"双强经济模式"则是基于强效的市场力量和强大的政府干预力的一种结合体，也是最理想化的市场与政府合作方式，被称为"完美方案"。

在区域政府引导下的乡村振兴创新路径研究中，发现在"强式有效市场模式"下，强大且有为的政府可以有效配置资源、保护市场环境，不断推动新理念、新动力的创新和发展。这种积极作为的政府并非试图取代市场，而是为了在其基础上提供保障和引导。因此，为了推动"强式有效市场"的发展，需要强有力且有为的政府体制，二者相互辅助，相得益彰。在浙江省等地的乡村振兴实践中，正是将政府和市场相结合，实现资源配置和产业发展的良性互动。唯有建立起这种"双强机制"的运作方式，才有可能弥补市场的缺陷并避免政府行为可能带来的负面影响。

二、关于乡村振兴的研究综述

（一）关于国外实践的研究

陈仁安（2018）总结了英美农村区域规划的经验，探讨了这些经验对中国乡村振兴战略的潜在影响。芦千文和姜长云（2018）通过系统分析欧盟农业农村政策需求和演变趋势，认为中国在实施乡村振兴战略过程中要重视城乡协同发展、产业空间合理布局、创新资源环境保护、培育自下而上振兴动力等核心领域。胡月和田志宏（2019）通过分析美国乡村发展政策的演变，来为中国乡村振兴提供经验借鉴。易鑫（2015）分析了德国乡村治理模式及其对中国乡村规划工作的启示，提出了有效的治理策略。吴唯佳等（2016）基于德国乡村发展策略体系和空间规划工具，认为乡村振兴需要发挥政府作用，带动和引导村民形成合力。黄璜和杨贵庆（2017）、菲利普·米塞尔维茨（2017）等研究了"后乡村城镇化"现象及其对当代德国乡村规划的影响。

吴昊（2018）关注日本乡村人居环境建设，探讨了其对中国乡村振兴策略的可能影响和启示。张佳书和傅晋华（2019）分析了日本在农村振兴方面采取的措施，为中国乡村振兴战略规划提供了有用的参考。李文静等（2019）研究了乡村振兴背景下日本边缘村落的规划。刘珉和高静（2018）对比了日本生态村和韩国新村运动。茹蕾和杨光（2019）分析了日本乡村振兴战略，提出了相关的政策建议，为中国乡村振兴提供了参考方向。沈权平（2019）研究了韩国"归农归村"政策的支持体系，探讨了其对中国乡村人力资本发展路径的影响和启示。冯勇等（2019）通过比较日本、韩国和欧盟的乡村振兴经验，为中国的乡村振兴提供了深入的分析和建议。赵广帅等（2020）总结了乡村振兴的国际经验，为中国乡村振兴战略提供了重要参考和启示。

（二）对国内乡村振兴的相关研究

陈云贤和顾文静（2015）在《中观经济学》一书中，强调了政府和市场之间的动态关系，为分析乡村振兴战略提供了新的理论视角。邓红辉等（2016）提出了"有为政府 + 有效市场 = 成熟市场经济"的公式，为乡村振兴提供了新的理论视角。陈云贤等（2023）展示了"有为政府 + 有效市场"模式对乡村振兴的影响，提出了中观经济学的新框架。高鸣等（2018）讨了乡村振兴战略下农村人才培养的重要性，强调了借鉴国际经验的价值。李文龙等（2019）认为，在实施乡村振兴战略时，应高度关注提升居民个体的社会资本可利用度，以提高居民的生活满意度。Yanli和Xin（2020）从乡村振兴战略的视角出发，探讨了农村基层治理的新模式和挑战。王丹利等（2020）认为，为了提高农村公共品供给规模、质量与效率，实现乡村振兴，政府既需要鼓励引导社会资本参与农村公共品供给，也需要提高政府公共支出的效率。Wang 和 Yang YS（2011）研究了福建省长汀县农村家庭非农就业对土地转让的影响，为乡村振兴提供了重要见解。Haiyan Y（2022）探讨了在乡村振兴战略背景下，农村人才团队的构建方法，强调了人才在推动乡村发展中的关键作用。Yong 等（2023）分析了中国政府促进的宅基地转让对劳动力迁移和家庭福祉的影响。汪馨（2023）探讨了乡村振兴背景下全域旅游的发展路径，以浙江开化为例，提供了具体的案例分析。朱竑等（2023）认为，建立生态产品价值实现机制、实现"两山"转化，这是站在人与自然和谐共生高度谋划高质量发展的重要方式。"两山"转化的经济学实质是生态环境正外部性在经济利益维度上的内部化，在市场条件下欠发达地区大多只能以特色产业来实现这种内部化。姜国兵和王嘉宝（2023）以广东乡村政策为案例对象，综合运用 AHP - 熵权法构建了乡村振兴示范带的绩效评价体系，研究认为以乡村振兴项目聚合形成示范带对区域合作具有正向溢出作用。张洁和夏婷（2023）探讨了绿色金融在乡村振兴中的作用，尤其是在"两山"转化的浙江实践中的应用。

数字信息时代，数字经济与农业农村经济融合发展在国内外理论研究中被广泛关注。肖若晨（2019）强调了大数据在乡村振兴中的作用，探讨了其内在机理及实践中的策略。温涛和陈一明（2020）认为中国特色数字经济与农业农村经济融合发展实践模式可以归纳为以数字金融服务"三农"的创新模式、基于 LOT 的农业保险决策管理模式、依托"互联网＋"平台的农业全产业链模式和依托云计算的多位一体智慧农业模式四种类型。Zhang 和 Wu S（2021）以浙江省为例，从乡村振兴的视角评估了数字农村发展的效果，表明数字化在农村发展中的重要性。完世伟和汤凯（2022）在其研究中探索了数字经济如何推动乡村产业振兴，提出了相关机制和路径。杨江华和刘亚辉（2022）聚焦于数字乡村建设如何激活乡村产业，揭示了路径机制和实践策略。陈洁、张钰（2024）探究了数字金融对中国式乡村治理现代化的影响机制与空间效应，研究结果表明：数字金融能够显著驱动中国式乡村治理现代化。Xiang 等（2023）分析了中国数字经济在空间和时间上对乡村振兴的影响，提出了数字化发展对农村振兴的关键作用。

第二节　浙江乡村振兴的历程及成效

一、浙江推进乡村振兴的历史回顾

"三农"问题是关乎国计民生的根本性问题，是实现共同富裕目标必须解决的难题。浙江是中国美丽乡村建设的重要发源地，是乡村振兴战略的先行示范区（俞滨、汪卫芳，2021），历届政府根据自身条件在乡村振兴的工作体系、推进机制、发展模式等方面先行先试、大胆探索、创新实践，在乡村振兴领域走在全国前列。党的十八大以来，习近平总书记对浙江"千万工程"多次作出重要指示批示，多次肯定浙江在乡村振兴领域取得的成效。"八八战略""千万工程"实施 20 多年以来，实现了从环境整治到美丽乡村再到共富共美的蜕变，造就了浙江万千生态宜居美丽乡村，逐渐形成了城乡协调、产业融合发展的乡村振兴新格局，为全国农村人居环境整治积累了经验、提供了示范。

第一阶段：城乡统筹背景下的"千村示范、万村整治"工程实施阶段（2003~2010 年）①。在这一阶段，浙江面对乡村经济粗放式发展，以及乡村环境"脏、乱、差、散"问题，主导实施了农村基础环境整治、人居环境提升、乡村全面建设等系列工程。2003 年，浙江针对经济快速增长而乡村建设相对滞后的情况，作出了实施"千万工程"的重大决策，最终形成1000 个示范村、10000 个整治村（"千村示范、万村整治"），并围绕取得显著进步的八大关键因素，提出了农村整治的八大路径方法，后来被称作"八八战略"。在后期乡村人居环境提升阶段，浙江将乡村振兴重点转向城乡统筹发展和城乡公共服务均衡化。提出了将"村道硬化、垃圾处理、卫生改厕和污水处理"四大项目作为新一轮农村建设重点（武前波，2017）；启动了包含农村土地整理复垦、农村住房改造建设与中心村建设计划等农村综合土地改革。"千万工程"从治理脏乱差入手，探索出了一条由战略部署到示范引领再到整体推进的农村建设路径，推动浙江广大乡村实现了由脏乱差向清洁有序的重大转变。

---

① 续建伟. 加快发展生态文明，努力建设美丽宁波 [N]. 宁波日报，2013 – 07 – 10.

第二阶段：美丽乡村建设时期（"千万工程"深化阶段）（2011~2016年）。基于乡村建设"千村示范、万村整治"工程所取得的显著成效，2010年浙江省委颁布了《浙江省美丽乡村建设行动计划（2011－2015）》，提出以提升"千万工程"建设为载体，围绕农村生态人居体系、农村生态环境体系、农村生态经济体系和农村生态文化体系，在全省范围内拉开了美丽乡村建设的序幕。2014年，浙江出台省级地方标准《浙江美丽乡村建设规范》，2016年，浙江省委、省政府制定《浙江省深化美丽乡村建设行动计划（2016—2020年）》，将美丽乡村建设推向了新的高度。这一阶段，浙江各级政府围绕以"四美三宜两园"①，将农村环境综合整治、中心村建设、历史文化村落保护与利用作为美丽乡村建设的重点内容，为全国美丽乡村建设提供了高水平的浙江样板。

第三阶段：乡村振兴背景下高水平建设新时代美丽乡村时期（2017年至今）。2017年，党的十九大报告首次提出实施乡村振兴战略，浙江率先全国实施"千村精品、万村景区"工程，开启了高标准深化"千万工程"、高水平建设美丽乡村时期。这一阶段，浙江按照"产业兴旺、生态宜居、乡风文明、治理有效、生活富裕"总要求，以打造全国乡村振兴示范省和高质量建设共同富裕示范区为目标，加快推进乡村地区产业振兴、人才振兴、文化振兴、生态振兴、组织振兴，率先引领了"数字乡村""未来乡村""共富乡村"等乡村新社区新方向。2018年9月，浙江"千村示范、万村整治"工程被联合国环境规划署授予最高环保荣誉"地球卫士奖"（李小娜、刘传磊，2023）。2019年，中共中央办公厅、国务院办公厅转发《中央农办、农业农村部、国家发展改革委关于深入学习浙江"千村示范、万村整治"工程经验扎实推进农村人居环境整治工作的报告》，浙江美丽乡村建设成为全国的典范。

二、浙江推进乡村振兴的典型模式

产业振兴的典型模式。浙江省深入实施农村特色产业发展战略，以现代农业产业园区平台建设为突破口，集聚地方优势特色产业，积极培育和发展茶叶、丝绸、竹编等特色产业，促进一二三产业深度融合；同时将扶贫与产

---

① "四美三宜两园"分别是指科学规划布局美、村容整洁环境美、创业增收生活美、乡风文明身心美，宜居、宜业、宜游，农民幸福生活的家园、城市居民休闲旅游的乐园。

业发展有机结合，为农村地区带来就业机会和增收渠道，实现乡村振兴可持续发展。例如，慈溪产业振兴模式，创新形成了"企业＋加盟农场"产业整合模式、构建"三合一"科技支撑体系以及财政金融支撑体系，推动构建现代农业产业园。平湖产业振兴模式，2017 年，平湖市成立浙江首个农业经济开发区，通过创建农业农村部一二三产业融合发展先导区，大力发展农产品加工业、休闲农业、互联网等区域特色产业。

人才振兴的典型模式。2004 年，习近平总书记在浙江工作时亲自部署实施"千万农民素质提升工程"，乡村人力资本开发成为推进乡村振兴的关键支撑，围绕人才振兴落地了大批代表性案例。例如，黄岩人才振兴模式，黄岩区政府与同济大学联合建立全国首家乡村振兴学院"同济·黄岩乡村振兴学院"，构建"三农"人才的"引、育、留"长效机制，吸引并汇聚各方人才到黄岩创新创业。"云和师傅"人才振兴模式，通过发挥市场化机制打造以人称命名、拥有国家注册商标的劳务品牌，在技术入股、技术指导、品牌建设、创新合作等关键领域培育知识技术型劳动者，强化乡村振兴的人才保障。

文化振兴的典型模式。重塑乡土文化，建设乡村精神家园，对筑牢乡村振兴之根、确保乡村社会的持续稳定发展具有重要意义。浙江乡村振兴重视传统乡风民俗重建、乡村文化"一源多用"，推动乡村文化资源向乡村文化经济发展。截至 2022 年底，浙江累计建成 20511 家农村文化礼堂，实现 500 人以上行政村全覆盖，建成农家书屋 25335 个，"15 分钟品质文化生活圈"遍及城乡①。例如，天台"和合文化"文化振兴模式、庆元"月山春晚"文化振兴模式和宁海（葛家村）"艺术家驻村"艺术振兴模式，通过打造乡村文化 IP，推动乡村文化物业化、产业化，促进乡村美丽经济的多元化探索。

生态振兴的典型模式。浙江是"绿水青山就是金山银山"理念的发源地和践行地，历届政府充分发挥政府、市场和社会多元协作机制，拓宽"两山"双向转化通道，打造生态产业品牌和生态产业发展模式，将生态环境资源优势转化为发展优势，培育发展乡村美丽经济。典型模式包括：余村生态振兴模式，推动从"采石经济"向"生态经济"转型，鼓励发展休闲旅游、生态农业、林下经济等美丽经济。2021 年，余村入选联合国世界旅

---

① 浙江实施"千万工程"打造美丽乡村的实践经验［EB/OL］. 中国农业科技推广网，agri-coop. net，2023 － 08 － 16.

游组织首批"世界最佳旅游乡村";临安生态振兴模式,临安作为首批国家级生态文明建设示范区,探索实施"全域景区化"战略,成立临安首家农家乐协会,推动经济生态化、生态经济化良性循环。

组织振兴的典型模式。浙江把"千万工程"列为"书记工程",形成了"四个走遍"制度,即省委书记带头走遍所有县市区、市委书记走遍所有乡镇、县委书记走遍所有行政村、乡镇党委书记走遍所有自然村和贫困户,致力于以组织保障提升"千万工程"的凝聚力,形成了一系列的组织振兴代表模式。金华市武义县成立了全国首个村务监督委员会(2004 年成立),形成了农村基层自我发现矛盾、内部化解矛盾的纠错机制,形成了"后陈经验"组织振兴模式;桐乡市越丰村探索"自治理村、法治护村、德治润村、智治管村"的乡村治理经验①,走出了"三治"到"四治"的乡村治理跃迁路径,为全国实施乡村组织振兴提供了"浙江经验"。

三、浙江省乡村振兴取得成效

乡村振兴战略实施以来,浙江在全党全社会的共同努力下,乡村振兴取得显著成效,在农业农村现代化和城乡协调发展等领域在全国具有示范效应。

一是农业综合生产能力不断提升。浙江在推进乡村振兴过程中,深入实施农业"12188"工程,推动农业生产向集约化、精细化发展,不断优化农业生产结构。2022 年,浙江粮食总播种面积为 1530.7 万亩,比去年增长超20 万亩,单位面积产量实现 6085 公斤/公顷,粮食产量稳定增长。2022 年,水产品产量实现 645.57 万吨,总量比 2000 年增加 176.06 万吨、比 2010 年增加 167.62 万吨。其中,海产品产量为 499.26 万吨,淡水产品产量为146.31 万吨,远洋渔业产量为 92.45 万吨,渔业生产提质增效。此外,浙江在完成现代生态循环农业发展试点省建设基础上,尤其是新时代以来,围绕"五水共治"组合拳,有序调减畜牧业生产(王兆雄、吴圣寒,2018),不断推进畜牧养殖转型升级。具体地,肉类产量从 2000 年的 123.74 万吨、2010 年的 175.21 万吨降低至 2022 年的 108.49 万吨(见图 9 – 1)。

---

① 张卉卉.“示范生”的乡村振兴新答卷 [N]. 浙江日报,2020 – 11 – 01.

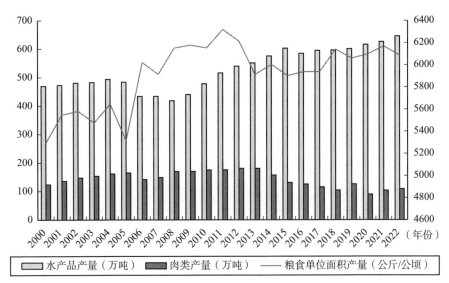

图 9 - 1　2000～2022 年浙江省主要农业产品产量

资料来源：作者根据国家统计局、浙江统计局数据整理。

二是现代农业新产业新业态方兴未艾。新时代十年，浙江各级政府从粮食生产功能区和现代农业园区的"两区"建设，到生态循环农业的先行试点，再到技强农和机械强农的"双强"行动（王兆雄、吴圣寒，2018），不断优化农林牧渔业产业结构，持续擦亮"千万工程"金名片。2022 年，农、林、牧、渔业总产值为 3752.31 亿元（较上年增长 3.4%），较 2013 年规模扩大 972.20 亿元。其中，农业总产值为 1769.83 亿元、渔业总产值为 1261.18 亿元、牧业总产值为 405.66 亿元、林业总产值为 183.01 亿元，占比分别为 47.17%、33.61%、10.81%、4.88%，初步形成了以农业和渔业为主导的现代农业体系。同时，浙江大力发展休闲农业、乡村旅游等新产业新业态，引领农村一二三产业融合发展。根据浙江省统计局公开数据[①]，2020 年，浙江"三新"农业产值实现 1119.2 亿元，占农业总产值的 32%，占比较上年提高 6.6 个百分点，"三新"农业增长显著；在休闲农业领域，休闲农业总产值达 435 亿元，新增 50 个省级休闲乡村、60 个省级农家乐集聚村创建主体，累计打造中国最美休闲乡村 60 个（全国第一），现代农业全产业链不断延伸。

---

① 浙江省第十四次党代会以来经济社会发展成就之乡村振兴篇［EB/OL］. 浙江省统计局，2022 - 05 - 09.

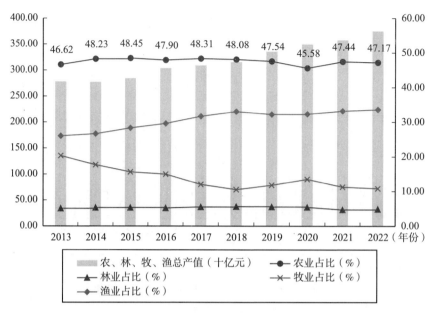

图 9 - 2　新时代 10 年浙江乡村产业发展情况

资料来源：作者根据国家统计局、浙江统计局数据整理。

　　三是农业供给侧结构性改革成效显著。"八八战略"二十年，浙江重视要素投入，充分发挥"有为政府"与"有效市场"两只手配置农业生产资源、组织农业生产，不断推动农业科技化、机械化和信息化发展，农业供给侧结构性改革成效明显。在农业机械化方面，2022 年，浙江农业机械总动力为 1767.59 万千瓦，农业机耕面积为 1407.45 千公顷；在农业科技化方面，2022 年，拥有乡镇农技服务组织为 1271 个，县（市）农技推广中心115 个，乡镇农技站农业技术人员 9320 人，农业科技进步贡献率达65.2%，高于全国平均水平，"科技强农"行动助农业增产增效；在农业信息化方面，浙江充分发挥数字经济优势推进"互联网＋农业"，实施农村电子商务增效行动，根据《浙江省电子商务报告 2022》统计数据，2022 年，浙江网络零售额 27042.1 亿元，同比增长 7.2%；其中，全省农村（县域）网络零售额 11681.8 亿元，占全省比重 43.2%，同比增长 8.2%，农村电子商务发展迅猛；在农业绿色化方面，浙江始终坚持"两山"理念推行"肥药两制"，2022 年，化肥施用量由 2010 年的 92.20 万吨减少至 67.049 万吨（见表 9 - 1），受污染耕地安全利用率均在 96% 以上，畜禽粪污资源化利用和无害化处理率达 93%，农业绿色化发展成效显著。

表 9 - 1　　　　　2010~2022 年浙江省农业机械化与创新化情况

年份	农业机械总动力（万千瓦）	农业机耕面积（千公顷）	乡镇农技服务（个）	县（市）农技推广中心（个）	乡镇农技站农业技术人员（人）	化肥施用量（千吨）
2010	2499.92	996.59	1385	82	10203	922.00
2011	2542.08	992.39	1325	90	9956	920.70
2012	2587.92	1008.82	1273	90	9661	921.51
2013	2470.95	1003.15	1238	80	10060	924.28
2014	2436.95	979.45	1231	87	10090	896.17
2015	2392.61	960.22	1339	83	10313	875.24
2016	2327.00	930.36	1278	86	10487	844.77
2017	2095.00	1406.91	1290	85	9512	826.30
2018	2039.02	1354.07	1421	85	9576	777.61
2019	1946.40	1338.14	1279	90	9639	725.01
2020	1813.16	1369.88	1275	106	9535	696.11
2021	1771.99	1433.30	1277	105	9384	682.64
2022	1767.59	1407.45	1271	115	9320	670.49

资料来源：作者根据浙江统计局、CEIC 数据整理绘制。

四是农村居民生活品质全面提升。新时代以来，浙江把共同富裕放在乡村振兴的首要位置，大力推进脱贫攻坚，推动农民生活质量和收入水平大幅提升。在农村居民收入方面，2022 年，浙江农村常住居民人均可支配收入为 37565 元，比上年增长 6.5%，连续 38 年位居全国第一，是 2000 年的 8.8 倍（不考虑价格因素），是 2010 年的 3.3 倍，农村居民收入持续增长。在农村居民消费支出方面，浙江省农村居民消费支出由 2000 年的 3231 元、2010 年的 8390 元、2012 年首次突破万元大关（10208 元）增加至 2022 年的 27483 元，消费领域从物质消费逐步向文教娱乐、休闲旅游、医疗保健等拓展，农村居民生活消费明显改善。从城乡协调发展看，2000 年以来，浙江城乡收入倍差始终呈现缩小态势，收入分配格局不断优化。2022 年，城乡收入之比为 1.90%，低于全国水平（2.45%）（见图 9 - 3）。

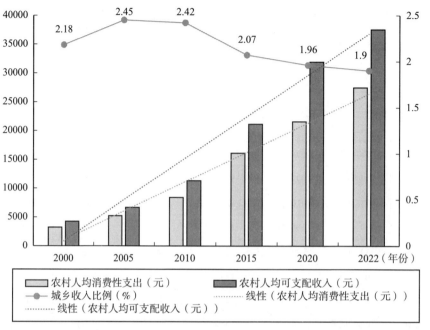

图 9–3　2000~2022 年浙江省农村人均可支配收支及城乡收入比例

资料来源：作者根据浙江统计局公开数据整理绘制。

第三节　基于中观视角分析区域政府在乡村振兴战略发展中的作用

一、区域政府的超前引领作用

自中央政府向区域政府行政分权和差异化授权一系列改革以来，区域政府完成了向相对独立的利益主体转换。区域政府的双重职能以及区域政府之间的竞争都是实现超前引领的动力。对于一个经济体发展而言，制度、组织、技术、理念等要素至关重要，因此，政府超前引领可以归纳总结为制度的超前引领、组织的超前引领、技术的超前引领和理念的超前引领。

（一）制度的超前引领

中观经济学理论认为制度的前瞻引导是指利用政府的力量来推动制度革新，创造出全新的且更为有效的激励人类行动的规则系统，以此优化资源分配效果并促进社会的长久进步及改革与经济的发展延续。

在浙江省农业农村现代化不平衡发展的问题上，经济新常态下农民增收面临多重挑战，需要区域政府持续进行制度创新。浙江各级政府把建立健全城乡要素合理配置的体制机制、乡村经济多元化发展的体制机制、农民收入持续增长的体制机制、乡村基本公共服务普惠共享的体制机制作为乡村振兴的关键要务，通过破除体制机制障碍优化乡村发展环境。《浙江省委省政府关于2023年高水平推进乡村全面振兴的实施意见》明确提出，要深入实施农业"双强"行动，快速建设高效生态农业强省，深化乡村建设行动，以"千万工程"为主导，推动宜居宜业和美丽乡村建设，深化农民共富行动，持续缩小"三大差距"，推进县域内城乡融合发展，加速城乡一体化进程，全面深化农村改革，增强农业农村发展动能，强调要素保障和机制创新，确保农业农村获得优先发展（唐仁健，2023）。

浙江省共富工坊建设方面的制度创新，具有显著示范效应。为了减少"三大差距"，并侧重于"扩大中等收入群体和提高低收入者生活水平"，浙江省政府决定将共建工厂融入党的联合管理制度，创建了以党为核心的"统一六个富有 n 种情景"的标准指导系统，旨在引导工厂实现标准建立、有序运营和集约式发展。通过党的领导和协同工作，五个市级部门（包括农业部、商业部、文化广播电视部、妇女联盟和商会）负责主要职责，六个富有则涵盖创造财富的团体、带动经济的项目、帮扶贫困的人口、提供援助的管理人员、制造财富的基础设施和记录财富状况的数据表格。最后，"N 种情景"代表各地根据独特资源制定的任务分配方案和网络销售职位等特有的共享工厂模型。通过因地制宜地激活资源，这成为宁波抓党建促乡村振兴的又一标志性举措，也是浙江省政府在促进乡村振兴方面的体制创新[①]。

（二）技术的超前引领

新形势下，技术创新已经上升到国家战略，区域政府在技术上的超前引领既普遍又重要。为了表彰那些在浙江科技革新与成果普及化方面做出杰出贡献的企业和个人，激发自立创新精神并推进科技的发展，加速构建科技创新型省份，浙江省政府特设了浙江省科学技术奖以加强政策引导作用，集中于关键产业发展方向，倡导对外交流协作，助力重要技术的研发及科技成果的广泛运用，从而推动经济和社会的高质量增长。颜颖（2023）聚焦于乡

---

① "共富工坊"助农共富新帮手［N］. 中廉导刊，2022 – 10 – 08.

村振兴背景下浙江农村电商的高质量发展新路径，探讨了电子商务在农村经济发展中的潜力。为促进乡村振兴积极部署工程项目，2023 年，浙江省政府共部署并实施了十大工程，其中有两项工程与扩大农村的有效投资密切相关。例如，在"千项万亿"工程中，浙江省政府专门设立了农业农村投资的优先领域，计划优先投资建设高标准的农田和四好农村路等基础项目。另外，在关于县城承载力提升以及深化"千村示范、万村整治"的工程中，浙江政府围绕振兴乡村和城乡融合，共规划了约 994 个重大项目，并计划投资总额达 2300 亿元。这些措施都在一定程度上激励浙江省企业进行技术创新或提供技术创新的环境。

在乡村产业如何振兴的技术方面，浙江省苍南县政府在带动苍南人民积极参与村播方面体现得非常生动。苍南县政府高度重视乡村的电子贸易发展，以推动苍南地区的电子商务进步，由商务部主导，省政府提供支持来执行这个项目，致力于保证从业者能够有效地使用这些工具，掌握其技能并且充分利用它们。为此，商务部协助创建了一个专门针对该地区特点（尤其是电子商务的基础）的辅导小组，共设计了三个级别的课程：初学者、进阶者和高阶者。此外，还组织了一系列关于村播的培训活动，已成功培养出超过一百名的优秀主播，其中十名被推荐至本区域的老牌公司或者知名的电商机构工作。设立了八个全新的公共直播室，涵盖了各种设施如装饰风格、摄像机及网络配置等①。借助这种公共直播间已经成功地孵化出一家本土的直播 MCN（多频道网络）机构。

为支持市场经营主体高质量发展，浙江还持续深化企业开办便利化改革，让老百姓创业创新的第一道门槛更便利。同时，浙江创新推出"双随机、一公开"负面清单管理机制，创新实施经营主体年报精细化管理，率先实现与税务部门企业年报"多报合一"。全面实施"通用 + 专业"融合模式，深化信用风险分类管理，探索开展市场监管领域失信联合惩戒闭环管理改革试点，提升信用监管效能。Xiaoshuang（2019）探索了在乡村振兴战略下城乡一体化发展的道路，强调了整合城乡发展的重要性。为保证市场主体公平竞争，浙江省通过试点建设、规范制定、加强执法力度等各项举措，持续深化保障市场经营主体公平竞争环境。在舟山、温州永嘉等地，当地政府率先实施了企业优惠政策目录清单制的试点项目，同时在杭州上城、台州椒江等地，相关部门也进行了公平竞争审查集中审查的试点项目。2018 年以

---

① 浙江启动千名"新农商、新主播、新未来"培养计划［N］. 农民日报，2023 – 09 – 22.

来，浙江省累计审查文件 57054 件，修改或不予出台 1280 件，清理文件 140770 件，修订或废止 3817 件，促进了商品和要素在更大范围内畅通流动①。

随着互联网信息、虚拟现实和新一代人工智能等先进技术的普遍使用，各种新兴的网络经营者不断涌现出来。数字乡村建设旨在推进农业农村向网络化、信息化和数字化转型，帮助农民掌握信息技能，使数字技术成为农业农村现代化的重要推动力②。这些新型业态包括了网络直播、在线餐饮、生活服务、即时配送以及文化旅游等，对于网络经营者的监管提出了更高标准。2023 年上半年，浙江平台网络交易总额达 3.9 万亿元，同比增长超 10%③。围绕平台经济的高质量发展，浙江着力打造安全合规的治理环境，持续完善基础性规则制度。浙江政府对新技术的重视和培养，在一定程度上促进了数字化成为市场产业新的成长点。浙江省数字村发展成效显著，数字村发展水平逐年提高。其中，产业数字化、治理数字化、服务数字化、数字生活、农业生产、农民富裕、农村富裕等指标得分均实现平稳或快速增长。

（三）组织的超前引领

区域性的政府在政府组织架构、方式和制度等领域进行的创新活动，就是所谓的组织的前瞻性引导。这些活动旨在增强经济和产业发展的组织基础，从而推动经济和社会的进步。

浙江持续优化其农村振兴示范区的党组织领导和乡村管理体系，各个试点的县级行政单位（城市与区域）在推动农村复兴进程中，一直坚持用党的力量引导乡村的管理工作，确保"带头人"发挥关键角色，每一年都会选拔出一百位真正关心民众利益并将其置于心间的优秀官员作为乡村振兴特别代表，负责协助乡村振兴战略实施和提升村庄集体收入，使党的工作能够更直接地触及群众的生活之中。与此同时有效搭建"四治融合"的治理体系，不断加强乡村治理体系的探索，打好协同发力的组合拳。在法治方面，深入开展民主法治示范村创建活动。在德治方面，推进移风易俗工作在智能化管理领域。浙江积极响应"数字化强国"的发展战略，并成功探索出全国首个关于"智能农耕计划"的实施方案，同时还构建了一套智慧农业云

① 浙江优化营商环境支持市场经营主体高质量发展新闻发布会 [EB/OL]. 浙江省人民政府网，2023－08－15.
② 为乡村全面振兴插上"数字翅膀" [N]. 人民日报海外版，2024－04－19.
③ 浙江全力支持市场经营主体高质量发展 [N]. 杭州日报，2023－08－16.

端系统和互联网数据中心设施①。受此影响，衢州市的衢江区推陈出新，创新发展了适合本地服务村社的村情通、邻里通以及政企通，极大地便利了人们的生活。

在宁波的共富工坊中同样可以看到党组织在促进乡村振兴方面的积极作为。"共富工坊"为广大农村待业人员在家门口搭建了就业的平台，对于家庭妇女、老人、残障人士等农村闲散劳动力和就业弱势群体而言提供了更加稳定的收入。而想要实现就业平台的搭建，就离不开党建与企业之间的携手合作。公司和党的结合能有效构建工作场所，同时也能实施监督功能，这有助于增强乡土经济的基础设施建设，推动农产品的产量增加与价值增值，并创建出一座连接"政府＋公司＋村庄组织＋村民"的桥梁。其目标是积极推行共富工厂的项目，旨在充分发挥党的全面领导及协同各个方面的能力，并在遵循市场原则的基础上，鼓励地方党支部指导商业实体将其适当的生产流程转移到农村地区，靠近农民和农业社区，通过使用农村党员服务中心、空置建筑物或土地等方式建立工厂，以实现在家附近的劳动力增长和收益提升，进而完成通向共同富裕的最后一步。共富工坊政策作为浙江努力推进共同富裕的一种创新性举措，在实践过程中不仅带动了周边村民不出远门、在家门口就走上了"共富"道路，而且还带动了村企组合共奔共同富裕之路，这是乡村振兴中非常值得借鉴的（谢霞，2022）。

（四）理念的超前引领

领先于观念的管理方式是政府运用其国家的公权力来处理各种社会问题时，对于新兴的情况与挑战进行深入的前瞻性理智解析并形成理论观点，以全新的视角解读及预测经济发展和社会状况，并对过往的历史经历和现有的实践经验进行深度反思，以此推动经济体制和组织的革新与进步。

浙江第十八次党代会指出，为了在新时期促进乡村振兴并确保其全面落实五个主要的核心价值观：即创新（Innovation）、协同（Coordination）、环保（Greenness）、全球化（Openess）和共赢分享（Sharing），以理念超前引领激活乡村发展的新动力源泉。通过系统梳理近年来浙江省实施乡村振兴战略的代表性政策文件（见表9－2），可以发现，浙江领导班子充分发挥区域政府"准宏观"与超前引领职能，围绕战略规划、政策指导、资金保障、产业发展、人才振兴等关键领域出台"一揽子"综合政策，构建了多层级协同配合的乡村振兴

---

① 浙江出台智慧农业"百千"工程建设实施方案［N］.中证报，2023－05－09.

政策体系，以区域政府理念的超前引领不断优化政策供给和顶层设计。

　　实践证明，只有完整而全面地贯彻新发展理念，在新时代推进乡村振兴才能把握正确的方向，找准合适的着力点。所以新时代新征程中，要以新发展理念作为统领，立足新发展格局，正确处理好发展速度和发展质量重大关系，加强各种机制创新，持续抓好乡村的"五个振兴"，才能够实现农业生产、农村建设、乡村生活生态之间的良性发展。思想观念作为行动先导，理论是实践的指南，促进乡村振兴，区域政府需要不断根据实践的发展，创新发展理念，与时俱进。

表9-2　　　　　　　浙江省实施乡村振兴战略代表性政策文件

领域	政策名称	发文部门	发文日期
战略规划类	《全面实施乡村振兴战略高水平推进农业农村现代化行动计划（2018－2022年)》	省委、省政府	2018－04－23
	《浙江省乡村振兴战略规划（2018－2022年）》	省委、省政府	2019－08－27
	《浙江省深化"千万工程"建设新时代美丽乡村行动计划（2021－2025年）》	省委、省政府	2021
	《浙江高质量发展建设共同富裕示范区实施方案（2021－2025年）》	省经信厅	2021－09－02
政策指导类	《浙江省乡村振兴促进条例》	省人大及其常委会	2021－07－30
	《浙江省巩固拓展医疗保障脱贫攻坚成果促进共同富裕有效衔接乡村振兴战略实施意见》	省医保局	2021－12－21
	《关于开展未来乡村建设的指导意见》	省政府办公厅	2022－01
	《关于2023年高水平推进乡村全面振兴的实施意见》	省委省政府	2023－02－25
	《乡村振兴支持政策二十条》	省人民政府办公厅	2023－03－26
资金保障类	《浙江省"千村示范万村整治"工程资金与项目管理办法》	省财政厅	2014－05－12
	《浙江省乡村振兴投资基金管理办法》	省财政厅	2019－10－23
	《浙江省农业农村高质量发展专项资金管理办法》	省财政厅	2020－05－11
	《浙江省财政衔接推进乡村振兴补助资金管理办法》	省医保局	2021－11－29
	《浙江省低收入农户小额信贷管理办法》	省农业农村厅	2022－02－23
	《关于完善衔接资金项目联农带农机制的实施细则》	省乡村振兴局	2023－05－19
	《浙江省农业农村现代化先行资金管理办法》	省财政厅	2024－01－28

续表

领域	政策名称	发文部门	发文日期
产业发展类	《关于保障农村一二三产业融合发展用地促进乡村振兴的指导意见》	省自然资源厅	2022 – 08 – 03
	《浙江省高标准农田建设工程设施管护实施办法（试行)》	省农业农村厅	2023 – 12 – 26
	《关于加快推动现代设施农业高质量发展的实施意见》	省农业农村厅	2024 – 03 – 29
人才振兴类	《浙江省人力资源和社会保障厅关于深化技能人才评价制度改革的意见》	省人力社保厅	2022 – 03 – 17
	《高水平推进乡村工匠培育工程实施方案》	省乡村振兴局	2023 – 06 – 03
	《浙江省农业技术中、高级专业技术职务任职资格评价条件》《浙江省农业工程专业工程师、高级工程师职务任职资格评价条件》	省农业农村厅	2023 – 12 – 15

资料来源：政策文件整理于浙江省人民政府门户网站（考虑篇幅，表格仅展示省部级部分代表性政策文件）。

二、区域政府的资源配置作用

中观经济学关注基于资源生成的资源配置问题，浙江政府在推动乡村振兴实践过程中，重点围绕可经营性资源、准经营性资源、非经营性资源进行区域资源优化配置。

（一）充分发挥市场对资源配置的决定作用

为了使市场能够有效地运作并实现其功能，地区行政部门需要共同构建及提升一体化的、有竞争性的市场结构，营造出公正无偏的市场氛围，实施适当的市场进入规定、公开性和非歧视的原则，以支持市场实体的发展，充分利用市场的资源分配能力。应鼓励市场实体的成长，维护市场竞争，提高经济增长动力。例如，浙江市场监督管理机构关注到市场实体在各个阶段所面临的具体问题与需求，发布了《关于持续激活市场实体活力的政策措施二十条通知》，该文件不仅仅涵盖了从开始到结束的所有商业活动中的难题，也提供了全面的管理服务方案，深入推进企业的质量精细化赋能，加强各类专利技术的全方位保障，同时加大整个市场运营流程的公证监督力度，这些策略解决了市场实体在生产经营活动中遇到的主要挑战，提高了市场实体的活力，同时也推动了浙江省的社会创新力的大幅提升，更关键的是，它进一步巩固了市场实体的生存基础。通过不断完善政策手段，对于大量的小微型公司来说，可能会面对就业压力增大、劳动力短缺、费用上升、财务状况紧张等诸多问题，因此，要继续改善营商环境，执行公平竞争审查机制，保证小微型公司平等地参加市场竞争。浙江省人民政府始终坚定不移地实施"八八战略"政策，深化制度改革，全方位加强政府服务，积极构建健康的政商关系。这些举措在一定程度上反映了政府对市场经营主体的关注和支持。随着更多创业者投身商海，市场经营主体数量保持稳定增长态势，为浙江经济的高质量发展提供了可靠支撑。

（二）充分发挥政府对市场的参与作用

依据宏观经济学的理论基础，有成效的市场能推动财产权利的高效刺激、各类市场元素全面自由流通、市场价位反应迅速、市场参与者间的竞合规范化、大中小型公司的发展以强者为尊弱者淘汰，这些是现代社会建设的内生需求，地方行政部门可以实现对微观经济和微观管理的适度放手，完全信任公司的运营自主权，并让市场的无形之手自我调整，充分发挥其在分配地区各类型资源上的关键角色。另外，市场的"有效"也离不开政府的"有为"，对于区域政府来说，也要发挥积极作用。

在社会主义市场经济的资源配置中，科学技术的发展为政府发挥作用提供了工具和手段，不仅能够保证参与市场竞争的各类市场主体不分性质公平对待，而且还能克服市场缺陷，为需要资源的新兴产业发展服务。从2021年开始浙江省利用现代人工智能技术推进改革，更好的配置市场资源。主要是借助"科技大脑和未来实验室"的创新架构，推进网络技术市场3.0版本的一些典型场景的开发和建设，其目的在于解决科技信息资源一体化所导致的配置效率不高的问题。通过这种方式能够迅速实现需求端和供给端之间的信息精准匹配，以及不同行业、不同部门、不同领域之间的多跨资源融合，如此各省市县、政府以及社会的资金要素投入就会成为一盘棋，可以做到重点关注某些需要解决需要的问题和资源的倾斜。根据杭州市经济发展与信息技术管理局发布的《杭州市人工智能产业"十四五"发展规划》来看，地方政府主要致力于推动数字化的变革进程，并积极推进产业链及创新链之间的紧密协作，力求吸引更多的高端人才和专门技能的人才加入，同时孵化出一些领导型的企业和行业的领先者，以此来推动市场的发展壮大。

对于乡村地域的自然资源分配问题，政府采取适当放松对农田住宅用地的使用限制的方式，以此来推动实现乡村振兴的目标。秉持着"适度的国家管理介入、集体自主决策和农户主动参与"的原则，平衡各方的权益需求，同时考虑效益、公正、自由和平等多个维度，并在转让过程中控制潜在的风险，从而确保农田住宅用地可以有效流通，为其吸引优秀人才、资金注入以及产业发展提供必要的场地条件。通过对三个试点地区的详细应用研究，回应了中国政府推动宅基地转移的过程及其对当地农村人口福祉的直接和间接影响。从数据统计和分析的结果来看，宅基地转移直接影响了农民的农业收入和非农收入，并通过劳动力迁移间接影响了农民的收入（熊德斌，2023）。

三、"有为政府"和"有效市场"双强机制

党的二十大报告明确提出，既要充分发挥好市场在资源配置中的决定作用，又要更好发挥政府作用，更要通过政府与市场组合工具来实现社会经济发展。区域政府是推动乡村振兴的核心主体，浙江历届政府在乡村振兴领域取得突破性进展，离不开区域政府围绕"有效市场"与"有为政府"的高效协同展开的模式与政策探索。本部分基于对浙江乡村振兴战略实施的实践经验，就发挥市场在资源配置中的决定性作用以及更好发挥政府作用问题进行系统探讨。

（一）乡村振兴中的"有为政府"

政府何以有为、乡村振兴中的"有为政府"体现在哪里？在浙江乡村振兴战略的实践过程中，区域政府对乡村建设资金投入、产业引导以及生态环境建设等均体现了"有为政府"职能，区域政府在规划制定、政策引导和示范带动发挥了积极作用。

推进乡村振兴，资金投入保障是必不可少的。财政是乡村治理的重要支柱，承担着宏观调控、资源配置、收入调节等重要职责，是促进城乡协调发展、实现共同富裕目标的核心手段。浙江历来重视加大乡村财政投入力度，充分发挥区域政府职能建立健全财政乡村振兴投入保障机制，以"有为政府"高起点推进美丽乡村建设。2007年至2022年间，浙江省农林水事务财政支出由142.15亿元扩大到831.2亿元（见图9-4），农业财政支出占比始终保持在6%以上，在乡村振兴战略提出以前（2017年以前），农业财政

投入始终高于全国平均水平，为全国高质量推进乡村振兴提供"浙江财政样板"。

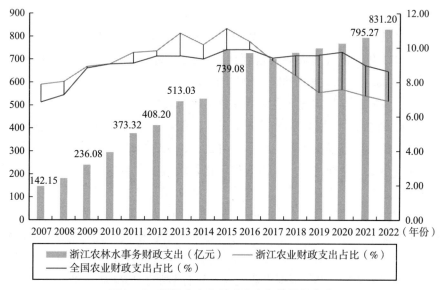

图9-4 浙江省农业财政支出规模及其占比

资料来源：作者根据财政部、浙江统计局公开数据整理绘制。

浙江各级政府在省定框架和使用方向范围内自主立项和分配使用，综合运用直接补助、贷款贴息、融资担保等方式，探索构建财政专项资金对农业农村高质量发展的直达机制。例如，2008 年浙江推出的差异化乡村整治奖补标准，根据各地区经济发展水平和财力上的差距，进行一类县、二类县、三类县的划分，以实行差异化的以奖代补标准。对于待整治村一类县、二类县、三类县，分别按照 14 万元/村、11 万元/村、7 万元/村标准进行奖补，对于已整治村一类县、二类县、三类县，分别按照 6 万元/村、5 万元/村、4 万元/村标准进行奖补。通过发挥"准宏观"属性将有限的财力资源精准落实到具体区域，以提升财政资金的使用效率。

（二）乡村振兴中的"有效市场"

实施乡村振兴战略的关键是使市场在资源配置中起决定性作用和更好发挥政府作用（黄祖辉等，2021）。在社会主义市场经济体制下，尽管乡村振兴战略的实施推进是由政府主导的，但并不意味着所有事情都是由政府一手操办、全权负责，而是应由多方力量、多种机制协同推进，尤其是要充分发挥市场机制在资源配置、效率提升等方面的积极作用。乡村振兴的"浙江模式"之所以取得巨大成果，在全国具有典范效应，一个重要的原因在于"有效市场"机制的发挥。

数字乡村建设中的市场机制作用。数字乡村建设是深入实施乡村振兴战略的重要抓手，作为数字经济的先行地，浙江在数字乡村建设方面走在全国前列。2021年，浙江省农业农村厅出台《浙江省数字乡村建设"十四五"规划》，不断引入市场机制推动乡村空间数字化（数字新基建）、乡村产业数字化、乡村服务数字化、乡村治理数字化四大领域进行了重点布局。在数字乡村建设过程中，浙江充分发挥市场主体创新创业活力与资源高效配置优势，引入多元化市场主体参与数字乡村建设，探索形成了以市场化引领推动数字乡村建设的全新路径。在治理数字化领域，以"乡村大脑 + 浙农应用"为主体，建设"浙农富裕""浙农牧""浙渔安""浙农码"等16个"浙农"；在产业数字化领域，引入阿里巴巴头部企业引领打造数字乡村应用场景，创新探索"农业产业大脑 + 未来农场"发展模式，先行建设畜牧业、渔业、茶叶等产业大脑（沐之，2023），全国首个全省统建的农村集体经济数字应用"浙农经管"。根据农业农村部统计数据，2022年，浙江省农业生产数字化发展水平为68.3%，连续四年位居全国第一。

生态资源转化中的市场机制作用。生态资源价值转化为经济社会价值的市场路径具体包括生态产业化和产业生态化，浙江不同区域具有各自独特的资源生态和"绿水青山"优势，只有坚持"绿水青山就是金山银山"的理念，推动生态资源市场化运营、商业化运作，才能实现绿色发展与乡村振兴的共同目标。浙江乡村振兴战略实施早期，不可避免地存在着资金困境、投资主体不明、权益分配不清等难题。为了解决上述难题，浙江各级政府开启了从招商到选商的市场化运作模式，让大自然联姻大资本做大产业，用新经济、新业态赋能乡村经济振兴。例如，2014年，灵峰公司与鲁家村合资组建成立安吉乡土农业发展有限公司，开启了统分结合的双层经营模式①。2017年，浙江探索建设农村产业融合发展示范园，围绕着农业内部融合模式、延伸农业产业链模式、"产城融合"发展模式等六大创新模式，探索股份合作型利益联结方式，积极探索"订单合同 + 服务协作"等复合模式的实现形式，并充分发挥龙头企业的引领作用，农业与旅游、教育、文化、康养等产业深度融合，走出了一条生态资源市场化发展的路径。

---

① 蒋文龙，朱海洋. 鲁家村的"逆袭"之路［N］. 农民日报，2018 – 01 – 29.

（三）"有为政府"与"有效市场"有机结合

农村集体经济：成熟市场经济"双强"机制的微观主体。农村集体经济是构建农民农村共同富裕社会的基础支撑和重要经济形态，浙江在全国率先探索农村集体经济的发展路径，通过系统梳理，可将浙江农村集体经济发展模式概括为开发村级自然资源型、盘活集体闲置资产型、兴建物业经营租赁型、推进村庄经营获利型、拓展产业发展链条型和拓展产业发展链条型"五大模式"。区域政府充分发挥"准宏观"角色和超前引领作用，强化先进模式在全省村集体经济组织中的推广应用，联动高效市场机制推动"多元化"经营机制、"多重化"合作体制、"飞地抱团"协作模式创新，发展壮大农村集体经济。现代农业发展步入快车道。尤其是农村经济主体创新上，先行探索出"公司 + 农户""公司 + 合作社""订单农业""契约农业"等多种模式，推动完善小农户与企业组织之间的利益联结机制和分配机制（张红宇，2020）。2022 年，浙江省农、林、牧、渔业法人单位数达 53653 个，其中，农民专业合作社法人数为 35171 个，农村集体经济组织为 16792 个，现代农业组织的培育正成为支撑农业现代化的关键力量。

财政金融联动支农："有为政府"与"有效市场"有机结合。浙江乡村振兴中的"有为政府"还表现在尊重市场规律前提下，重视优化财政金融合作协同支农机制，充分发挥政策导向带动、财政杠杆引导和百亿乡村振兴基金引领杠杆作用，深入实施"两进两回"行动①，撬动更多社会资金、资源要素参与"三农"建设，以破解农业发展融资难融资贵问题。

具体包括：一是建立健全政策性农业信贷担保体系，以区域政府（省财政厅）牵头组建成立浙江省农业融资担保有限公司，在全省开展基层农业信贷担保服务和融资增信服务创新试点，探索构建了"省市县"协同、"政银担"合作的创新服务模式。到 2020 年底，省农担公司注册资本金规模达到 12 亿元，在保余额 55.37 亿元、在保项目 20388 个，逐步建立覆盖全省的政策性农业信贷担保体系。② 二是设立省乡村振兴投资基金（总规模100 亿元），采用定向基金、非定向基金和直接投资等模式，按市场化方式运作，重点支持重大农业基础设施、战略性新兴产业、重大区域特色产业、

---

① 参见浙江省人民政府办公厅发布《关于实施"两进两回"行动的意见》，重点围绕科技进乡村、资金进乡村，青年回农村、乡贤回农村（简称"两进两回"行动），推进乡村全面振兴。

② 浙江省农业农村厅关于省十三届人大五次会议绍 65 号建议的答复［EB/OL］. 浙江省农业农村厅，2021 – 10 – 28，http：//nynct. zj. gov. cn/art/2021/10/28/art_1229142077_4761386. html.

新型综合服务体系建设、农产品加工和全产业链建设、国土空间综合整治及生态修复工程、数字乡村建设。三是探索农村绿色金融和普惠金融发展新经验新模式，探索推进农村住房财产权、林权、农村土地承包经营权、农村集体经营性建设用地使用权等抵质押贷款业务，创新农业农村金融支持工具，为乡村振兴引入更多的金融源头活水。实施"千万工程"20多年来，浙江省各级财政累计投入超3000亿元，带动社会资本投入乡村建设524亿元，形成了"财政支农、金融助农、资本强农"乡村振兴资金保障体系，这为其他地区探索破解"三农"资金难题提供了典范。

第四节　结论及建议

一、研究结论

浙江历届党委和政府致力于把浙江省塑造成展示中国特色社会主义制度优势的关键窗口，充分阐释了区域政府在推动乡村振兴战略中的重要作用，为论证中观经济学理论的实践性和正确性提供了经验支撑。基于浙江乡村振兴的典型案例分析，可以看出：

实施乡村振兴战略，必须重视区域政府对发展公共事业以及基础设施等方面发挥的引领作用，正确厘清政府与市场之间的关系与边界，形成"双强"合力。一方面，区域政府要做好的"守夜人"角色，承担好在财政金融、社会保障以及生态环保等各个方面的主要职责。另一方面，乡村振兴并不局限于经济或者产业方面的发展，它是一项系统而全面的工程，需要区域政府充分引入市场机制，发挥多方主体在文化振兴、资源优化、人才振兴、产业振兴等各方面的积极作用，以"有为政府"和"有效市场"有机结合构建宜居宜业的现代化美丽乡村。

乡村振兴的核心要义是实现产业振兴，必须充分发挥区域政府职能，探索乡村可持续发展道路。浙江历届政府在建设美丽乡村以及发展特色乡村产业方面积极有为，在"千万工程"推进二十年多来，浙江各级政府充分发挥财政资源导向作用，在实施策略上始终坚持因地制宜、分类指导，把发展区域特色产业作为突破口，突出特色化、差异化、梯度化，在各项战略规划和指导意见中重视三产融合，突出农旅结合、互联网＋、数实产业融合发展，构建链式联动的乡村产业经济体系，以产业振兴为核心，不断"做大蛋糕""分好蛋糕"，为提升农村居民收入水平、缩小城乡差距夯实物质基础。

浙江在乡村振兴的过程中始终把人民放在心中，坚持以民为本的发展观。二十多年的乡村振兴"浙江实践"表明，浙江各地农村居住环境的提升与持续健康发展，并没有以牺牲农村产业的稳定发展和广大劳动农民增收作为代价。从世纪初期的农村环境"脏、乱、差、散"整治，再到新时代以来人民美好生活的殷切期盼，浙江积极发挥区域政府职能和作用，围绕经济建设、政治建设、文化建设、社会建设和生态文明建设"五位一体"总体布局，在区域政府引领下协同推进乡村产业振兴、文化振兴、生态振兴、组织振兴、人才振兴。

乡村振兴是一项全局性、长期性的工程，需要区域政府发挥超前引领作用，在决策和实施过程中全面考虑各方利益，综合施策、协同治理。通过对乡村振兴"浙江模式"的系统分析和研究，浙江各级政府始终坚持全局推进、系统布局，探索出了一条区域政府示范引领、循序渐进的农村人居环境整治、美丽乡村建设新路径。①

二、政策建议

乡村振兴是一项全局性、长期性的工程，需要政府在决策和实施过程中全面考虑各方利益，合理规划路径和措施。在浙江省乡村振兴的成功实践基础上，对乡村振兴的创新路径提出以下建议。

（一）加强政府与市场的协同合作

乡村振兴需要政府和市场的密切合作、分工协同。政府在制定产业政策和发展规划时，应更加重视市场需求，鼓励市场主体参与乡村振兴，共同推动乡村产业升级和经济发展。政府要积极有为，提供多元化政策工具和支持政策，吸引民营企业和社会资本参与农村产业发展，形成政府引导、市场主导的发展新机制。要建立健全的激励机制，鼓励企业和市场主体加大对乡村产业的投入，引导更多的资源向乡村倾斜，促进乡村产业结构的优化和升级。

（二）优化农业农村资源配置

乡村可持续发展关键要实现优质资源的集聚和优化配置，针对农村人才

---

① 徐震. "绿水青山就是金山银山"的浙江探索［N］. 光明日报，2015－06－19.

发展短板，地方政府要主导构建"资源性＋公共性"的大教育观，围绕农村产业现代化发展需求构建农民培训生态体系，以"互联网＋教育"模式构建城乡人才发展共同体，强化乡村振兴的人才底座；针对农村产业竞争力不足，要大力发展新产业新业态，推动建设一批一二三产业融合发展先导区和特色产业集群，提升区域产业发展集约化品牌化，要延长农产品产业链，形成"资源—加工—产品—资源"区域内循环发展模式；针对资源性约束问题，要完善农村土地综合治理制度，提升农业生态生产技术水平，培育现代农业发展的新质领先动能。

（三）加大农村基础设施升级

良好的基础设施是乡村振兴的重要支撑。政府需要加大对农村基础设施建设的投入，包括道路、桥梁、水利、电力、通信等基础设施建设，提高农村基础设施的水平和质量，为乡村振兴创造更好的条件。在建设农村基础设施时，政府还应更加注重公平，尤其是偏远地区和贫困地区的基础设施建设，确保资源配置合理，使基础设施惠及更多农村地区。要以新基建为契机，加快布局乡村5G、人工智能、物联网等新型基础设施，补齐乡村数字基础设施短板，缩短城乡"数字鸿沟"。

（四）重视生态环境可持续

在乡村振兴的过程中，政府要将生态环境保护放在重要位置。农村生态环境资源是乡村振兴的重要支撑，为了实现乡村振兴的可持续发展，政府需要坚持绿色发展理念，加大生态环境保护力度，确保乡村振兴的可持续性和生态可持续发展。政府可以加大生态补偿力度，鼓励农民更多参与生态环境保护和修复工作，推动农村生态环境的改善和保护。同时，政府还应加强环境监管和执法力度，提升农村环境治理水平，保护好乡村的生态环境资源，助推乡村振兴战略的持续推进。

第十章　地方政府引领制造业
数字化转型研究

　　制造业数字化转型是推进新型工业化、建设现代化产业体系的重要举措。数字化转型通过引入人工智能、大数据、物联网等新兴科技，以及优化生产流程、提升管理效率等手段，实现传统制造业向智能制造的升级和变革。制造业数字化转型的必要性不仅体现在提高生产效率、降低成本、优化资源配置等方面，更重要的是能够使企业在市场竞争中获得持久优势。本章以中观经济学的区域政府超前引领理论、区域政府竞争理论和资源配置理论为起点，以浙江和江苏为例，研究地方政府如何通过政策支持、产业优化布局和人才培养等方面发挥制度、组织、技术与理念上的超前引领作用，加快制造业数字化转型升级与创新的步伐。研究发现，地方政府在促进制造业数字化转型中扮演着桥梁和纽带的关键角色，有效协调"有为政府"和"有效市场"之间的关系，确保市场机制的顺利运行。地方政府以其"准宏观""准微观"角色的特殊定位，在城市资源配置、市场竞争和产业规划等方面发挥重要作用，旨在确保数字化转型能够有序进行，并促进公平竞争和可持续发展。区域政府在推动浙江和江苏两个地区制造业数字化转型方面取得了显著成效。区域政府在资源配置、宏观调控等方面具有独特的优势，通过积极引导和支持市场主体来推动经济增长和社会进步。这也意味着区域政府需要加强自身能力建设，提高决策效率，确保其行动更加精确而有效。另外，地方政府还充当着社会非政府主体的代理者角色，在调配本地区资源上起到重要作用。通过创新制度、组织和技术等方面，地方政府与其他区域政府展开竞争，并积极寻求合作机会。这种竞争与合作之间的协同效应，有助于促进整个地区经济的发展，并最终实现更高水平的产业规划。

　　制造业作为国家经济的重要支柱，在推动经济增长、创造就业机会以及促进技术创新等方面发挥着至关重要的作用。随着全球产业链竞争加剧以及国内外市场需求变化，中国制造业面临着发达国家围堵和发展中国家追赶的双重压力，一方面来自美国、德国等发达国家快速推进工业化的竞争，另一方面则来自印度、越南等发展中国家迅猛崛起。为应对这些挑战，2015 年，中国提出了"中国制造 2025"战略纲领，旨在应对我国关键核心技术相对薄弱、制造业规模大而不强等问题（卜日娜，2023）。在新的科技革命和产业变革背景下，需要更加注重提高我国制造强国战略行动纲领的执行力，尤其是制造业数字化转型和数字化发展成为当务之急。智能制造将成为实现突破的方向，为加快经济发展方式转变奠定基础。

数字化转型指利用数字技术改造或重塑生产制造过程，主要是在研发设计、生产加工、经营管理等环节，引入数字技术，将生产经营活动纳入数字信息系统，以虚拟生产引导现实生产。制造业数字化转型成为全球关注的焦点，世界各国依据自身的优势和发展需要，提出了不同的构想和规划以推动制造业的数字化转型升级。以美德日三个代表性国家为例，美国在推动"先进制造业计划"方面取得了显著成绩，通过鼓励企业进行数字技术创新和高级制造技术研发，提升了整体制造业的效率和质量（Bican & Brem，2020）。这一计划不仅加强了美国制造业在全球市场上的竞争力，还推动了科技领域与制造行业之间深度融合。德国以工业 4.0 为核心理念，致力于将传统制造业与信息技术相结合，实现智能化、自动化和网络化的生产方式，以巩固与强化"德国制造"在全球的领先地位（Del Giudice，2016）。日本以工业互联为战略方向，形成多方合作支援体制，重视数字人才的培养，并积极促进相关教育体系的发展，为制造业数字化转型提供坚实的人力资源支持（刘军梅、谢霓裳，2022）。

中国积极推进"中国制造 2025"战略，加大对人工智能、大数据分析等领域的投入，"十三五"规划后中国政府开始积极推进制造业和互联网的融合发展，各部委陆续发布相关战略文件，鼓励构建制造业"双创"服务体系，构筑工业互联网基础，并推出百万企业上云。2024 年政府工作报告指出，要积极推进数字产业化、产业数字化，促进数字技术和实体经济深度融合。深化大数据、人工智能等研发应用，开展"人工智能 +"行动，打造具有国际竞争力的数字产业集群。实施制造业数字化转型行动，加快工业互联网规模化应用。2024 年 5 月 11 日召开的国务院常务会议审议通过《制造业数字化转型行动方案》。会议指出，制造业数字化转型是推进新型工业化、建设现代化产业体系的重要举措。各地政府在此基础上遵循中央文件指引积极行动，紧密跟随国家政策导向，加强与企业合作，推动技术创新和信息技术应用，在提升整体制造业水平和竞争力方面取得了显著成果。

随着"十四五"规划的发布，数字化提升已成为国家战略的重要组成部分，特别是以"两个深度融合"战略为指导，即数字技术与实体经济的深度融合以及数字经济与实体经济的深度融合（卜日娜，2023）。根据信通院数字经济发展报告白皮书，2022年我国数字经济规模达到50.2万亿元，占GDP总量的41.5%。我国数字经济发展之所以能取得巨大成就，地方政府在引领制造业数字化转型方面扮演着至关重要的角色。一方面，地方政府高度重视市场机制的作用，并积极倡导市场自由竞争原则，充分发挥"有效市场"作用。地方政府认识到市场规律是经济发展的基石，了解市场需求、掌握市场趋势、预测未来发展趋势等都是有效推动制造业数字化转型的重要因素（Hu & Yan，2021）。因此，地方政府深入调研和开展市场分析，以了解各行业需求和变化趋势，并根据这些信息指导企业的数字化转型措施。另一方面，地方政府致力于激发市场活力，在建立公平竞争环境、防止垄断行为和不正当竞争现象等方面采取一系列措施。政府加强对数据安全、知识产权保护以及网络信息安全等方面的监管力度，维护市场秩序并促进创新活力；积极引导企业培养创新意识，在科技研发方面给予政策扶持和资金支持等措施，利用市场机制推动技术进步和产业升级；还加强与高校、科研院所以及行业协会等相关机构的合作，促进技术创新与知识共享；此外，政府还鼓励和支持制造业企业开展国内外市场拓展，并加强与各国之间的经贸合作与交流。

浙江和江苏是成功实施制造业数字化转型的典范。两省积极探索创新发展模式，鼓励企业加大科技投入，并促进工业自动化、物联网、人工智能等先进技术与制造业深度融合，以实现生产方式的升级和优化。同时，在打造良好的创新环境和产业生态系统方面，两地政府投入了大量资源和精力。通过培育高素质人才，提供良好的创新平台和金融支持，以及完善法律法规体系等手段，不断提升制造业的竞争力。本章详细分析浙江和江苏地区政府在政策支持、产业优化布局和人才培养等方面采取的具体行动，并从中汲取经验，为制造业数字化转型提供支持。本章结合中观经济学理论来探讨地方政府如何引领制造业数字化转型，以期提供理论指导和实践参考。

第一节　文献综述与理论基础

一、相关概念界定

(一) 区域政府的协同及竞争

区域政府是中央政府委托负责管理特定地区事务的行政机构，相对于传统的一般意义上的地方政府，其拥有的独特权力旨在满足该地区居民的需求和利益。作为国家治理体系中不可或缺的一部分，区域政府致力于推动地方发展、改善社会福祉、促进经济增长以及保障公共服务的供给（Natsuda et al.，2022）。

区域政府是按照行政区划分设置的，严格按照自己的疆界管理地方事务，但由于一些资源比如水资源、矿产资源等可能属于不同的行政区共有，此外，环境问题也存在跨区域治理的情况，因此存在区域政府协同合作的情况（韩志红、付大学，2009）。在跨行政区的资源管理方面，不同区域政府需要建立有效的沟通渠道和协调机制。特别是对于共有资源，在保护和合理利用方面需要形成一致的规定和标准。这样做不仅可以避免资源浪费和冲突，还能够实现资源优势互补的目标（Hayek，1945）。

此外，区域政府之间的竞争还体现在税收优惠政策、基础设施建设、人才引进等方面。在竞争活动中，各地政府致力于制定可行的财政政策，增强本地吸引力和竞争力，积极开展招商引资活动，在提供相应优惠条件吸引外来投资者方面持续努力（朱金鹤、庞婉玉，2021；杨青、宛春荟，2023）。同时，注重基础设施建设（如道路、桥梁、交通网络）以促进经济发展和流动的畅通。此外，地方政府采取多种措施吸引和留住优秀人才，如提供优质教育资源、发展高新技术产业以及提供具有吸引力的薪酬待遇等。适度的地区竞争有利于激励政府提升工作效率、优化政策、改善要素配置格局（布坎南、马斯格雷夫，2000）。

(二)"有为政府"与"有效市场"

中观经济学揭示了区域政府的双重作用，这一理论借鉴了 Hayek（1945）

提出的分散知识概念。根据 Hayek 的观点，"中央机构"不可能完全掌握经济社会生产与生活所需的全部有用知识和信息。相反，这些知识和信息散布在各个市场主体之间，并且对于这些知识和信息的高效利用并非事先所知，而是需要通过试错和学习来实现，在不断尝试中找到最佳资源配置方案或决策（陈云贤、顾文静，2015）。因此，从微观角度来看，市场经济的发展需要通过企业竞争促使企业家不断进行试错与学习，以找到最优资源配置方案，从而实现"市场有效"。同样地，在中观层面上，市场经济的发展也需要通过区域政府竞争来推动区域政府不断进行试错与学习，找到中观经济领域内最佳决策，并实现"政府有为"（陈云贤等，2019）。

中国特殊的经济体制下，要研究产业转型升级，必须考虑政府与市场双重机制的影响（江胜名等，2017）。已有研究表明，政府在推动产业发展中发挥着积极的作用，并且这种作用是依赖于市场机制的。因此，在促进产业结构优化升级方面，只有当市场机制与政府作用相互协调时，才能取得更好的效果（Lin & Rosenblatt，2012；宋彩霞，2018）。从目前世界各国经济发展的实际情况来看，可以观察到政府与市场之间出现了两种关系模式：强政府—强市场和弱政府—弱市场（刘世锦，2014）。事实上，在现代市场经济中，为了实现良好的经济运行和稳定发展，需要建立一种既具备"有为政府"的有效管理和引导功能又充分发挥市场自主调节和资源配置功能的"双强模式"（黄东兵等，2022）。徐现祥等（2022）将地区经济占比变动分解为微观主体的进入效应和成长效应，采用省级政府一体化政务服务能力代理"放管服"改革，发现与其辖区微观主体成长显著正相关。

在这种"双强模式"中，政府扮演着重要的角色。政府通过制定相关政策和规划，为产业的转型升级提供指导和支持。政府还可以通过投资、补贴、减税等手段来激励企业创新和发展，以推动产业结构的优化和升级。与此同时，市场机制也具有不可替代的作用。市场经济能够有效地分配资源，提供公平竞争环境，并促进技术创新和经济增长（陈云贤等，2023）。然而，在实现"双强模式"的过程中仍然存在一些挑战和难题。一方面，政府需要找到合适的平衡点，在保护企业利益和维护公共利益之间进行权衡。另一方面，市场机制也需要不断完善和优化，以确保资源合理配置和经济可持续发展。

二、制造业转型升级的相关研究

(一) 国内外文献综述

学术界对于制造业转型升级主要分为制造业转型升级视角和路径两个方面。

制造业转型升级的视角层面有两种观点。一种观点将制造业转型升级视为一个整体进行考虑 (季良玉, 2016)。这种观点认为, 制造业的转型升级应该以创新能力为核心, 并且以打造制造创新链作为基础 (郭新宝, 2014), 通过数字化突破产业链组织分工约束、充分发挥区域比较优势、缩小产业链上不同环节间的价值分配差距, 实现制造业的全面提升 (李春发等, 2020)。另一种观点则将制造业转型和制造业升级分开进行研究。制造业转型意味着改变发展模式, 引入一系列改革措施来提高生产效率和物资利用率 (汤杰新, 2016)。为了实现创新驱动和内生增长的可持续发展道路, 制造业致力于推动新一代信息技术的应用, 并加强自主创新 (李毅中, 2010)。制造业升级被认为是沿着价值链从贴牌生产 OEM、依规设计 ODM 到自主创造品牌 OBM 的进步过程 (Teck—Yong Eng, 2009)。这种升级可以通过资源整合和技术创新来增加附加价值, 并提高制造企业在价值链上的地位 (Gereffi, 1993)。孙楚仁等 (2023) 发现数字化转型显著降低了企业出口风险率, 有助于延长企业出口产品持续时间。

新形势下, 制造业转型升级的路径正不断拓展。人们最初关注了资本投入、技术升级、生产模式、产业集聚以及价值链分布等方面, 随着时间推移逐渐演变为针对新时代制造业数字化转型和高质量发展的相关研究 (黄群慧、贺俊, 2015)。尚路和史学敏 (2021) 认为数字化转型实质上是改变传统制造业经营模式的底层架构, 涉及各个环节与管理层面的链式过程。制造业的数字化转型是一个循序渐进的过程, 数字信息技术首先会刺激其他相关技术的发展, 然后这些技术才会在生产系统中广泛应用 (Horvat et al., 2019)。一项研究发现, "互联网＋" 能够通过提升生产效率、实现制造业服务化以及将高端生产要素融入三个维度来提升中国制造业发展的质量 (李琳、周一成, 2019)。魏作磊 (2021) 发现制造业投入服务化通过提高发展水平、推动产业跨国转移和关联产业出口升级等渠道促进高质量服务出口。

此外, 王可和李连燕 (2018) 在微观层面上进行了探究, 发现 "互联网＋"可以通过技术创新、销售渠道以及供应链协同三个方面来提高制造业企业的绩效，并且能够借助开发新产品或新技能所带来的辐射效应，推动整个制造业行业的创新研发投入，从而实现互联网技术与制造业企业技术创新之间的相互借力和良性互动。胡亚男和余东华（2021）探讨了全球价值链嵌入和技术路径选择对制造业高质量发展的影响。研究发现，"互联网＋"可通过技术创新、销售渠道和供应链协同等路径机制，提升制造业企业的绩效。此外，利用新产品或新技术开发所带来的辐射效应，可推动整个制造业行业的创新研发投入，实现互联网技术与制造业技术创新之间的相互促进和良性互动，对于理解浙江和江苏省如何在全球化背景下优化其制造业结构尤为重要。焦勇和刘忠诚（2020）讨论了数字经济如何赋能智能制造的新模式，从规模化生产到个性化定制，这对制造业转型提供了实际的案例和理论支持。

邝劲松和彭文斌（2020）阐述了数字经济驱动经济高质量发展的逻辑和实践路径。逯东和池毅（2019）聚焦于《中国制造2025》与企业转型升级的关系。李秋香（2021）等从价值链视角分析了制造业高质量发展的路径与方法。李晓华（2022）探讨了制造业数字化转型与价值创造能力的提升。马静洲和伍新木（2018）对战略性新兴产业政策进行了国际对比。马翔等（2019）对跨国政策进行了比较研究，特别是对德国工业4.0进行了详细分析。沈恒超（2019）探讨了中国制造业数字化转型的特点、问题与对策。吴卫红等（2020）通过特征分析对制造业创新政策进行了量化评价。韦庄禹等（2021）基于实证分析探讨了数字经济对制造业高质量发展的影响。中国信息通信研究院发布了《2023中国数字经济发展研究报告》，在延续过去对我国数字经济发展最新态势量化分析的基础上，首次测度了中国数字经济发展效率水平，为国内外学者拓展研究提供了数据参考。

夏玲（2022）聚焦于数字技术如何赋能浙江省装备制造产业结构升级。肖旭和戚聿东（2019）探讨了产业数字化转型的价值维度与理论逻辑。原毅军和陈喆（2019）深入探讨了环境规制、绿色技术创新与中国制造业转型升级的关系。阳镇等（2022）分析了数字经济时代下全球价值链的趋势、风险与应对策略。赵爱英（2020）等探讨了中国制造业高质量发展的难点及其路径。

目前对于制造业转型升级的相关研究正在不断拓展，并逐渐从传统关注点向数字化转型和新兴技术应用方向扩展。这些研究对于浙江和江苏在数字化转型中的战略规划提供了实际案例和数据支持，在制定数字化转型政策时提供了宝贵的行业洞察，面对制造业转型中的挑战时提供了深刻的见解和解决方案。这些研究成果将为指导制造业企业实现可持续发展提供有益借鉴，并为政府部门提供科学决策参考。在如何制定支持制造业升级的政策、如何在全球价值链中定位自己的制造业、推动地方制造业数字化转型中应关注的核心能力、如何在全球制造业竞争中定位其政策和技术路线、如何面对数字化过程中面临的挑战和机遇、制定支持制造业创新和数字化的政策、在制造业转型中整合环保和可持续性策略这些方面给区域政府提供了方方面面的参考。因此，进一步深入研究制造业转型升级的相关议题对于推动我国制造业行业的发展具有重要意义。

（二）研究评述

已有研究发现在制造业转型升级的过程中区域政府起着至关重要的作用。区域政府在推动产业结构升级、促进经济发展方面具有不可忽视的地位和作用，既是参与者也是引导者。

第一，区域政府能够通过建立合理有效的产业政策来引导制造业向高附加值、技术密集型以及环保可持续发展方向进行转型升级。区域政府从整体经济发展的角度出发，分析所处市场环境、行业竞争状况以及未来趋势，并据此确定适应性强、具有竞争力的产业方向。此外，还可以通过为制造业数字化转型提供财务支持、税收优惠措施等手段来鼓励企业进行技术创新、产品升级，并积极开展科技合作与人才培养，促进产学研相结合。

第二，区域政府还能够发挥桥梁和纽带的作用，协调"有为政府"和"有效市场"之间的关系，实现"双强模式"。"有为政府"指的是积极主动介入经济活动并提供公共服务的行为主体，而"有效市场"则强调资源配置效率和公平性。在产业结构升级过程中，这两者之间需要达成一种平衡，区域政府有责任发挥调节作用，确保市场机制的顺利运行，并在需要时进行适度干预和监管。

第三，区域政府之间的合作与竞争也是一个重要的议题。合作可以通过资源共享、经验交流等方式来推动区域间产业结构升级和经济发展的良性循环。而竞争则促使各个区域政府更加积极主动地改进治理能力、提高服务水平，以吸引更多投资和企业落户。

在推动制造业数字化转型升级的道路上，区域政府扮演着不可或缺的角色。区域政府发挥超前引领作用，通过制定战略规划、提供资金支持和配套服务等多种手段，积极引导企业发展并为其提供方向、资源和良好环境。必须充分认识到区域政府超前引领的内涵，并深入思考区域政府竞争、"有为政府"与"有效市场"之间协调配合的重大意义。通过深入研究相关文献并注重实践经验的总结与分享，为未来决策提供可靠依据。

（三）理论基础

1. 区域政府超前引领理论

一是区域政府"超前引领"的内涵。中观经济学将"超前引领"的内涵概括为政府在市场运行规律的尊重基础上，通过一系列因势利导的行为来补充市场不足、发挥政府优势。这种行为既是对"有效市场"和"有为政府"的最佳写照，也是现代市场经济的关键特征。

所谓"超前引领"，指的是政府在面对市场变化时能够提前预判并采取相应措施。这种超前思维意味着政府具备了深入了解市场需求和发展趋势的能力，并且能够迅速作出决策和行动。而这些决策和行动不仅仅是简单地跟随市场，而是根据自身资源和优势来弥补市场不足。

二是区域政府"超前引领"的范畴。区域政府的超前引领包含多个方面，包括创新的政策和法规、鼓励科技创新与研发、促进产业升级与转型、加强基础设施建设、营造良好的商业环境等为主要内容。根据中观经济学思想，在整体上可分为制度、组织、技术和理念四个层面的超前引领。

区域政府在制度上的"超前引领"，旨在通过探索新机制、新模式和新举措推动地方治理能力提升、公共服务优化以及经济社会全面发展。其不仅要建立和完善地方政府组织架构、职能配置、决策流程等方面，还要以创新思维和前瞻性策略为指导，引领地方政府体系不断进步和发展。这种超前引领体现了对地方事务的深入研究和精准分析，以及对未来趋势的敏锐洞察力。

区域政府在组织上的"超前引领"是指地方政府在管理和规划区域发展方面采取了先进、前瞻性的举措，以推动经济、社会和环境的可持续发展。在组织结构方面，建立了灵活高效的机制，确保各部门之间的协调合作，并与中央政府紧密配合，形成一个统一而有序的决策体系；在政策制定和推行方面，积极倡导创新思维和实践，鼓励民众参与决策过程，并设立专门机构监督政策执行情况；在资源配置方面，注重整合内外部资源，提高资源利用效率，并制定长远战略规划来引导经济结构转型升级。

区域政府在技术上的"超前引领"是指在科技发展领域中，地方政府积极采取先进的技术手段和策略来推动和引领社会经济的创新与发展。这种超前引领不仅体现在政府部门对于科学技术的高度重视和投入，更包括政府对于创新思维、数字化转型以及智能化应用等方面的积极探索和推动。这意味着地方政府不仅具备了对于科学技术的敏锐洞察力与认知能力，而且将先进的科技手段应用到实际工作中，推动地方社会经济的创新与发展。

区域政府在理念上的超前引领，意味着它们以一种超越当下的思想和观念为指导，不仅关注眼前的问题与挑战，更重视未来发展的方向与蓝图。这种引领所代表的是一种敏锐度和前瞻性，通过先进的理念和策略来指导政府决策和行动。区域政府始终保持对时代发展脉搏的高度警觉，并积极适应新技术、新经济模式以及人民需求的变化。无论是数字化转型、可持续发展还是社会包容性等议题，这些政府都致力于提供先进、富有前瞻性且符合时代要求的解决方案。

三是区域政府"超前引领"发挥实效的条件。区域政府"超前引领"的目的在于通过采取先导性举措和战略，引导和推动区域发展，灵活应对不断变化的市场需求和挑战，并为本地经济增长创造有利条件。但"超前引领"要想真正发挥实效，还需要具备以下条件。

第一，有完善的市场机制和法治环境。市场机制作为资源配置与协调的手段，能够有效激发生产力，并通过供需关系来调节市场价格和资源分配（陈云贤，2017）。只有当市场机制运行良好时，企业才能自由竞争、创新发展，并且能够更好地响应和适应区域政府提出的战略目标。此外，"超前引领"需要有明确的法规和政策支持，同时也需要有可靠的司法机构和执行力强劲的执法力量。只有当法治环境健全时，市场经济才能更好地发挥作用，企业和个人才能更加信任和依赖于政府，并积极参与到区域发展的进程中。

第二，形成有节制的区域政府竞争动力。适度的区域政府竞争是"超前引领"的动力来源。区域政府间为了吸引企业投资、打造良好营商环境而相互竞争，这促使它们积极进行改革和政策创新，为企业提供更具吸引力、高效便利的条件。此外，通过与其他地方政府进行比较和学习，每个地区都能从最佳实践中汲取经验，并迅速调整自身的发展策略，推动经济增长和转型升级。竞争使得区域政府不仅仅关注自身利益，也需考虑全体居民的需求，并提供更出色的公共服务以满足他们的期望。

第三，推动政府信息透明公开。区域政府作为公共权力的代表和管理者，其信息透明公开不仅是履行职责的基本要求，更是实现国家发展和民生改善的关键一环。在市场经济模式下，企业需要清晰而完整地了解政府的政策和决策，以便在合规范围内开展经营活动。政府信息透明公开能够使企业更好地预测市场走向、调整运营战略，从而提高市场竞争力和创新能力。政府信息透明公开也是投资决策的重要参考因素之一，可以促进资本流动和吸引更多的国内外直接投资。

第四，建立科学有效的监测评估体系和灵活机动的执行机制。区域政府只有通过定期收集、分析和评估相关数据，才能够客观地了解政策的实施情况、成效以及所面临的挑战，进而根据评估结果进行必要的调整和改进。同时，为了确保政策能够真正发挥作用，在执行过程中需要建立有效的监督与反馈机制。

2. 区域政府竞争理论

一是区域间资源优化配置竞争理论。在新古典经济增长理论中，资源优化配置被强调为实现经济增长和发展的关键。这一理论框架下，社会各类资源包括人力、资本、自然资源等都必须通过有效配置和合理利用来满足社会需求，并确保可持续发展。亚当·斯密的绝对利益理论进一步支持了这一观点，认为个体追求自身利益是推动经济发展的主要动力。而资源优化配置则通过充分发挥个体之间的竞争和合作来实现最大化利益。

根据大卫·李嘉图提出的比较利益理论，不同地区或国家具有不同的比较优势，即某些地区或国家在特定领域具有更高效率和竞争力。例如，在一个国家内部，不同地区可能存在着劳动生产力和资源禀赋的差异。一些地区可能拥有丰富的自然资源，而另一些地区则能够提供更多高技能劳动力。根据区域间资源优化配置竞争理论，这些差异将导致各个地区在特定领域上具有不同程度的竞争优势。

为了最大化利益和经济增长，区域政府必须充分利用其比较优势，并借此进行区域间合作与竞争。通过合理分配资源、促进跨地区间的贸易和投资，可以实现资源优化配置竞争。同时，借鉴新古典经济增长理论中关于有效配置和合理利用资源的原则，在资源使用过程中要注重可持续发展，确保资源的长期稳定供应。

二是区域间投资竞争理论。在争夺外部投资时，各个地区纷纷通过提供优越的经济条件和政策环境来吸引更多的投资者。这种投资竞争在不同地区间呈现出多个方面的竞争，其中包括基础设施、高素质人才和科技创新等。

充足、高效且可靠的基础设施被视为现代经济体系正常运转和促进产业发展所必需的基石。优质的基础设施条件往往成为吸引外部资本和企业前来投资的重要因素之一。因此，区域政府积极致力于提升交通、通信以及能源等基础设施建设水平，旨在增加其自身吸引力和竞争优势。当一个地区具备了吸引高水平人才所需的条件时，它将更有能力成为创新中心和产业发展的引擎。各区域政府不断努力提升教育质量，优化人才培养机制，并提供具有诱惑力的薪资和福利待遇，以争夺稀缺而珍贵的高素质人才资源。

此外，科技创新也是各地区间投资竞争的重要领域。现代社会对于科技创新突破的需求日益迫切，具备强大科技创新实力的地区将更受到投资者和企业的青睐。为了在竞争中处于领先地位，各地区纷纷增加在科研机构建设、科技产业园区规划等方面的投入。同时，还制定了政策支持措施和降低创新成本等举措来提升其自身的科技创新能力。

三是区域间税收竞争理论。税收竞争是区域政府竞争的主要形式。在不同的地区之间，税收政策的差异往往会引发经济活动的重新配置。消费者会根据地区税收优惠或产品税负程度来进行消费决策，从而影响了商品与服务的需求分布。同时，资本也会倾向于流向税赋较低或存在激励政策的地区，以获取更高的回报率。这种竞争导致了不同地区间资源和投资的重新分配，促使经济活动更具灵活性。由于税收制度对个体和企业行为产生直接影响，区域政府常常通过调整税率、减免措施等方式来吸引外部消费者和投资者。

早期的税收竞争模型一般假定区域政府是慈善的，政府的主要目标是追求个体或特定群体利益的最大化。这种政府倾向于采取自私自利的行为策略，以谋求自身权力和资源的增加，并将纳税人视作资源来源。在这样的政府中，税收竞争是其运作机制之一。区域间税收竞争可以有效避免政府将资源从私人部门通过税收形式转移到公共部门，从而避免公共部门的过度膨胀（廖文锦，2012）。税收竞争通常涉及对企业所得税、个人所得税以及其他相关税费进行调整，旨在增加区域对可移动生产要素的吸引力（Rauscher & Michael，2000）。

第二节　案例概述

一、江苏浙江两省制造业概述

进入新世纪，中国经济正在经历着翻天覆地的变革，传统制造业正逐步向高科技、服务业和创新驱动型经济转型。江苏和浙江作为我国制造业强省，有着许多辉煌成就。近年来，江苏在先进制造业领域取得了显著的成就，已经涌现出十几个国家级先进制造业集群，位居全国之首。这些集群包括无锡物联网集群、南京软件和信息服务集群、苏州纳米新材料集群、徐州工程机械集群等。随后，通泰扬（南通、泰州、扬州）海工装备和高技术船舶集群、泰连锡（泰州、连云港、无锡）生物医药集群以及苏锡通（苏州、无锡、南通）高端纺织集群也相继崭露头角。江苏通过多个城市的联合努力打造这些产业集群，有效地突破了行政区域的限制，实现了产业协同发展和提升。

江苏作为地方政府引领制造业数字化转型的典范，通过承接发达地区的产业转移而腾飞。在面对复杂多变的经济形势下，江苏以模仿与创新为手段，成功地将自身打造成先进制造业的沃土。到 2023 年江苏省制造业增加值占 GDP 比重达到了 37.3%，稳居全国首位，工业战略性新兴产业、高新技术产业产值占规上工业总产值比重分别达 41.1%、49.6%，分别比上年提高 1.3%、0.7%[①]。

浙江数字技术水平在全国名列前茅，大数据、云计算、工业互联网、人工智能等多类数字技术为浙江 GDP 提供超 35% 的贡献率，占有比重仅次于上海、江苏与北京。浙江以产业基础再造和产业链提升为重心，累计建成产业链上下游企业共同体 105 家，形成年产值超 100 亿元产业集群 200 多个、超 1000 亿元产业集群 14 个，累计创建国家新型工业化产业示范基地 24 个[②]。

浙江以产业特色为依托，积极推动高端化、资本化和集群化转型，专注于实现高质量发展。这一努力在装备制造业产业集群和特色优势产业链建设方面取得了显著成效。在"十三五"规划期间，浙江已成功打造了 10 个高端装备制造业"国家新型工业化产业示范基地"，培育出 7 个省级高新技术产业开发区专注于高端装备制造业，并建设了 32 个省级高端装备特色小镇。[③]

从全国范围看，浙江在国家级专精特新企业数量上仅次于江苏和广东。这些专精特新企业在推动制造业向高端化、智能化和绿色化发展方面发挥了重要作用。浙江地区的"小巨人"企业也在不断涌现，它们以创新为核心驱动力，努力将浙江打造成全国领先的制造业强省。

二、江苏省制造业数字化转型的历程

江苏作为重要的工业基地，在转型过程中也面临着一定的挑战。一些传

---

① 付奇. 实体经济稳步夯实先进制造阔步争先 [N]. 新华日报, 2023 – 08 – 09.

② 迈出新步伐　见到新气象——全省制造业高质量发展大会侧记 [N]. 浙江日报, 2021 – 03 – 27.

③ 浙江省高端装备制造业发展"十四五"规划. 浙江省经济和信息化厅官网, 2021 – 04 – 23.

统产业不可避免地受到冲击，产值大幅下滑。在经历了一段调整期之后，江苏开始逐渐适应并积极应对这种变化，实现了制造业基础的巩固。根据江苏省统计局统计数据，新时代十年，江苏制造业增加值从 2.3 万亿元增长到 4.2 万亿元，占全国总量的 13.4%，在全球范围内约占 4%。截至 2022 年，江苏的第二产业增加值已达到 54886.1 亿元，位居全国第一（如图 10 – 1、图 10 – 2）①。

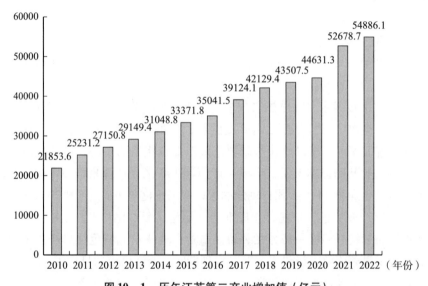

图 10 – 1　历年江苏第二产业增加值（亿元）

资料来源：根据国家统计局数据整理。

　　江苏一直处于先进制造业集群培育、专精特新企业发展、智能化改造和数字化转型等方面的领先位置（龙飞杨，2023）。不仅有 5 个年营收超过万亿元的行业（如机械、电子、轻工、冶金和石化等），还有 10 个集群进入全国 45 个国家级先进制造业集群的行列，数量居全国之首，其中包括新型电力装备、工程机械、物联网和纳米新材料等领域。在巩固传统制造业优势的同时，江苏持续推动数字经济与制造业深度融合，全省正致力于打造"51010"产业集群体系。其中包括了具备国际竞争力的 5 个战略性新兴产业集群，如生物医药、智能制造装备等；还有 10 个国内领先的战略性新兴产业集群，涵盖人工智能、物联网等领域；此外，江苏也在

---

① GDP 超 12.2 万亿元，2022 年江苏经济"成绩单"出炉［N］. 新华日报，2023 – 01 – 20.

培育未来产业方面取得突破，如网络通信、第三代半导体等领域即将引领未来发展趋势。

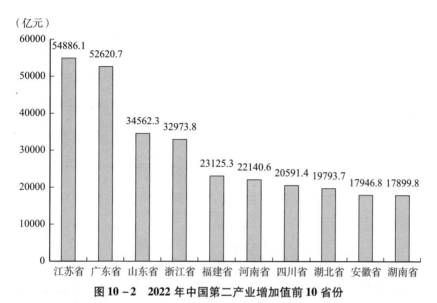

图 10 - 2　2022 年中国第二产业增加值前 10 省份

资料来源：根据国家统计局数据整理。

江苏国家级专精特新企业和单项冠军企业数量也位居全国前列。根据天眼查的数据，江苏拥有超过 109.3 万家制造业相关企业。新时代十年，江苏制造业相关企业的复合增长率达到了 12.7%。在地域分布上，苏州市、南通市和泰州市是拥有最多制造业企业的三个城市，分别拥有超过 20.9 万家、12.8 万家和 12.2 万家企业。而从成立时间来看，江苏制造业具备深厚的底蕴，成立时间在 10 年以上的企业占比高达 31.7%[1]。

2018 年江苏省工业与信息化厅印发的《关于进一步加快智能制造发展的意见》为江苏省制造业的数字化转型奠定了基础，引领了整个行业的发展方向，规模以上工业增加值增长速度首次呈现上升趋势。但接下来两年由于全球经济形势不稳定等影响，市场需求下降，消费者信心低迷、投资意愿不强导致增长速度平缓（见图 10 - 3）。

---

① 制造强省打造现代产业体系　江苏积极构建专精特新制造"小巨人"集聚高地［EB/OL］.
金融界，2022 - 11 - 02.

图 10 - 3   江苏规模以上工业增加值增长速度

截至 2021 年初，江苏已有超过 81.1% 的规模较大的工业企业开始普及数字化研发设计工具。尤其值得注意的是，在关键生产工序方面，超过 52.1% 的工序已经实现数控化。与此同时，企业管控集成方面也取得了显著进展，达到了 32.9%。这些数字表明江苏在数字化转型方面取得了巨大的成功。在全省规模以上工业中，数字产品制造业的增加值同比增长率达到 19.7%，比整体工业增长率高出 6.9 个百分点。值得特别注意的是，在这一发展过程中，工业机器人、集成电路、传感器、3D 打印设备等领域成为突出的亮点产业。

到 2021 年末，江苏数字经济呈现出令人瞩目的发展势头，其规模已突破 5.1 万亿元大关，以全国第二的位置屹立不倒，而且占据了全国总量的 11.8% 之多。其中，电子信息制造业、软件和信息技术服务行业以及电信行业收入高居榜首，分别达到 3.56 万亿元、1.15 万亿元和 1135.51 亿元。在智能制造方面，江苏省也取得了令人瞩目的成就。到 2021 年，全省已经建立了 8 家全球领先的"灯塔工厂"，并且累计建成了 52 家智能制造示范工厂和 1639 家智能车间。此外，超过 35 万家企业已经实现了云端化，而企业两化融合发展水平连续多年在全国处于领先地位。①

为进一步推动制造业数字化转型升级，江苏省加大政策支持力度，相继发布的《江苏省"十四五"数字经济发展规划》和《江苏省"十四五"新

---

① 何磊静，朱筱 . 江苏：加速构建现代产业体系 [N]. 经济参考报，2022 - 10 - 21.

型基础设施建设规划》为制造业提供了明确的指导方针与目标。同时，在
2021 年 12 月，还发布了《江苏省制造业智能化改造和数字化转型三年行动
计划（2022－2024 年）》，该计划明确了推动制造业转型升级的总体要求、
主要目标、重要任务和保障措施。预计到 2024 年底，全省规模以上工业企
业将全面进行智能化改造和数字化转型，以提升劳动生产率年均增幅，使其
高于增加值增幅（姜卫民等，2023）；重点企业的关键工序数控化率将达到
65%，经营管理数字化普及率将超过 80%，数字化研发设计工具的普及率
将接近 90%[①]。这一计划旨在通过为期三年的努力，明显提升全省制造业的
数字化、网络化和智能化水平。

截至 2023 年 8 月，江苏全省有 3 万多家工业企业已经进行了数字化转
型，形成了 10 个国家级先进制造业集群，其规模占据了全省制造业比重的
70%。此外，12 家企业被选为国家级智能制造示范工厂，3 家企业被认定为
全国"数字领航"企业，41 个智能制造优秀场景和 45 个平台创新领航应用
案例被列入国家级智能制造示范名单，这些数字均位居全国前列[②]。企业是
智能化改造和数字化转型的主体。省财政每年拿出 12 亿元专项资金，各市
县约 40 亿元协同对数字化转型项目给予贷款贴息补助，真金白银支持企业
"智改数转网联"。[③]

对标世界一流水平，江苏支持重点制造业集群和产业链龙头企业，建设
一批智能制造示范标杆，以点带面推动更多中小企业"看样学样"，累计培
育省智能制造工厂（工业互联网标杆工厂、5G 工厂）646 家。省制造强省
建设专项资金安排 27.9 亿元，支持"智改数转网联"重点建设项目 556
个。2024 年，江苏省工信厅等联合出台《关于推进工业互联网平台高质量
发展的若干措施》，聚焦"工业互联网＋前沿技术"应用场景建设，推进工
业互联网平台的规模化运用。截至 2024 年上半年，江苏累计创建国家级双
跨平台 5 个，培育省级重点平台 161 个，服务超 40 万家中小企业上云用平
台，"两化融合"发展水平连续 9 年居全国第一。[④] 支持优质中小企业加快
建设智能制造示范车间，强化星级上云企业建设，推广一批小快轻准的工业
App 和解决方案，降低中小企业数字化转型门槛，累计培育省级智能制造车

---

① 付奇. 实体经济稳步夯实先进制造阔步争先 [N]. 新华日报，2023－08－09.
② 蔡逸，沈玉青，杜雨晴.5G＋引领新变革　江苏制造迈入"数智时代" [N]. 江苏经济报，2023－08－10.
③ 顾敏. 全国首批 300 家 5G 工厂　江苏 97 家入选 [N]. 新华日报，2024－05－30.
④ 企业踏"云"而上，产业向"新"而行 [EB/OL]. 宿迁网，2024－06－01.

间 2480 个、星级上云企业超 2.4 万家①。

三、浙江省制造业数字化转型概况

浙江省作为我国传统制造业大省，一直以来主动顺应国内外经济社会发展趋势，努力探寻制造业转型升级的最优路径。纵观 21 世纪以来浙江省的部分重大举措，从 2003 年的"建设先进制造业基地""八八战略"，到 2013 年的"四换工程""机器换人"，再到 2017 年的《浙江省全面改造提升传统制造业行动计划》，每一步都在坚实地促进传统制造业的转型升级。而在全球数字化转型浪潮之下，浙江制造业企业积极改革创新，通过数字赋能，实现传统制造的数字化转型，以期提升"浙江制造"的国际竞争力和在全球价值链的嵌入位置（吕宏芬，2022）。

浙江不断涌现出一系列创新成果，包括类脑计算芯片、阿里飞天 2.0 操作系统以及杭州的"城市大脑"项目。同时致力于建设制造业创新中心和产业创新服务综合体，取得了显著成效。成功创建了 19 个省级制造业创新中心和 138 个省级产业创新服务综合体。在激发企业创新活力方面，浙江充分发挥了企业作为创新主体的作用。全省累计创建了 131 家国家级企业技术中心，位居全国第二。而企业技术创新能力连续四年位列全国第三。

截至 2021 年，浙江数字经济高新技术企业增至 1.1 万家、科技型中小企业达到 1.8 万家，实施 215 项数字经济重大科技攻关项目，突破形成 138 项标志性成果（夏丹，2022）。2021 年，全省规上电子信息制造业营业收入以惊人的 15916 亿元创下新高，软件业务收入达到 8303 亿元，稳居全国第三、第四（张利儒等，2023），2023 年 1～11 月营收近 19068.9 亿元。在数字经济核心产业中拥有明显主导地位的 6 个千亿级数字产业集群脱颖而出：数字安防和网络通信、集成电路、高端软件、智能计算、智能光伏以及数字内容（杨士鹏，2022）。浙江制造业数字化转型步伐加快，累计认定未来工厂 32 家、智能工厂（数字化车间）423 家；获批共建长三角工业互联网一体化发展示范区，"1＋N"工业互联网体系日益完善，建设省级工业互联网平台 285 家，培育上云企业 47 万家（董钊，2023）。

浙江积极引导企业进行集聚发展，形成了良好的产业链条和价值链，形

---

① "智改数转网联"三年行动计划收官在即，江苏省人大常委会听取情况报告［N］. 新华日报，2024－05－28.

成年产值超百亿元产业集群 200 多个、超千亿元产业集群 14 个，累计创建国家新型工业化产业示范基地 24 个，居全国第三（韩鑫，2023）。2022 年，"三新"经济即新产业、新业态和新模式，全年增加值占 GDP 的比例达到 28.1%。其中，数字经济核心产业的增加值为 8977 亿元，比去年增长了 6.3%。这一增速比规模以上工业高出了 6.5 个百分点，并对规模以上工业增加值的增长贡献了 1.7 个百分点①。

2023 年 1~2 月，浙江全省制造业投资同比增长 16.8%，增速比全国平均水平和全社会固定资产投资分别高 8.7 个、8.1 个百分点，在东部沿海经济大省中，仅次于广东省（22.8%），分别比江苏、山东高出 9.7 个、6.9 个百分点。2023 年上半年，浙江数字经济核心产业制造业增加值增长 8.4%，信息传输、软件和信息技术服务业增加值增长 12.5%。2023 年，浙江全年规上工业增加值增长 6%，制造业投资增长 14.1%，预计数字经济核心产业增加值增长 10%②。

《浙江省数字经济发展白皮书（2022）》提出将实施新一轮的"双倍增"计划，到 2027 年，预计浙江数字经济增加值将突破 7 万亿元，核心产业增加值也将达到 1.6 万亿元。

这些令人期待的数字经济目标展现了浙江全面提升经济实力和创新能力的决心。为了实现这一宏伟目标，各方将共同努力推动技术创新、产业融合以及市场拓展。随着数字化时代带来的机遇不断扩大，可以预见，在未来几年里，数字经济将成为支撑浙江经济持续快速发展的重要引擎。

第三节　运用中观理论分析数字化转型中地方政府的引领作用

一、区域政府"超前引领"范畴分析

（一）制度引领，创设有效激励体系

浙江和江苏省政府通过创设激励性制度和规范体系展示了其在制度上的

---

① 2022 年浙江省国民经济和社会发展统计公报 [EB/OL]. 浙江省统计局，2023 - 03 - 16.
② 浙江 2023 年规上工业增加值增长 6%，今年聚焦"415X"先进制造业集群 [N]. 21 世纪经济报道，2024 - 01 - 21.

"超前引领",采取前瞻性措施,改善资源配置效率,并促进社会变革、经济持续发展与增长。制度的"超前引领"在经济上体现为出台一系列激励企业投资和扩大产能的优惠政策,包括提供财政补贴、优惠税收政策以及金融支持等。对推进数字化改革成效突出、实施科技创新首位战略和发展高新技术产业成效明显等有突出成果的地区,给予一定财政资金奖励,在申报数字经济领域的国家级和省级各类重大专项项目、数字产业培育、企业数字化改造、数字基础设施建设等方面予以优先支持。

"十三五"以来浙江推行一系列优惠政策,包括降低增值税税率、大规模留抵退税等措施,对制造业的税收增长产生了显著影响。数据显示,制造业税收增速整体呈"M"形态势,制造业企业所得税占比受疫情影响2020年下降至17.4%,但2021年已经恢复至20.6%,重新呈现上升趋势(如图10-4)①。2022年浙江省制造业增加值实现突破性发展,超2.7万亿元,占GDP比重达到35.1%,较2021年提高0.6个百分点②。

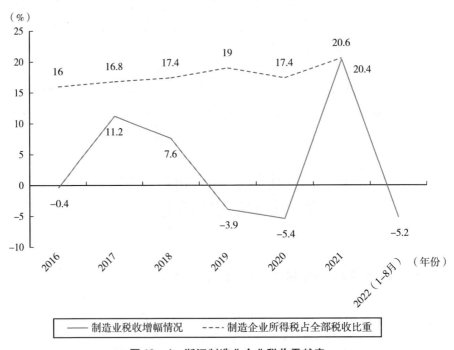

图 10-4　浙江制造业企业税收贡献度

①　浙江:2020年新增减税降费预计近两千亿元[N].浙江日报,2021-01-11.

②　这33个市、县(市、区)凭什么问鼎浙江制造业领域最高荣誉[N].浙江日报,2023-05-26.

　　浙江省近年来积极推动数字化改革，并相继出台了一系列政策，为制造工厂的数字化转型和行业的数字化发展奠定了坚实基础。其中，最引人注目的是"智能制造2025"计划，旨在通过运用新一代数字技术，如智能工厂和工业互联网等，推动制造业向高端化发展。

　　江苏发布的18条金融措施，进一步完善了金融支持制造业保障体系，包括加大银行和保险机构对制造业的支持力度、增加直接融资比例、降低制造业企业的融资成本等。江苏省财政还按承担的担保责任比例为单户担保金额1000万元及以下、担保费率不超过1.5%的小微企业提供最高年化1%的担保费补贴。2022年江苏省成立了2.4亿元专项资金，组织近千家服务商对全省2.1万余家企业开展"智改数转"免费诊断，以诊促改、以改促转①。

　　此外，浙江和江苏区域政府还致力于构建规范的法律体系，以确保公正、透明和可持续的经济运行，不仅加强了监管机构的监管能力，加大了对市场行为的监督力度，还建立了一系列法规和标准来规范企业经营行为。这些规范体系涵盖了从市场准入、土地使用到劳动力保护等各个方面，以确保企业在遵守法律法规的同时也能够充分发挥其创新和竞争力。

（二）组织引领，做好前期规划管控

　　浙江与江苏在组织管理引领方面积极探索并实践了一系列创新举措。一方面，建立了高效协同的机制，通过设立专门的部门来促进各区域之间的协调合作。这种横向联结机制有助于加强沟通、协调和资源共享，从而达到风险分担和互利共赢的目标。另一方面，注重优化垂直管理体制，在区域层面设立相应职能部门，并与中央政府保持紧密联系。这种上下联动机制使各级政府之间形成了有效合作，推动整个区域治理体系向更加灵活高效的趋势迈进。这充分体现了区域政府"准微观""准宏观"角色的双重职能，兼顾利益的同时，还成为了上级政府和区域非政府主体之间沟通的桥梁、纽带。

　　浙江积极倡导"扁平化"组织管理模式，鼓励下属部门在工作中拥有更大的自主权和决策权。这种去行政化的改革措施不仅激发了各级政府部门的活力和责任心，也为民众提供了更便捷、高效的公共服务。此外，该模式还注重推动政务数字化转型，在信息技术领域投入大量资源，建立了全面覆盖的电子政务平台。通过在线服务、电子支付等方式，政府工作效率得到有效提升，并与市民之间实现了更紧密的互动。

---

① 张维佳等．江苏：制造业"智改数转"飒沓前行［N］．中国电子报，2023－07－25.

为深化新一代信息技术与制造业融合发展，在引领企业组织形态变革方面，浙江省将以产业大脑来探索数据的价值化。同时，通过未来工厂的引领作用，在促进生产方式转变、产业链组织重构、商业模式创新和产业生态重塑等方面推动"产业大脑＋未来工厂"的融合发展①。这一举措旨在提升制造业的高端化、智能化和绿色化发展水平，加速使浙江省制造业跻身全球价值链的中高端地位。此外，还将加快建设全球先进制造业基地和全球数字变革高地，为浙江省高质量发展和共同富裕示范区的建设提供有力支持。

浙江与江苏区域政府不断完善和优化相关规章制度体系。浙江在《第十四个五年规划》中明确提出将结合数字经济与实体经济发展，这为深入挖掘大数据潜力提供了指导方向。同时，《促进大数据发展行动纲要》等政策文件也着重强调了创新对装备制造产业结构升级的重要推动作用，并鼓励建立先进技术支持的创新服务平台。

江苏提出"一中心、一基地、一枢纽"产业建设方案，"中心"建设鼓励校企联合研发，着力突破关键核心技术；"基地"建设着力构建共享制造体系，如工业互联网平台、智能共享制造车间和工业大数据系统等；"枢纽"建设上集中资源打造国际航空物流枢纽，开辟通达世界主要国际货运枢纽的主要航线。

江苏为深入贯彻落实省第十四次党代会关于"推动全省各类开发区转型升级、创新提升"工作部署，梳理研究了各地在推动开发区体制机制改革上的经验做法，选取了其中制度创新性较强、实践效果较为突出的7个典型案例，作为全省开发区体制机制改革第二批实践案例。包括海门经济技术开发区的"区街分设、联动发展"管理模式、常州高新技术产业开发区的"区政合一、一区多园"管理模式、南京建邺高新技术产业开发区的"三自主一剥离"创新管理模式及苏州工业园区的开发区特色基层"放管服"综合改革体系等。②

江苏制定了《江苏省实施优化营商环境条例》，同时还出台了针对此项工作的行动计划，持续推进营商环境不断改善和发展。通过深化改革，破除制约发展的痛点、难点，全力打通制约发展的体制机制障碍③，大力营造综合最优的政策环境、营商环境。

① 徐恒. 浙江：多措并举 推进消费品工业数字化转型［N］. 中国电子报，2022 － 07 － 08.
② 相关案例内容参见江苏省商务厅等联合公布的《江苏省开发区体制机制改革第二批实践案例》，2022 － 09 － 29.
③ 张晔. 以创新绘就江苏高质量发展"十年画卷"［N］. 科技日报，2022 － 08 － 17.

（三）技术引领，发挥政府资源优势

浙江和江苏作为中国制造业转型的重要代表地区，政府通过超前引领策略为企业的技术创新能力提供了有利的外部环境。技术上的"超前引领"不仅体现在区域政府在科技研发、人才培养等方面的投入，还包括对于科技成果转化和创新驱动型企业发展的支持。浙江与江苏通过积极引进国内外先进的科学研究成果和专利技术，为企业提供了广阔的创新空间。同时，还加强与科研院所、高等院校等知识产权持有者之间的合作，鼓励开展前沿科研项目，积极吸纳国内外专业人才，建立科技专家顾问团队，促使科技成果得到更好的转化和应用。

浙江与江苏建立了一系列政策和机制来鼓励企业加大研发投入；重视推进政务公开、数据共享和数字化治理，积极探索互联网＋政务服务模式；还通过建立创新孵化基地和科技园区等载体，提供创新型企业所需要的良好环境和资源支持。《浙江省新一轮制造业"腾笼换鸟、凤凰涅槃"攻坚行动方案》中指出实施创新强工攻坚行动，主要抓关键核心技术攻坚，重大科技成果产业化，打造高能级科创平台，做专做精制造业创新主体，构建产业链创新链生态圈等任务。

浙江出台《以"产业大脑＋未来工厂"为引领加快推进制造业数字化转型行动方案》，累计打造细分行业产业大脑 96 个、未来工厂 52 家；以"万亩千亿"新产业平台、自贸试验区、综合保税区等为主阵地，建设具有浙江特色的现代化产业体系。

江苏大力实施十大工程，引进"智转数改"领域的战略科学家、科技领军人才和创新团队。同时，开展制造业"智转数改"人才培养试点，培养制造业卓越工程师及青年科技人才。"十三五"时期，江苏科技综合实力实现新跃升，全社会研发投入占地区生产总值比重达 2.85%，科技进步贡献率达 65.1%，万人发明专利拥有量达 36.1 件，接近创新型国家和地区中等水平①。苏南国家自主创新示范区建设取得重要进展，成为全省战略性新兴产业的策源地和高质量发展的主引擎。

（四）理念引领，进行前瞻分析思考

区域政府在理念的"超前引领"上体现在以战略规划为导向，在产业

---

① 江苏省"十四五"科技创新规划. 江苏省人民政府办公厅官网, 2021 – 09 – 02.

结构调整和经济转型发展过程中敢于担当、积极作为。浙江与江苏的区域政府对于未来经济形势和发展趋势具有敏锐的洞察力，并能够提前进行有效预判，通过深入分析全球制造业格局变化以及国内外市场需求等多方面因素，明确适应时代要求的战略方向。

在发展理念上，江苏坚信制造业是经济发展的重要支撑。为了实现产业发展的阶梯化建设，江苏积极构建以龙头企业为核心、专精特新中小企业为支持的协同发展产业体系①。除了加强传统制造领域的创新和升级，在技术研究、产品设计等方面进行全面提升外，还积极拓宽非传统领域的发展空间。例如，在智能制造、绿色环保等方面寻求突破。与此同时，江苏还加大对专精特新中小企业的支持力度。通过提供资金、政策等多种支持措施，鼓励和引导这些企业积极参与市场竞争，并帮助它们实现规模化发展和技术创新。

江苏先后制定了"五图六清单"产业认定方案、"531"产业链培育方案和"一中心一基地一枢纽"的产业建设方案等系统性政策举措（章激扬，2022），以推进制造业转型升级。此外，江苏省在数字经济领域积极推动新兴数字产业的发展，并致力于打造先进的数智云网链。作为全国先进制造业集群，南京软件和信息服务业以及无锡物联网领域在数字经济中扮演着重要角色。与此同时，江苏省集成电路和软件等核心产业也取得了全国领先水平的成就。这些努力使得江苏省在数字经济发展方面独具优势，并为全国其他地区树立了榜样。

江苏在制造业领域立足新发展阶段、坚持贯彻新发展理念。以创新驱动和高质量供给引领市场并创造新需求来承担建设制造强国的责任，为江苏在"十四五"时期做出贡献。因此必须深入践行"争当表率、争做示范、走在前列"新使命新要求，全力把握产业变革的新机遇，厚植制造业规模优势、配套优势，找准产业转型升级的突破口、重塑竞争优势的新引擎。

浙江坚持制造业立省强省理念。浙江认为，制造业是实现富民强省的基石，而建设先进制造业基地则是贯彻"八八战略"的核心目标。《浙江省全球先进制造业基地建设"十四五"规划》（征求意见稿）明确表示，到2025年，浙江要打造成为全球先进制造业基地，届时数字引领、创新驱动、业态融合的新制造模式基本确立，数字化、智能化、绿色化先进制造技术处于领先地位。浙江制造业增加值占全省生产总值比重将稳定在三分之一以上。在智能化、绿色化和服务化水平方面，浙江省将力争走在全国前列。同

---

① 以"专精特新"为镜 透视江苏产业升级的成长密码［EB/OL］.中新经纬，2022－11－02.

时，数字经济、生命健康和新材料等领域的基础能力和创新能力也将明显提升，并形成若干世界级先进制造业集群和标志性产业链。预期未来会涌现出一批世界一流企业、单项冠军企业以及行业标准与国际品牌。

二、区域政府"超前引领"发挥实效的条件比较

（一）完善的市场机制和法治环境

制造业数字化转型中，市场机制必须发挥其调节供需关系、优化资源配置、推动企业竞争力提升的作用。浙江省以其创新性和活力而闻名，拥有一系列成功的企业和创业者，为经济发展注入了强劲动力。这一地区的市场竞争激烈，资源配置相对高效，市场参与者积极主动且具有较高风险承受能力。相比之下，江苏的市场机制体系更加稳定和成熟，其以工业化和现代化程度较高而著称，在国内外拥有广泛的影响力。江苏重视培养企业家精神，并提供了良好的政策支持和发展环境来鼓励创新创业，同时还注重产学研结合，在人才培养、科技创新等领域取得了显著进展。

在数字化转型过程中，需要建立健全的法律法规体系和监管机构来确保公平竞争、知识产权保护以及数据安全等方面的合规性。江苏省司法厅发布了《关于实施"产业链+法律服务"专项行动的意见》[①]，该意见旨在全面关注各环节需求，为江苏省内各大产业链相关项目提供全流程的法律服务，开启司法行政服务高质量发展的新篇章。

浙江致力于构建公正、透明、可预期的法律体系，先后公布《浙江省公共数据条例》《浙江省知识产权保护和促进条例》，通过完善司法机构运行和提高法律服务质量，促进了市场秩序的稳定。浙江还大力推动简政放权、优化营商环境等改革措施，为企业和个人创造了更好的法治环境。浙江充分发挥全面依法治省委员会职能作用，精准对接民营企业司法需求，积极维护民营企业合法权益，努力营造最优法治环境，为民营经济高质量发展保驾护航，全力推动新时代民营经济新飞跃，为建设共同富裕示范区凝聚磅礴力量。

（二）区域政府竞争动力

浙江省和江苏省作为两个地理临近、经济密集型的沿海省份，都拥有优

---

① 丁国锋，王阳，张旭.江苏力争三年建成覆盖主要产业链法律服务体系［N］.法治日报，2021－05－17.

越的地理位置和丰富的资源优势，这使得它们在吸引外资和开展对外贸易方面具备独特的条件，也导致了政府之间围绕资源配置展开了竞争。浙江位于中国东南沿海地区，拥有丰富的港口资源和便捷的水陆交通条件，因此在制造业中更加注重与国际市场的对接以及外贸出口。而江苏则处于长三角地区核心位置，紧邻上海，受益于其强大的经济辐射力，在制造业中更加注重高端技术研发和创新驱动。

浙江省和江苏省在制定扶持政策和提供优惠措施方面相当重视，并不断加大对制造业发展的支持力度。例如，设立专门的产业园区和经济开发区，提供优惠政策吸引企业入驻，并给予财税等方面的支持；加大对科技创新、人才引进等方面的投资力度，以增强自身制造业实力。两地在产业布局上存在明显差异，浙江省主要侧重于轻工、纺织、服装等传统制造领域，并且逐渐向高端装备制造拓展；而江苏省则更注重汽车、电子信息、机械装备等高科技产业部门，并致力于打造一批具有全球竞争力的大型企业。通过不同的产业布局选择，两个省份都希望能够在特定领域形成竞争优势，从而在制造业领域中占据更有利的地位。浙江积极推动创新创业环境建设，鼓励企业进行技术创新和品牌建设，提供多层次融资支持措施。江苏则更加注重引进外资和外部资源，通过与国际知名企业合作、开展技术交流等方式促进制造业的发展。

（三）政府信息透明公开

信息不透明和缺少监督机制会造成"政府失灵"，这是由于政府自身行为受限以及其他客观因素的束缚所致，使得社会资源无法得到最佳配置，也削弱了政府在超前引领方面的效力。浙江省注重加强政府信息公开的立法工作，通过颁布一系列相关法律、法规和规章，明确了政府信息公开的范围、程序和方式，并提出了相应的监督和惩处措施。而江苏省则更注重对现有法律与制度的完善，通过修订和补充相关法规，进一步明确政府信息公开涉及内容，并提供具体操作指南。在政府信息公开的平台建设上，浙江省积极推动"互联网＋政务服务"模式，在政府门户网站上建立专门的栏目或平台，向社会公众发布各类制造业相关的政策文件、企业数据等信息，并提供在线查询与下载服务，而且浙江更注重企业财务数据、生产经营情况以及技术创新成果等方面的公开，为广大民众提供了更具实质意义的信息资源。同时，浙江还利用新媒体传播渠道扩大政府信息公开覆盖范围，通过微信、微博等社交媒体平台传播制造业发展情况以及行业变化趋势等资讯。

（四）科学有效的监测评估体系和执行机制

浙江与江苏都建立了相应机构和系统来跟踪监测制造业数字化转型进度，包括统计数据收集、产业分析报告、企业调查问卷等多种手段，但在评估体系和执行机制上又各有特点。

一是在对制造业产能利用情况、市场需求变化等方面关注程度上的不同。浙江注重建立全面、细致的数据统计系统，通过对各类制造业企业的生产经营数据进行持续、全面地收集，以便深入了解整个制造业领域的发展态势。而江苏则更加关注对核心产业链中的关键环节进行监测，在重点领域开展精准化数据采集工作。

二是在制造业发展目标和未来导向上的理念不同。浙江建立起了一套较为完善的评估指标体系，包括但不限于生产效率、产品质量、技术创新等多个方面，并通过定期评估来跟踪企业发展情况并提供政策建议。而江苏则更加注重将评估指标与绿色环保、可持续发展等方面相结合，将企业的社会责任纳入评估体系的重要考量因素之一。江苏持续加强放管服改革的协同性，着眼于提升审批效率、简化办事流程和更前沿的问题解决方式。通过清单管理来规范行政权力，不断深化"无需现场审批"和"一站式办理"等改革举措，推动政务服务的跨省互通与线上线下融合发展。

三、区域政府竞争策略分析

（一）优化资源配置，制造业焕发新生

浙江与江苏作为沿海地区发达省份，拥有丰富的可经营性资源，使这两个省份具备了吸引投资和发展产业的优势，在制造业转型过程中，资源配置效率和利用程度将是决定两省竞争优劣的关键因素。

在土地利用方面，浙江在深化工业用地市场化配置改革的背景下，以"亩均论英雄"和"最多跑一次"为核心，2017年在浙江德清首先开展工业用地"标准地"试点，针对土地供给侧结构性改革，提高土地利用效率，近期在此基础上又持续深化"亩均论英雄"改革，进行土地综合整治，全面开展低效工业用地整治，推动空间和生产力布局优化。在政府主导下，浙江成功扭转局面，用地规模迅猛增长，在2016～2019年，浙江省的工业用地出让总面积已经达到了同期山东和江苏的

79％和67％①。江苏2022年首创工业用地"标准地＋双信地＋定制地"供应模式，以更精准化、精细化服务降低企业用地成本，优化营商环境。该供地模式精准高效地满足了全省1033个项目的需求，涉及用地面积达9.3万亩，投资额超过7030亿元；其中，通过长期租赁、先租后让、租让结合、弹性年期出让等方式供应了583宗工业用地，面积达2.36万亩，成功降低了企业的用地成本，共计减少了15.72亿元②。

在技术创新方面，浙江更重视教育发展、职业培训和创新创业，倾向于培养本土高素质人才，加强大学与企业的合作，通过建立科研机构、推动产学研合作等方式提升技术创新水平。浙江设立了科技园区和孵化基地，举办各种创新创业大赛活动，为创业者提供场地、资金和政策支持。江苏则注重引进海外留学生和高层次人才，着眼于打造具有核心竞争力的产业集群，并积极引进国内外先进科技成果。

浙江与江苏两地政府还通过优化产业结构来提升资源利用效率。浙江省民营经济发展存在结构层次较低、经营方式粗放等问题，在"八八战略"指引下，浙江政府着重发挥块状特色产业优势，加快先进制造业基地建设，坚持"腾笼换鸟、凤凰涅槃"理念，推进产业平台建设、新旧动能转换。

江苏省注重培养和推广循环经济模式，引导企业采用清洁能源、节约资源和降低环境污染等方式，加强化工园区和重点化工企业对能耗总量强度的控制，提高资源的利用效率；同时持续壮大新能源这类新兴产业规模，挖掘产业新动能。近年来，江苏省依法关闭了众多散乱污企业，共计达到5.7万家，并关停了4739家不符合安全环保标准且属于低端落后化工生产的企业③。在去产能方面，江苏积极应对，采取一系列有效政策引导产业调整。一方面在产业目录中严格排查，将指标下放到企业级别进行严格考核；另一方面，注重帮助企业寻找转型出路，提供相应的"托底"补助，并为转型企业提供便利措施，以激发其自身去产能的积极性。

（二）引领数字基础设施建设，开启制造业数字化转型的智慧未来

根据中观经济学理论，基础设施被视为新的"资源生成"领域，对促进国家经济增长具有重要影响。这种投资竞争在浙江和江苏之间不断升级，

---

① 高质量发展建设共同富裕示范区背景下浙江省工业用地配置的时空演变研究［EB/OL］. 浙江省自然资源厅，2022 – 09 – 19.

② 沈佳暄. 供地"金钥匙"，解锁发展"新密码"［N］. 新华日报，2023 – 02 – 15.

③ 江苏坚持生态优先绿色发展　努力建设美丽中国示范省［N］. 新华日报，2022 – 10 – 12.

通过不断提高基础设施的质量和数量，为制造业数字化转型打好基础，吸引更多的私人部门前来投资。浙江积极推进数字基础设施建设，专注于发展5G 网络、云数据中心、互联网、物联网和人工智能平台等核心领域，以构建完善的数字基础设施网络。同时致力于实施整体智慧治理设施、生态环境设施的智能化改造，加强交通物流设施、清洁能源设施以及幸福民生设施的智慧化升级。

江苏不断提升基础设施质量管理水平，积极推动建立依法管理的质量评价和溯源体系，以市场需求为导向，进一步实施计量器具强制检定费用同级财政保障，并促进计量校准、测试、验证等技术服务市场化运作。同时，在深化地方标准管理制度创新方面加大力度，增加了市场自主制定标准的比重，并全面实施了团体标准、企业标准自我声明公开和监督制度。为加强质量基础设施建设，江苏结合各地产业特点，科学布局省级和市级质量技术服务机构，在此基础上积极争取打造国家级质量标准实验室，实现结构优化、高效实用的质量基础设施。

此外，区域政府还积极提供科技拨款资助来支持创新研发活动，以提升基础设施能级。通过向科技领域注入资金，并积极与企业进行合作，区域政府有效地激发了私人部门增加投资的动力。

浙江省启动"415X"先进制造业专项基金，对标新一代信息技术、高端装备、绿色石化与新材料等 4 个万亿级世界级先进产业，这一举动将吸引国内外投资机构、产业龙头企业等产业发展核心要素集聚浙江，引入并推动重大产业项目快速落地，迎来新一轮投资热潮[①]。

江苏省则更加聚焦于外向型经济发展，出台实施一系列稳外资优外资政策，鼓励外商投资结合江苏产业发展方向设立研发中心，吸引优质外资项目；并保障符合条件的外资研发中心享受税收优惠政策，支持其使用大型科研仪器、省级重大科技计划项目的科技报告和相关数据开展基础研究。2022 年江苏外商及港澳台商投资企业增长 0.9%，电子、医药、汽车、电气、专用设备等先进制造业增加值分别增长 6.3%、11.0%、14.8%、16.3% 和 6.0%[②]。

（三）展开税收竞逐，引领产业飞跃

就可流动的资源类型而言，浙江和江苏地区都拥有丰富的产业基础和优

---

① 浙江启动千亿级"4 + 1"专项基金群，瞄准全球先进制造业基地建设［EB/OL］. 财联社，2023 – 05 – 18.

② 参见《2022 年江苏省国民经济和社会发展统计公报》，2023 – 03 – 03.

质的人力资源。两地区域政府为了吸引可流动型资源，在税收方面展开竞争。在个人所得税方面，浙江对于那些在该省工作并缴纳个人所得税的高级管理人员、高层次专业人才以及海外留学回国人员等群体，提供一定期限内免征个人所得税的特殊待遇。此外，针对特定行业和领域，浙江还制定了适用较低税率的政策，减轻了个人负担。江苏提高了低收入者、高校毕业生等特定群体的个人所得税起征点，并给予专项附加扣除等优惠政策。同时，为鼓励科研人员和技术人才留在江苏工作，政府还额外提供奖励和补贴。

在企业所得税上，浙江向符合条件的高新技术企业、科技型小微企业以及创新型研发机构提供较低税率或者免征企业所得税的优惠政策，还设立了专项资金支持项目，鼓励企业进行技术创新和产品研发，并提供相应的税收减免或补贴。

江苏则对符合条件的高新技术企业、小型微利企业减半征收企业所得税，在某些重点领域和行业，还提供更为优惠的税收政策，包括减免税、退还税等。

这种区域政府间的税收竞争不仅对于两地经济增长起到了积极作用，也对全国范围内的制造业转型起到了示范和带动作用。然而，在进行税收竞争时，必须注意平衡好财政收入与产业发展之间的关系，避免过度依赖单一产业或财政补贴导致不可持续发展的风险。

（四）两省制造业存在的困境及努力的方向

目前，江苏和浙江装备制造业在全国范围内展现出强劲发展态势。尽管装备制造业在总体规模上表现出较高的水平，但其产业结构仍存在一些问题。目前，以私营性质为主的一般技术装备制造业在浙江省装备制造业中占据着主导地位，而高技术装备制造业则主要集中在外资及港澳台企业中。然而，产业数字化率仍然相对较低，产业结构合理化和高度化水平有待进一步提高，还面临着核心技术匮乏、基础软件和工业软件受限等"卡脖子"问题（夏玲，2021）。

两省制造业数字化转型同样面临一系列发展困境。首先是数字化转型的投资困境。由于数字化转型需要大量的资源和配套服务支持，许多企业在数字化转型方面进展缓慢，导致制造业内数字化应用仍未普及开来。此外，许多企业并没有从宏观战略角度对数字技术的发展进行系统谋划。要实现成功的数字化转型，必须不断投入自我维护和革新。这样做的好处是能够提高企业的竞争力，并且为未来的发展奠定坚实基础。然而，也需要意识到，这种转型过程可能会带来较高的变动成本。这些成本包括但不限于技术升级、培训人员和调整组织结构等方面。因此，在决策时需要全面考虑各个方面，并确定最合适的方式来平衡投入与回报。

其次是制造业数字化技术落地困境。虽然两省在新兴技术研究方面取得了一定进展，但却未能推动高效率技术真正落地实施。一方面，在制造业生产环节复杂、不同行业和企业间生产与运营存在较大差异的情况下，进行量产实验条件不足；另一方面，在缺乏经验丰富的专业人员给予建设性指导的情况下，许多中小型企业虽然意识到数字化转型的重要性，却陷入了迷茫，不知道如何着手进行推进，这种困境来自缺乏深入了解和把握数字化转型所需的策略和操作步骤。

最后是数字技术协同创新困境。当前，两省制造业在技术创新方面整体发展还不够充分，在高端装备、关键零部件、基础材料、核心工艺等方面对外依赖程度较高。尽管江苏在产业集聚方面具有数字化转型的优势，尤其是电子信息产业，但仍然存在着技术创新不足的问题。虽然省内拥有众多高校和丰富的科教资源，但产学研战略联盟和有效的协同创新机制仍有待提升。

此外，江苏区域间存在发展不平衡问题，南北差距较大。根据《江苏省智能制造发展指数报告（2022 版）》，资源主要向智能制造领域评分较高的第一梯队（苏州、无锡、南京）、第二梯队（常州、徐州、南通）倾斜，导致第三梯队（镇江、扬州、泰州、盐城、连云港、宿迁、淮安）在智能制造发展中资金、人才、技术等资源相对匮乏（图 10-5）。这表明，新阶江苏仍需加强南北差距的缩小，推动智能制造第一、二、三梯队协调发展。

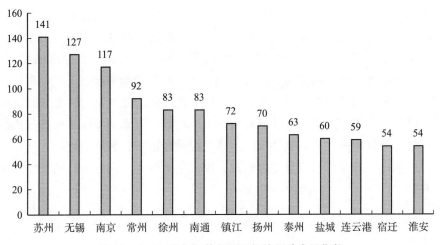

图 10-5　2022 年江苏各设区智能制造发展指数

第四节　结论与建议

一、研究结论

本章探讨了浙江和江苏两个地区制造业数字化转型的历史演变及现状，运用中观经济学中的区域政府超前引领理论，对于两地区域政府在制造业数字化转型过程中发挥超前引领作用所取得的具体成果进行案例分析。此外，还利用区域政府竞争理论来分析浙江和江苏两个地区如何实现资源有效配置。研究发现，区域政府并非简单地干预或扭曲市场机制，而是秉持着供给与需求的关系，在积极引导、调整和预警下形成了良性的区域竞争态势，并更好地发挥了政府在推动市场经济健康发展方面的作用。通过建立合作机制和资源共享平台，浙江和江苏地方政府成功协调"有为政府"与"有效市场"之间的关系，确保市场机制的顺利运行，并在需要时进行适度干预和监管。这种合作模式使得制造业数字化转型得以顺利推进，并为两个地区的发展注入了强劲动力。浙江和江苏地方政府发挥着桥梁和纽带的作用，促进政府与市场之间的良性互动。充分利用自身优势，积极引导企业进行技术创新和数字化转型，并提供有针对性的政策支持和金融服务。

在制造业数字化转型过程中，区域政府通过一系列政府政策的实施、产业布局优化以及人才培养等手段，展示了其在制度、组织、技术、理念上的"超前引领"。"超前引领"实际上体现了区域政府"准宏观"和"准微观"的双重职能，这种"超前引领"追求适度干预，注重及时掌握市场需求、优化资源配置以及提供必要支持等手段，并在市场变革中起到了积极主导作用。可以说区域政府在推动浙江和江苏两个地区制造业数字化转型方面取得了显著且实效明显的成果。区域政府在资源配置、宏观调控等方面具有独特的优势，通过积极引导和支持市场主体来推动经济增长和社会进步。这也意味着区域政府需要加强自身能力建设，提高决策效率，确保其行动更加精确而有效。

二、政策建议

（一）完善政府鼓励政策落地，营造数字化转型良好氛围

地方政府在推动制造业数字化转型方面扮演着重要角色。因此，完善政府鼓励政策的落地显得尤为重要。地方政府要加大对数字化转型项目的财务投入，并提供更灵活的资金支持机制，以满足企业不同发展阶段和需求层次的融资需求。在知识产权保护、市场准入、人才引进等方面也要持续加大支持力度，为企业提供更好的发展环境和条件。地方政府还要积极开展相关宣传和培训工作。一方面，政府可以组织各类专题研讨会、峰会、论坛等活动来宣传成功案例和最佳实践经验，向企业界普及数字化转型知识和技术应用方法。另一方面，地方政府可以与高等院校、科研机构合作，共同开展培训项目，为企业提供数字化转型相关知识和技能的培训课程，提高企业员工的数字化转型能力。通过加大资金投入、宣传培训和制定鼓励政策等多种方式，可以有效促进企业积极参与数字化转型，并最终实现经济增长和产业升级的目标。

（二）强化信息网络支撑能力，夯实数字化转型发展底座

通过建立高速宽带网络和 5G 通信基础设施，可以满足大规模数据传输、云计算、物联网等技术应用对于网络速度和带宽需求的增长。这将有助于推动制造业企业实现智能制造、远程监控、虚拟仿真等数字化转型应用，提升企业创新能力和竞争力。地方政府可以积极引导和推动制造业企业加强信息系统建设，并加大对相关技术研发和人才培养的投入。通过建立统一的数据标准和共享平台，可以实现企业内外部信息的无缝对接和共享，促进产业链各环节的协同作用。同时，加强对企业数字化转型过程中的政策、资金等支持力度，鼓励企业进行技术创新和管理创新。这将有助于提高制造业企业的数字化转型能力和整体运营效率。

浙江、江苏作为我国经济发展较快的地区，在地方政府引领下已经取得了一定的成就。浙江省在推动制造业数字化转型方面积极探索"互联网＋"行动计划，并建设了一批数字工厂示范项目；江苏省则致力于构建智能制造体系，推动工业互联网与传统产业深度融合。通过借鉴这些成功经验，其他地方政府可以进一步加强对制造业数字化转型的引导和支持，为全国制造业

转型升级提供可复制可推广的模式。

（三）充分考虑区域优势，实现优势产业优先发展

浙江和江苏这两个地方作为中国经济发展的先行者，其丰富的地理资源、产业基础和人力资源等优势使其在制造业数字化转型中具备独特的条件。地方政府应准确把握本地区产业布局和特色，并深入分析各种区域资源与因素的关系，以充分利用已有的比较优势来推动制造业数字化转型。同时，还需要根据不同地区的实际情况，科学合理规划和调整产业结构，将优势产业与数字化技术相结合，形成新的增长点。在推动优势产业发展过程中，也应注重建立良好的政府企业合作机制，并通过提供资金支持、技术引进、政策扶持等手段来刺激企业积极参与数字化转型。最后，地方政府还应加大对制造业数字化转型的宣传力度，引导企业树立正确的发展观念和战略思路，以推动整个地区制造业实现优势产业优先发展。

（四）重视培植大型企业，协调区域内制造业布局发展

参考浙江、江苏的成功经验，大型企业具有较强的技术实力、资金实力和创新能力，可以成为推动制造业数字化转型的主要力量，地方政府应该高度重视培植大型企业。通过支持大型企业发展，并提供相关政策和资源保障，地方政府可以帮助其在数字化转型中取得更好的成果。通过合理规划和布局各个地区间不同产业链环节、技术优势等资源配置，可以形成产业互补、协同发展，并进一步提升整个区域制造业竞争力。此外，在引领制造业数字化转型过程中，地方政府还应积极营造良好的环境氛围，包括加强人才培养、完善相关政策法规和提供金融支持等方面。通过这些措施，地方政府可以为制造业数字化转型创造更好的条件和机遇。

（五）促进关键技术协同创新，打造数字化复合型人才

关键技术协同创新可以加速制造业由传统生产模式向数字化转型的步伐，从而提高生产效率和产品品质。具体来说，在浙江和江苏两个地区的制造业数字化转型中，地方政府通过建立联合研究机构、创新平台以及资金支持等措施，推动不同企业之间的技术交流与合作。如在建设智能制造园区时，地方政府可以提供必要的基础设施和资源支持，同时鼓励企业之间共享先进设备和信息技术。此外，打造数字化复合型人才也是实现制造业数字化转型的重要一环。这些人才需要具备跨学科知识背景，并能熟练运用信息技

术来解决实际问题。地方政府可以通过培训计划、奖励措施以及高校合作等方式，吸引和培养这些人才。同时，还可以与企业进行紧密合作，制定相关的职业发展路径和技能认证体系，以确保数字化复合型人才的实际应用能力。通过加强行业间的合作与交流，并培养具备综合素质的人才，为制造业的升级转型提供有力支持，进一步推动经济发展和社会进步。

参 考 文 献

[1] 阿尔弗雷德·韦伯.工业区位论 [M].李刚剑,陈志人,张英保译.北京:商务印书馆,1997.

[2] 埃德加·M.胡佛.区域经济学导论 [M].上海:上海远东出版社,1992.

[3] 安苑,王珺.财政行为波动影响产业结构升级了吗？——基于产业技术复杂度的考察 [J].管理世界,2012 (09):19－35＋187.

[4] 巴里·诺顿.中国经济:转型与增长 [M].上海:上海人民出版社,2010.

[5] 白雪洁,李栋,闫文凯.深圳高新区的发展经验与启示 [J].现代管理科学,2014 (07):22－24.

[6] 北京国际城市发展研究院编著.中国城市蓝皮书 [R].中国时代经济出版社,2003.

[7] 卜日娜.企业数字化水平、创新绩效与全要素生产率 [D].中国财政科学研究院,2023.

[8] [美] 布坎南,马斯格雷夫.公共财政与公共选择两种截然对立的国家观 [M].北京:中国财政经济出版社,类承曜译.北京:中国财政经济出版社,2001.

[9] 陈晨,赵民,刘宏.珠三角"三旧"改造中的土地利益格局重构及其运作机制——以佛山市"三旧"改造经验为例 [J].中国名城,2013 (01):33－40.

[10] 陈春秀.重点产业政策与制造业就业 [J].经济研究,2023 (10):34－54.

[11] 陈建军,陈国亮,黄洁.新经济视地理学角下的生产性服务业集聚及其影响因素研究——来自中国222个城市的经验证据 [J].管理世界,2009 (04):83－95.

　　[12] 陈洁, 张钰. 新质生产力、数字金融与中国式乡村治理现代化 [J]. 暨南学报 (哲学社会科学版), 2004 (07): 1 – 16.

　　[13] 陈楠, 庄贵阳. 中国低碳试点城市成效评估 [J]. 城市发展研究, 2018, 25 (10): 88 – 95 + 156.

　　[14] 陈仁安. 英美农村区域规划经验及对中国乡村振兴的启示 [J]. 世界农业, 2018 (06): 24 – 28.

　　[15] 陈润儿, 易炼红, 徐明华等. 以工业发展带动经济发展——市州领导笔谈 "加速推进湖南新型工业化" [J]. 学习导报, 2006 (08): 26 – 30.

　　[16] 陈晓光. 增值税有效税率差异与效率损失——兼议对 "营改增" 的启示 [J]. 中国社会科学, 2013 (08): 67 – 84 + 205 – 206.

　　[17] 陈岩松. 城市经营 [D]. 同济大学, 2007.

　　[18] 陈映. 西部重点开发开放区承接产业转移的产业布局政策探析 [J]. 西南民族大学学报 (人文社会科学版), 2014, 35 (06): 113 – 116.

　　[19] 陈甬军.《论政府超前引领: 对世界区域经济发展的理论与探索》评介 [J]. 中国工业经济, 2014 (10): 160.

　　[20] 陈云贤. 超前引领: 对中国区域经济发展的实践与思考 [M]. 北京: 北京大学出版社, 2011.

　　[21] 陈云贤, 邱建伟. 论政府超前引领: 对世界区域经济发展的理论与探索 [M]. 北京: 北京大学出版社, 2013.

　　[22] 陈云贤, 顾文静. 区域政府竞争 [M]. 北京: 北京大学出版社, 2017.

　　[23] 陈云贤, 顾文静. 中观经济学 [M]. 北京: 北京大学出版社, 2015.

　　[24] 陈云贤, 顾文静. 中观经济学 (第二版) [M]. 北京: 北京大学出版社, 2019.

　　[25] 陈云贤, 李宜达, 王方方. "有为政府 + 有效市场" 运行模式研究——中观经济学的逻辑与框架 [J]. 广东财经大学学报, 2023, 38 (04): 4 – 17.

　　[26] 陈云贤, 李粤麟. "有为政府" 的竞争属性——基于中观经济资源生成视角的分析 [J]. 经济学家, 2023 (04): 14 – 22.

　　[27] 陈云贤. 论成熟市场经济 [J]. 财经界, 2017 (28): 29 – 34.

　　[28] 陈云贤. 论区域政府竞争 [J]. 管理世界, 2017, 8 (15):

172 – 173.

[29] 陈云贤. 论政府超前引领 [J]. 财经界, 2017 (25)：29 – 33.

[30] 陈云贤, 邱建伟. 论政府超前引领：对世界区域经济发展的理论与探索 [M]. 北京：北京大学出版社, 2013.

[31] 陈云贤. 市场竞争双重主体论——兼谈中观经济学的创立和发展 [M]. 北京：北京大学出版社, 2020.

[32] 陈云贤. 探寻中国改革之路：市场竞争双重主体论 [J]. 经济学家, 2020 (08)：16 – 26.

[33] 陈云贤. 中观经济学 300 问 [M]. 北京：北京大学出版社, 2022.

[34] 陈云贤. 中国特色社会主义市场经济：有为政府 + 有效市场 [J]. 经济研究, 2019 (01)：4 – 19.

[35] 陈钊, 申洋. 限购政策的空间溢出与土地资源配置效率 [J]. 经济研究, 2021, 56 (06)：93 – 109.

[36] 陈钊, 熊瑞祥. 比较优势与产业政策效果——来自出口加工区准实验的证据 [J]. 管理世界, 2015 (08)：67 – 80.

[37] 程必定. "有效市场 + 有为政府" 的理论逻辑与政府实践逻辑 [J]. 西部论坛, 2023, 33 (01)：1 – 13.

[38] 程俊杰. 中国转型时期产业政策与产能过剩——基于制造业面板数据的实证研究 [J]. 财经研究, 2015, 41 (08)：131 – 144.

[39] 程水红, 曾菊新. 东部地区产业集群：我国区际差异扩大的一种解说 [J]. 经济地理, 2007 (05)：753 – 756 +762.

[40] 池仁勇, 阮鸿鹏, 於珺. 新能源汽车产业政府补助与市场融资的创新激励效应 [J]. 科研管理, 2021, 42 (05)：170 – 181.

[41] 崔卫华. 城市经营 [D]. 东北财经大学, 2005.

[42] 崔运武. 论当代公共产品的提供方式及其政府的责任 [J]. 思想战线, 2005 (01)：2 – 7.

[43] 戴亦欣. 中国低碳城市发展的必要性和治理模式分析 [J]. 中国人口·资源与环境, 2009, 19 (03)：12 – 17.

[44] 邓和顺, 孟晓倩, 吴传清. 湘鄂赣绿色化发展水平测度与提升路径研究 [J]. 长江大学学报（社会科学版）, 2024, 47 (01)：66 – 73.

[45] 邓红辉, 卢轶, 洪海等. 有为政府 + 有效市场 = 成熟市场经济 [N]. 南方日报, 2016 – 03 – 11 (A12).

[46] 邓毛颖，邓策方．利益统筹视角下的城市更新实施路径——以广州城中村改造为例［J］．热带地理，2021，41（04）：760－768．

[47] 邓翔，任伊梦，玉国华．低碳城市建设与产业结构优化升级——来自低碳城市试点工作的经验证据［J］．软科学，2023，37（02）：10－19．

[48] 丁远．浅论地方政府超前引领区域经济理念的新发展［J］．现代经济信息，2014（08）：409．

[49] 董钊．习近平经济思想引领浙江数字经济高质量发展［J］．信息化建设，2023（04）：8－11．

[50] 杜建军，谢家平，刘博敏．中国农业产业集聚与农业劳动生产率——基于275个城市数据的经验研究［J］．财经研究，2020，46（06）：49－63．

[51] 范如国，冯晓丹．"后补贴"时代地方政府新能源汽车补贴策略研究［J］．中国人口·资源与环境，2017，27（03）：30－38．

[52] 方行明，许辰迪，杨继瑞．成渝同质化竞争与化解［J］．经济体制改革，2022（02）：73－78．

[53] 冯举．四川成都多方面发力加快建设国际消费中心城市［N］．消费日报，2023－08－11（A02）．

[54] 冯勇，刘志颐，吴瑞成．乡村振兴国际经验比较与启示——以日本、韩国、欧盟为例［J］．世界农业，2019（01）：80－85＋98．

[55] 佛山市地方志编慕委员会，佛山市志（1979－2002）（第一册）［M］．北京：方志出版社，2011．

[56] 付奇．实体经济稳步夯实先进制造阔步争先［N］．新华日报，2023－08－09（003）．

[57] 傅允生．资源禀赋与专业化产业区生成［J］．经济学家，2005（01）：84－90．

[58] 高帆．新型政府－市场关系与中国共同富裕目标的实现机制［J］．西北大学学报（哲学社会科学版），2021，51（06）：5－17．

[59] 高虹，袁志刚．产业集群的规模与效率影响［J］．财贸经济，2021，42（02）：119－133．

[60] 高鸿业．西方经济学：微观部分6版［M］．北京：中国人民大学出版社，2015．

[61] 高鸣，武昀寰，邱楠．乡村振兴战略下农村人才培养：国际经验视角［J］．世界农业，2018（08）：176－182．

[62] 高宁. 竞争与合作——成渝"哑铃共同体"发展模式 [J]. 经济体制改革, 2008 (03): 162-164.

[63] 龚绍方. 县域旅游产业集群化发展规划初探 [J]. 地域研究与开发, 2008, 27 (06): 61-65.

[64] 顾朝林, 谭纵波, 刘志林等. 基于低碳理念的城市规划研究框架 [J]. 城市与区域规划研究, 2010, 3 (02): 23-42.

[65] 郭万达, 刘艺娉. 政府在低碳城市发展中的作用——国际经验及对中国的启示 [J]. 开放导报, 2009 (06): 23-27.

[66] 郭新宝. 我国制造业转型升级的目标和路径 [J]. 中国特色社会主义研究, 2014 (03): 33-37.

[67] 郭友良, 李郁, 张丞国. 广州"城中村"改造之谜: 基于增长机器理论视角的案例分析 [J]. 现代城市研究, 2017 (05): 44-50.

[68] 郭玥. 政府创新补助的信号传递机制与企业创新 [J]. 中国工业经济, 2018 (09): 98-116.

[69] 国务院发展研究中心"宏观调控创新"课题组. 适应新常态、面向市场主体的宏观调控创新——对党的十八大以来我国宏观调控创新的认识 [J]. 管理世界, 2022, 38 (03): 9-19.

[70] 韩昊辰, 徐博. 吉林省汽车产业发展研究 [J]. 黑龙江科学, 2018, 9 (16): 162-164.

[71] 韩剑, 郑秋玲. 政府干预如何导致地区资源错配——基于行业内和行业间错配的分解 [J]. 中国工业经济, 2014 (11): 69-81.

[72] 韩璐, 陈紫微, 申立银等. 过程管理视角下能源结构的低碳建设水平诊断: 基于中国36个重点城市的实证研究 [J]. 现代城市研究, 2024 (01): 36-43.

[73] 韩永辉, 黄亮雄, 王贤彬. 产业政策推动地方产业结构升级了吗?——基于发展型地方政府的理论解释与实证检验 [J]. 经济研究, 2017 (08): 33-48.

[74] 韩永辉, 罗瑞霖, 谭舒婷. 新旧动能转换下产业政策动态演进研究——基于广东战略性新兴产业案例的机理解析 [J]. 新经济, 2024 (02): 5-19.

[75] 韩志红, 付大学. 地方政府之间合作的制度化协调——区域政府的法治化路径 [J]. 北方法学, 2009, 3 (02): 121-132.

[76] 郝杰. 城市经营是政府的特殊经济职能 [J]. 财经界, 2017

（03）：13 + 18.

［77］何德旭．优化营商环境与扩大国内需求［J］．财贸经济，2023
（08）：5 - 21.

［78］何冬华，杜金莹，刘玉亭．土地再开发中地方政府的角色与行动
路径转变——城市企业主义下的广州旧村改造实证［J］．城市规划，2023，
47（05）：34 - 43 + 120.

［79］何梦笔，赵冬梅．论中国转型中的内生性政治约束——一种演化
论的视角［J］．国外理论动态，2013，445（03）：50 - 64.

［80］何艳玲，李妮．为创新而竞争：一种新的地方政府竞争机制［J］．
武汉大学学报（哲学社会科学版），2017（01）：87 - 96.

［81］贺炎林，张杨，尹志超．如何提高政府补贴和税收优惠促进技术
创新的有效性——来自中国 A 股上市公司的证据［J］．技术经济，2022，41
（09）：10 - 23.

［82］洪银兴．地方政府行为和中国市场经济的发展［J］．经济学家，
1997（01）：41 - 49 + 126.

［83］胡蓓，莫莉．产业集群中的人才成长机制研究［J］．华东经济管
理，2007（11）：87 - 91.

［84］胡华杰．中国城市经济发展中的政府功效研究［D］．上海社会科
学院，2018.

［85］胡九龙．怎样优化地方营商环境——兼谈处理好政府与市场的关
系［J］．前线，2019（01）：74 - 77.

［86］胡宁生．国家治理现代化：政府、市场和社会新型协同互动［J］．
南京社会科学，2014（01）：80 - 86 + 106.

［87］胡晓鹏．模块时代的产业结构：基于 SCP 范式的研究［J］．中国
工业经济，2007（04）：63 - 70.

［88］胡亚男，余东华．全球价值链嵌入、技术路径选择与制造业高质
量发展［J］．科技进步与对策，2021，38（21）：44 - 52.

［89］胡一真．自贸区建设中的产城融合路径研究［D］．上海财经大
学，2021.

［90］胡元林，孙旭丹．环境规制对企业绩效影响的实证研究——基于
SCP 分析框架［J］．科技进步与对策，2015，32（21）：108 - 113.

［91］胡月，田志宏．如何实现乡村的振兴？——基于美国乡村发展政
策演变的经验借鉴［J］．中国农村经济，2019（03）：128 - 144.

[92] 胡振光，李佩瑶．选择性支持与合作式发展：地方政府与社会组织互动行为模式分析 [J]．广西社会科学，2019，32（08）：125 – 132．

[93] 胡尊国，王耀中，尹国君．劳动力流动、协同集聚与城市结构匹配 [J]．财经研究，2015，41（12）：26 – 39．

[94] 黄东兵，王灵均，周承绪等．制造企业人工智能创新如何赋能高质量发展——来自中国上市公司的经验证据 [J]．科技进步与对策，2022，39（08）：110 – 120．

[95] 黄璜，杨贵庆，菲利普米塞尔维茨等．"后乡村城镇化"与乡村振兴：当代德国乡村规划探索及对中国的启示 [J]．城市规划，2017，41（11）：111 – 119．

[96] 黄金升，陈利根，张耀宇等．产业结构差异下地方政府经济行为与工业地价研究 [J]．产业经济研究，2017（03）：81 – 90．

[97] 黄群慧，贺俊．中国制造业的核心能力、功能定位与发展战略——兼评《中国制造2025》[J]．中国工业经济，2015（06）：5 – 17．

[98] 黄荣哲，何问陶，农丽娜．SCP范式从产业组织理论到经济体制分析 [J]．经济体制改革，2009（05）：71 – 74．

[99] 黄先海，宋学印．赋能型政府——新一代政府和市场关系的理论建构 [J]．管理世界，2021，37（11）：41 – 55 + 4．

[100] 黄新华．从市场失灵到政府失灵——政府与市场关系的论辩与思考 [J]．浙江工商大学学报，2014（05）：68 – 72．

[101] 黄征学．佛山市"三旧"改造的主要做法及启示 [J]．中国经贸导刊，2013a（28）：42 – 44．

[102] 黄征学．土地征用制度创新的实践及深化改革的建议——来自广东省佛山市的案例 [J]．中国经贸导刊，2013b（25）：21 – 23．

[103] 黄忠华，杜雪君．土地资源错配研究综述 [J]．中国土地科学，2014，28（08）：80 – 87．

[104] 黄祖辉，李懿芸，马彦丽．论市场在乡村振兴中的地位与作用 [J]．农业经济问题，2021（10）：4 – 10．

[105] 季良玉．技术创新影响中国制造业转型升级的路径研究 [D]．东南大学，2017．

[106] 江胜名，江三良，吴石英．市场化、地方政府努力方向与产业结构升级 [J]．福建论坛（人文社会科学版），2017（02）：81 – 90．

[107] 江永红，杨春．政府补贴能否促进技术创新由"量"到"质"

转变——知识产权保护的门槛效应 [J]. 科技进步与对策, 2023, 40 (20): 122-130.

[108] 姜国兵, 王嘉宝. 乡村振兴示范带的运行逻辑与绩效评价——基于广东的实证分析 [J]. 公共治理研究, 2023, 35 (04): 56-62.

[109] 姜棱炜. 战略性新兴产业初期融资模式及其效率评价 [D]. 武汉大学, 2013.

[110] 姜卫民, 郑琼洁, 曹劲松. 区域制造业数字化转型评价体系的建构与应用 [J]. 南京大学学报 (哲学·人文科学·社会科学), 2023, 60 (06): 127-137.

[111] 蒋明, 朱宁. "双碳" 目标下低碳城市发展和指标体系构建 [J]. 浙江经济, 2022 (11): 42-44.

[112] 蒋瑜洁, 丁钰慧, 关昕. 日本推动氢燃料电池汽车产业发展的机制研究 [J]. 现代日本经济, 2022, 41 (01): 27-46.

[113] 焦勇, 刘忠诚. 数字经济赋能智能制造新模式——从规模化生产、个性化定制到适度规模定制的革新 [J]. 贵州社会科学, 2020 (11): 148-154.

[114] 金乐琴, 刘瑞. 低碳经济与中国经济发展模式转型 [J]. 经济问题探索, 2009 (01): 84-87.

[115] 鞠建东, 刘政文. 产业结构调整中的有为地方政府 [J]. 经济学报, 2017, 4 (04): 61-76.

[116] 康骁, 唐永忠. 基于公私合营管理模式在城市生活垃圾处理中的应用研究 [J]. 环境科学与管理, 2018, 43 (03): 19-22.

[117] 柯雪梅. 成都市城市管理执法体制改革面临的问题及优化策略 [D]. 四川大学, 2021.

[118] 邝劲松, 彭文斌. 数字经济驱动经济高质量发展的逻辑阐释与实践进路 [J]. 探索与争鸣, 2020 (12): 132-136+200.

[119] 赖寿华, 吴军. 速度与效益: 新型城市化背景下广州 "三旧" 改造政策探讨 [J]. 规划师, 2013, 29 (05): 36-41.

[120] 兰学文. 改革开放 40 年广州产业发展回顾与展望 [J]. 中国经贸导刊 (中), 2018 (26): 48-50.

[121] 乐为, 谢隽阳, 刘启巍. 新能源汽车产业政策关联及其耦合效应研究 [J]. 管理学刊, 2022, 35 (05): 65-81.

[122] 雷潇雨, 龚六堂. 基于土地出让的工业化与城镇化 [J]. 管理世

界，2014（09）：29-41.

[123] 李长青，禄雪焕，逯建.地方政府竞争压力对地区生产效率损失的影响 [J].中国软科学，2018（12）：87-94.

[124] 李春安.我国地方政府经济竞争的研究 [D].中共中央党校，2004.

[125] 李春发，李冬冬，周驰.数字经济驱动制造业转型升级的作用机理——基于产业链视角的分析 [J].商业研究，2020（02）：73-82.

[126] 李德尚玉.生态环境部支持北京承建全国自愿减排交易中心控排企业 CCER 年需求或超 2 亿吨 [N].21 世纪经济报道，2022-02-24（006）.

[127] 李恩极，李群.地方政府创新竞争与企业创新 [J].当代财经，2021（04）：16-27.

[128] 李广斌，王勇，袁中金.城市特色与城市形象塑造 [J].城市规划，2006（02）：79-82.

[129] 李国栋，罗瑞琦，谷永芬.政府推广政策与新能源汽车需求：来自上海的证据 [J].中国工业经济，2019（04）：42-61.

[130] 李洪波.扩大地方政府有效投资的对策研究 [J].现代经济信息，2015（15）：476.

[131] 李军杰，钟君.中国地方政府经济行为分析——基于公共选择视角 [J].中国工业经济，2004（04）：27-34.

[132] 李克欣.低碳城市建设的技术路径及战略意义 [J].城乡建设，2009（11）：72-73.

[133] 李兰冰，高雪莲，黄玖立."十四五"时期中国新型城镇化发展重大问题展望 [J].管理世界，2020，36（11）：7-22.

[134] 李琳，周一成."互联网＋"是否促进了中国制造业发展质量的提升？——来自中国省级层面的经验证据 [J].中南大学学报（社会科学版），2019，25（05）：71-79.

[135] 李敏.吉林省汽车产业集群升级建议分析 [J].中外企业家，2018（19）：223.

[136] 李青原，胡龙吟，蔡长昆，章尹赛楠.地方政府经济职能转变与资源配置效率——以政府工作报告的内容分析为例 [J].经济科学，2023（03）：82-97.

[137] 李秋香，吉慧敏，黄毅敏.制造业高质量发展的路径与方法——

价值链视角 [J]．科技管理研究，2021，41（04）：117－123．

[138] 李瑞茜．政府 R&D 资助对企业技术创新的影响 [D]．南京师范大学，2014．

[139] 李胜兰，初善冰，申晨．地方政府竞争、环境规制与区域生态效率 [J]．世界经济，2014，37（04）：88－110．

[140] 李铁成，刘力．广州战略性主导产业的选择及发展策略研究——基于产业结构演变与产业关联的视角 [J]．产业经济评论，2015（02）：81－89．

[141] 李伟铭，黎春燕．后发地区产业集群发展的理论模型与案例研究——基于政府扶持的视角 [J]．华东经济管理，2014，28（01）：80－84．

[142] 李文鹣，范慧敏，谢刚．新能源汽车产业政策协同及其政策不确定下对企业创新绩效的影响 [J]．中国科技论坛，2023（07）：74－84．

[143] 李文静，翟国方，周姝天等．乡村振兴背景下日本边缘村落规划及启示 [J]．世界农业，2019（06）：25－30．

[144] 李文龙，林海英，金桩．社会资本可利用度及其影响因素研究——来自内蒙古农牧民的经验发现 [J]．经济研究，2019，54（12）：134－149．

[145] 李小娜，刘传磊．浙江省建设宜居宜业和美乡村的探索与经验 [J]．科技中国，2023（03）：39－42．

[146] 李晓华．制造业数字化转型与价值创造能力提升 [J]．改革，2022（11）：24－36．

[147] 李晓敏，刘毅然，靖博伦．产业支持政策对中国新能源汽车推广的影响研究 [J]．管理评论，2022，34（03）：55－65．

[148] 李旭，熊勇清．"双积分"政策对新能源车企研发投入的影响分析 [J]．科学学研究，2021，39（10）：1770－1780．

[149] 李燕，贺灿飞，朱彦刚．我国劳动密集型产业地理分布研究 [J]．地理与地理信息科学，2010，26（01）：66－72．

[150] 李宜达，王方方．"双循环"新发展格局的现实逻辑与区域布局 [J]．工信财经科技，2022（02）：62－75．

[151] 李宜达．疫情时期口罩厂商会趁机牟取暴利吗？——基于微观经济学视角及博弈分析 [J]．社会科学动态，2020（07）：53－59．

[152] 李宜达．政府与市场经济学：对经济学理论体系的创新与发展 [J]．北方经济，2022（11）：65－68．

[153] 李毅中. 加快产业结构调整促进工业转型升级 [J]. 求是，2010 (06)：34 - 36.

[154] 李雨峰，陈伟. 优化营商环境下政府在知识产权保护中的职能 [J]. 知识产权，2020 (07)：14 - 25.

[155] 李月起，杨继瑞. 工业化后期我国制造业创新升级的内在机理与推进策略 [J]. 经济问题，2021 (05)：80 - 85.

[156] 李粤麟，陈云贤. 政府投资与私人投资的互补性——基于共同富裕时代背景 [J]. 金融经济学研究，2022，37 (01)：169 - 180 + 192.

[157] 李云燕，赵国龙. 中国低碳城市建设研究综述 [J]. 生态经济，2015，31 (02)：36 - 43.

[158] 李治国. 制度优势加速上海汽车产业走出去 [N]. 经济日报，2023 - 4 - 25 (008).

[159] 连玉明. 低碳城市的战略选择与模式探索 [J]. 城市观察，2010 (02)：5 - 18.

[160] 梁小薇，项振海，袁奇峰. 从三旧改造、土地整备到市地重划——以佛山市南海区集体建设用地更新为例 [J]. 城市建筑，2018 (18)：32 - 36.

[161] 廖文锦. 当代中国地方政府竞争问题理论研究综述 [J]. 厦门特区党校学报，2012 (05)：49 - 55.

[162] 林东杰，崔小勇，龚六堂. 金融摩擦异质性、资源错配与全要素生产率损失 [J]. 经济研究，2022，57 (01)：89 - 106.

[163] 林毅夫. 产业政策与我国经济的发展：新结构经济学的视角 [J]. 复旦学报（社会科学版），2017a，59 (02)：148 - 153.

[164] 林毅夫. 发展战略、自生能力和经济收敛 [J]. 经济学（季刊），2002 (01)：269 - 300.

[165] 林毅夫. 经济发展与转型：思潮、战略与自生能力 [M]. 北京：北京大学出版社，2008.

[166] 林毅夫，刘明兴. 中国的经济增长收敛与收入分配 [J]. 世界经济，2003 (08)：3 - 14.

[167] 林毅夫，刘志强. 中国的财政分权与经济增长 [J]. 北京大学学报（哲学社会科学版），2000 (04)：5 - 17.

[168] 林毅夫. 新结构经济学 [M]. 北京：北京大学出版社，2012.

[169] 林毅夫. 新结构经济学：反思经济发展与政策的理论框架 [M].

北京：北京大学出版社，2012.

[170] 林毅夫. 新结构经济学——重构发展经济学的框架 [J]. 经济学（季刊），2011，10（01）：1-32.

[171] 林毅夫. 中国经验：经济发展和转型中有效市场与有为政府缺一不可 [J]. 行政管理改革，2017b（10）：12-14.

[172] 刘畅，于旭. 地方政府对创新生态体系构建的引导方式研究 [J]. 社会科学战线，2016（03）：252-256.

[173] 刘大洪. "中国式现代化"与有为政府的经济法促进 [J]. 政治与法律，2023（08）：2-15.

[174] 刘迪，唐婧娴，赵宪峰. 发达国家城市更新体系的比较研究及对我国的启示——以法德日英美五国为例 [J]. 国际城市规划，2021，36（03）：50-58.

[175] 刘芳，张宇. 深圳市城市更新制度解析——基于产权重构和利益共享视角 [J]. 城市发展研究，2015，22（02）：25-30.

[176] 刘海颖. 战略性新兴产业发展中政府与市场角色定位研究 [J]. 河南社会科学，2019，27（11）：80-86.

[177] 刘航. 碳普惠制：理论分析、经验借鉴与框架设计 [J]. 中国特色社会主义研究，2018（05）：86-94+112.

[178] 刘和旺，黄织娇，郑世林. 新能源汽车产业政策何以激励企业技术创新？[J]. 科研管理，2023，44（02）：21-31.

[179] 刘恒江，陈继祥. 基于动力机制的我国产业集群发展研究 [J]. 经济地理，2005（05）：607-611.

[180] 刘洪昌. 中国战略性新兴产业的选择原则及培育政策取向研究 [J]. 科学学与科学技术管理，2011，32（03）：87-92.

[181] 刘建徽，黄熙. 有效市场与有为政府促进经济高质量发展：机理、挑战与路径 [J]. 当代金融研究，2023，6（07）：1-12.

[182] 刘建江，易香园，王莹. 新时代的产业转型升级：内涵、困难及推进思路 [J]. 湖南社会科学，2021（05）：67-76.

[183] 刘建丽. 有效市场与有为政府——兼论中国特色社会主义市场经济 [J]. 中国劳动关系学院学报，2021（01）：1-10.

[184] 刘军梅，谢霓裳. 国际比较视角下的中国制造业数字化转型——基于中美德日的对比分析 [J]. 复旦学报（社会科学版），2022，64（03）：157-168.

[185] 刘世锦. "新常态"下如何处理好政府与市场的关系 [J]. 求是, 2014 (18): 28 - 30.

[186] 刘双霞. 低碳城市试点政策对战略性新兴产业发展的影响研究 [D]. 桂林理工大学, 2022.

[187] 刘天乐, 王宇飞. 低碳城市试点政策落实的问题及其对策 [J]. 环境保护, 2019, 47 (01): 39 - 42.

[188] 刘昕. 深圳城市更新中的政府角色与作为——从利益共享走向责任共担 [J]. 国际城市规划, 2011, 26 (01): 41 - 45.

[189] 刘新圣. 政府向社会力量购买服务改革的制度障碍及对策 [J]. 沈阳工业大学学报 (社会科学版), 2015, 8 (04): 299 - 303.

[190] 刘英奎, 吴文军, 李媛. 中国营商环境建设及其评价研究 [J]. 区域经济评论, 2020 (01): 70 - 78.

[191] 刘颖琦, 宋泽源, 高宏伟等. 中国新能源汽车 10 年推广效果研究: 空间效应视角 [J]. 管理评论, 2023, 35 (03): 3 - 16.

[192] 刘媛媛, 孙慧. 资源型产业集群形成机理分析与实证 [J]. 中国人口·资源与环境, 2014, 24 (11): 103 - 111.

[193] 刘争波. 园区经济与区域经济互动发展研究 [D]. 长沙理工大学, 2010.

[194] 刘志彪. 产业链安全: 内在逻辑、实践挑战与战略取向 [J]. 清华金融评论, 2022 (10): 45 - 47.

[195] 刘志彪, 陈柳. 政策标准、路径与措施: 经济转型升级的进一步思考 [J]. 南京大学学报 (哲学·人文科学·社会科学), 2014, 51 (05): 48 - 56 + 158.

[196] 刘志彪. 科学认识和把握当前经济热点问题 [J]. 中国领导科学, 2017 (02): 72.

[197] 刘志彪, 孔令池. 双循环格局下的链长制: 地方主导型产业政策的新形态和功能探索 [J]. 山东大学学报 (哲学社会科学版), 2021 (01): 110 - 118.

[198] 刘志彪. 为高质量发展而竞争: 地方政府竞争问题的新解析 [J]. 河海大学学报 (哲学社会科学版), 2018 (02): 1 - 6 + 89.

[199] 柳光强. 税收优惠、财政补贴政策的激励效应分析——基于信息不对称理论视角的实证研究 [J]. 管理世界, 2016 (10): 62 - 71.

[200] 娄成武, 张国勇. 治理视阈下的营商环境: 内在逻辑与构建思

路［J］.辽宁大学学报（哲学社会科学版），2018（02）：59－65＋177.

［201］卢凯.临港新片区建筑工地消防监管的主要特点与管理策略分析［J］.今日消防，2023，8（09）：64－66.

［202］卢盛峰，吴一平，谢潇.历史名片的经济价值——来自中国城市更名的证据［J］.经济学（季刊），2018，17（03）：1055－1078.

［203］卢现祥，滕宇汰.创新驱动政策如何提升城市经济韧性：基于有效市场和有为政府的机制分析［J］.中国软科学，2023（07）：102－113.

［204］芦千文，姜长云.欧盟农业农村政策的演变及其对中国实施乡村振兴战略的启示［J］.中国农村经济，2018（10）：119－135.

［205］逯东，池毅.《中国制造2025》与企业转型升级研究［J］.产业经济研究，2019（05）：77－88.

［206］罗德明，李晔，史晋川.要素市场扭曲、资源错置与生产率［J］.经济研究，2012，47（03）：4－14＋39.

［207］马草原，朱玉飞，李廷瑞.地方政府竞争下的区域产业布局［J］.经济研究，2021（02）：141－156.

［208］马符讯，刘彦.中国汽车工业70年的成就、经验与未来展望［J］.理论探索，2019（06）：108－113.

［209］马静洲，伍新木.战略性新兴产业政策的国际对比研究——基于中、美、德、日四国的对比［J］.河南社会科学，2018，26（04）：22－28.

［210］马翔，杨阳，徐作圣等."工业4.0"跨国政策比较研究——以中美德日为例［J］.科技管理研究，2019，39（16）：27－36.

［211］迈克尔·波特.《国家竞争优势》［M］.李明轩，邱如美译.北京：中信出版社，2002.

［212］毛传新.转轨中的地方政府行为主体：一种分析框架［J］.上海经济研究，2001（12）：31－38.

［213］毛其淋.要素市场扭曲与中国工业企业生产率——基于贸易自由化视角的分析［J］.金融研究，2013（02）：156－169.

［214］冒佩华，王朝科."使市场在资源配置中起决定性作用和更好发挥政府作用"的内在逻辑［J］.毛泽东邓小平理论研究，2014（02）：17－23＋91－92.

［215］孟辉，白雪洁.新兴产业的投资扩张、产品补贴与资源错配［J］.数量经济技术经济研究，2017，34（06）：20－36.

[216] 沐之．浙江：将建全国首个数字乡村引领区 [J]．中国农机监理，2023（05）：10 – 11.

[217] 倪鹏飞．中国城市经济竞争力理论研究与实证分析 [M]．北京：中国经济出版社，2001.

[218] 聂强，聂蕊．园区模式：职业教育产教融合的新路径 [J]．中国高教研究，2023（07）：103 – 108.

[219] 欧书阳．重庆与成都城市竞争力比较 [J]．城市问题，2003（06）：22 – 26 + 7.

[220] 潘洁，潘晟．引才、用才，长三角多地"硬核"出招 [N]．澎湃新闻，2023 – 03 – 21.

[221] 庞明川．转轨经济中政府与市场关系中国范式的形成与演进 [J]．财经问题研究，2013（12）：3 – 10.

[222] 裴广一．论有效市场与有为政府：理论演进、历史经验和实践内涵 [J]．甘肃社会科学，2021（06）：213 – 221.

[223] 仇保兴．城市定位理论与城市核心竞争力 [J]．城市规划，2002（07）：11 – 13 + 53.

[224] 丘海雄，徐建牛．产业集群技术创新中的地方政府行为 [J]．管理世界，2004（10）：36 – 46.

[225] 任丙强．地方政府环境政策执行的激励机制研究：基于中央与地方关系的视角 [J]．中国行政管理，2018（06）：129 – 135.

[226] 任晓伟，赵娜．推动有效市场和有为政府更好结合研究 [J]．中国高校社会科学，2021（03）：91 – 98 + 159.

[227] 任勇．地方政府竞争：中国府际关系中的新趋势 [J]．人文杂志，2005（03）：50 – 56.

[228] 茹蕾，杨光．日本乡村振兴战略借鉴及政策建议 [J]．世界农业，2019（03）：90 – 93.

[229] 阮建青，石琦，张晓波．产业集群动态演化规律与地方政府政策 [J]．管理世界，2014（12）：79 – 91.

[230] 阮守武．公共选择理论的方法与研究框架 [J]．经济问题探索，2009（11）：1 – 7.

[231] 尚路，史学敏．关于传统制造业数字化时代转型的一些思考 [J]．新经济，2021（09）：62 – 65.

[232] 临港新城总体规划 [J]．上海城市规划，2009（04）：11 – 26.

［233］邵一乙. 临港新城旅游产业发展现状与策略研究［D］. 华东理工大学，2011.

［234］佘硕，王巧，张阿城. 技术创新、产业结构与城市绿色全要素生产率——基于国家低碳城市试点的影响渠道检验［J］. 经济与管理研究，2020，41（08）：44－61.

［235］深圳布局战新产业创新型企业加速集聚［N］. 中国改革报，2023－05－12（012）.

［236］深圳战新产业形成强劲发展动能［N］. 深圳特区报，2023－05－06（A01）.

［237］沈恒超. 中国制造业数字化转型的特点、问题与对策［J］. 中国经济报告，2019（05）：102－107.

［238］沈捷. 以实干推动江苏制造高质量发展行稳致远［OL］. 江海评论，2023－07－26. http：//www. zgnt. net/content/2023－07/26/content_3198084. htm.

［239］沈坤荣，施宇. 中国的"有效市场＋有为政府"与经济增长质量［J］. 宏观质量研究，2021，9（05）：1－15.

［240］沈权平. 韩国推行"归农归村"的政策支持体系对中国乡村人力资本发展路径的启示［J］. 世界农业，2019（10）：53－60.

［241］沈雪瑶. "双碳"目标下的低碳消费引导机制研究［D］. 北京外国语大学，2023.

［242］石瑛. 从城市管理走向城市经营［J］. 管理观察，2018（29）：54－55.

［243］时杰. 战略性新兴产业发展中的政府角色［J］. 领导之友，2010（05）：8－9.

［244］史丹，明星. "双积分"政策能否促进新能源汽车实质性创新［J］. 北京理工大学学报（社会科学版），2023，25（04）：40－51.

［245］宋彩霞. 论产业政策之争背后的经济学理论分歧［J］. 市场周刊（理论研究），2018（02）：42－44.

［246］宋灿，孙浦阳，岳中刚. 产业扶持、市场壁垒与企业创新——基于微观视角的理论与经验分析［J］. 产业经济研究，2022（01）：71－84.

［247］宋德勇，李项佑，李超等. 中国低碳城市建设的创新驱动效应评估——兼论多重嵌套试点示范机制的完善［J］. 科技进步与对策，2020，37（22）：28－37.

[248] 宋弘, 孙雅洁, 陈登科. 政府空气污染治理效应评估——来自中国"低碳城市"建设的经验研究 [J]. 管理世界, 2019, 35 (06): 95 - 108 + 195.

[249] 宋林霖, 何成祥. 从招商引资至优化营商环境: 地方政府经济职能履行方式的重大转向 [J]. 上海行政学院学报, 2019 (06): 100 - 109.

[250] 宋马林, 金培振. 地方保护、资源错配与环境福利绩效 [J]. 经济研究, 2016, 51 (12): 47 - 61.

[251] 宋世清, 杨德民. 乡村振兴背景下浙江农村产业发展的经验与启示——以湖州南浔星光数字粮油基地为例 [J]. 中国市场, 2023 (17): 72 - 75.

[252] 宋文月. 政府行为对我国区域产业结构变迁的影响研究 [D]. 西北大学, 2020.

[253] 苏美蓉, 陈彬等. 中国低碳城市热思考: 现状、问题及趋势 [J]. 中国人口·资源与环境, 2012 (03): 48 - 55.

[254] 岁正阳, 孟佳惠. 让"信用"闪耀"园区"——我国各地多措并举打造信用园区建设 [J]. 中国信用, 2023 (05): 22 - 33.

[255] 孙楚仁, 李媚媚, 陈瑾. 数字化转型是否延长了企业出口产品持续时间 [J]. 国际贸易问题, 2023 (04): 56 - 71.

[256] 孙洁晶. 南京市低碳城市建设研究 [D]. 大连海事大学, 2019.

[257] 孙荣, 辛方坤. 地方政府竞争、制度创新与知识溢出 [J]. 江苏行政学院学报, 2010 (05): 96 - 100.

[258] 孙涛, 孙宏伟. 比较视野下的中国地方政府改革及其挑战 [J]. 行政论坛, 2018 (06): 66 - 71.

[259] 覃成林. 发展中国的区域经济学 [J]. 区域经济评论, 2021 (04): 19 - 22.

[260] 汤杰新, 唐德才, 马婷玉. 制造业转型升级研究综述与新常态下的展望 [J]. 改革与开放, 2016 (15): 15 - 16 + 25.

[261] 唐杰. 经济发展中的市场与政府——深圳 40 年创新转型总结与思考 [J]. 开放导报, 2020 (04): 56 - 63.

[262] 唐婧娴. 城市更新治理模式政策利弊及原因分析——基于广州、深圳、佛山三地城市更新制度的比较 [J]. 规划师, 2016, 32 (05): 47 - 53.

[263] 唐仁健. 深入学习推广浙江"千万工程"经验奋力开创乡村全

面振兴新局面 [J]. 农民科技培训, 2023 (08): 4-7.

[264] 唐晓华, 景文治. 结构驱动的政策倾向选择与地区产业结构升级——基于政府行为内生化新结构一般均衡框架的分析 [J]. 上海经济研究, 2021 (11): 69-88.

[265] 唐志浩. 地方政府视阈下的营商环境建设研究 [J]. 广西质量监督导报, 2020 (05): 25-26.

[266] 滕莉莉, 苏杭, 覃莹莹. 政府研发补贴对高新技术企业创新效率的影响——基于异质性的门槛效应分析 [J]. 财政科学, 2023 (01): 118-135.

[267] 田国胜. 关于如何推进长春市汽车产业发展的思考——以吉林大学汽车学科为例 [J]. 中国管理信息化, 2018, 21 (16): 203-207.

[268] 田莉. 摇摆之间: 三旧改造中个体、集体与公众利益平衡 [J]. 城市规划, 2018, 42 (02): 78-84.

[269] 田时中, 余本洋, 陆雅洁. 财政投入、地方政府竞争与区域科技创新 [J]. 统计与决策, 2020 (03): 150-154.

[270] 屠帆, 孙佳骏. 高质量发展建设共同富裕示范区背景下浙江省工业用地配置的时空演变研究 [J]. 浙江国土资源, 2022 (05): 31-34.

[271] 完世伟, 汤凯, 数字经济促进乡村产业振兴的机制与路径研究 [J]. 中州学刊, 2022 (03): 29-36.

[272] 万军. 战略性新兴产业发展中的政府定位——日本的经验教训及启示 [J]. 科技成果纵横, 2010 (01): 13-16.

[273] 汪伟全. 地方政府竞争模式选择: 制度竞争胜于资源竞争 [J]. 现代经济探讨, 2010 (04): 32-35.

[274] 汪伟全. 中国地方政府竞争: 从产品、要素转向制度环境 [J]. 南京社会科学, 2004 (07): 56-61.

[275] 汪馨. 乡村振兴背景下全域旅游发展路径探析——以浙江开化为例 [J]. 中国商论, 2023 (15): 26-28.

[276] 王朝弟. 中小企业融资问题与金融支持的几点思考 [J]. 金融研究, 2003 (01): 90-97.

[277] 王丹利, 陆铭. 农村公共品提供: 社会与政府的互补机制 [J]. 经济研究, 2020, 55 (09): 155-173.

[278] 王方方, 李宁. 我国财政政策对产业结构优化的时变效应 [J]. 数量经济技术经济研究, 2017, 34 (11): 132-147.

[279] 王芳，陈锋. 国家治理进程中的政府大数据开放利用研究 [J]. 中国行政管理，2015 (11)：6-12.

[280] 王海峰. 社会建设与地方政府治理改革 [J]. 理论与改革，2013 (03)：66-71.

[281] 王家庭，袁春来，马宁. 政府竞争、要素流动与区域塌陷 [J]. 西安交通大学学报（社会科学版），2022 (02)：40-52.

[282] 王娟，廖祖君. 主轴带战略让成渝双核从竞争走向合作 [J]. 当代县域经济，2016 (06)：16-21.

[283] 王俊豪，金暄暄.PPP 模式下政府和民营企业的契约关系及其治理——以中国城市基础设施 PPP 为例 [J]. 经济与管理研究，2016，37 (03)：62-68.

[284] 王可，李连燕. "互联网+" 对中国制造业发展影响的实证研究 [J]. 数量经济技术经济研究，2018，35 (06)：3-20.

[285] 王岚. 产业集群创新过程中的政府行为与政策选择 [J]. 科技进步与对策，2009，26 (22)：87-90.

[286] 王琳，肖序，许家林. "政府—企业" 节能减排互动机制研究 [J]. 中国人口·资源与环境，2011，21 (06)：102-109.

[287] 王猛. 中国地方政府创新研究：理论、议题与方法 [J]. 公共管理评论，2020 (01)：116-154.

[288] 王琼琼. 基于 PMC 指数模型的山西省乡村振兴政策评价及优化研究 [D]. 山西财经大学，2023.

[289] 王慎之. 中观经济学 [M]. 上海：上海人民出版社，1988.

[290] 王胜今，朱润酥. 低碳城市建设能否助力政府实现碳达峰碳中和目标？——基于低碳城市试点的准自然实验 [J]. 现代经济探讨，2022 (07)：10-17+40.

[291] 王世福，沈爽婷. 从 "三旧改造" 到城市更新——广州市成立城市更新局之思考 [J]. 城市规划学刊，2015 (03)：22-27.

[292] 王顺，陈颜新. 上海自贸区临港新片区离岸贸易金融发展路径研究 [J]. 中国外汇，2021 (22)：55-57.

[293] 王硕，李冠龙. 财政支持吉林省汽车产业高质量发展问题研究. 财金观察 (2021 年第 2 辑).2021 (02)：2-7.

[294] 王曦. 麦克传感公司发展战略研究 [D]. 兰州理工大学，2023.

[295] 王贤彬，杨超群. 节能目标政策与地区能源效率 [J]. 数量经济

技术经济研究, 2024, 41 (05): 49 - 70.

[296] 王小川, 张文政, 刘富强. "有为政府" 与 "有效市场" 双轮驱动的作用机制研究——基于社会保障视角的分析 [J]. 山西农业大学学报 (社会科学版), 2016, 15 (03): 200 - 206.

[297] 王晓雁. 地方政府在产业结构升级中的为与不为 [J]. 人民论坛, 2018 (03): 106 - 107.

[298] 王迅, 毕芷豪, 姜赫等. 红色文化助推乡村振兴的实践探索——以浙江嘉兴经济态势与产业振兴为例 [J]. 智慧农业导刊, 2023, 3 (09): 98 - 101 + 106.

[299] 王勇, 华秀萍. 详论新结构经济学中 "有为政府" 的内涵——兼对田国强教授批评的回复 [J]. 经济评论, 2017 (03): 17 - 30.

[300] 王勇. 论有效市场与有为政府: 新结构经济学视角下的产业政策 [J]. 学习与探索, 2017 (04): 100 - 104 + 175 + 2.

[301] 王元彬, 汪春雨, 郑学党. 中国汽车产业的全球价值链地位及新形势下的发展路径 [J]. 国际商务 (对外经济贸易大学学报), 2019 (03): 59 - 68.

[302] 王运宝. "资本市长" 陈云贤 [J]. 决策, 2008 (01): 37 - 39.

[303] 王再平. 混合所有制国企改革的新意与实现路径 [J]. 毛泽东邓小平理论研究, 2015 (02): 18 - 22 + 91.

[304] 王兆雄, 吴圣寒. 改革开放四十年浙江 "三农" 发展成就 [J]. 统计科学与实践, 2018 (12): 16 - 19.

[305] 王贞洁, 王惠. 低碳城市试点政策与企业高质量发展——基于经济效率与社会效益双维视角的检验 [J]. 经济管理, 2022, 44 (06): 43 - 62.

[306] 王竹泉. 公共资源配置与政府社会资本 [J]. 财会月刊, 2022 (03): 16 - 21.

[307] 韦庄禹, 李毅婷, 武可栋. 数字经济能否促进制造业高质量发展?——基于省际面板数据的实证分析 [J]. 武汉金融, 2021 (03): 37 - 45.

[308] 魏作磊, 刘海燕. 制造业投入服务化与高质量服务出口: 基于跨国面板数据的实证检验 [J]. 世界经济研究, 2021 (05): 24 - 37 + 134 - 135.

[309] 温锋华, 姜玲. 整体性治理视角下的城市更新政策框架研究 [J]. 城市发展研究, 2022, 29 (11): 42 - 48.

［310］温涛，陈一明．数字经济与农业农村经济融合发展：实践模式、现实障碍与突破路径［J］．农业经济问题，2020（07）：118－129.

［311］文丽．加快转变经济发展方式——访全国人大代表、广东佛山市市长陈云贤［J］．经济，2010（04）：22－23.

［312］文雁兵，张梦婷，俞峰．中国交通基础设施的资源再配置效应［J］．经济研究，2022，57（01）：155－171.

［313］文一，乔治·佛梯尔．看得见的手：政府在命运多舛的中国工业革命中所扮演的角色［J］．经济资料译丛，2017（02）：1－42.

［314］翁浩浩．省委常委会会议传达学习贯彻习近平总书记重要回信精神推动科技特派员制度走深走实谱写全面推进乡村振兴建设农业强国的浙江篇章［J］．今日科技，2023（07）：4.

［315］巫细波，赖长强，吕沛颖．后补贴时代广东新能源汽车产业面临挑战与对策研究［J］．科技与金融，2022（04）：30－37.

［316］巫细波．中国汽车制造业生产格局时空演变特征与前景展望［J］．区域经济评论，2020（02）：121－129.

［317］吴昊．日本乡村人居环境建设对中国乡村振兴的启示［J］．世界农业，2018（10）：219－224.

［318］吴金希，李宪振．地方政府在发展战略性新兴产业中的角色和作用［J］．科学学与科学技术管理，2012，33（08）：117－122.

［319］吴唯佳，唐燕，唐婧娴．德国乡村发展和特色保护传承的经验借鉴与启示［J］．乡村规划建设，2016（01）：98－112.

［320］吴卫红，盛丽莹，唐方成等．基于特征分析的制造业创新政策量化评价［J］．科学学研究，2020，38（12）：2246－2257.

［321］吴扬，王振波，徐建刚．我国产业规划的研究进展与展望［J］．现代城市研究，2008（01）：6－13.

［322］武力超，吴政贤，林澜等．新能源汽车产业政策对企业技术创新的影响研究［J］．科学管理研究，2023，41（03）：71－78.

［323］武前波，俞霞颖，陈前虎．新时期浙江省乡村建设的发展历程及其政策供给［J］．城市规划学刊，2017（06）：76－86.

［324］武尚理，高晋康．政府经济行为规范化概论［J］．经济问题探索，1990（01）：20－23.

［325］武小楠．政府投资基金对企业创新的影响研究［D］．东北财经大学，2022.

［326］习近平．高举中国特色社会主义伟大旗帜为全面建设社会主义现代化国家而团结奋斗［N］．人民日报，2022－10－26（001）．

［327］习近平．国家中长期经济社会发展战略若干重大问题［J］．新长征，2021（01）：4－8．

［328］习近平．决胜全面建成小康社会夺取新时代中国特色社会主义伟大胜利——在中国共产党第十九次全国代表大会上的报告［J］．党建，2017（11）：15－34．

［329］习近平．扎实推动共同富裕［J］．求是，2021（20）：4－8．

［330］夏珺，李刚．看广东如何"抠"地［N］．人民日报，2010－07－10（001）．

［331］夏堃堡．发展低碳经济实现城市可持续发展［J］．环境保护，2008（03）：33－35．

［332］夏玲．数字技术赋能浙江省装备制造产业结构升级研究［D］．哈尔滨商业大学，2022．

［333］夏清华，黄剑．市场竞争、政府资源配置方式与企业创新投入——中国高新技术企业的证据［J］．经济管理，2019，41（08）：5－20．

［334］夏天．创新驱动过程的阶段特征及其对创新型城市建设的启示［J］．科学学与科学技术管理，2010，31（02）：124－129．

［335］肖静荣．佛山市城市更新与产业转型升级的互动研究［J］．广东经济，2020（03）：58－61．

［336］肖若晨．大数据助推乡村振兴的内在机理与实践策略［J］．中州学刊，2019（12）：48－53．

［337］肖旭，戚聿东．产业数字化转型的价值维度与理论逻辑［J］．改革，2019（08）：61－70．

［338］谢霞．"工坊"里拓出共富路党建引领共富工坊建设的宁波实践［J］．宁波通讯，2022（23）：40－42．

［339］辛章平，张银太．低碳经济与低碳城市［J］．城市发展研究，2008（04）：98－102．

［340］邢琰．政府对混合使用开发的引导行为［J］．规划师，2005（07）：76－79．

［341］熊德斌，袁媛．有效市场与有为政府协同推进县域经济高质量发展［J］．当代贵州，2023（32）：62－65．

［342］熊德斌，袁媛．有效市场与有为政府协同推进县域经济高质量

发展 [J]. 当代贵州, 2023 (32): 62 - 65.

[343] 熊凯军. 我国对外反倾销、政府创新补贴对企业创新的影响 [J]. 国际贸易问题, 2022 (10): 124 - 139.

[344] 熊志飞, 张文忠. 中国新能源汽车产业创新网络及其溢出效应研究 [J]. 中国科学院院刊, 2022, 37 (12): 1819 - 1832.

[345] 徐何强. 环境规制对企业税负的影响研究 [D]. 安徽财经大学, 2023.

[346] 徐佳, 崔静波. 低碳城市和企业绿色技术创新 [J]. 中国工业经济, 2020 (12): 178 - 196.

[347] 徐明. 政府风险投资、代理问题与企业创新——来自政府引导基金介入的证据 [J]. 南开经济研究, 2022 (02): 51 - 67.

[348] 徐现祥, 王子晗. 微观主体成长、"放管服" 改革与南方经济占比上升 [J]. 南方经济, 2022 (06): 64 - 76.

[349] 许宏福, 林若晨, 欧静竹. 协同治理视角下成片连片改造的更新模式转型探索——广州鱼珠车辆段片区土地整备实施路径的思考 [J]. 规划师, 2020, 36 (18): 22 - 28.

[350] 许梦雅. 从"城市名片"到"城市品牌"——合肥城市品牌形象传播探析 [J]. 合肥学院学报 (社会科学版), 2015, 32 (04): 22 - 25.

[351] 许小年. 商鞅、邓小平为什么能成功 [J]. 同舟共进, 2013 (12): 17 - 20.

[352] 亚当·斯密. 国民财富的性质和原因的研究 (下) [M]. 郭大力、王亚南译, 北京: 商务印书馆, 1972.

[353] 闫章秀, 高锁平. 对我国农村金融组织的 SCP 范式研究 [J]. 农业经济问题, 2009 (02): 60 - 65.

[354] 颜颖. 乡村振兴背景下浙江农村电商高质量发展的新路径 [J]. 太原城市职业技术学院学报, 2023 (06): 26 - 28.

[355] 阳镇, 陈劲, 李纪珍. 数字经济时代下的全球价值链: 趋势、风险与应对 [J]. 经济学家, 2022 (02): 64 - 73.

[356] 杨宝剑, 颜彦. 地方政府基础设施投资行为及其效应分析 [J]. 学术交流, 2012 (10): 92 - 95.

[357] 杨欢. 围绕习近平"五个重要"指示, 临港新片区抓"五个聚焦" [N]. 新民晚报, 2019 - 11 - 12.

[358] 杨辉. 城市更新基金融资模式的运行机制与路径优化研究 [J].

中国工程咨询，2023（08）：51 - 56.

[359] 杨继东，刘诚. 产业政策经验研究的新进展——一个文献综述 [J]. 产业经济评论，2021（06）：31 - 45.

[360] 杨继东，罗路宝. 产业政策、地区竞争与资源空间配置扭曲 [J]. 中国工业经济，2018（12）：5 - 22.

[361] 杨继东，杨其静. 保增长压力、刺激计划与工业用地出让 [J]. 经济研究，2016，51（01）：99 - 113.

[362] 杨继瑞，周莉. 基于合作之竞争博弈的成渝双城经济圈良性关系重构 [J]. 社会科学研究，2021（04）：100 - 109.

[363] 杨江华，刘亚辉. 数字乡村建设激活乡村产业振兴的路径机制研究 [J]. 福建论坛（人文社会科学版），2022（02）：190 - 200.

[364] 杨俊峰，走进魅力成都感受创新活力 [N]. 人民日报海外版，2023 - 10 - 18.

[365] 杨俊. 规范明确地方政府职能定位及其职责分工探讨 [J]. 发展研究，2013（04）：109 - 112.

[366] 杨丽丽，龚会莲. 城市经营背景下的政府角色与职能定位 [J]. 陕西行政学院学报，2012，26（03）：38 - 41.

[367] 杨廉，袁奇峰. 珠三角"三旧"改造中的土地整合模式——以佛山市南海区联滘地区为例 [J]. 城市规划学刊，2010（02）：14 - 20.

[368] 杨曼. 政府在发展战略性新兴产业中的定位思考 [J]. 中共桂林市委党校学报，2014，14（01）：55 - 58.

[369] 杨其静，彭艳琼. 晋升竞争与工业用地出让——基于2007 - 2011 年中国城市面板数据的分析 [J]. 经济理论与经济管理，2015（09）：5 - 17.

[370] 杨青，苑春荟. 政府竞争、研发资本集聚与创新绩效 [J]. 科技进步与对策，2023（06）：14 - 24.

[371] 杨瑞龙. 我国制度变迁方式转换的三阶段论——兼论地方政府的制度创新行为 [J]. 经济研究，1998（01）：5 - 12.

[372] 杨士鹏. 数字赋能引领高质量发展数字经济迸发出无限活力 [J]. 统计科学与实践，2022（10）：14 - 15.

[373] 叶琴，曾刚，戴劭勍等. 不同环境规制工具对中国节能减排技术创新的影响——基于285 个地级市面板数据 [J]. 中国人口·资源与环境，2018，28（02）：115 - 122.

[374] 叶瑞克, 倪维铭, 王钰婷等. 新能源汽车推广应用的 "内源驱动" 转型发展——十二个示范试点城市的定量评估 [J]. 软科学, 2022, 36 (04): 23 – 29.

[375] 易鑫. 德国的乡村治理及其对于规划工作的启示 [J]. 现代城市研究, 2015 (04): 41 – 47.

[376] 俞滨, 汪卫芳. 乡村振兴高质量发展的浙江实践 [J]. 浙江金融, 2021 (04): 76 – 80.

[377] 禹湘, 陈楠, 李曼琪. 中国低碳试点城市的碳排放特征与碳减排路径研究 [J]. 中国人口·资源与环境, 2020, 30 (07): 1 – 9.

[378] 袁胜超, 吕翠翠. 地方政府合作与地区资源配置效率 [J]. 当代财经, 2022 (09): 3 – 14.

[379] 原毅军, 陈喆. 环境规制、绿色技术创新与中国制造业转型升级 [J]. 科学学研究, 2019, 37 (10): 1902 – 1911.

[380] 约翰·梅纳德·凯恩斯. 就业、利息和货币通论 [M]. 高鸿业译. 北京: 商务印书馆, 1999.

[381] 岳宇君, 马艺璇. 政府补贴、自主创新与企业生产率——基于高新技术企业的实证检验 [J]. 云南财经大学学报, 2023, 39 (07): 70 – 85.

[382] 张道宏, 尹成果. 城市经营的理论基础及其政策取向 [J]. 唐都学刊, 2005 (02): 71 – 75.

[383] 张红宇. 粮食总量、产业安全与农业风险管理 [J]. 中国农村金融, 2020 (18): 37 – 39.

[384] 张厚明. 政府与市场关系的理论、经验与建议 [J]. 发展研究, 2022, 39 (09): 47 – 51.

[385] 张慧慧, 胡秋阳, 张云. 纵向分权和横向竞争: 行政治理模式如何影响地级市城市化与工业化协调发展 [J]. 财贸经济, 2022, 43 (02): 112 – 127.

[386] 张佳书, 傅晋华. 日本推行农村振兴的措施对中国制定乡村振兴战略规划路线的启示 [J]. 世界农业, 2019 (02): 43 – 48.

[387] 张健, 张威, 赵宇虹. 战略性新兴产业共性技术创新中的市场失灵与政府作用研究 [J]. 科技管理研究, 2017, 37 (10): 35 – 41.

[388] 张洁, 夏婷. 乡村振兴绿色发展视角下绿色金融助力 "两山" 转化的浙江实践 [J]. 西南金融, 2023 (05): 45 – 58.

[389] 张京祥，殷洁，罗小龙. 地方政府企业化主导下的城市空间发展与演化研究 [J]. 人文地理，2006（04）：1-6.

[390] 张京祥，朱喜钢，刘荣增. 城市竞争力、城市经营与城市规划 [J]. 城市规划，2002（08）：19-22.

[391] 张雷声. 论中国特色社会主义政治经济学的发展与创新 [J]. 马克思主义研究，2017（05）：59-67+159-160.

[392] 张磊. "新常态"下城市更新治理模式比较与转型路径 [J]. 城市发展研究，2015，22（12）：57-62.

[393] 张莉，朱光顺，李夏洋等. 重点产业政策与地方政府的资源配置 [J]. 中国工业经济，2017（08）：63-80.

[394] 张利儒，闫雪婷，刘名珂. 关于河北数字经济发展的问题及相关对策建议的思考——对标浙江数字经济发展的实践经验和成效分析 [J]. 石家庄铁路职业技术学院学报，2023，22（03）：72-75+120.

[395] 张琳琳，许智颖，刘文政等. 有为政府与有效市场协同的城市绿色技术创新实现路径——以山东省16地市QCA分析为例 [J]. 科技管理研究，2023，43（09）：206-214.

[396] 张梦，李志红，黄宝荣等. 绿色城市发展理念的产生、演变及其内涵特征辨析 [J]. 生态经济，2016，32（05）：205-210.

[397] 张平，刘霞辉等. 中国经济转型的结构性特征、风险与效率提升路径 [J]. 经济研究，2013，48（10）：4-17+28.

[398] 张琦，庄甲坤，李顺强，孔梅. 共同富裕目标下乡村振兴的科学内涵、内在关系与战略要点 [J]. 西北大学学报（哲学社会科学版），2022，52（03）：44-53.

[399] 张少春. 抓紧抓实确保私人购买新能源汽车试点达到预期目标 [J]. 中国财政，2010（18）：16-19.

[400] 张维迎，栗树和. 地区间竞争与中国国有企业的民营化 [J]. 经济研究，1998（12）：13-22.

[401] 张维迎. 重新理解企业家精神 [M]. 海南：海南出版社，2022.

[402] 张五常. 中国的经济制度 [M]. 北京：中信出版社，2009.

[403] 张小茜，王志伟. 绿色债券有利于降低企业融资成本吗——来自政府监管和环境治理的视角 [J]. 金融研究，2023（09）：94-111.

[404] 张新宁. 有效市场和有为政府有机结合——破解"市场失灵"的中国方案 [J]. 上海经济研究，2021（01）：5-14.

[405] 张学慧，毕茜，陈美安等．"放管服"背景下政府放权对企业投资的实证研究——以中国 A 股高新技术企业为例 [J]．科学管理研究，2021，39（06）：97－105.

[406] 张延强，单志广，马潮江．智慧城市建设 PPP 模式实践研究 [J]．城市发展研究，2018，25（01）：18－22.

[407] 张颖．城乡建设绿色发展纲领性文件出台中办国办印发《关于推动城乡建设绿色发展的意见》[J]．中国勘察设计，2021（11）：4.

[408] 张永会．经济发展中的政府行为：理论反思与启示 [J]．特区实践与理论，2019（06）：101－104.

[409] 张月花，薛平智．战略性新兴产业知识产权能力研究述评 [J]．生产力研究，2015（11）：157－160.

[410] 张玥．低碳城市试点政策对地方税负的影响研究 [D]．西南财经大学，2022.

[411] 张芸浠．乡村振兴与基层社会治理机制创新 [J]．当代农机，2023，390（01）：64－65.

[412] 张占贞，赵臻．区域创新能力对新能源汽车产业集群发展的影响研究 [J]．青岛科技大学学报（社会科学版），2023，39（02）：35－46.

[413] 张志明，耿景珠，黄微．亚太价值链嵌入如何影响中国的空气污染 [J]．国际贸易问题，2020（02）：44－58.

[414] 章激扬．江苏制造业何以能拔得头筹 [J]．决策，2022（12）：62－64.

[415] 赵爱英，牛晓霞，沈子兰．我国制造业高质量发展的难点及其路径 [J]．西安财经大学学报，2020，33（06）：49－57.

[416] 赵扶扬．地价高估、公共投资与资源错配 [J]．经济研究，2022，57（03）：155－172.

[417] 赵广帅，刘珉，高静．日本生态村与韩国新村运动对中国乡村振兴的启示 [J]．世界农业，2018（12）：183－188.

[418] 赵军，时乐乐．中国产业集群绩效评价——基于区域经济发展的视角 [J]．经济问题探索，2012（09）：78－84.

[419] 赵黎明，宋瑶，殷建立．战略性新兴产业、传统产业与政府合作策略研究 [J]．系统工程理论与实践，2017，37（03）：642－663.

[420] 赵培，郭俊华．共同富裕目标下乡村产业振兴的困境与路径——基于三个典型乡村的案例研究 [J]．新疆社会科学，2022（03）：169－177.

［421］赵雪梅，侯经川.“互联网＋”对产业升级的促进机制研究——基于 SCP 模型［J］.信息资源管理学报，2020，10（03）：60－69.

［422］赵艳莉.公共选择理论视角下的广州市“三旧”改造解析［J］.城市规划，2012，36（06）：61－65.

［423］赵杨.“三旧”改造中土地发展权的博弈［D］.华南理工大学，2022.

［424］郑三波，彭晨.逆势增长我市汽车产业前 8 月产值增速 3.7%［N］.重庆商报，2020－09－23.

［425］郑尚植，赵雪.高质量发展究竟靠谁来推动：有为政府还是有效市场？——基于面板门槛模型的实证检验［J］.当代经济管理，2020，42（05）：1－7.

［426］中共四川省委四川省人民政府决策咨询委员会.错位发展推动成渝地区双城经济圈建设［J］.决策咨询，2022（01）：1－5.

［427］钟昌标，胡大猛，黄远浙.低碳试点政策的绿色创新效应评估——来自中国上市公司数据的实证研究［J］.科技进步与对策，2020，37（19）：113－122.

［428］钟清流.战略性新兴产业发展进程中的政府角色［J］.现代商业，2010（21）：149－150.

［429］周方伟，杨继东.市场化进程改善了政府配置资源的效率吗——基于工业用地出让的经验研究［J］.经济理论与经济管理，2020（02）：24－39.

［430］周建军.美国产业政策的政治经济学：从产业技术政策到产业组织政策［J］.经济社会体制比较，2017（01）：80－94.

［431］周黎安.中国地方官员的晋升锦标赛模式研究［J］.经济研究，2007（07）：36－50.

［432］周鲁耀，皇甫鑫.地方政府在营商环境建设中的角色定位与责任重构［J］.中国市场监管研究，2022（01）：59－63.

［433］周业安.地方政府竞争与经济增长［J］.中国人民大学学报，2003（01）：97－103.

［434］周义程，胡晓芳.区域政府：概念界说及其建设构想［J］.理论与现代化，2006（05）：27－31＋75.

［435］朱富强.如何认识有为政府的经济功能：理论基础和实践成效的检视［J］.学术研究，2018（07）：87－96＋177.

[436] 朱红根，宋成校．乡村振兴的国际经验及其启示 [J]．世界农业，2020（03）：4－11＋27.

[437] 朱玆，陈晓亮，尹铎．从"绿水青山"到"金山银山"：欠发达地区乡村生态产品价值实现的阶段、路径与制度研究 [J]．管理世界，2023，39（08）：74－91.

[438] 朱慧，董雪兵．地方政府竞争与区域对外开放——基于我国省级面板数据的实证研究 [J]．浙江社会科学，2010（04）：19－26＋125.

[439] 朱金鹤，庞婉玉．政府竞争、市场竞争与产业结构升级——基于政府竞争门槛效应检验 [J]．学术交流，2021（10）：101－114.

[440] 朱丽丽，黎斌，杨家文等．开发商义务的演进与实践：以深圳城市更新为例 [J]．城市发展研究，2019，26（09）：62－68.

[441] 朱鹏扬，李雪峰，李强．地方政府公司化行为模式与中国城市化的路径选择 [J]．财经研究，2019，45（02）：17－29.

[442] 朱琦梅，杨佳怡，庄越．产业扶贫与乡村振兴战略有效衔接路径研究 [J]．农村经济与科技，2023，34（12）：127－130.

[443] 朱一中，王韬．剩余权视角下的城市更新政策变迁与实施——以广州为例 [J]．经济地理，2019，39（01）：56－63＋81.

[444] 朱一中，杨倩楠，肖映泽．"三旧"改造政策实施的问题与反思——以广东省佛山市禅城区为例 [J]．国土资源科技管理，2018，35（02）：127－136.

[445] 庄贵阳，魏鸣昕．城市引领碳达峰、碳中和的理论和路径 [J]．中国人口·资源与环境，2021，31（09）：114－121.

[446] 庄思哲．战略性新兴产业发展中的地方政府作用研究 [D]．广东海洋大学，2013.

[447] Aghion, P. , and A. Roulet. Growth and the Smart State [J]. Annual Review of Economics, 2014, 6 (1): 913－926.

[448] Arrow, K. J. Economic Welfare and the Allocation of Resources for Invention [J]. Revista Brasileira de Inovação, 2008, 7 (2): 261－286.

[449] Baldwin, R. E. The Case against Infant－Industry Tariff Protection [J]. Journal of Political Economy, 1969, 77 (3): 295－305.

[450] Bardhan, P. State and Development: The Need for a Reappraisal of the Current Literature [J]. Journal of Economic Literature, 2016, 54 (3): 862－892.

［451］ Bernanke, B. S. The New Tools of Monetary Policy ［J］. American Economic Review, 2020, 110 (4): 943 – 983.

［452］ Bican, P. M. , and A. Brem. Digital Business Model, Digital Transformation, Digital Entrepreneurship: Is There A Sustainable "Digital"? ［J］. Sustainability, 2020, 12 (13): 5239.

［453］ Breetz, and L. Hanna, and D. Salon, et al. Do Electric Vehicles Need Subsidies? Ownership Costs for Conventional, Hybrid, and Electric Vehicles in 14 US Cities ［J］. Energy policy, 2018, 120 (9): 238 – 249.

［454］ Breton, A. Competitive Governments: An Economic Theory of Politics and Public Finance ［M］. Cambridge University Press, 1996.

［455］ Bulkeley, H. Reflections on Navigating Climate's Human Geographies ［J］. Dialogues in Human Geography, 2019, 9 (1): 38 – 42.

［456］ Caldeira, E. , and M. Foucault, and Grégoire Rota – Graziosi, et al. Decentralization in Africa and the nature of local governments' competition: evidence from Benin ［J］. International Tax and Public Finance, 2015, 22 (6): 1048 – 1076.

［457］ Chang, C. , and D. Chen, and T. Waggoner, et al. Trends and Cycles in China's Macroeconomy ［J］. NBER Macroeconomics Annual, 2016, 30 (1): 1 – 84.

［458］ Chen, Z. , and F. Feng, and C. Yuee, et al. Local Government Competition and Regional Innovation Efficiency: From the Perspective of China-style Fiscal Federalism ［J］. Science and Public Policy, 2021, 48 (4): 488 – 489.

［459］ Del Giudice, M. Discovering the Internet of Things (IoT) within the Business Process Management ［J］. Business Process Management Journal, 2016, 22 (2): 263 – 270.

［460］ Department Of Trade and Industry (DTI). UK Energy White Paper: Our Energy Future – Creating a Low Carbon Economy ［R］. London: TSO, 2003.

［461］ Duarte, R. G. , and S. B. Rodrigues. Co – Evolution Of Industry Strategies and Government Policies: The Case of the Brazilian Automotive Industry ［J］. BAR – Brazilian Administration Review, 2017, 14 (2): e160100.

［462］ Du, G. , and Y. Murayama. Cities in Global Perspective: Diversity and Transition [C]. Rikkyo University, 2005.

[463] Effah Ameyaw, E. , and P. C. Albert, and Chan. Identifying Public – Private Partnership (PPP) Risks in Managing Water Supply Projects in Ghana [J]. Journal of Facilities Management, 2013 (2): 152 – 182.

[464] Egbo, K. M. The Market and Government Regulation: The Need for Appropriate Balance for Sustainability [J]. Journal of Global Economics, 2018, 7 (1).

[465] Eng, T. Y. , and J. G. Spickett – Jones. An Investigation of Marketing Capabilities and Upgrading Performance of Manufacturers in Mainland China and Hong Kong [J]. Journal of World Business, 2009, 44 (4): 463 – 475.

[466] Fama, E. F. Efficient capital markets: a review of theory and empirical work [J]. Journal of Finance, 1970, 25 (2): 383 – 417.

[467] Flieger, M. Process of Competitive Advantage Creation in Local Government of Tourist Profile [J]. Kwartalnik Ekonomistów i Menedżerów, 2016, 41 (3): 43 – 57.

[468] French, H. Greening Globalization [J]. Georgetown Journal of International Affairs, 2001, 2 (1): 25 – 32.

[469] Funderburg, R. , and Drucker, J. , and Merriman, D. , et al. Is Tax Competition Strategic? Spatial Distributions of Business Property Tax Abatements in the Chicago Suburbs [J]. Economic Development Quarterly, 2021, 35 (1): 66 – 83.

[470] Gabriela, K. Globalization and the Environment: Greening Global Political Economy [M]. State University of New York Press, 2004.

[471] Galadari, A. Sustainable economics: Understanding Market and Government Roles [C]. Forum for Social Economics. Routledge, 2019, 48 (2): 176 – 193.

[472] Gereffi, G. The Organization of Buyer – Driven Global Commodity Chains: How U. S. Retailers Shape Overseas Production Networks [M]. Duke University Program in Political Economy, 1993.

[473] Glaeser, E. L. , and M. Kahn. The Greenness of City [J]. Rappaport Institute Taubman Center Policy Briefs, 2008 (3): 1 – 11.

[474] Haase, D. , and S. Kabisch, and A. Haase, et al. Greening Cities – To be Socially Inclusive? About the Alleged Paradox of Society and Ecology in Cit-

ies [J]. Habitat International, 2017, 64: 41 –48.

[475] Hayek, F. A. The Use of Knowledge in Society [J]. The American Economic Review, 1945, 35 (4): 519 –530.

[476] Hayek, F. A. The Use of Knowledge in Society [M]. Modern Understandings of Liberty and Property. Routledge, 2013.

[477] Hong, J., and B. Feng, and Y. Wu, and L. Wang, et al. Do Government Grants Promote Innovation Efficiency in China's High – Tech Industries? [J]. Technovation, 2016, 57: 4 –13.

[478] Horvat, D., and H. Kroll, and A. Jager, et al. Researching the Effects of Automation and Digitalization on Manufacturing Companies Productivity in the Early Stage of Industry 4. 0 [J]. Procedia manufacturing, 2019, 39: 886 –893.

[479] Hsieh, C. T., and P. J. Klenow. Misallocation and Manufacturing TFP in China and India [J]. Quarterly Journal of Economics, 2009, 124 (4): 1403 –1448.

[480] Huang, S., and A. Nahm, and Z. Song, et al. Government Subsidies of New Energy Vehicle Industry and Enterprise Innovation: Moderating Role of Chief Executive Officers' Technical Background [J]. Managerial and Decision Economics, 2023, 44 (4): 2137 –2147.

[481] Hu, R., and Y. Yan. Effects of Economic Policy Uncertainty on Manufacturing Structural Upgrading: Evidence from China [J]. Discrete Dynamics in Nature and Society, 2021 (1): 1 –8.

[482] Hu, X. T., and J. Q. Ruan, and X. B. Zhang, et al. Crisis – Induced Innovation: Quality Upgrading in Chinese Industrial Clusters [J]. The Journal of Law, Economics, and Organization, 2021, 37 (3): 571 –606.

[483] International Monetary Fund (IMF). Fiscal Monitor Database of Country Fiscal Measures in Response to the COVID – 19 Pandemic [R]. Washington, 2021.

[484] Jenkins, A. Government Intervention in the British Gas Industry, 1948 to 1970 [J]. Business History, 2004, 46 (1): 57 –78.

[485] Jingning, Y., and L. Wenkang. Risk Assessment Model of Urban Subway Based on Public Private Partnership Mode [C]. 2015 Sixth International Conference on Intelligent Systems Design and Engineering Applications (ISDEA).

IEEE, 2016: 700 –703.

[486] Junling, Y., and L. Jingling. The Influence of Local Government Competition on Residents' Perceptions of Social Fairness – Evidence from China [J]. Frontiers in Psychology, 2022, 13: 1066691.

[487] Kenderdine, T. China's Industrial Policy, Strategic Emerging Industries and Space Law [J]. Asia and the Pacific Policy Studies, 2017, 4 (2): 325 –342.

[488] Kresl, P. K. The Crisis of America's Cities [J]. Journal of Economic Issues, 1999, 33 (3): 787 –789.

[489] Krugman, P. Increasing Returns and Economic Geography [J]. Journal of Political Economy, 1991, 99 (3): 483 –499.

[490] Lall, S. Reinventing Industrial Strategy: The Role of Government Policy in Building Industrial Competitiveness [J]. Annals of Economics & Finance, 2013, 14 (2): 767 –811.

[491] Landoni, M., and D. Ogilvie. Convergence of Innovation Policies in the European Aerospace Industry (1960 –2000) [J]. Technological Forecasting & Social Change, 2019, 147: 174 –184.

[492] Larson, P. D., and J. Viáfara, and R. V. Parsons, and A. Elias, et al. Consumer Attitudes About Electric Cars: Pricing Analysis and Policy Implications – Science Direct [J]. Transportation Research Part A: Policy and Practice, 2014, 69: 299 –314.

[493] Lee, J. I., and J. S. Mah. The Role of the Government in the Development of the Automobile Industry in Korea [J]. Progress in Development Studies, 2017, 17 (3): 229 –244.

[494] Lewis, W. A. Reflections on unlimited labor [M]. International Economics and Development. Academic Press, 1972.

[495] Li, H., and L. A. Zhou. Political Turnover and Economic Performance: The Incentive Role of Personnel Control in China [J]. Journal of Public Economics, 2005, 89 (9): 1743 –1762.

[496] Li, K., and D. Griffin, and H. Yue, and L. Zhao, et al. How does Culture Influence Corporate Risk – Taking [J]. Journal of Corporate Finance, 2013, 23 (6): 1 –22.

[497] Li, L. China's Manufacturing Locus in 2025: With a Comparison of

"Made – in – China 2025" and "Industry 4. 0" ［J］. Technological Forecasting & Social Change, 2018, 135: 66 – 74.

［498］ Lin, J. Y. , and D. Rosenblatt. Shifting Patterns of Economic Growth and Rethinking Development ［J］. Journal of Economic Policy Reform, 2012, 15 (3): 171 – 194.

［499］ Liu, A. M. , and O. X. Liang, and M. Tuuli, and I. Chan, et al. Role of Government Funding in Fostering Collaboration Between Knowledge – Based Organizations: Evidence from the Solar PV Industry in China ［J］. Energy Exploration & Exploitation, 2018, 36 (3): 509 – 534.

［500］ Long, C. , and X. Zhang. Patterns of China's Industrialization: Concentration, Specialization, and Clustering ［J］. China Economic Review, 2012, 23 (3): 593 – 612.

［501］ Lu, S. , and S. Li, and W. Zhou, et al. Does Government Subsidy Stimulate or Shackle New Energy Industry Efficiency? Evidence from China ［J］. Environmental Science and Pollution Research, 2022, 29 (23): 34776 – 34797.

［502］ Mah, J. S. R&D Policies and Development of Technology – Intensive Industries of Taiwan ［J］. Progress in Development Studies, 2015, 15 (2): 125 – 138.

［503］ Maskin, E. , and Y. Qian, and C. Xu, et al. Incentives, Information, and Organizational Form ［J］. The Review of Economic Studies, 2000, 67 (2): 359 – 378.

［504］ Mazzucato, M. The Entrepreneurial State: Debunking the Public vs Private Myth in Risk and Innovation ［M］. London: Anthem, 2013.

［505］ Midrigan, V. , and D. Y. Xu. Finance and Misallocation: Evidence from Plant – Level Data ［J］. American Economic Review, 2014, 104 (2): 422 – 458.

［506］ Natsuda, K. , and J. Thoburn, and J. Blažek, and K. Otsuka. Industrial Policy and Automotive Development: A Comparative Study of Thailand and Czechia ［J］. Eurasian Geography and Economics, 2022, 63 (2): 212 – 238.

［507］ Peters, B. G. The Future of Governing: Four Emerging Models ［M］. Lawrence: University Press of Kansas, 1996.

［508］ Peters, G. P. , and E. G. Hertwich. CO_2 Embodied in International

Trade with Implications for Global Climate Policy [J]. Environmental Science & Technology, 2008, 42 (5): 1401 – 1407.

[509] Qian, Y., and B. R. Weingast. China's Transition to Markets: Market – Preserving Federalism, Chinese Style [J]. The Journal of Policy R eform, 1996, 1 (2): 149 – 185.

[510] Qian, Y. How Reform Worked in China? In Search of Prosperity: Analytic Narratives on Economic Growth, Rodrik, Dani [M]. New Jersey: Princeton University Press, 2003.

[511] Qin, L., and S. Liu, and C. Zhan, and X. Duan, and S. Li, and Y. Hou, et al. Impact of China's Local Government Competition and Environmental Regulation on Total Factor Productivity [J]. SAGE Open, 2023, 13 (3).

[512] Ran, L. Influence of Government Subsidy on High – Tech Enterprise Investment Based on Artificial Intelligence and Fuzzy Neural Network [J]. Journal of Intelligent & Fuzzy Systems, 2020, 40 (2): 2553 – 2563.

[513] Rauscher, M. Interjurisdictional Competition and Public – Sector Prodigality: The Triumph of the Market over the State? [J]. Finanzarchiv, 2000, 57 (1): 89 – 105.

[514] Rebucci, A., and J. S. Hartley, and D. Jiménez, et al. An Event Study of COVID – 19 Central Bank Quantitative Easing in Advanced and Emerging Economies [M]. Essays in honor of M. Hashem Pesaran: Prediction and macro modeling. Emerald Publishing Limited, 2022.

[515] Restuccia, D., and R. Rogerson. Policy Distortions and Aggregate Productivity with Heterogeneous Establishments [J]. Review of Economic Dynamics, 2008, 11 (4): 707 – 720.

[516] Rondinelli, D. A., and G. Vastag. Urban Economic Growth in the 21st Century: Assessing the International Competitiveness of Metropolitan Areas [J]. Migration Urbanization and Development: New Directions and Issues, 1998: 469 – 514.

[517] Tassey, G. Choosing Government R&D Policies: Tax Incentives vs. Direct Funding [J]. Review of Industrial Organization, 1996, 11 (5): 579 – 600.

[518] Tassey, G. Policy Issues for R&D Investment in a Knowledge – Based Economy [J]. The Journal of Technology Transfer, 2004, 29 (2): 153 – 185.

[519] Thomson, R., and P. Jensen. The Effects of Government Subsidies

on Business R&D Employment: Evidence From OECD Countries [J]. National Tax Journal, 2013, 66 (2): 281 – 309.

[520] Tiebout, C. M. A Pure Theory of Local Expenditures [J]. Journal of Political Economy, 1956, 64 (5): 416 – 424.

[521] Wang, C. C., and Y. S. Yang. Impact of Rural Households' Nonfarm Employment on Cropland Transfer – Case of Changting County in Fujian Province, China [J]. Scientia Geographica Sinica, 2011, 31 (11): 1362 – 1367.

[522] Webster, D., and L. Muller. Urban competitiveness assessment in developing country urban regions: the road ahead [J]. John Wiley & Sons, Inc., 2000.

[523] Xiang, X. Research on the Training Mode of Innovative and Entrepreneurial Talents in Universities under the Background of Rural Revitalization [J]. Frontiers in Educational Research, 2022, 5 (23): 83 – 86.

[524] Xiaoshuang, M. The Road of Urban – Rural Integration Development Under the Rural Revitalization Strategy [J]. International Journal of Agricultural Economics, 2019, 4 (4): 181 – 185.

[525] Yang, C., and D. McCollum, and R. McCarthy, et al. Meeting an 80% Reduction in Greenhouse Gas Emissions from Transportation by 2050: A Case Study in California [J]. Transportation Research Part D: Transport and Environment, 2009, 14 (3): 147 – 156.

[526] Yanli, F., and W. Xin. Research on Rural Grassroots Governance from the Perspective of Rural Revitalization Strategy [J]. The Frontiers of Society, Science and Technology, 2020, 2 (2).

[527] Young, A. Gold into Base Metals: Productivity Growth in the People's Republic of China During the Reform Period [J]. Journal of Political Economy, 2003, 111 (6): 1220 – 1261.

[528] Yuniza, M. E., and I. E. Pratama, and R. C. Ramadhaniati. Indonesia's Incentive Policies on Electric Vehicles: The Questionable Effort from the Government [J]. International Journal of Energy Economics and Policy, 2021, 11 (5): 434 – 440.

[529] Zhang, X., and D. Hu. Overcoming Successive Bottlenecks: The Evolution of a Potato Cluster in China [J]. World Development, 2014, 63: 102 – 112.

后　记

　　自从接触经济学以来，深深印入脑海的基本上都是这样一些信条，比如古典经济学强调资源是稀缺的，市场是完美的，看不见的手时刻在调节供给和需求，市场可以自发实现均衡，从而实现资源的最佳利用和福利的最大化。而政府只是市场秩序的维护者和公共产品的提供者，政府无须也不能介入市场。凯恩斯发现了市场失灵存在的原因在于有效需求不足，而解决的办法就是基于国家层面的宏观调控。平时自己更加关注的是微观的经济学理论和实证方法，更多的是用计量方法去对经济现象中的一些变量进行经验检验，找出其中影响显著的变量，试图发现和验证经济学的一些结果。或者撰写一些宏观经济方面的政策研究报告供政府进行决策参考。而对地方政府经济角色的认知也仅仅停留在锦标赛之类的文献中。

　　2021 年我有幸赴中山大学岭南学院接受了中观经济学的系统培训，培训由陈云贤教授主讲，每天上午下午满满的课程，中间还有互动，连中大的资深教授也在现场认真听讲并做笔记，这估计是我博士毕业后单次听课时间最长，听课最认真的一次。

　　培训结束后开始真正认识到区域政府在经济发展中的重要作用，对政府和市场的关系有了新的理解，中观经济学在肯定古典经济学和宏观经济学的基础上，指出了两者存在的缺陷，肯定区域政府的经济人角色，认为区域政府也是区域经济的主体之一。区域政府具备准宏观和准微观的双重属性，通过系列创新可以实现对区域经济的超前引领。

　　结合自己曾经有过地方政府工作经历，接触和见证过地方经济的发展，其中最深的感受就是地方政府始终密切关注的就是当地经济的发展，因为经济是一切的基础，没有坚实的经济基础，政府要施展能力就是"巧妇难为无米之炊"。然而，纸上得来终觉浅，绝知此事要躬行。在学习中观经济学理论的时候，一方面感悟理论之精深，另一方面总觉得需要一些从中观层面考察区域政府在经济发展中作用的案例作为佐证。由此萌发出撰写一本专门的中观经济学案例的想法。因为中国经济经过几十年的快速发展，各地经济一方面发展迅猛，另一方面，在同样的宏观政策背景下，有些区域政府在资源禀赋方面并不优裕，经济基础较差的前提下，主动进取，实现了弯道超车，在全国乃至世界经济中遥遥领先，可谓独树一帜，这其中一定和地方政府的超前引领和对市场的亲自介入息息相关。

我们的想法得到了陈云贤教授的首肯和大力支持，陈教授也答应做本书的总顾问。陈老的肯定给了我们无穷的力量。我们开始组织力量集中精力专注案例的编撰。虽然平时也了解过许许多多的现实经济现象，阅读过无数的经济学文献，然而，进入到实际的编撰过程中，才发现要真正编出一本经济学案例集，绝对不是简简单单的去摘抄一些现成的案例这样容易。

首先是案例内容的选题。中观经济学的研究主体是区域政府的经济行为，牵涉区域经济、产业经济、城市经济、空间经济，可供选择的题目可谓数不胜数、不胜枚举，我们从最初的三十多个题目中，经过反复认证，仔细斟酌，最终确定十大案例为主题。这些案例以城市经济和产业经济为主线，以城市建设和发展及乡村经济振兴为主要选题对象，以中观经济学为主要理论指导，紧紧围绕当地经济的具体实践展开分析和论证。

其次是案例对象地的选取。中观的区域政府，大到全球范围内各个国家的政府，小到一个国家内的各级地方政府。我们立足中国区域经济的实践，以中国各省市区域政府为研究主体，主要选取省部级城市及乡村为案例的研究对象。其中有作为政治经济中心的北京，有作为改革开放前沿的沿海省市，有老工业基地的东北城市，还有中西部地区的省市。当然，限于案例篇幅，不可能囊括中国所有省市，只能是选取一些代表性的典型地区。

再次是案例资料的调研。区域政府经济方面的资料及文献可谓汗牛充栋，浩如烟海。我们多方收集资料，除了利用图书馆丰富的资料外，还认真调取案例所在地各级政府的相关文件，以及典型产业及企业的相关资料。整个案例收集资料达上千万字。

第四是案例结构的确定。我们的案例集着重运用中观经济学理论对案例进行分析，但也不单囿于中观视角。案例分析注重学术性，每个案例都力求顶天立地，天就是国际国内的大局及党中央的各项精神决定，地就是各地的实际情况。注重学术性，注重实效性、权威性和真实性，案例中引用的数据均有真实的出处和来源，具有可追溯性。

第五是案例分析。如何把中观经济学理论运用到案例分析中是一个非常重要的问题。我们尽量从中观的原理中汲取知识，紧紧围绕区域政府经济行为这一主题，对相关案例进行了详尽的解析，做到理论和实践的融合。

本书的顺利出版，离不开国内外相关专家在编制过程中不同形式的观点指导和启发，以及本人研究团队的大力支持。在此，特别感谢陈云贤教授的悉心指导及亲自为本书作序，感谢中山大学李善民教授、徐现祥教授、徐世长老师、林新贵、黄秋诗老师、广东外语外贸大学何传添教授、张志明教授、梁俊伟教授、戴艳娟教授、余燕团副教授、广东财经大学王方方教授等业界专家提供的专业见解和宝贵意见，感谢广东省广发证券社会公益基金会、广东省广东外语外贸大学教育发展基金会各位领导和同事的大力支持，感谢中山大学曾令东、姜靖豪、王丹阳、王姿迪、韦越言、许闻迪、周要，以及广东外语外贸大学陈雅君、欧雪冰、李薇、黄程香、严珍等及其他同学的参与，他们在案例专章的数据资料的采集整理、相关内容撰写和文稿校正方面做出了很多贡献。同时，还要特别感谢经济科学出版社编辑老师的不辞辛苦和鼎力支持，编辑部的高标准和严要求为本书内容增光增色。

肖奎喜

2024 年 7 月